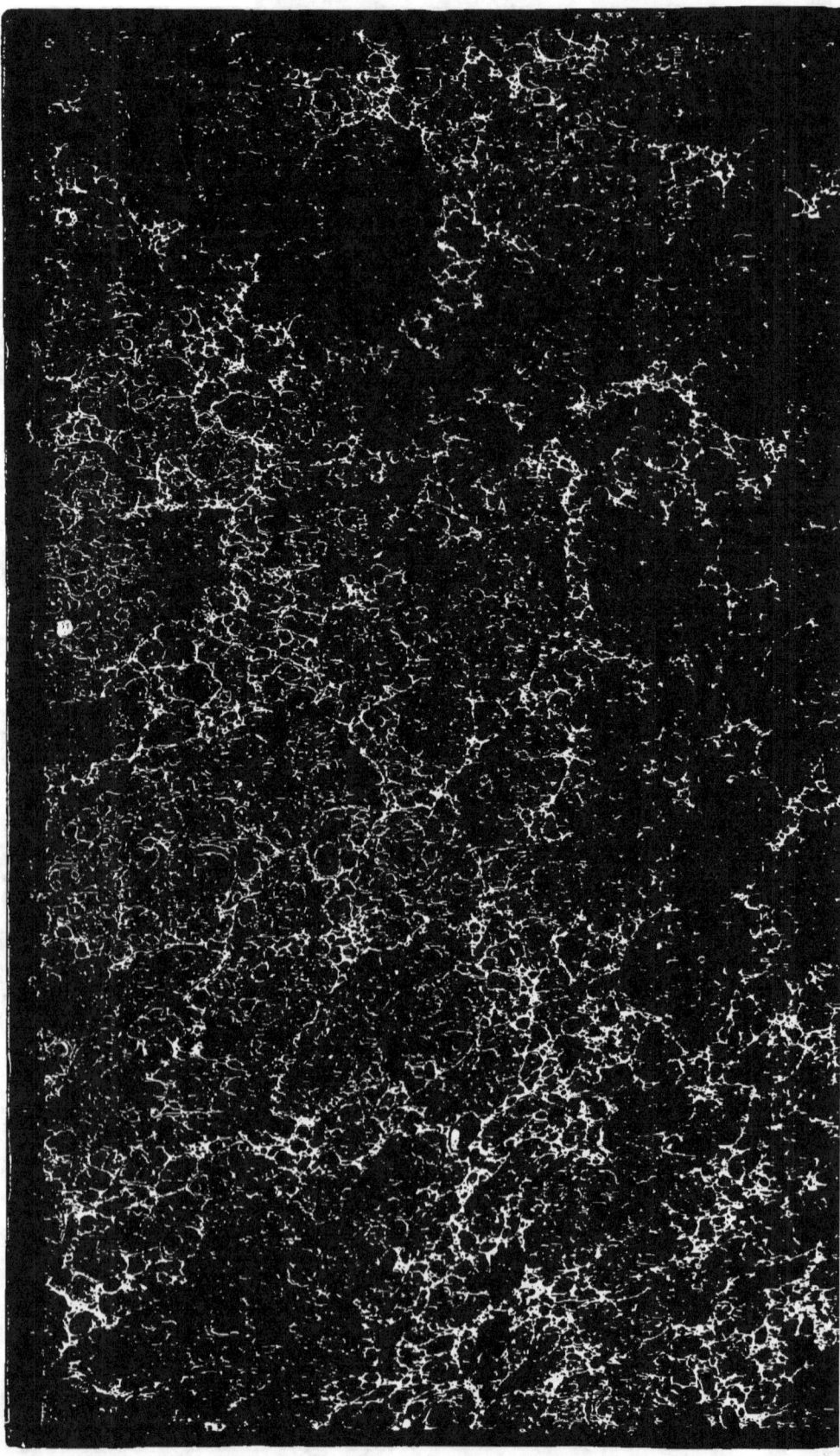

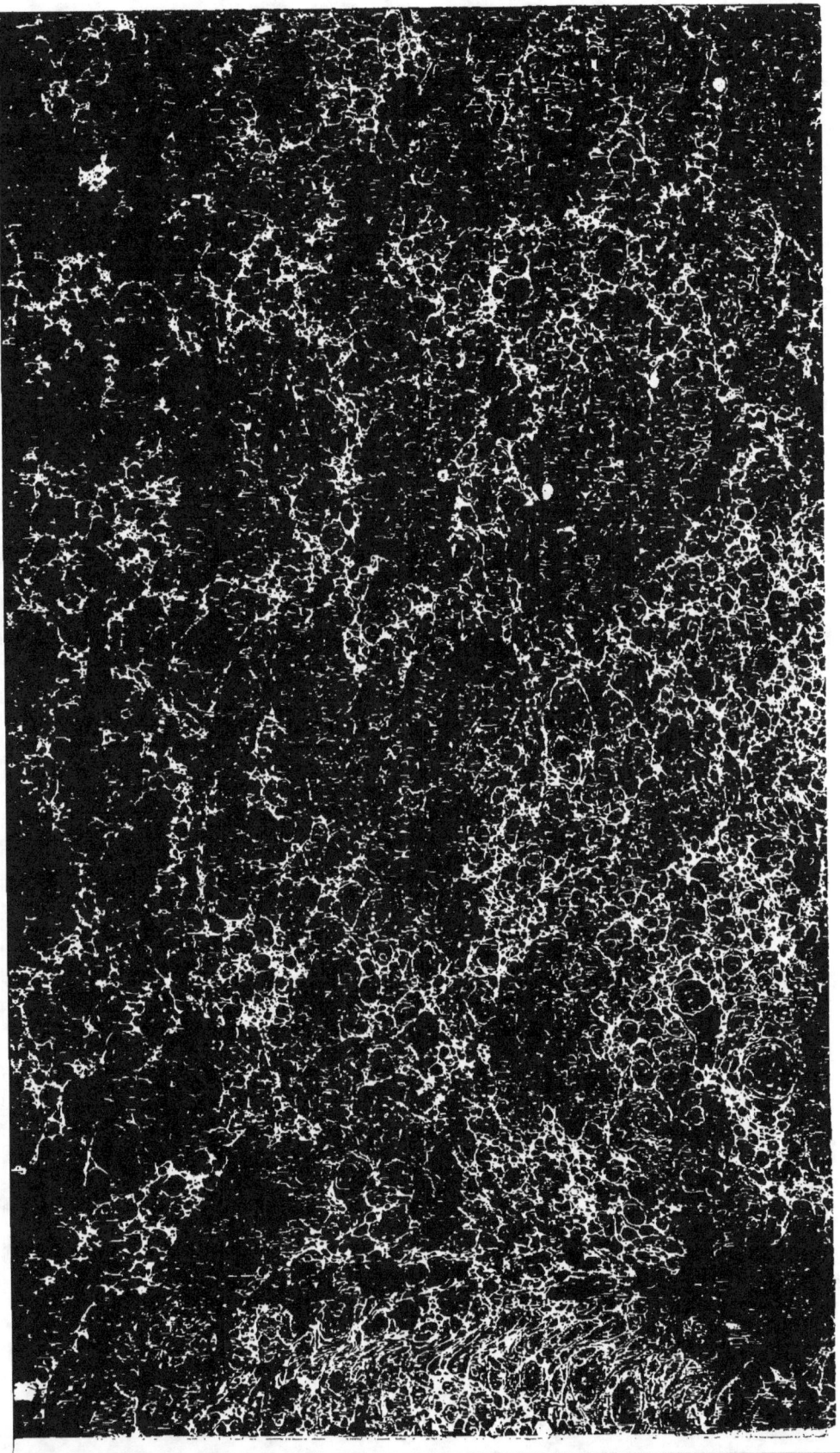

LES
CENT JOURS

IMPRIMERIE D'AMÉDÉE GRATIOT ET Ce,
rue de la Monnaie, 11.

LES
CENT JOURS

PAR

M. CAPEFIGUE.

Tome Deuxième.

PARIS

LANGLOIS ET LECLERCQ

SUCCESSEURS DE PITOIS-LEVRAULT ET Ce,

RUE DE LA HARPE, 81.

A l'Étranger

Dulau et Cie, à Londres.
Rohrmann et Schweigerd, à Vienne.
Al. Duncker, à Berlin.
Bocca, à Turin.
Dumolard et fils, à Milan.

Zeelt, à Amsterdam.
Bellizard et Cie, à Saint-Pétersbourg.
Jugel, à Francfort-sur-le-Mein.
Brockhaus, à Leipzig.
Artaria et Fontaine, à Mannheim.

1841.

LES CENT JOURS.

CHAPITRE I.

DIPLOMATIE DES CABINETS JUSQU'AU COMMENCEMENT DE LA CAMPAGNE DE 1815.

Disposition d'esprit des souverains et des ministres à Vienne. — L'empereur Alexandre. — Lord Castlereagh. — Le prince de Metternich.— Unanimité des volontés contre Bonaparte. — Traité de subsides. — *Memorandum* anglais, — autrichien. — Habileté pour séparer la cause de Bonaparte de celle de la France. — Esprit germanique. — Publication des écoles allemandes. — Haine contre la France. — Levée de boucliers de Murat. — Marche rapide des Autrichiens. — Chute de Joachim. — Restauration de la maison de Bourbon à Naples. — Travail de M. de Gentz sur la déclaration du conseil d'État. — Adhésion de tous les cabinets à un vaste plan militaire. — Commencement de négociations secrètes avec les partis en France. — Intelligences de Fouché avec le prince de Metternich sur les bases du *Memorandum*. — Question posée de la régence. — Rapports de M. de Caulaincourt. — Tristesse et découragement dans le corps diplomatique français.

15 Avril au 10 Juin 1815.

La politique la plus fatale pour un État, c'est l'isolement. Une nation peut être grande, puissante, ses destinées peuvent être immenses; et pourtant elle n'a d'avenir que par ses relations de diplomatie, et ses alliances de principes ou d'intérêts. Depuis la naissance du droit public européen au xviᵉ siècle, jamais la France ne fut isolée dans le mouvement des nations; ses rois, ses hommes d'État de plus ou moins grande portée, Richelieu, Mazarin, Fleury, Torcy ou Vergennes, marchèrent simultanément vers le but de s'assurer ou de grandir les alliances, avec l'Allemagne, l'Italie, l'Espagne, la Prusse et l'Autriche même. Louis XIV en ses jours de puissance, et Napoléon à ses époques de conquêtes, s'occupèrent surtout de fortifier les rapports d'État à État, de manière à se donner la prépondérance du présent et de l'avenir. Les nations ne sont pas faites pour vivre séparées les unes des autres; elles ont des rapports journaliers de commerce et de civilisation; elles peuvent s'aider pour la paix comme pour la guerre; une politique qui fait un désert autour de soi est donc la mort d'un peuple; c'est se mettre au ban de l'Europe, se placer en dehors de ses transactions, vivre au-dessus ou au-dessous des lois diplomatiques. Une telle situation n'est pas durable; nul État ne peut jeter une muraille de la Chine entre lui et le monde.

Telle était pourtant la triste position que le retour de Napoléon avait faite à la France, et le pays put s'en apercevoir. Dès le mois de mars, l'Europe s'était hautement séparée de Bonaparte par la déclaration du 15; l'Empereur avait voulu détacher quelques fragments de ce mur d'airain qui environnait la frontière, et il avait trouvé partout la même résistance. Ses lettres autographes avaient été dédaignées, ses communications mises pour ainsi dire au néant. En vain M. de Caulaincourt multiplia les tentatives, adoucit le ton, même déjà si pacifique, de ses lettres; nulle démarche ne trouva grâce, partout il fut repoussé; de graves et inflexibles réponses, de simples accusés de réception, avaient attesté que l'on refusait toute espèce d'arrangement. Les cabinets prenaient un ton solennel et décidé qui n'annonçait que trop l'inflexibilité de leur résolution; les choses en étaient à ce point, que les membres du corps diplomatique français, même de l'école impériale, depuis M. de Talleyrand jusqu'à M. de Rayneval, simple secrétaire d'ambassade, avaient refusé unanimement de se mettre en rapport avec M. de Caulaincourt; tous s'étaient posés à Vienne, à Saint-Pétersbourg, à Berlin, à Londres, comme les représentants de S. M. T. C. Louis XVIII, sans reconnaître la supériorité du ministre des relations extérieures de l'Empereur dans l'ordre de la hiérarchie [1]. Le corps diplomatique français voyait de trop près les résolutions des cabinets, si fermes, si unanimes, pour croire que Bonaparte pût résister à un mouvement général de l'Europe; le génie et le courage ne peuvent dominer la force des choses.

Dans les conférences de Vienne, il n'y avait point à douter, pour tout spectateur sérieux, que la guerre n'éclatât inflexible. Le czar Alexandre, d'abord si favorable à la cause de l'Empereur ou de la régence, se prononçait violemment contre « l'échappé de l'île d'Elbe, le perturbateur du repos européen » (c'est ainsi qu'il appelait Bonaparte). Alexandre se croyait responsable des événements qui grondaient autour de lui; il s'en était exprimé à M. de Metternich et même auprès de M. de

---

[1] *Réponse de M. le comte de Talleyrand envoyé de S. M. le roi de France en Suisse, à la circulaire de M. de Caulaincourt. (Il ne faut pas le confondre avec le prince de Talleyrand.)*

« Monsieur, je m'empresse de répondre à la lettre que vous m'avez écrite, en date du 30 mars. Toute ma vie je suis resté fidèle à mes serments et à mes devoirs. S. M. le roi Louis XVIII m'a accrédité près la Confédération helvétique; il n'y a que lui qui puisse me rappeler.

« Je suis, etc. »

Talleyrand, dont le rôle devenait bien difficile à Vienne[1]. La marche si rapide de Bonaparte avait déconcerté toutes les prophéties de la légation française : MM. de Dalberg, de La Tour-du-Pin et de Noailles avaient besoin d'agir de toutes leurs forces pour relever les espérances très amorties de la maison de Bourbon; l'Europe était un peu dégoûtée de Louis XVIII, elle n'avait plus foi en cette dynastie qui s'était laissé briser en dix mois. Le Czar néanmoins repoussait toutes les ouvertures qu'on lui adressait au nom de Napoléon ; la duchesse de Saint-Leu lui avait écrit, et lui si galant, si poli, n'avait point répondu à une femme qu'il avait admirablement traitée à Paris. Un agent secret vint lui parler au nom de la duchesse, le Czar répondit avec une mauvaise humeur marquée : « Je vous le répète, point de paix avec cet homme-là ; c'est entre nous un duel à mort; il a manqué à sa foi, je suis dégagé de mes promesses ; l'Europe a besoin d'un exemple. »

M. de Metternich manifestait des sentiments plus modérés ; mais non moins ferme dans ses résolutions, peut-être un peu craintif sur les premiers résultats d'une guerre (car il savait et appréciait la vaste capacité de Napoléon), il n'en croyait pas moins à la victoire définitive de l'Europe, et surtout à la nécessité d'une coalition vigoureuse : quand il avait décidé qu'aucune paix ne serait faite avec Bonaparte, c'est qu'il ne croyait

---

[1] Cependant on était très prononcé contre tous les Bonaparte ; on prenait des mesures de rigueur; on écrivait de Vienne : « Dans la nuit du 3 au 4 avril, la princesse Borghèse a passé par Nestadt avec sa mère, et M. et madame Bacciocchi, se rendant à la forteresse de Montgatz, sur la frontière de la Hongrie. Il y avait huit voitures à leur suite ; ils étaient accompagnés d'une nombreuse escorte, et on ne les laissait passer la nuit que dans les lieux où il y avait une forte garnison. Le marquis de Lucchesini père est du nombre des personnes qui composent leur suite. On transporte également en Hongrie le maire de Porto-Ferrajo, le grand-chambellan Lappi, et les autres individus attachés à Bonaparte que l'on a trouvés à l'île d'Elbe. »

pas un traité possible avec l'impulsion belliqueuse et révolutionnaire que les Cent Jours avaient imprimée à la France. Promoteur du principe de la coalition ou du concert européen, M. de Metternich était persuadé, comme le czar Alexandre, « qu'il fallait pousser la guerre avec vigueur, et obtenir des avantages militaires dès le début de la campagne. » La sagacité de son esprit lui avait fait entrevoir qu'il y aurait de sérieux résultats à obtenir si l'on pouvait séparer la nation de son Empereur et renouveler, pour ainsi dire, la déclaration de Francfort, en 1813, qui avait été si fatale à Napoléon.

Aussi toutes les publications de l'*Observateur autrichien* [1], tous les écrits émanés de la chancellerie de Vienne eurent-ils pour objet exclusif de constater la volonté formelle de maintenir les traités de 1814 et les limites qu'ils avaient données à la France si elle se séparait de Napoléon : « la guerre qu'on allait entreprendre n'était point contre la France, on la respecterait comme nation ; le seul but de la ligue européenne était de frapper Bonaparte, considéré comme le perturbateur du repos public et l'infracteur des traités. » Par ce moyen, M. de Met-

---

[1] *Extrait d'un article officiel.*
Vienne, le 26 avril.

« L'Europe a déclaré la guerre à Bonaparte. La France peut et doit prouver à l'Europe qu'elle sent assez sa dignité pour ne pas vouloir de la souveraineté de cet homme. La nation française est puissante et libre. Sa liberté et sa grandeur reposent en elle-même, et sont nécessaires à l'équilibre européen. La paix de Paris et le congrès de Vienne l'ont prouvé.

« C'est dans cette intention et dans cet espoir que la déclaration du 13 mars a eu lieu. Si cet acte se fonde sur une supposition, c'est uniquement sur celle qui dérive de l'estime que l'Europe accorde à juste titre au peuple français. Elle l'a jugé, elle sait qu'il est trop éclairé sur ses véritables intérêts, assez pénétré des principes de l'honneur pour le croire asservi à la volonté d'un individu dont la puissance se compose des éléments qui amènent la chute des États.

« On le répète encore une fois, la France n'a qu'à se délivrer de son oppresseur, n'a qu'à revenir aux principes sur lesquels repose l'ordre social, pour être en paix avec l'Europe. »

Extrait d'une lettre authentique de Vienne, en date du 14 avril.

« Bonaparte n'a rien négligé pour faire croire qu'il était en rapports quelconques avec la cour de Vienne. Après cinq ou six annonces répétées dans ses journaux sur

ternich se réservait des intimités politiques avec les partis en France ; les coalisés divisaient ainsi les opinions en déclarant « qu'ils ne faisaient pas la guerre au pays, mais à un seul homme, dont la présence portait le trouble en Europe. »

Lord Castlereagh, en quittant Vienne pour assister à l'ouverture du Parlement, avait laissé lord Clancarty auprès d'Alexandre et de M. de Metternich, afin de régler les conditions des subsides ; c'était son image, sa personification. La pensée de lord Castlereagh était connue de tout le corps diplomatique européen : la guerre contre Napoléon était inflexiblement décidée ; il avait répondu directement à M. de Caulaincourt par un accusé de réception froid, laconique. Très prononcé contre la personne de Bonaparte, lord Castlereagh adoptait cependant les idées de l'école anglaise de 1688, qui se résument à ne jamais forcer un peuple à choisir tel gouvernement plutôt que tel autre. Il y avait quelque chose du principe de la souveraineté du peuple dans les parlementaires de la Grande-Bretagne depuis la chute des Stuarts ; seulement ils entendaient cette souveraineté dans un sens d'aristocratie.

l'arrivée de l'archiduchesse (qu'il avait même d'abord audacieusement fixée au 4 avril), il a expédié ici le sieur de Monteron, qui n'apportait ni dépêches, ni lettres ; mais il était chargé de parler aux ministres d'Autriche, de France et de Russie ; de savoir quelles étaient les dispositions définitives de l'Autriche, de commenter la lettre de Bonaparte aux souverains et celle de Caulaincourt aux ministres, enfin de voir si quelque intrigue pouvait se lier.

« Ces ministres ont répondu tous ensemble au comte de Monteron, en lui montrant la déclaration du 13, le traité du 25 et l'état officiel des troupes que chaque puissance de l'Europe met en mouvement.

« Le sieur de Monteron a eu ordre de repartir sur-le-champ.

« Un autre émissaire avait été expédié aussi de Paris, peu après le sieur de Monteron, également dirigé sur Vienne : c'est le sieur de Flahaut ; mais celui-ci a encore été moins heureux que le sieur de Monteron. Le roi de Wurtemberg l'a fait arrêter à Stuttgard et reconduire à la frontière.

« On assure que Bonaparte l'avait chargé de lettres (sans doute la lettre autographe aux souverains) pour l'empereur de Russie, pour le roi de Prusse, pour le roi de Saxe, pour l'archiduchesse Marie-Louise, pour les ministres de France (on croit que ces dernières étaient des lettres de rappel). »

Ainsi, s'il existait en Europe un concert unanime pour détruire l'œuvre conçue par Napoléon, il y avait des nuances dans la manière d'exécuter les actes du congrès. Lord Castlereagh présenta immédiatement au Parlement le bill de subsides [1] ; il le fit avec sa lucidité habituelle, « annonçant que lord Clancarty avait conclu à Vienne, au nom de son gouvernement, une convention [2] par laquelle l'Angleterre, d'après les bases des traités existants, s'engageait à fournir des subsides fixés sur le pied des arrangements de Chaumont, à savoir : 50,000 liv. sterl. par 1,000 hommes ; et comme l'objet commun était ici du plus haut intérêt, lord Castlereagh déclara au Parlement que les puissances ne se borneraient pas seulement à mettre sur pied les troupes stipulées par le traité de Chaumont ; 250,000 Russes devaient être à Nuremberg à la fin de juillet ; la Prusse aurait 200,000 hommes sous les armes, l'Autriche 300,000, et les subsides ne seraient pas donnés en rapport de ces masses d'hommes, mais dans les proportions limitées par les traités antérieurs, à raison de 150,000 hommes par puissance, le reste resterait à la charge de chacun des gouvernements engagés. »

---

[1] Le comte de Liverpool dans la Chambre des pairs, et lord Castlereagh dans celle des communes, présentèrent le message suivant :

« S. A. R. le prince-régent, agissant au nom et de la part du roi, juge à propos d'informer ses fidèles Communes qu'en conséquence d'événements qui ont eu lieu récemment en France, en contravention aux traités conclus à Paris dans le cours de l'année dernière, Son Altesse Royale a jugé nécessaire, de concert avec les alliés de Sa Majesté, de former des engagements contre l'ennemi commun, pour prévenir le retour d'un système dont l'expérience a prouvé l'incompatibilité avec la paix et la sûreté de l'Europe. Son Altesse Royale a ordonné que des copies des traités conclus avec les alliés fussent mises sous les yeux de la Chambre pour son instruction, et elle compte fermement que ses fidèles Communes lui prêteront leur appui et la mettront en état d'en remplir les stipulations, et de prendre, conjointement avec ses alliés, des mesures qui seront indispensables dans cette importante affaire. »

[2] *Convention additionnelle au traité du 25 mars 1815, conclue à Vienne le 30 avril suivant.*

« S. M. Britannique s'engage à fournir un subside de 5 millions sterling pour le ser-

L'opposition de la Chambre des lords, par l'organe de lord Grey, demanda quel était le but de la guerre, et si un seul homme devait nécessiter de si grands armements? « Quel droit avait-on de se mêler du gouvernement de la France? » Et il ajouta avec un ton railleur que « s'il prenait fantaisie à cette nation d'élire Barrère, Fouché, Caulaincourt ou Carnot pour empereur, l'Angleterre n'avait rien à y voir, puisque la France offrait de maintenir le traité de Paris. » Lord Liverpool répondit : « que les événements récemment arrivés en France avaient paru à toute l'Europe en opposition directe avec les stipulations signées à Paris au mois de mai 1814, et que l'Angleterre, de concert avec ses alliés, avait cru indispensable de prendre des mesures contre l'ennemi commun. »

Aux Communes, lord Castlereagh emporta le vote à une majorité de deux cent cinquante-huit voix contre trente-neuf. Toutefois, lorsque les subsides eurent été votés avec une grande largesse, et qu'il s'agit de ratifier les conventions signées à Vienne, lord Castlereagh, pour se conformer à l'esprit de la Constitution anglaise de 1688, fit suivre l'acte de ratification du traité de subsides d'un *memorandum* très significatif qui exprimait le sens

vice de l'année finissant au 1er avril 1816, pour être divisés en égales portions entre les trois puissances, savoir : entre S. M. le roi de Prusse, S. M. l'empereur d'Autriche, roi de Bohême et de Hongrie, et S. l'empereur de toutes les Russies.

« Le subside stipulé ci-dessus de 5 millions sterling sera payé à Londres, par appoints, par mois, et en égale portion, aux ministres des puissances respectives, dûment autorisés à recevoir lesdites sommes. Le premier paiement sera dû à dater du 1er mai prochain, et il devra avoir lieu immédiatement après l'échange des ratifications de la présente convention additionnelle. Dans le cas où la paix aurait lieu, et serait signée entre les puissances alliées et la France avant l'expiration de la susdite année, le subside, calculé sur l'échelle de 5 millions sterling, sera payé à la fin du mois dans lequel le traité définitif aura été signé, et S. M. Britannique promet de plus de payer à la Russie quatre mois, et à l'Autriche ainsi qu'à la Prusse deux mois en sus du subside stipulé, pour couvrir les frais du retour de leurs troupes dans leurs propres frontières.

« La présente convention additionnelle aura la même force et le même effet que si elle était insérée mot pour mot dans le traité du 25 mars.

« En foi de quoi, etc. »

et la portée de la guerre[1] : « Il dut être entendu que l'Angleterre ne voulait point imposer à la nation française une forme de gouvernement quelconque; elle pouvait désirer le rétablissement de Sa Majesté Très Chrétienne, elle croyait la restauration de Louis XVIII un événement de nature à préparer la paix générale ; mais elle n'en faisait pas une condition essentielle de tout arrangement ultérieur. Le seul but de la guerre, c'était de préparer la chute du système établi par Napoléon, et de réprimer les infractions aux traités de Fontainebleau et de Paris. »

Ce *memorandum* du cabinet britannique répondait aux griefs de l'opposition anglaise, qui ne comprenait pas une guerre dont le but était, selon elle, d'imposer une forme de gouvernement à une nation étrangère, et surtout une restauration à la manière des Stuarts, si antipathique à l'aristocratie anglaise. Communiqué par lord Clancarty à M. de Metternich, ce *memorandum* devint l'objet de nombreux commentaires ; le chancelier autrichien en comprit la portée, et il y adhéra par un acte rédigé, sinon dans les mêmes termes, au moins avec le même esprit. Dans cette démarche, le but du prince de Metternich était simple : il voulait ouvrir toutes les chances à des négociations diplomatiques avec les partis

---

[1] *Angleterre. — Memorandum. — Bureau des affaires étrangères. — Du 25 avril 1815.*

« Il a été ordonné de ratifier le traité dont la substance a été donnée ci-desus, et il a été notifié, de la part du prince-régent aux hautes parties contractantes, que telle était la volonté de Son Altesse Royale, agissant pour et au nom de Sa Majesté, que lesdites ratifications soient échangées en due forme contre les actes semblables de la part des puissances respectives, sous une déclaration explicative de la teneur suivante, quant à l'article 8 dudit traité :

« *Déclaration.* — « Le soussigné, en échangeant les ratifications du traité du 25 mars dernier de la part de sa cour, en a reçu l'ordre de déclarer que l'article 8 dudit traité, par lequel Sa Majesté Très Chrétienne est invitée à y acceder sous certaines stipulations, doit être entendu comme liant les parties contractantes sous des prin-

en France; s'il avait proclamé la nécessité inflexible d'une restauration bourbonienne, M. de Metternich s'interdisait par là toute négociation pour la régence avec le parti impérialiste, pour la République même, avec les jacobins, et enfin toute chance qui pouvait résulter favorable à la branche cadette des Bourbons. M. de Metternich s'exprimait donc d'une manière nette et précise sur l'esprit et la tendance de la guerre qu'on allait entreprendre : « Le soussigné, ministre d'État et des affaires étrangères de S. M. l'empereur d'Autriche, ayant informé son auguste maître des communications à lui faites par lord Castlereagh, concernant le huitième article du traité du 25 mars dernier, a reçu l'ordre de Sa Majesté de déclarer que l'interprétation donnée à cet article par le gouvernement britannique est entièrement conforme aux principes sur lesquels Sa Majesté Impériale se propose de régler sa politique dans le cours de la guerre actuelle. L'empereur, quoique irrévocablement résolu à diriger tous ses efforts contre l'usurpation de Napoléon Bonaparte, ainsi que cet objet a été exprimé dans le troisième article dudit traité, et à agir avec ses alliés dans le plus parfait concert, est néanmoins convaincu que le devoir qui lui est imposé par l'intérêt de ses sujets et par ses propres principes ne lui permettra pas de pour-

cipes de sécurité mutuelle, à un commun effort contre la puissance de Napoléon Bonaparte, en exécution de l'article 3 dudit traité; mais qu'il ne doit pas être entendu comme obligeant Sa Majesté Britannique à poursuivre la guerre dans la vue d'imposer à la France aucun gouvernement particulier. Quelque sollicitude que le prince-régent doive apporter à voir Sa Majesté Très Chrétienne rendue au trône, et quelque désir qu'il ait de contribuer, conjointement avec ses alliés, à un événement aussi heureux, il se croit néanmoins appelé à faire cette déclaration au moment de l'échange des ratifications, tant par considération de ce qui est dû aux intérêts de Sa Majesté Très Chrétienne en France, que conformément aux principes sur lesquels le gouvernement anglais a réglé invariablement sa conduite. »

Signé, le vicomte de Castlereagh.

suivre la guerre pour imposer à la France un gouvernement quelconque; quel que soit le vœu que forme Sa Majesté Impériale l'empereur pour voir replacer sur le trône Sa Majesté Très Chrétienne, et quel que soit son constant désir de contribuer, conjointement avec ses alliés, à atteindre un but aussi désirable, Sa Majesté a cru juste de répondre par cet éclaircissement à la déclaration que Son Exc. lord Castlereagh a remise lors de l'échange des ratifications du traité, laquelle déclaration le soussigné est pleinement autorisé à accepter[1]. »

Sincère ou non, l'acte diplomatique du prince de Metternich avait pour effet de diviser profondément les partis en France, de soulever les espérances contre Napoléon, et de démontrer que l'Empereur était le seul obstacle à la paix générale : une fois le dictateur abattu, l'on viendrait facilement à bout de la Révolution en lui imposant une forme régulière de gouvernement; ainsi raisonnaient les hommes habiles de la diplomatie européenne. En même temps, il se manifestait en Allemagne un esprit énergiquement national qui voulait donner à

---

[1] En même temps, l'*Observateur autrichien* publiait un article curieux sur le gouvernement de Bonaparte :

« Rien de plus remarquable que les efforts du gouvernement de Napoléon pour persuader au public, tant à Paris que dans le reste de la France, que la déclaration des puissances du 13 mars est une pièce supposée, et qu'elle a été fabriquée à Paris. C'est une preuve que cette déclaration, malgré toutes les mesures du gouvernement, est très répandue dans la capitale, et que le gouvernement aurait le plus grand intérêt à faire croire au peuple que l'événement qui a ramené momentanément Napoléon aux Tuileries a eu lieu de concert avec les puissances de l'Europe, ou du moins par la connivence de quelques-unes d'entre elles.

« La manière solennelle et décisive dont la déclaration prononce qu'il n'y a *point de paix avec Bonaparte*; la perspective évidente, même pour lui, des maux incalculables que son retour va répandre de nouveau sur la France, après une courte jouissance du repos qu'elle avait si longtemps désiré; l'idée que ce funeste présage est inséparable de son nom dans tous les esprits, tels sont les motifs qui déterminent le souverain du moment à ne rien épargner pour faire ignorer aussi longtemps que possible, à une partie du peuple français, la proscription fatale dont l'Europe l'a frappé. »

la guerre une direction de conquêtes et d'agrandissement pour la nationalité germanique [1].

Les sentiments des cabinets du second ordre en Allemagne avaient été unanimes contre Napoléon, le créateur pourtant de leur puissance; il n'avait pas été besoin de l'action diplomatique de la Prusse et de l'Autriche pour jeter dans la coalition les cours de Stuttgard et de Munich; à elle seule, la Bavière avait mis sous les armes 60,000 hommes; le roi de Wurtemberg était le plus chaud, le plus rude partisan de la coalition; les villes libres d'Allemagne, les principautés de troisième ordre, rivalisaient d'ardeur; et, comme il arrive toujours lorsqu'une guerre se fait nationale en Europe, les peuples avaient pris parti pour les cabinets. Il parut alors d'étranges publications qui annonçaient les desseins de l'Allemagne contre la France; les pamphlets des universitaires annonçaient : « que le peuple allemand avait été trop bon, trop généreux en 1814, en n'arrachant pas à la France les terres usurpées par les rois Louis XIV et Louis XV, c'est-à-dire, l'Alsace et la Lorraine. Puisqu'une nouvelle circonstance se présentait où l'Europe allait reprendre les armes,

---

[1] Le prince Blücher, avant son départ de Berlin, adressa la proclamation suivante à l'armée :

« Camarades ! S. M. le roi de Prusse a daigné me confier de nouveau le commandement suprême de l'armée. J'apprécie cette faveur avec la plus grande reconnaissance. Je me réjouis de vous revoir, de vous retrouver au champ d'honneur, préparés à un nouveau combat, pleins de nouvelles espérances. Il nous est donné encore une fois de combattre pour la grande cause, pour la paix générale. Je vous souhaite du bonheur.

« La carrière de la gloire vous est de nouveau ouverte; l'occasion se présente d'accroître, par de nouveaux faits, la réputation militaire que vous avez acquise. Placé à votre tête, je suis assuré d'un succès glorieux et certain. Rendez-moi dans cette nouvelle lutte la confiance que vous m'avez montrée dans celle qui l'a précédée, et je suis convaincu que nous étendrons glorieusement la série de vos brillants faits d'armes. »

Extrait d'une proclamation du roi de Prusse.

« J'ai ordonné un armement général qui sera effectué dans tous mes États suivant mon ordonnance du 13 septembre 1814.

il fallait que les leçons du passé profitassent à l'Allemagne. « En avant, peuple généreux, disaient les pamphlétaires, une noble époque est arrivée, les Germains doivent se venger des Francs, les refouler au-delà de la Moselle et des Vosges, leur frontière naturelle. Pour nous, le Rhin est un fleuve allemand, ses flots ne doivent couler que dans des terres germaniques. » Ces idées populaires en Allemagne, qui s'étaient réveillées à toutes les époques, étaient secondées par la Prusse spécialement, qui cherchait avantage dans un remaniement européen : elle n'avait pas obtenu, selon elle, une suffisante indemnité en 1814. Les édits du roi Frédéric-Guillaume invoquaient encore tous les souvenirs patriotiques de 1813 ; le roi parlait aux universitaires, aux jeunes hommes ; il leur donnait rendez-vous au champ d'honneur, où ils paraîtraient avec leurs priviléges d'université et leurs anciens grades dans l'armée ; Blücher surtout rappelait les beaux jours de la patrie allemande.

Le comte de Lovenheim avait signé les déclarations du 13 et du 25 mars au nom de la Suède, et par cet acte il avait engagé Bernadotte ; mais le prince royal n'était nullement décidé à entrer dans la coalition ; mécontent

---

L'armée permanente sera mise au complet, les divisions des chasseurs volontaires seront formées, et la landwehr sera convoquée. La jeunesse des conditions plus cultivées, qui a achevé sa vingtième année, aura le choix ou d'entrer dans la landwehr de la première levée ou dans les corps de chasseurs de l'armée de ligne ; tout jeune homme arrivé à l'âge de dix-sept ans accomplis, que ses forces corporelles rendent capables de supporter les fatigues de la guerre, pourra entrer dans tel corps qui sera de sa convenance. Je fais publier pour cet effet une ordonnance spéciale, et les corps de chaque province sont chargés de porter à la connaissance du public, par le moyen d'un avertissement, la formation des corps particuliers, ainsi que de la landwehr.

« Vous allez, armés avec toute l'Europe, entrer de nouveau en lice contre Napoléon Bonaparte et ses partisans. Allons, combattez courageusement avec l'aide de Dieu pour la tranquillité du monde, pour le maintien de l'ordre, pour la conservation de la morale, pour votre roi et pour votre patrie. »

Vienne, le 7 avril.
Signé, Frédéric-Guillaume
(alors au congrès).

des alliés en 1814, les alliés n'étaient pas satisfaits à leur tour de la conduite de Bernadotte; on lui opposait bien des griefs dans les dernières campagnes [1]. Depuis le passage du Rhin, il s'était séparé de la coalition, et on le savait bien. Bernadotte venait d'achever la conquête de la Norwége, et il pouvait prendre le prétexte de son organisation pour ne point seconder activement les alliés dans une guerre contre la France. Déjà Napoléon s'était mis en rapport secrètement avec lui; Carnot n'était-il pas son vieil ami sous la République? M. Rousselin Saint-Albin avait été secrétaire de Bernadotte, et il l'était de Carnot. C'eût été pour Bonaparte une grande diversion si ses deux lieutenants, Bernadotte au Nord, et Murat au Midi, avaient agi sur les deux flancs de la coalition en 1815. Mais les événements marchèrent trop vite pour que rien de tout cela pût s'accomplir.

Si la Suède agissait timidement, le roi d'Espagne au contraire se prononçait avec beaucoup d'énergie contre Bonaparte : c'était une affaire de famille; et M. de Cevallos, le ministre de Ferdinand, lançait un de ces manifestes en style pompeux et déclamatoire que l'Espagne

---

[1] En 1814, Bernadotte avait affecté de ne vouloir pas prendre part aux opérations militaires des alliés dès qu'elles eurent lieu sur la rive gauche du Rhin. Arrivé à Cologne, après avoir conclu le traité de Kiel, il y publia, le 12 février, une proclamation où, après s'être vanté de ses exploits sur les bords de ce fleuve lorsqu'il y commandait des troupes françaises, il protestait n'avoir combattu que pour la délivrance de l'Allemagne, former des vœux pour la conservation de la France, et n'aspirer qu'aux moyens de contribuer au bonheur de ses anciens compatriotes. Quel que fût l'objet réel de cette proclamation, il parut chercher à en attendre l'effet, en demeurant un mois entier dans l'inaction, bien loin de secourir les alliés, dont il semblait même désirer moins les succès que la perte. Il entretenait, durant cette campagne, des relations avec Joseph Bonaparte, et à Liége, où il resta six semaines, il reçut un agent secret de ce dernier, qu'il renvoya avec des présents et de très belles paroles. Enfin, il n'arriva à Bruxelles qu'après l'occupation de Paris, et se rendit alors dans cette capitale. Là, frustré de ses secrètes espérances, et objet à la fois de l'animadversion des Français qu'il avait combattus, comme de celle des souverains qu'il avait servis mollement et à regret, il sentit tout le faux de sa position et se hâta de retourner en Suède.

jette à la face de ses ennemis depuis l'invasion des Maures. Ferdinand VII avait pris en Espagne la plénitude de l'autorité, il avait secoué les Cortès, bouleversé tous les droits des patriotes, et il portait une antipathie profonde à toutes les institutions libérales. Dans ce manifeste, Bonaparte était insulté; on soulevait contre lui, une fois encore, les haines nationales, et il n'était pas douteux qu'une armée anglo-portugaise et espagnole paraîtrait sur les frontières du Midi pour soulever les populations, tandis que les Sardes et les Piémontais envahiraient la Provence [1].

Au milieu de cette agitation générale de l'Europe, de cet armement spontané, universel, Murat commit l'imprudence de commencer une campagne d'Italie. Il avait appris les démarches de M. de Talleyrand au congrès pour substituer à son pouvoir la royauté de Ferdinand de Sicile et le pacte de famille des Bourbons ; le prince de Campo-Chiaro, son ambassadeur à Vienne, l'avait prévenu de toutes ces intrigues, et dès ce moment Murat, malheu-

---

[1] *Extrait d'un manifeste du roi d'Espagne.*

« La justice, la prudence, la nécessité de la défense et la religion ordonnent cette guerre pour délivrer la France du joug sous lequel elle gémit, et pour conquérir le repos et la tranquillité du monde. Les conseils de l'ambition n'ont eu aucune influence dans un tribunal aussi auguste. La France ne sera point démembrée, elle conservera ses provinces et ses places ; ses limites seront religieusement respectées ; et pour que les armées auxiliaires n'y mettent point le pied, la France n'a besoin que de réfléchir à l'outrage fait à sa dignité nationale, et qui la rend le jouet des factions ; qu'elle se répète qu'une nation est esclave du moment où elle perd les rois nommés par les lois fondamentales, et que si elle voyait avec une apathique indifférence un roi, père de ses peuples, remplacé par un monstre nourri de sang humain, elle se couvrirait d'une honte ineffaçable.

« Je connais mes droits, je sais que je puis déclarer et faire la guerre. Je suis certain que mes sujets se reposent dans la confiance qu'un roi qui a fondé son bonheur sur celui de son peuple ne peut entreprendre la guerre sans une véritable peine. Mais j'ai voulu m'appuyer de la force de la conviction pour paraître juste aux yeux des nations, pour animer la valeur de mes troupes, stimuler la générosité des souverains, et pour que, la guerre étant sanctifiée, tous espèrent dans celui qui accorde les victoires.

« De mon palais de Madrid, le 2 de mai 1815. »

Signé, Ferdinand.

reusement excité, commença la guerre. Le temps ne pouvait être plus déplorablement choisi; pourquoi ne pas attendre le mouvement militaire de Napoléon? pourquoi ne pas agir simultanément? Murat alors, opérant une diversion aux forces de l'Autriche, aurait rendu de grands services. Mais Joachim, plein d'impatience, voulait marcher aux Alpes à vol d'aigle, avec l'idée fixe qu'il pouvait traverser l'Italie en roi; pauvre tête, qui voulait toujours imiter Napoléon [1]! Il s'imaginait que les patriotes le seconderaient, et qu'avec ses Napolitains, troupes faibles et efféminées, il pourrait passer sur le corps des Autrichiens, ces Tudesques de fer qui, depuis les empereurs de la race de Souabe, avaient toujours dominé l'Italie. Aussi, la marche des Autrichiens fut-elle prompte, rapide, et leurs succès décisifs; à peine Joachim avait-il envahi les légations romaines et touché la Toscane, que les Napolitains épouvantés fuirent de toute part; le maréchal de Bellegarde, le général Bianchi, le lieutenant comte de Neipperg, le comte de Frimont, at-

---

[1] M. de Talleyrand travaillait avec constance contre Murat depuis l'ouverture du congrès. Voici la copie d'une dépêche au vicomte Castlereagh :

« Milord,

« Vous désirez que je vous fasse connaître quelle est mon opinion sur la manière dont je pense que les affaires de Naples doivent être réglées au congrès; quant à la nécessité de les régler, c'est un point sur lequel il ne peut y avoir un moment d'incertitude dans vos idées comme dans les miennes, car ce serait un sujet de reproche, et je dirai même d'une honte éternelle, si le droit de souveraineté sur un ancien et beau royaume comme celui de Naples était contesté, si l'Europe, unie pour la première fois, et probablement pour la dernière, en un congrès général, laissait indécise une question de cette nature, en sanctionnant en quelque sorte l'usurpation par son silence, et en paraissant approuver l'opinion que le droit le plus juste est celui de la force. Je n'ai pas besoin de parler à Votre Excellence des droits de Ferdinand IV; l'Angleterre n'a jamais cessé de les reconnaître. Dans la guerre dans laquelle il a perdu Naples, l'Angleterre était son alliée. Elle l'a été depuis, et elle l'est encore. Elle n'a jamais reconnu le titre que la personne qui gouverne maintenant à Naples a pris, ni le droit que ce titre suppose. C'est pourquoi, en concourant à assurer les droits du roi Ferdinand IV, l'Angleterre n'a qu'une chose simple à faire, qui est de déclarer au congrès, ce qu'elle a toujours reconnu, que Ferdinand IV est le légitime souverain du royaume de Naples.

« Peut-être l'Angleterre, ci-devant l'alliée de Ferdinand IV, désirerait-elle l'être en-

taquèrent à la fois les corps d'armée de Murat, et les Napolitains se débandèrent au premier feu, comme les troupeaux des Apennins devant les loups de la montagne. Deux engagements suffirent pour en finir avec la royauté de Murat;[1] elle tomba dans la poussière, sans plus laisser trace que la puissance de Mazaniello, le roi des Lazzaroni ; Joachim ne vit Naples que pour fuir en proscrit, et subir les reproches d'une femme altière, qui avait foi dans son diadème, et l'avait compromis par ses intrigues. Murat vint chercher refuge en France ; il débarquait à Toulon lorsqu'on discutait l'Acte additionnel au Champ-de-Mai.

Ainsi tomba la dernière royauté napoléonienne, la seule qui avait survécu à l'Empire. Murat, s'imaginant qu'il pouvait exister sans l'Empereur, avait voulu singer le roi légitime ; et lorsque l'Europe fut raffermie, on le repoussa du sein des monarchies européennes. Ferdinand VII, de la maison de Bourbon, fut restauré sur le trône de Naples ; la pensée de M. de Talleyrand était accomplie, il voulait reconstituer le pacte de famille, rattacher les grands liens de l'œuvre de Louis XIV ; Naples revit ses princes, et les salua de ses acclamations tumultueuses. Sous le point de vue militaire, la chute

core? Peut-être peut-elle croire qu'il est de son honneur de l'aider de toutes ses forces pour lui faire reconquérir la couronne dont il avait été reconnu le souverain? Mais ce n'est pas là une obligation qui puisse être attachée à l'action de reconnaître purement et simplement les droits de ce prince, parce que cette action de reconnaître un droit ne renferme naturellement d'autre obligation que celle de ne rien faire qui soit contraire à ce droit, et de ne soutenir aucune prétention qui puisse être élevée contre lui : elle ne renferme point l'obligation de combattre pour sa défense. »

[1] L'illusion de Murat était complète ; il croyait soulever l'Italie. Voici ce qu'il disait dans sa proclamation datée de Rimini, le 31 mars 1815 :

« Italiens, le moment est venu où de grandes destinées doivent s'accomplir. La Providence vous appelle enfin à devenir un peuple indépendant ; un seul cri retentit des Alpes jusqu'au détroit de Scilla : l'indépendance de l'Italie ! De quel droit des étrangers veulent-ils vous ravir votre in-

de Murat, événement heureux pour la coalition, permettait de disposer de 80,000 Autrichiens, qui de l'Italie pouvaient s'avancer sur les Alpes, et concourir avec 40,000 Piémontais à une grande expédition dans le Midi. On aurait dit que l'époque napoléonienne était finie, et que la chute de Joachim précédait celle de Bonaparte. Le lieutenant tombait avant le général; il le précédait dans les tristes jeux de la fortune.

L'habitude de M. de Metternich est toujours de justifier les actes militaires par des raisonnements écrits et des dissertations politiques; l'esprit allemand l'exige ainsi. Une guerre ne devient là nationale que lorsqu'elle est juste, conforme aux règles de la raison, du bon sens, et j'oserai dire de la philosophie; quand on a convaincu le peuple allemand, alors seulement il vous prête appui. La délibération du conseil d'État sur l'acte du congrès du 15 mars, parfaitement rédigée, était parvenue à Vienne; M. de Metternich jugea nécessaire d'en préparer la réfutation raisonnée, et l'on chargea de cette œuvre M. de Gentz, l'homme littéraire et d'esprit; il s'agissait de prendre une à une les questions posées par le conseil d'État, de les réfuter logiquement, et d'examiner si le succès de l'entreprise de Napoléon, en pleine

dépendance, le premier droit et le premier bienfait de tous les peuples?...

« Jadis maîtres du monde, vous avez expié cette funeste gloire par une oppression de vingt siècles. Aujourd'hui, que notre gloire soit de n'avoir plus de maîtres... 80,000 Italiens accourent à vous, sous le commandement de votre roi. Ils jurent de ne pas se reposer que l'Italie ne soit libre. Italiens de toutes les contrées, secondez leurs efforts magnanimes!... Que ceux qui ont porté les armes les reprennent! que la jeunesse inaccoutumée s'exerce à les manier! que tous les amis de la patrie élèvent une voix généreuse pour la liberté!...

« L'Angleterre pourrait-elle vous refuser son suffrage, elle dont le plus beau titre de gloire est de répandre ses trésors et son sang pour la liberté des peuples?...

« Je fais un appel à tous les braves pour qu'ils viennent combattre avec moi; je fais un appel à tous les hommes éclairés, pour que, dans le silence des passions, ils préparent la constitution et les lois qui désormais doivent régir l'heureuse et indépendante Italie! »

possession du pouvoir à Paris, avait changé les bases de la déclaration du 13 mars.

Tel fut l'objet d'un protocole inséré au procès-verbal à la suite d'une conférence du 12 mai à Vienne. On posa comme question s'il serait nécessaire d'ajouter quelque chose à la déclaration qui proscrivait Bonaparte; et il fut reconnu que la position nouvelle de Napoléon ne changeait en aucune manière la situation des puissances vis-à-vis de lui; il avait usurpé le titre d'Empereur des Français, auquel il avait renoncé par la convention de Fontainebleau. « Un homme qui, en abusant de la bonne foi des souverains, avait rompu un traité solennel; un homme enfin qui, en rappelant sur la France, heureuse et tranquille, tous les fléaux de la guerre intérieure, et sur l'Europe, au moment où les bienfaits de la paix devaient la consoler de ses longues souffrances, la triste nécessité d'un nouvel armement général, était regardé à juste titre comme l'ennemi implacable du bien public. Tels avaient été l'origine et les motifs de la déclaration du 13 mars, continuait M. de Gentz; déclaration dont la justice et la nécessité ont été universellement reconnues, et que l'opinion générale a sanctionnée : les événements qui ont conduit Bonaparte à Paris, et qui lui ont rendu pour le moment l'exercice du pou-

[1] « La commission croit devoir rappeler, disait M. de Gentz, que l'homme qui, en offrant aujourd'hui de sanctionner le traité de Paris, prétend substituer sa garantie à celle d'un souverain dont la loyauté était sans tache et la bienveillance sans mesure, est le même qui, pendant quinze ans, a ravagé et bouleversé la terre pour trouver de quoi satisfaire son ambition, qui a sacrifié des millions de victimes et le bonheur d'une génération entière à un système de conquêtes; que des trêves, peu dignes du nom de paix, n'ont rendu que plus accablant et plus odieux; qui, après avoir, par des entreprises insensées, fatigué la fortune, armé toute l'Europe contre lui et épuisé tous les moyens de la France, a été forcé d'abandonner ses projets, et a abdiqué le pouvoir pour sauver quelques débris de son existence; qui, dans un moment où les nations de l'Europe se livraient à l'espoir d'une tranquillité durable, a médité de nouvelles catastrophes, et, par une double perfidie envers les puissances qui l'avaient trop gé-

voir suprême, ont, sans doute, changé de fait la position dans laquelle il se trouvait à l'époque de son entrée en France ; mais ces événements, amenés par des intelligences criminelles, par des conspirations militaires, par des trahisons révoltantes, n'ont pu créer aucun droit ; ils sont absolument nuls sous le point vue légal, et pour que la position de Bonaparte fût essentiellement et légitimement changée, il faudrait que les démarches qu'il a faites pour s'établir sur les ruines du gouvernement renversé par lui eussent été confirmées par un titre légal quelconque, et c'est ce qu'il n'avait pas. »

Ensuite, les plénipotentiaires se demandaient si l'offre faite par Bonaparte de sanctionner le traité de Paris pouvait changer les dispositions des puissances à son égard ? A cela le congrès répondait que « jamais les puissances n'auraient consenti avec Napoléon les conditions qu'elles avaient souscrites avec les Bourbons »; parce que, comme le disait le traité de Paris, « les Bourbons, en offrant à l'Europe un gage de sécurité et de stabilité, la dispensaient d'exiger de la France les garanties qu'elle lui aurait demandées sous son ancien gouvernement. » (Expressions qu'on doit remarquer pour toute l'histoire des négociations diplomatiques.) Cette clause est inséparable du traité de Paris ; l'abolir, c'est rompre ce traité. Le con-

---

néreusement épargné, et envers un gouvernement qu'il ne pouvait atteindre que par les plus noires trahisons, a usurpé un trône auquel il avait renoncé, et qu'il n'avait jamais occupé que pour le malheur de la France et du monde. Cet homme n'a d'autre garantie à proposer à l'Europe que sa parole. Après la cruelle expérience de quinze années, qui aurait le courage d'accepter cette garantie ? et si la nation française a réellement embrassé sa cause, qui respecterait davantage la caution qu'elle pourrait offrir ?

« L'opinion de l'Europe s'est énoncée dans cette grande occasion d'une manière bien positive et bien solennelle ; jamais les vrais sentiments des peuples n'ont pu être plus exactement connus et plus fidèlement interprétés que dans un moment où les représentants de toutes les puissances se trouvaient réunis pour consolider la paix du monde. »

sentement formel de la nation française au retour de Bonaparte sur le trône équivaut à une déclaration de guerre contre l'Europe; car l'état de paix n'a subsisté entre l'Europe et la France que par le traité de Paris, et le traité de Paris est incompatible avec le pouvoir de Bonaparte. »

Cette nouvelle déclaration du congrès était signée par le prince de Metternich et le baron de Wessemberg, pour l'Autriche; par M. de Labrador, pour l'Espagne; les plénipotentiaires français étaient toujours MM. de Talleyrand, le duc de Dalberg et le duc de Noailles, qui avaient mis beaucoup d'insistance à y apposer leur signature; la Grande-Bretagne était représentée par les lords Clancarty, Cathcart et Stewart; le Portugal, par M. de Palmella; la Prusse, par MM. de Hardenberg et de Humboldt; la Russie, par les comtes de Rasumowsky, Stackelberg et Nesselrode; la Suède, par le comte de Lewenheim; et comme pour donner plus d'unanimité et d'universalité à cette déclaration, en constatant qu'elle émanait non seulement des grandes puissances, mais encore des États du second ordre, elle était signée par les représentants de la Bavière, du Danemarck, du Hanovre, des Pays-Bas, de la Sardaigne, de la Saxe, du Wurtemberg. Pour la première fois, les Bourbons des Deux-Siciles paraissaient comme signataires au congrès, et le commandeur de Ruffo apposait son sceau en qualité de ministre de Ferdinand VII.

Aucun des États ne manquait à ce triste appel contre la France. Toutes les puissances, grandes et petites, en Europe, adhéraient à un plan offensif contre Napoléon; les mesures militaires les plus vigoureuses étaient prises, et ce fut alors que le prince de Schwartzenberg traça de sa main le plan de campagne que les alliés devaient adopter pour une invasion rapide et simultanée en France. Cette opinion, tout à la fois politique et militaire, signale la tendance du cabinet de Vienne. « A l'ouverture de cette campagne, disait le prince [1], l'Autriche doit partir de certains principes généraux. Le but de cette guerre est le repos et la sécurité de l'Europe, menacée par le caractère hardi et entreprenant d'un chef, et par une armée désordonnée. Les forces qu'on a destinées à cette entreprise peuvent être au moins évaluées au double de celles qui leur sont opposées par le chef des Français. Elles ne peuvent donc se trouver en infériorité que dans les cas suivants : si, en se divisant trop, elles offraient à l'ennemi une résistance trop faible sur de certains points, et l'occasion de réunir avantageusement ses moyens d'agression; si, en se resserrant trop, elles formaient un colosse immobile qui n'aurait pas le moyen de se développer, et entraînerait même l'impossibilité de pourvoir aux subsistances; si une partie des armées se portait en avant avec trop de précipitation, et sans avoir suffisamment assuré ses communications contre les mouvements qui seraient à redouter de la part des habitants du pays, dans le cas où ceux-ci seraient appuyés par les garnisons des forteresses qu'on serait obligé de laisser en arrière. Détruire l'armée et son chef est donc le premier but de cette guerre; éviter les dangers sus-mentionnés en est le second. Il serait dangereux de se laisser aller à des illusions flatteuses : le temps qui pouvait être favorable à un projet d'invasion est déjà passé, les armées des alliés étant généralement trop éloignées des frontières de la France. Les moyens de résistance des Français sont nombreux, et

---

[1] Cette opinion si remarquable est datée de Vienne, 20 avril 1815.

nous ne pourrons espérer de les combattre avec avantage qu'autant que nous nous attacherons à opposer un grand esprit d'ordre militaire et l'accord le plus parfait dans nos mesures, au principe de désordre que Napoléon ne manquera pas de mettre en usage contre nous. Ces considérations nous portent à établir les principes suivants : chacune des armées doit s'attacher à la base d'opération qui lui sera le plus naturelle. Toutes les armées doivent avoir un objet d'opérations commun à toutes, afin qu'elles puissent diriger tous leurs efforts vers un même point. La route qui conduit de la base à ce point d'opérations, doit être suffisamment assurée, soit par des retranchements, soit par l'établissement d'un corps de réserve. En un mot, l'armée doit se trouver dans la plus parfaite sécurité, quant à ses derrières. Il n'est pas probable que l'ennemi puisse opposer 400,000 hommes aux 800,000 que nous mettons en mouvement contre la France : il sera donc forcé, ou de diviser ses forces en adoptant un système de lignes étendues, ce qui ne peut manquer de le conduire à sa perte ; ou bien il réunira la moyenne partie de ses forces pour nous attaquer avec avantage sur un seul point. Les armées qui avancent doivent donc être disposées de manière qu'elles puissent contraindre l'ennemi à découvrir entièrement une partie de ses positions s'il était tenté d'agir offensivement de l'autre côté. Le moyen le plus efficace pour atteindre ce but serait de menacer différents points assez distants les uns des autres pour pouvoir, dans le cas où une de nos armées essuierait des revers, rétablir nos affaires en agissant avec vigueur d'un côté différent, empêcher l'ennemi de poursuivre ses avantages déjà acquis, et l'obliger peut-être à gagner un point opposé de son pays. Ce n'est qu'ainsi que celle de nos armées qui serait battue pourrait gagner le temps nécessaire pour prendre l'offensive, et que, même en admettant un second revers, l'ennemi finirait par succomber à la continuité de ses efforts. La base d'opérations naturelle à l'Autriche ne peut être que celle qui favoriserait, dans la ligne la plus directe, la communication de son armée d'Italie avec celle d'Allemagne, ainsi que le secours réciproque que ces deux armées pourraient se porter. Son aile droite est appuyée par la place de Mayence; sa gauche, par les gorges du Piémont; son centre, par celles de la Suisse. La base d'opérations de l'armée prussienne s'étend sur sa gauche jusqu'à Mayence; sa droite est couverte par l'armée anglaise, dont les opérations concertées avec les mouvements de la première ne peuvent être basées que sur la Hollande et les Pays-Bas. Voilà les bases naturelles qui s'offrent aux puissances mentionnées ci-dessus. Il n'y a que l'armée russe qui n'en aura pas dans cette guerre, attendu qu'elle se trouve à une trop grande distance de son pays[1]. La tâche qu'elle a à remplir se pré-

---

[1] Voici au reste les forces dont le prince de Schwartzenberg veut que les alliés puissent disposer :

« 1° Une armée combinée, autrichienne, sur le Haut-Rhin, forte de 165,000
« Corps de Bavarois. 60,000
« Wurtembergeois. 25,000
« Troupes de Bade. 16,000
«   — de Darmstadt. 8,000
« Armée autrichienne en Italie. 70,000
            « Total. 344,000

« 2° Armées prussienne et anglaise, consistant en :
« Hanovriens et Hollandais. 60,000
« Prussiens. 160,000
« Saxons et Hessois. 30,000
            « Total. 250,000
« 3° Armée russe forte de 200,000

« Les bases de ces armées sont données : leur objet d'opération est Paris et la masse de l'armée française partout où elle se présentera. En conséquence de ces principes, l'armée prussienne ferait un mouvement sur sa droite et l'armée autrichienne sur sa gauche aussitôt que l'armée russe serait arrivée.

« L'opération principale ne pourra cependant commencer avec avantage avant que 50,000 Russes aient rejoint l'armée de Prusse à Coblentz; et quand la tête de leur colonne sera arrivée, on sera à même de juger si c'est sur la droite que le corps anglo-prussien, ou sur la gauche que le corps autrichien aura le plus besoin de son appui. Tels sont les principes généraux sur lesquels il faut tomber d'accord avant d'entrer en campagne.

sente d'elle-même ; elle doit occuper le grand intervalle que la nature même des opérations des armées alliées autrichienne, anglaise et prussienne formera infailliblement. Elle doit être prête à porter des secours à celle d'entre les armées alliées qui en aurait besoin, non comme une armée de réserve, mais comme une armée placée sur la même ligne, afin de pouvoir se porter à droite ou à gauche suivant le besoin. »

Pour le développement de ce vaste plan militaire, les subsides ne manquaient pas ; le Parlement avait voté 5 millions de livres sterlings à répartir entre les cabinets ; la coalition ne laissait aucun vide, elle était unanime dans ses desseins, forte dans ses destinées militaires ; elle voulait marcher droit à son but, et ce concert européen était unanime, sans qu'il fût possible à la diplomatie de Bonaparte de détacher un petit anneau de cette chaîne indissolublement formée. De tristes nouvelles arrivaient ainsi à Paris ; on avait voulu dissimuler la nécessité d'une guerre générale ; chaque jour on annonçait les bonnes intentions de l'Autriche, l'arrivée du roi de Rome et de

« Quant aux détails des opérations et aux moyens plus propres à atteindre le but général, il faut s'en remettre à l'expérience des quatre généraux en chef ; mais eux-mêmes ne pourront les déterminer que quand leurs forces seront réunies et quand ils connaîtront celles des ennemis, et les positions qu'ils auront occupées.

« Ces principes généraux devraient être communiqués par les souverains respectifs aux quatre généraux en chef pour leur servir de direction générale. Il résulte toutefois de cet exposé qu'une opération offensive ne pourra être commencée avant le 16 juin. Quant à ce que l'ennemi pourrait entreprendre d'ici à cette époque, nous devrions suivre les mêmes principes que nous venons d'établir par rapport à l'offensive, c'est-à-dire, que tout corps de troupes attaqué avec supériorité pourrait se retirer sans se compromettre, jusqu'à ce que tous les autres eussent fait des démonstrations énergiques pour le dégager. Si peut-être des raisons majeures engagent S. M. l'empereur de Russie à désirer la réunion de toutes les forces russes sur un point, soit sur la droite, soit sur la gauche, sans accéder au détachement proposé de 50,000 hommes, on croit que cela ne contrarierait pas essentiellement les principes généraux établis dans ce mémoire, pourvu cependant que le total de cette armée occupât au plus tôt la position qu'on avait indiquée en première ligne à l'armée de 100,000 hommes. »

sa mère; les impérialistes faisaient circuler les bruits d'un rapprochement avec l'Angleterre par l'intermédiaire de lord Kaird et de M. de Flahaut, et les opérations de bourse s'en ressentaient par un peu de hausse.

Après toutes ces dissimulations plus ou moins ingénieuses, il fallut avouer la vérité. M. de Caulaincourt dut montrer enfin à Napoléon la nécessité de dire au pays l'état réel des négociations. Privé de son bras droit, de M. de Rayneval, resté auprès de M. de Talleyrand à Vienne, M. de Caulaincourt était un peu embarrassé de son rôle aux affaires extérieures; il se ressouvenait malgré lui du fatal congrès de Châtillon et de la déplorable position que Bonaparte lui avait faite à la face de l'Europe exigeante, impérative; il crut essentiel, pour couvrir sa responsabilité, de faire connaître officiellement l'état des relations de la France à l'étranger, tableau triste et assombri. Dans un premier rapport, M. de Caulaincourt exposa : « que la France voyait sans but et sans motif toutes ses relations brisées avec l'Europe[1]; les courriers avaient été arrêtés à Kelh, à Mayence, à Turin, et les dépêches saisies, contre le droit des gens, par les généraux des alliés; l'Angleterre venait, par un acte de son Parlement, d'armer des forces considérables. En Autriche, des colonnes immenses se précipitaient sur l'Italie; la Prusse remplissait ses cadres; la

---

[1] *Extrait d'un rapport fait à l'Empereur par M. de Caulaincourt. Du 12 avril 1815.*

« Vous avez, Sire, repris votre couronne le 1er du mois de mars. Il est des événements tellement au-dessus des calculs de la raison humaine, qu'ils échappent à la prévoyance des rois et à la sagacité de leurs ministres.

« Sur le premier bruit de votre arrivée aux rives de la Provence, les monarques assemblés à Vienne ne voyaient encore que le souverain de l'île d'Elbe, quand déjà Votre Majesté régnait de nouveau sur l'Empire français. Ce n'est que dans le château des Tuileries que Votre Majesté a pu apprendre l'existence de leur déclaration du 13. Les signataires de cet acte inexplicable avaient déjà compris d'eux-mêmes que Votre Majesté était dispensée d'y répondre.

« Cependant toutes les proclamations, toutes les paroles de Votre Majesté attes-

Sardaigne, de concert avec l'Angleterre, s'était emparée de Monaco; en Espagne, une armée allait se porter sur les Pyrénées; dans les Pays-Bas, on s'attendait à de grands rassemblements de troupes; ces armements, on ne pouvait se le dissimuler, avaient pour objet la France, et un seul homme en était le prétexte. « Ainsi, disait M. de Caulaincourt (et l'on devait reconnaître en ces paroles la pensée de l'Empereur), les Romains proscrivaient les Mithridate, les Nicomède, et ne couvraient de leur orgueilleuse protection que les Attalus et les Prusias qui, s'honorant du titre de leurs affranchis, reconnaissaient ne tenir que d'eux leurs États et leur couronne.

«Ainsi la nation française, continuait-il, serait assimilée à ces peuples d'Asie auxquels le caprice des Romains donnait pour rois les princes dont la soumission et la dépendance lui étaient le plus assurées! En ce sens, les efforts que pourraient tenter aujourd'hui les puissances alliées n'auraient point pour but déterminé de nous ramener encore une dynastie repoussée par l'opinion publique; ce ne serait point spécialement les Bourbons qu'on voudrait protéger: dès longtemps leur cause, abandonnée par eux-mêmes, l'a été par l'Europe entière, et cette famille infortunée n'a subi partout que de trop cruels dédains. Peu importerait aux alliés le choix du monarque qu'ils placeraient sur le

---

taient hautement la sincérité de ses vœux pour le maintien de la paix. J'ai dû prévenir les agents politiques français, employés à l'extérieur par le gouvernement royal, que leurs fonctions étaient terminées, et leur mander que Votre Majesté se proposait d'accréditer incessamment de nouvelles légations. Dans son désir de ne laisser aucun doute sur ses sentiments véritables, Votre Majesté m'a ordonné d'enjoindre à ces agents de se rendre ses interprètes auprès des divers cabinets. J'ai rempli cet ordre en écrivant le 30 mars aux ambassadeurs, ministres et autres agents. Non contente de cette première démarche, Votre Majesté a voulu, dans cette circonstance extraordinaire, donner à la manifestation de ses dispositions pacifiques un caractère encore plus authentique et plus solennel; il lui a paru qu'elle ne pouvait en consacrer l'expression avec plus d'éclat qu'en la consignant elle-même dans une lettre aux

trône de France, pourvu qu'ils y vissent siéger avec lui la faiblesse et la pusillanimité. Cet outrage serait le plus sensible qui pût être fait à l'honneur d'une nation magnanime et généreuse ; c'est celui qui a déjà blessé le plus profondément les cœurs français. »

Dans un second rapport de M. de Caulaincourt, et qui était destiné pour la prochaine réunion des représentants, les faits étaient encore plus assombris : « Quatre puissances se montraient les plus hostiles à la France : l'Angleterre, en sa qualité d'ennemie naturelle et constante de la puissance française ; la Prusse, à raison d'un accroissement trop rapide, qui, la mettant en contact avec notre territoire, lui faisait craindre l'établissement en France de toute autorité capable de repousser les envahissements d'une ambition illimitée ; l'Autriche et la Russie, cherchant à se préserver d'une rupture entre elles par leur accord dans une guerre dont elles espéraient que les résultats leur donneraient les moyens de s'entendre sur des concurrences d'intérêt et d'influence difficiles à concilier. Ces puissances, à la tête de la coalition, avaient signé la déclaration du 13 mars et le traité exécutoire du 25 ; tous ces actes diplomatiques avaient été ratifiés. En vain avait-on voulu se mettre en communication avec lord Castlereagh, avec M. de Metternich ; les lettres avaient

souverains étrangers : elle m'a en même temps prescrit de faire à leurs ministres une déclaration semblable.

« Ces deux lettres, expédiées le 5 de ce mois, sont un monument qui doit déposer à jamais de la loyauté et de la droiture des vues de Votre Majesté Impériale.

« Tandis que les moments de Votre Majesté étaient ainsi marqués, et pour ainsi dire remplis par une seule pensée, quelle a été la conduite des diverses puissances ?

« De tout temps, les nations se sont plu à favoriser les communications de leurs gouvernements entre eux, et les cabinets eux-mêmes se sont attachés à rendre ces communications faciles. Pendant la paix, l'objet de ces relations est de prolonger sa durée ; pendant la guerre, il tend au rétablissement de la paix : dans l'une et l'autre circonstance, elles sont un bienfait pour l'humanité. Il était réservé à l'époque actuelle de voir une société de monar-

été repoussées; le *memorandum* n'avait rien changé à l'état réel de la question : n'était-ce pas toujours à la France qu'on en voulait? Lord Clancarty, M. de Metternich, s'étaient prononcés à Vienne avec une vivacité qui ne permettait pas l'espoir de la paix; on n'avait pas même voulu rendre l'Impératrice et le prince impérial à un époux, à un père, à une nation! Il existait parmi les puissances des vues secrètes, hostiles, contre l'intégralité de notre territoire; pour s'en convaincre, il ne fallait que lire les proclamations du roi de Prusse, les manifestes de la cour de Madrid; il s'agissait du démembrement de la France. La question de la guerre ne pouvait plus être mise en doute, les hostilités avaient commencé; si un mouvement général d'agression n'avait pas eu lieu encore, c'est qu'il convenait aux puissances d'en différer le moment jusqu'à l'arrivée de toutes leurs forces. Si jusqu'à ce jour elles n'avaient fait que préluder à la guerre, ces préludes avaient été sanglants; le 50 avril, en pleine paix, ajoutait le ministre, la frégate *la Melpomène* a été attaquée et prise, près l'île d'Ischia, par le vaisseau anglais *le Rivoli*; *la Dryade* a été attaquée le 10 mai; des bâtiments anglais jettent sur nos côtes des hommes, des armes et des munitions de guerre. Croire à la possibilité du maintien de la paix serait aujourd'hui un dangereux aveuglement. »

---

ques s'interdire simultanément tout rapport avec un grand État, et fermer l'accès à ses amicales assurances. Les courriers expédiés de Paris le 30 mars pour différentes cours n'ont pu arriver à leur destination. L'un n'a pu dépasser Strasbourg, et le général autrichien qui commande à Kehl s'est refusé à lui ouvrir un passage, même avec la condition de le faire accompagner d'une escorte. Un autre, expédié pour l'Italie, a été obligé de revenir de Turin sans avoir pu remplir l'objet de sa mission. Un troisième, destiné pour Berlin et le Nord, a été arrêté à Mayence, et maltraité par le commandant prussien : ses dépêches ont été saisies par le général autrichien qui commande dans cette place.

« Je joins ici les pièces relatives au refus de passage que ces courriers ont éprouvé dans leurs diverses directions. »

Si ces rapports de M. de Caulaincourt jetaient un fatal découragement dans toutes les âmes, Fouché, avec sa finesse habituelle, avait jugé qu'il y aurait peut-être en tout cela des moyens d'arrangements avec l'Europe. Deux pièces diplomatiques l'avaient vivement frappé : c'étaient le *memorandum* de l'Angleterre du 12 mai, et la note que l'Autriche avait ajoutée à la ratification du traité du 25 mars. Que disaient ces deux actes des cabinets de Londres et de Vienne? « Qu'on ne faisait la guerre qu'à Bonaparte; les puissances, une fois la victoire obtenue, laissaient libres les Français de choisir la forme de gouvernement qui leur serait le plus convenable. » D'où Fouché tirait une conclusion bien simple : c'est qu'il fallait renverser Bonaparte pour disposer lui-même d'un gouvernement, soit en rappelant Louis XVIII, soit en plaçant M. le duc d'Orléans sur le trône, soit en réalisant l'idée caressée depuis quelques années par le ministre, la régence avec Marie-Louise. Quant à Bonaparte, Fouché le considérait comme un homme fini, un véritable embarras qu'on devait au plus tôt secouer, et, comme il le disait à ses intimes : « Son ventre est trop gros pour monter longtemps à cheval et faire la guerre à la manière d'Italie, et sa tête est trop chaude pour faire la paix. » Il fallait désormais d'autres combinaisons. Fouché s'attendait bien qu'à l'aide des patriotes, des royalistes et de la Chambre des représentants, il se débarrasserait de Napoléon, pour agir à l'aise dans toutes les combinaisons possibles et réalisables. Les relations de Fouché se prêtaient admirablement au rôle qu'il se disposait à jouer; il y avait longtemps que le ministre était en rapport avec M. de Metternich, il avait été parfait pour lui à l'époque où Napoléon fit brutalement enlever l'ambassadeur d'Autriche en 1809. Fouché était entré avec lui, à cette époque déjà, dans des appréciations fort libres sur l'Empereur ; et lorsque M. de Metternich quelques années plus tard le vit à Prague durant le congrès, il se souvint de sa conduite de 1809 ; ils échangèrent l'un et l'autre des paroles fort graves et fort curieuses sur les destinées probables de Napoléon ; ils s'étaient alors expliqués sur la régence en termes qui pouvaient la faire espérer pour un prochain avenir.

M. de Metternich est un des hommes qui savent le mieux profiter des moyens modérés, des temporisations, pour arriver à ses fins avec le moins de violence possible [1]. Sans doute il ne doutait pas un moment des résultats définitifs d'une vigoureuse campagne contre Bonaparte ; il savait que l'Europe armée en viendrait à bout, ce ne pouvait être qu'une question de temps ; et néanmoins il eût désiré, au lieu des moyens militaires, sanglants et toujours incertains, arriver à un arrangement pacifique, qui éviterait à l'Europe une croisade contre Bonaparte ; et tel était le but du *memorandum* de lord Castlereagh et de la note explicative du cabinet de Vienne ; pièces très réfléchies, qui s'adressaient au parti que représentait Fouché en France, parti qu'il était si important de détacher de Napoléon. M. de Metternich n'avait donc aucune répugnance d'entamer des relations intimes avec Fouché, afin de poser nettement toutes les éventualités d'un arrangement politique dont le premier gage serait l'abandon de l'Empereur livré par la France à l'Europe. Fouché avait vu venir tout cela, et sans autres préparations il fit solliciter un passe-port de M. de Metternich pour un agent de confiance ; il lui demandait très confidentiellement : « de désigner une tierce personne de sa plus

---

[1] M. de Metternich a toujours pensé, au reste, qu'une grande et large part devait être faite à l'influence française dans les questions diplomatiques.

grande intimité; quand ce choix serait fait, l'on fixerait un lieu intermédiaire où les deux agents pourraient se voir et se communiquer de mutuelles propositions. »

Vers le milieu du mois de mai, un commis de banque chargé des instructions de M. de Metternich arriva de Vienne ; il eut un entretien avec Fouché, et, sous le prétexte de régler des comptes d'intérêt, il demeura quelques jours à Paris ; M. de Metternich l'avait chargé d'une lettre, écrite en encre sympathique interlignée, qu'il devait remettre à Fouché. M. Réal [1], prévenu à temps, fit arrêter cet agent, qui déclara les faits de la négociation, et le plus important de tout fut « que le baron de Werner, un des employés de la chancellerie de Vienne devait se trouver à Bâle, afin de conférer avec un agent de confiance que Fouché devait lui envoyer; ils se reconnaîtraient au moyen d'un bordereau simulé, coupé en deux. » Ces renseignements étaient certains, on en avait la preuve; mais Napoléon, très irrité d'abord, n'osa point sévir contre Fouché, chef du parti patriote ; puis voulant savoir à fond la pensée de M. de Metternich, il chargea un de ses secrétaires de cabinet, M. Fleury de Chaboulon, esprit candide, crédule, et trop parleur, de se rendre à Bâle, auprès de M. de Werner, et à l'aide du bordereau simulé d'entamer avec lui la négociation, comme s'il était l'agent de Fouché. C'était placer une affaire grave dans des mains bien faibles. M. de Chaboulon, fort zélé au reste, était un des hommes les plus incapables de comprendre et de suivre une affaire sérieuse et de haute diplomatie. A peine était-il parti que Fouché savait tout, et il fit prévenir M. de Metternich de se tenir sur ses gardes ; or, M. de Werner s'amusa de M. de Chaboulon comme

---

[1] M. Réal surveillait alors les démarches de Fouché.

NÉGOCIATIONS AVEC M. DE METTERNICH (MAI 1815).

le chat de la fable s'amusait de la souris; il fit beaucoup de compliments, de phrases générales; il lui parla de M. de Metternich et de l'estime personnelle qu'il avait pour la capacité de Fouché [1] : avant tout, il fallait se débarrasser de la puissance de Bonaparte, le seul obstacle à la paix européenne; les cabinets avaient toute confiance dans l'habileté de M. Fouché. M. de Werner parla franchement des Bourbons, comme d'un moyen de tout arranger et de tout finir. En vain M. de Fleury voulait-il revendiquer les droits de Napoléon; M. de Werner déclara l'invariable volonté des alliés de ne jamais traiter avec lui.

Alors on disserta sur tout. M. de Werner vit bien qu'il avait affaire à un enthousiaste aux grandes paroles, et le récit de M. de Chaboulon lui-même constate le peu de cas que dut faire un homme sérieux de cette causerie d'enfant : « Les alliés, dit M. de Werner, tiennent moins à rendre la couronne à Louis XVIII qu'à l'ôter à Napoléon, dont l'existence sur le trône est incompatible avec le repos et la sûreté de l'Europe; je suis même autorisé à penser qu'ils laisseraient les Français se choisir librement le souverain et le gouvernement qu'il leur plairait. Le duc d'Orléans, par exem-

---

[1] « M. de Werner me répondit que M. de Metternich avait conservé la plus haute opinion du mérite de M. Fouché; qu'il avait pensé qu'un homme tel que lui ne pouvait croire que Napoléon se soutiendrait sur le trône; qu'il était persuadé qu'il n'avait accepté le ministère de la police que pour épargner aux Français le malheur de la guerre civile et de la guerre étrangère; et que, dans cette persuasion, il espérait que M. Fouché n'hésiterait pas à seconder les efforts que les alliés allaient faire pour se débarrasser de Bonaparte, et rétablir en France les Bourbons.

« Je répliquai que M. Fouché, dont le patriotisme était connu, n'avait pu envisager sans douleur les malheurs dont la France était menacée; mais que, jusqu'à présent, il n'avait point entrevu la possibilité d'y remédier. « Souvent, dis-je, on voit mieux de loin que de près. Quelles sont, sur ce point, les vues de M. de Metternich et des alliés? Quels moyens pense-t-il qu'on pourrait employer pour se défaire de Napoléon? »

« — M. de Metternich, dit-il, ne m'a point entièrement communiqué ses vues à cet égard : je suis même fondé à croire qu'il

ple, ne conviendrait-il pas à la nation? il a servi jadis dans les armées républicaines; il a été partisan de la Révolution. Son père a voté la mort de Louis XVI. » — « Le duc d'Orléans offrirait, sans doute (et je donne ici le récit de M. de Chaboulon) à la nation, la plupart des garanties qu'elle désire; mais son élévation au trône, loin d'anéantir les troubles, les multiplierait : il aurait contre lui les partisans de Louis XVIII, de Napoléon et de la régence : c'est presque dire la nation tout entière. » — « Eh bien alors, les alliés pourraient consentir à vous donner le jeune prince Napoléon et la régence, ou peut-être un gouvernement fédératif. » — « Lors de l'invasion de 1814, nous eûmes plusieurs fois l'occasion de débattre avec M. Fouché la question de la régence. Il pensait que la France verrait renaître, avec une régence, les discordes qu'enfantent ordinairement les minorités. Un peuple qui a été en guerre avec lui-même et avec ses voisins a besoin d'être conduit par un homme qui sache tenir ferme les rênes du gouvernement, et se faire respecter au dedans et au dehors. » — « Mais vous ne manquez point d'hommes forts et capables ; et l'on pourrait vous composer un conseil de régence qui répondrait à l'attente des alliés et de la France. » — « Je sais bien que nous avons dans l'archi-chancelier, dans le duc de Vicence et

---

n'y a rien encore d'arrêté, et c'est pour arriver à un résultat certain qu'il a désiré se concerter avec M. Fouché, qui doit mieux connaître que lui le véritable état des choses. Quant aux moyens de se défaire de Bonaparte, il en existe un dont l'issue ne peut être douteuse : c'est la force ; mais les alliés ne voudront l'employer qu'à la dernière extrémité, et ils auraient désiré que M. Fouché eût pu trouver le moyen de délivrer la France de Bonaparte sans répandre de nouveaux flots de sang. »

« Cette réponse ambiguë me paraissait inquiétante, je repris : « Je ne connais que deux moyens de renverser du trône Napoléon : le premier, c'est de l'assassiner ! » En prononçant ces mots, je détournai obliquement les yeux pour ne point embarrasser M. Werner et l'observer à mon aise. « L'assassiner ! s'écria-t-il avec indignation; jamais un tel moyen ne s'offrit à la pensée de M. de Metternich. »

(*Récit de M. Fleury de Chaboulon.*)

dans plusieurs de nos premiers fonctionnaires, des hommes d'État pleins de talent, de sagesse et de modération; mais la difficulté serait de faire un choix parmi les hommes de guerre. La plupart ont des droits égaux, et leurs prétentions, leurs jalousies, leurs rivalités ne pourraient être que funestes à notre tranquillité. » — « On saurait les contenir, et je n'en vois aucun parmi eux dont l'ambition puisse être redoutable. » — « Leur ambition ne s'est point manifestée faute d'occasion. Je ne connais qu'un seul homme de guerre qu'on pourrait placer à la tête du gouvernement avec sécurité; c'est Eugène, ce prince qui a dit en 1814, dans ses proclamations mémorables, « que ceux-là seuls sont immortels, qui savent vivre et mourir fidèles à leurs devoirs, fidèles à la reconnaissance et à l'honneur. » Ce prince, dis-je, loin d'aspirer au trône, en serait, au contraire, la gloire et l'appui; mais les liens de famille et les devoirs qu'ils lui imposent ne lui permettraient peut-être pas de quitter la Bavière : peut-être aussi les alliés ne voudraient-ils point que la direction des affaires de France lui fût confiée. Ne le pensez-vous pas ? » — « J'ignore entièrement quelle pourrait être la détermination du prince et de sa famille. » — « Mais prévoyez-vous du moins quelle serait celle des alliés ? » — « Nullement. » — « Voilà bien comment sont messieurs les diplomates! »

En lisant ces enfantillages diplomatiques récités par M. Fleury de Chaboulon [1], on se demande comment Na-

---

« [1] Conformément aux ordres de Napoléon, dit M. Fleury, je me rendis de suite chez le duc d'Otrante, et lui dis, en riant, que je venais lui rendre compte de la mission qu'il m'avait confiée. — Belle mission! me dit-il; voilà comme est l'Empereur, il se méfie toujours de ceux qui le servent le mieux. Les services les plus signalés, le dévouement le plus pur ne peuvent vous mettre à l'abri de ses soupçons. Croyez-vous, par exemple, être bien sûr de lui? vous vous tromperiez. Si vous veniez à commettre la plus légère inconséquence (il prononça ces mots de manière à me faire

poléon pouvait confier des affaires sérieuses à des hommes qui voyaient les questions dans un horizon si limité et dans des proportions si étroites. M. de Werner écouta tout, laissa beaucoup parler, sans répondre autre chose que ceci : « Napoléon de moins, et la paix serait facile. »

Fouché n'avait pas ignoré le voyage de M. de Chaboulon et l'enquête que l'Empereur faisait faire; il voulut en devancer les résultats et le jouer d'une double façon, en ayant l'air de le prévenir. Il vint donc aux Tuileries avec ce ton distrait et léger qu'il savait si bien prendre, et après une longue causerie d'affaires, il s'écria, comme s'il avait oublié une toute petite circonstance : « Votre Majesté ne sait pas que nous avons un commencement de propositions des alliés ; j'ai reçu un agent de M. de Metternich ; mais ces propositions me paraissent tellement en dehors des idées actuelles de Votre Majesté, qu'il ne m'a pas paru nécessaire d'y donner suite. On ne parle ni plus ni moins que de votre abdication, de la régence et du roi de Rome ; le projet de 1814 que vous avez essayé à Fontainebleau. C'est un pas qu'ils font vers nous. » Puis avec

entendre que ce serait par lui que l'Empereur pourrait l'apprendre), il n'en faudrait pas davantage pour vous perdre. Mais laissons-là les princes avec leurs défauts, et causons. » Il m'entraîna sur son canapé, et me dit : « Savez-vous que vous m'avez donné de l'inquiétude ? Si l'on vous avait vendu, on aurait bien pu vous envoyer dans quelque forteresse, et vous y garder jusqu'à la paix. » — « Cela est vrai : j'avais effectivement cette chance à courir ; mais quand il s'agit d'aussi grands intérêts, on ne doit point songer à soi. »

« Je lui rapportai fidèlement les paroles de M. Werner, mais je me gardai bien de lui faire connaître l'époque véritable de notre seconde entrevue : j'aurais craint qu'il ne me fît quelques mauvais tours avec les Suisses, ou qu'il ne se hâtât de désabuser M. de Metternich. »

« Lorsque mon récit fut terminé, il reprit : « J'avais d'abord regardé tout cela comme une mystification, mais je vois que je m'étais trompé. Votre conférence avec M. Werner peut amener un rapprochement entre nous et l'Autriche ; tout ce que vous avez dit doit faire ouvrir les yeux à M. de Metternich. Pour achever de le convaincre, je lui écrirai, et je lui peindrai avec tant de clarté et de vérité la situation de

une sincérité parfaitement jouée, Fouché dit à l'Empereur : « que si dans une circonstance aussi grande il lui demandait son opinion personnelle, il lui dirait avec franchise que l'abdication était le meilleur moyen d'affermir sa dynastie; elle finissait tout en facilitant les questions; elle ne laissait plus de prétexte aux alliés, et par le fait nous obtiendrons l'appui de l'Autriche, de la Russie, et peut-être de l'Angleterre. »

Napoléon parut touché de cette expression loyale de son ministre, et le soir il en parla, plein de joie dans son salon : « Messieurs, dit-il, la coalition commence à m'admettre un peu; elle accepte la régence et le roi de Rome. » Par ces paroles, l'Empereur cherchait à relever l'opinion publique, vivement alarmée par l'aspect général de la guerre. Tout était terriblement affecté; le corps diplomatique, les chancelleries, depuis M. de Caulaincourt jusqu'au dernier secrétaire d'ambassade, craignaient le résultat de la guerre. On savait que la paix n'était plus possible; on parlait de trahison, mais dans les temps de décadence et de ruine, la trahison est partout; elle est dans la société, dans les opinions, dans l'air pour ainsi dire; elle

la France, qu'il sentira que le meilleur parti à prendre est d'abandonner les Bourbons à leur malheureux sort, et de nous laisser nous arranger à notre guise avec Bonaparte. Quand vous serez prêt de partir, venez me revoir, et je vous remettrai ma lettre.

« Il me dit alors : « Je n'avais point parlé de suite à Napoléon de la lettre de Metternich, parce que son agent ne m'avait pas remis la poudre nécessaire pour faire reparaître l'écriture; il a fallu avoir recours à des procédés chimiques qui ont demandé du temps. Voilà cette lettre (il m'en fit prendre lecture), vous voyez qu'elle ne dit rien; j'aurais pu d'ailleurs la déchiffrer sur-le-champ que Napoléon n'en aurait rien su. Je l'aurais servi sans le lui dire. Dans les affaires de cette espèce, il faut du secret, et Napoléon est incapable d'en garder; il se serait tant agité et aurait mis tant d'hommes et de plumes en mouvement, qu'il aurait tout éventé. Il doit connaître mes opinions et mes sentiments; et il n'y a que lui au monde qui ait pu se mettre dans la tête, un seul instant, que je pourrais le trahir pour les Bourbons. Je les méprise et je les déteste au moins autant que lui. »

(Récit de M. Fleury de Chaboulon.)

pénètre comme le poison dans tous les pores ; sur un corps social robuste, la trahison rebondit et ne fait point plaie ; mais quand la vie s'en va, un rien précipite la mort, et les Cent Jours étaient arrivés à cette époque de ruine.

CHAPITRE II.

LA COUR DE LOUIS XVIII A GAND.

Louis XVIII à Gand. — Les habitudes du roi. — Son ministère. — Diverses nuances des royalistes. — Le parti Blacas. — Le parti constitutionnel. — Le corps diplomatique accrédité. — Actes et proclamations de Louis XVIII à Gand. — Le *Journal de Gand*. — Exposé de M. de Châteaubriand sur la situation. Rédaction du journal. — M. Bertin l'aîné. — M. de Lally. — M. d'Eckstein. — La cour militaire de Gand. — Le duc de Berry. — Les maréchaux Victor et Marmont. — M. le comte d'Artois. — Ses amis et son parti. — Rapports de Gand avec Paris. — Envoi de M. Gaillard par Fouché. — Correspondance avec Louis XVIII. — But politique du voyage de M. Guizot. — Correspondance de M. Royer-Collard avec le roi à Gand. — Dernier rapport de M. de Châteaubriand sur la situation de la France. — Lettres de M. de Talleyrand. — Le roi et M. de Blacas.

Avril et Mai 1815.

C'était avec la plus profonde douleur que Louis XVIII avait quitté la France ; il n'avait franchi la frontière que le cœur triste et flétri, après avoir essayé en vain de se maintenir à Lille et même à Dunkerque. Louis XVIII n'aimait pas les étrangers ; il se souvenait de tout ce qu'il avait souffert durant son long exil, de ses voyages de Mittau au milieu de l'hiver, des sourdes persécutions qui l'avaient tourmenté ; il se rappelait la faiblesse des rois, les intrigues de leurs cabinets : s'exposer encore, vieillard, à recommencer ainsi sa vie errante, un bâton blanc à la main, était pour lui une grande douleur. Cependant, avec sa résignation et sa fermeté habituelles, le roi fixa son séjour à Gand, cité moins remuante que Bruxelles, ville silencieuse, très rapprochée de la frontière, et qui pourrait servir de point de ralliement pour les royalistes sur la terre d'exil [1]. Gand était comme Coblentz lors de la première révolution, avec cette différence qu'à Coblentz il y avait une génération de noblesse rieuse et insouciante, qui se moquait de la Révolution, puissance terrible jetant à l'échafaud les têtes frisées des gentilshommes et des femmes; tandis qu'à Gand un caractère sérieux et réfléchi était empreint sur toutes les physionomies; Gand, la ville des métiers au moyen âge, lorsque les bannières des corporations s'agitaient; Gand, avec sa belle cathédrale, ses rues grandes et larges, voyait alors la cour du roi de France exilé. Louis XVIII y arriva souffrant, la goutte déjà le tourmentait; le monarque était habitué à éprouver toutes les misères de la vie! son visage manifestait à peine la douleur; il y avait dans ce caractère de roi quelque chose de ferme et de tenace, et ce n'était pas sans pensée que Louis XVIII aimait tant à réciter les odes d'Horace, poétique expression du stoïcisme.

Une fois à Gand, le roi examina froidement la situation des affaires; il avait toujours auprès de lui M. de Blacas, son favori, qui remplaçait dans son cœur M. d'Avaray, le fidèle confident. Le caractère, je dirai

---

[1] Louis XVIII refusa d'aller en Angleterre. Là il n'aurait pas pu aussi hautement préparer la Restauration ; à Londres il eût été oublié.

presque la faiblesse de Louis XVIII était de s'attacher à un homme, à un ami, qui le dispensait de s'occuper du matériel des affaires. Il avait besoin d'épancher sa confiance, de parler de toutes choses avec un ministre qui le comprît en correspondant pour ainsi dire à quelques-uns des détails et des minuties de son esprit. M. de Blacas, inconnu en France, et sachant lui-même très imparfaitement les mœurs et les habitudes de la nation, avait commis de lourdes fautes durant son ministère; il s'était laissé entourer par de très petites intelligences, des hommes de tracasseries et d'intrigues : à tort ou à raison, il était devenu odieux au parti constitutionnel, et le parti légitimiste libéral demandait déjà son éloignement comme un gage donné à une restauration plus grande et plus durable.

Le roi protégeait de son mieux M. de Blacas, qui conservait encore à Gand le portefeuille de sa maison. Louis XVIII aimait ces sortes de résistances; il défendait un ministre comme une maîtresse. A côté de M. de Blacas était le général Clarke, qui, récemment nommé ministre de la guerre, avait suivi le roi avec le sentiment d'une extrême fidélité[1]; homme ferme, têtu, fort

---

[1] Gand, 14 avril 1815.

« Le roi a maintenant avec lui trois de ses ministres, M. le duc de Feltre, M. le comte de Blacas-d'Aulps et M. le comte de Jaucourt. S. M. a dernièrement appelé dans son conseil M. le comte de Lally-Tolendal et M. le vicomte de Châteaubriand, ministre plénipotentiaire du roi à la cour de Stockholm.

« Le maréchal duc de Raguse, le maréchal duc de Bellune, plusieurs autres officiers-généraux, M. Tabarié, inspecteur aux revues et chef de la division du personnel au ministère de la guerre, plusieurs préfets et sous-préfets se trouvent aussi en ce moment à Gand.

« Les membres du corps diplomatique commencent à se réunir. Lord Fitz-Roy-Sommerset, ministre plénipotentiaire de S M. Britannique, avait rejoint le roi à Ostende; mais le prince-régent, pendant le temps que lord Fitz-Roy a été retenu à Paris, avait accrédité sir Charles Stewart, en qualité d'ambassadeur extraordinaire. Le duc de Wellington, à son retour de Vienne, s'est rendu ici, où il a eu de très longues conférences avec le roi et ses ministres. Il est ensuite allé vaquer aux

essentiel à la cause de la Restauration, car il connaissait tout le personnel de l'armée impérialiste, et pouvait, sous ce rapport, donner de meilleurs renseignements sur les forces et les combinaisons militaires de la campagne. Successivement M. Beugnot, l'homme d'esprit, et M. l'abbé Louis, l'homme d'affaires de M. de Talleyrand, vinrent reprendre leur position ministérielle à Gand. Mais ce qui donna à ce conseil plus d'éclat, ce qui le grandit aux yeux de la France et de l'Europe, ce fut la nomination de MM. de Châteaubriand et de Lally-Tolendal aux titres de ministres d'État, membres du conseil privé. M. de Châteaubriand, ministre du roi en Suède, devint alors un des membres les plus influents du conseil de Louis XVIII à Gand, un des rédacteurs les plus assidus des actes émanés de la cour exilée, le ministre, en un mot, des temps de malheur et de proscription politique. Il n'avait jamais manqué aux jours d'épreuves ; les proscriptions ne font pas peur aux grands talents, aux nobles âmes.

A Gand déjà se distinguaient plusieurs nuances différentes d'opinions dans le parti royaliste; il y avait d'abord le parti Blacas et du général Clarke, qui, voulant

---

soins importants qui lui ont été confiés.

« S. E. M. Jagel, envoyé extraordinaire et ministre plénipotentiaire de S. M. le roi des Pays-Bas, a remis au roi ses nouvelles lettres de créance, et réside maintenant dans cette ville, où se trouve également S. E M. le général Pozzo di Borgo, ministre plénipotentiaire de S. M. l'empereur de Russie, arrivé il y a trois jours de Vienne, avec une mission spéciale de son auguste souverain.

« Lord Harrowby et M. Wellesley Poole, l'un et l'autre membres du cabinet britannique, ont été envoyés par S. A. R. le prince-régent d'Angleterre, au-devant du duc de Wellington, qu'ils ont rencontré à Bruxelles Après avoir conféré avec lui sur les importants objets qui intéressent la sûreté générale de l'Europe, ils se sont arrêtés ici à leur retour, pour y faire leur cour au roi.

« M de Rayneval, secrétaire d'ambassade et consul-général en Angleterre, avait apporté à M le comte de Jaucourt, chargé par *interim* du portefeuille des affaires étrangères, des dépêches importantes de M. le comte de La Châtre. Il vient de repartir pour Londres. »

demeurer dans toute la rigueur des principes monarchiques, se prononçait pour la Restauration dans des conditions d'énergie, sans transactions avec les hommes, par le seul mouvement, la seule impulsion des principes et des idées, et, au besoin, de la force militaire. Leur conviction profonde était que la Restauration devait arriver comme un fait inévitable, et alors les moyens de durée et de conservation étaient le déploiement d'une grande énergie, qui avait manqué au premier règne des Bourbons [1].

Le parti des légitimistes constitutionnels, au contraire, appelait un système de transactions avec tout ce qui avait de la vie dans l'impérialisme ou même la Révolution; il allait à ce point d'avouer que : « la Restauration avait fait des fautes en 1814, » concession nécessaire pour réparer le mal de ces temps. Il consentait à modifier libéralement plusieurs articles de la Charte, pourvu que le gouvernement des Bourbons fût nationalement accepté. Il se serait entendu avec Fouché même sans répugnance; et M. de Talleyrand, qui ménageait ce parti, aimait trop le positif des affaires pour conserver ces

---

[1] Voici comment s'annonçait l'arrivée des personnages royalistes à Gand :

18 avril.

« S. A. R. M. le duc de Berry est établi provisoirement à Alost, où se trouve la partie de la maison militaire du roi qui a suivi *Monsieur* au-delà de la frontière ou qui, depuis, a pu rejoindre Sa Majesté. On y a réuni les volontaires dont le courage et l'exemplaire fidélité sont un objet de dérision pour les journalistes de Bonaparte et de respect pour quiconque n'a point abjuré tout sentiment de patriotisme et d'honneur. »

25 avril.

« M. le général comte de Beurnonville, ministre d'État de S. M. le roi de France, est arrivé ici avant-hier, après avoir échappé par la fuite aux persécutions de Bonaparte; il est venu mettre au pied du trône de son souverain son hommage et l'offre de ses services.

« M. le baron Capelle, préfet du département de l'Ain, et M. de Vaublanc, grand-officier de la Légion d'honneur et préfet de la Moselle, sont aussi dans cette ville depuis quelques jours, et ont eu l'honneur d'obtenir une audience particulière de Sa Majesté.

« Parmi les étrangers distingués qui sont dernièrement arrivés, se trouve le comte d'Aglié, envoyé extraordinaire et ministre

étroites répugnances que les petits esprits apportent dans les opinions les plus sérieuses. Ainsi, les partis existaient à la cour de Gand dans les mêmes conditions qu'aux Tuileries en 1814; il y avait des nuances, des oppositions d'hommes, et des intrigues même d'une grande persévérance, comme si le pouvoir réel était en eux et si le roi régnait aux Tuileries. C'est là une des faiblesses et des puérilités du parti royaliste, et généralement de toute restauration.

Dans cette agitation des esprits, l'important pour Louis XVIII était de connaître l'attitude que prendraient les cours de l'Europe vis-à-vis de lui, pauvre exilé; il savait que personnellement il n'était pas aimé des souverains; il les avait blessés par sa fierté même dans le malheur; il se rappelait combien dans l'exil les cours avaient pris de précautions et de ménagements en accréditant auprès de lui quelques agents secrets, afin de ne pas se brouiller avec les gouvernements de fait qui s'étaient succédé en France. A Gand, Louis XVIII craignit d'éprouver le même abandon, de rencontrer les mêmes susceptibilités. Le considérerait-on toujours comme roi de France? Placerait-on, par conséquent, auprès de sa per-

de Sa Majesté sarde près la cour de Londres. On annonce comme très prochaine l'arrivée de M. le baron de Vincent et de M. le comte de Goltz, le premier ministre d'Autriche et le second ministre de Prusse près Sa Majesté Très Chrétienne »

9 mai.

« Le roi de France a eu, dimanche dernier, un entretien avec le duc de Wellington, qui était venu passer quelques heures dans cette ville. »

« M. le maréchal-de-camp Donnadieu, qui a eu l'honneur d'être employé auprès de S. A. R. madame la duchesse d'Angoulême dans les derniers moments de son séjour à Bordeaux, et qui a accompagné Son Altesse Royale à son départ de cette ville, est arrivé à Gand le 24; après avoir eu une audience de Sa Majesté Très Chrétienne, il a reçu des ordres du ministre de la guerre pour se rendre immédiatement à Bruxelles. »

31 mai 1815.

« Madame, duchesse d'Angoulême, est arrivée dimanche matin dans cette ville. L'entrevue de l'auguste fille de Louis XVI avec le roi son oncle a vivement touché ceux qui en ont été témoins, comme elle a été, pour toute cette illustre famille, l'occasion des émotions à la fois les plus douces et les plus pénibles. »

sonne un corps diplomatique accrédité? M. de Talleyrand avait beaucoup insisté sur ce point à Vienne, parce qu'il en savait toute la portée morale sur les esprits en France; la résidence d'un corps diplomatique près d'un prince suppose la reconnaissance de sa souveraineté par l'Europe, et ce fait est décisif; Bonaparte n'avait pas obtenu un seul envoyé des puissances à Paris, tous avaient demandé leurs passe-ports.

M. de Talleyrand obtint donc du congrès de Vienne une démonstration officielle; tous les ministres accrédités en 1814 à Paris durent résider auprès de Louis XVIII à Gand, comme s'il régnait aux Tuileries. On vit arriver successivement le baron de Vincent pour l'Autriche, le comte Pozzo di Borgo pour la Russie, sir Charles Stewart pour l'Angleterre, le baron de Goltz pour la Prusse[1]. Cette immédiate démonstration eut deux fins: d'abord de témoigner à la France que l'Europe reconnaissait encore pour roi Louis XVIII; et ensuite le comte Pozzo et le baron de Vincent, généraux distingués, purent étudier le théâtre de la guerre en Belgique; les cours de Saint-Pétersbourg et de Vienne étaient aises d'avoir des commissaires qui pussent les mettre au courant de la prochaine campagne. Louis XVIII reçut même à Gand la visite du duc de Wellington; des engagements furent pris; le duc déclara, avec sa fermeté habituelle: « qu'il ne croyait pas possible de rétablir l'équilibre européen sans la maison de Bourbon »; la position élevée du duc de Wellington, son esprit modéré, sa capacité remarquable, lui assuraient un rôle important dans les événements postérieurs, et Louis XVIII le

---

[1] Gand, 28 avril. « Sir Charles Stewart, ambassadeur d'Angleterre près Sa Majesté Très Chrétienne, et M. le général Pozzo di Borgo, ministre plénipotentiaire de Russie, sont revenus hier de Bruxelles. »

ménagea considérablement, quoiqu'il eût peu de goût pour sa personne.

A cette époque, l'influence de M. de Talleyrand, toujours à Vienne, commence à grandir auprès de Louis XVIII, qui ne l'aimait pas : très embarrassé de sa position au congrès depuis le retour de Napoléon, M. de Talleyrand cherchait néanmoins à garder sa place avec dignité, et, pour agir plus efficacement, il sentait la nécessité impérative d'être maître des affaires à Gand [1] ; il envoya auprès du roi le comte Alexis de Noailles et M. de Rayneval, pour expliquer exactement la situation difficile des affaires, en suppliant Louis XVIII d'adhérer à un système de concession et d'habileté qui seul pouvait sauver sa cause. M. de Talleyrand avait aussi auprès du roi M. de Jaucourt, avec lequel il avait été lié d'une vive et longue amitié : c'était son Dalberg à la cour de Gand. Louis XVIII l'avait maintenu au conseil en même temps qu'il y appelait MM. de Châteaubriand et de Lally-Tolendal ; le parti diplomatique était donc fort brillant et très actif auprès du roi de France; tandis que Bonaparte ne pouvait obtenir la présence d'une seule légation, Louis XVIII les avait toutes avec lui ; circonstance qui produisait une grande impression à Paris, car la guerre inspirait des craintes ; la guerre surtout dans les proportions gigantesques d'une lutte immense contre l'Europe entière : il n'y avait que les fous qui pussent l'entrevoir de sang-froid et l'appeler de leur vœu.

Gand n'était pas précisément un lieu d'exil ; on savait exactement tout ce qui se passait en France dans le gouvernement et l'armée ; on correspondait sur la frontière

---

[1] J'ai dit dans l'*Histoire de la Restauration* à quel motif il fallait attribuer la répugnance de Louis XVIII pour M. de Talleyrand.

avec une étrange facilité; on avait des rapports journaliers sur les troupes de l'Empereur; des officiers aussi distingués que les maréchaux Victor et Marmont connaissaient parfaitement tout le personnel de l'armée impériale; ils pouvaient fournir au roi des renseignements sur les généraux que l'on pourrait rattacher à la cause des Bourbons. Le maréchal Victor était allé prendre les eaux à Aix-la-Chapelle, tandis que le maréchal Marmont, plus jeune et plus actif, parcourait la Belgique, avec une empreinte visible de tristesse et de douleur. Une fatalité indicible se rattachait à l'existence du maréchal Marmont : il se disait et se croyait poursuivi par le malheur; la proclamation du golfe Juan l'avait profondément blessé; susceptible au dernier point sur les accusations militaires, le maréchal crut indispensable de répondre à cette proclamation du golfe Juan, et à l'accusation odieuse que Bonaparte lui jetait à la tête[1]. Il rappelait sa position militaire à Paris, comment avec moins de 14,000 hommes il avait, de concert avec le maréchal Mortier, tenu tête à toutes les armées coalisées; s'il avait traité avec le

---

[1] *Réponse du duc de Raguse à la proclamation datée du golfe Juan, le 1ᵉʳ mars 1815.*

« Une accusation odieuse est portée contre moi à la face de l'Europe entière, et quel que soit le caractère de passion et d'invraisemblance qu'elle porte avec elle, mon honneur me force à y répondre. Ce n'est point une justification que je présente ici, je n'en ai pas besoin; c'est un exposé des faits qui mettra chacun à même de connaître la conduite que j'ai tenue.

« Je suis accusé d'avoir livré Paris aux étrangers, lorsque la défense de cette ville a été l'objet de l'étonnement général. C'est avec des débris misérables que j'avais à combattre contre toutes les forces réunies des armées alliées; c'est dans des positions prises à la hâte, où aucune défense n'avait été préparée, et avec 8,000 hommes, que j'ai résisté pendant huit heures à 45,000 qui furent successivement engagés contre moi; et c'est un fait d'armes semblable, si honorable pour ceux qui y ont pris part, que l'on ose traiter de trahison !

« Le duc de Tarente, le prince de la Moskowa, le duc de Vicence et le duc de Trévise arrivèrent chez moi à Essonne. Les trois premiers m'apprirent que l'Empereur venait d'être forcé à signer la promesse de son abdication, et qu'ils allaient à ce titre négocier la suspension des hostilités. Je leur fis connaître les arrangements pris avec le prince de Schwartzenberg, mais qui n'étaient pas complets, puisque je n'avais pas encore reçu la garantie écrite que j'avais

prince Schwartzenberg, c'est que les maréchaux Macdonald, Ney, Mortier et M. de Caulaincourt étaient venus le trouver à Essonne pour lui dire que Napoléon avait abdiqué ; si les troupes avaient quitté leurs rangs, ce n'était pas sa faute, mais celle des généraux qui avaient fait leur retraite sans ordre sur la route de Versailles. Le maréchal Marmont pas plus que Victor ne voulurent prendre rang parmi les armées alliées; fidèles envers le roi, ils le suivirent, mais ils se condamnèrent à une absolue retraite.

Le général Clarke, comme ministre de la guerre, se donnait plus de mouvement et d'action ; il recueillit lui-même et se fit donner de nombreux renseignements sur la position de l'armée française ; il existe de lui un rapport, fort bien fait du reste, et très détaillé, sur les ressources de Napoléon en commençant la guerre de 1815. « L'état des forces de l'armée française, disait-il, tel qu'il m'a été communiqué par un employé de la guerre, était porté le 1er avril à **200,000** hommes effectifs ; mais les hommes qui devaient compléter les cadres des régiments n'étaient pas encore répartis dans leurs corps res-

demandée, et je leur déclarai alors que puisqu'ils étaient d'accord pour un changement que le salut de l'État demandait, et qui était le seul objet de mes démarches, je ne me séparerais jamais d'eux. Le duc de Vicence exprima le désir de me voir les accompagner à Paris, pensant que mon union avec eux, après ce qui venait de se passer, serait d'un grand poids; je me rendis à ses désirs, laissant le commandement de mon corps d'armée au plus ancien général de division, lui donnant l'ordre de ne faire aucun mouvement et lui annonçant mon prochain retour. J'expliquai les motifs de mon changement au prince de Schwartzenberg qui, plein de loyauté, les trouva légitimes et sans réplique, et je remplis la promesse que j'avais faite à mes camarades dans l'entretien que nous eûmes avec l'empereur Alexandre. A huit heures du matin un de mes aides-de-camp arriva, et m'annonça que, contre mes ordres formels, et malgré ses plus instantes représentations, les généraux avaient mis les troupes en mouvement par Versailles à quatre heures du matin, effrayés qu'ils étaient des dangers personnels dont ils croyaient être menacés et dont ils avaient eu l'idée par l'arrivée et le départ de plusieurs officiers d'état-major venus de Fontainebleau. La démarche était faite et la chose irréparable.

« Tel est le récit fidèle et vrai de cet événement qui a eu et aura une si grande influence sur toute ma vie. »

Gand, le 1er avril 1815.

Signé, le maréchal duc de Raguse.

pectifs, et leur complément exige encore trois semaines. Le matériel de la guerre, le train d'artillerie, les chevaux, les fusils manquent en grande partie ; aussi à peine évalue-t-on la cavalerie actuelle à 20,000 hommes. Cependant on voit presque tous les jours arriver une petite quantité de remonte qu'on envoie des provinces. Quoique Napoléon n'ait pas encore osé rendre un décret pour faire revivre la conscription, il a néanmoins envoyé aux préfets des départements l'ordre de faire rentrer dans l'armée tous les hommes qui ont servi, et d'employer tous les moyens de procurer le plus grand nombre de soldats possible, par une espèce d'enrôlement volontaire qui devient en effet coërcitif. »

Le général Clarke ne se bornait point à recueillir ces renseignements sur le personnel de l'armée française, il en savait aussi les positions et les lignes militaires :

« Toute l'armée, disait-il, est répartie en six divisions : la première s'étend sur la ligne de Lille, Douai, Arras ; elle est commandée par le général Excelmans. La seconde va depuis Calais jusqu'à Dunkerque, sous les ordres du général Reille. La troisième, commandée par le général Drouet, est tracée depuis Dunkerque jusqu'à Verdun. La quatrième s'étend depuis Verdun jusqu'à Landau, sous les ordres du général Mouton. La cinquième, commandée par le général Gérard, va jusqu'à Strasbourg. La sixième, confiée au maréchal Suchet, s'étend jusqu'à Huningue, et c'est à tort que les journaux ont donné ce commandement au maréchal Ney. »

A tous ces renseignements, le général Clarke ajoute son propre témoignage : « Sur toute la route depuis Paris jusqu'à Péronne, je n'ai pas rencontré un seul soldat, un seul chariot de munitions, ou tout autre objet qui indique des préparatifs militaires. A Péronne, qui nage pour ainsi dire au milieu des eaux, il n'y a qu'un seul bataillon ; le 8ᵉ régiment de dragons, qui y était, est parti pour Lille le 5. Je n'ai aperçu que deux pièces de canon dans la partie de la place où je suis entré. On travaillait à des batteries à Cambray, et les palissades de la porte de Bouchain n'avaient été commencées que depuis quelques jours ; la garnison était composée de deux régiments d'infanterie et d'un d'artillerie. Il paraît que toutes les places manquaient de canon de gros calibre, car je n'ai vu en batterie que deux pièces de campagne. Valenciennes, qui est dans un bon état de défense, renferme 4,000 hommes de garnison ; le premier régiment d'infanterie et le septième de hussards en font partie. »

Ces sortes de rapports faisaient connaître au roi les masses de troupes qui seraient opposées à une restauration. Comme il était essentiel de constater que le gouvernement tout entier était à Gand, les hommes importants qui composaient la cour de Louis XVIII songèrent à la création d'un journal officiel, où l'on déposerait les pensées, les actes du gouvernement royal : il fallait éviter les fausses nouvelles, faire connaître à l'Europe les véritables intentions de la cour de Louis XVIII ; et tel fut l'objet du journal publié à Gand, qui prit le titre de *Moniteur Royal*, en opposition avec le *Moniteur* qui se publiait à Paris. Le fondateur du *Moniteur de Gand* fut un journaliste éminent, M. Bertin l'aîné, qui avait dirigé lui-même le *Journal des Débats,* la plus forte création de la presse périodique en Europe, après la *Gazette d'Augsbourg ;* il établit ce journal dans le même format que le *Moniteur*, et la direction en fut confiée, non pas à des rédacteurs fixes, déterminés, mais à tous les hommes d'État, à tous les écrivains qui s'étaient établis à Gand, dans cette espèce de colonie royaliste. Chaque voyageur de Paris, de Vienne, ou de Londres, donnait une nouvelle, un fait politique, et aussitôt l'on s'empressait de l'insérer au journal officiel ; quant aux grands articles, ils furent habituellement l'œuvre de rédacteurs du premier ordre, tels que MM. de Châteaubriand, Beugnot, de Lally, Desèze. La politique transcendante fut souvent confiée au baron d'Eckstein qui signait ses articles [1].

Ce journal, très remarquablement écrit sur la terre d'exil, fut l'antidote du *Moniteur* de Paris, et ce qui lui donna une supériorité immense sur tout ce qui se publiait en France, ce furent les rapports au roi que M. de Châteaubriand y fit insérer, comme exposition de l'état des faits et des esprits en Europe. Rien de comparable à ce beau style, à cette expression des larges vues politiques des Bourbons : expression un peu passionnée, comme tout ce qui se faisait à cette époque, mais passionnée à la façon de M. de Châteaubriand. Ces vastes exposés de doctrine avaient un but européen ; ils étaient comme des réfutations de ce que les cabinets trouvaient de défavorable dans l'attitude des Bourbons : la rapidité de la marche de Bonaparte sur Paris avait séduit quelques esprits ; le petit nombre de défenseurs qu'avait trouvés Louis XVIII, l'irrésistible fatalité de sa chute, semblaient constater le peu de racines que cette maison avait jetées dans le pays ; il fallait donc combattre et atténuer cette opinion ou ce préjugé en Europe ; on devait constater que la marche de Napoléon sur Paris n'était qu'une véritable surprise, et qu'ensuite tous les actes, tous les faits qui avaient dominé la conduite du gouvernement usurpateur n'étaient

---

[1] Le premier numéro parut le 14 avril 1815 ; tout s'y faisait gratuitement. M. d'Eckstein exerçait aussi, je crois, une fonction de police politique. M. Guizot n'a pas écrit une ligne dans le *Moniteur de Gand* ; c'est un fait certifié par les auteurs des articles.

qu'une comédie militaire, jouée par des soldats au milieu d'un peuple silencieux.

Tel fut l'objet d'un premier rapport de M. de Châteaubriand au roi ; abordant de face la merveilleuse entreprise du golfe Juan, et les causes qui avaient fait triompher Napoléon, M. de Châteaubriand les définissait en peu de mots : « Bonaparte, placé par une fatalité étrange entre les côtes de la France et de l'Italie, est descendu, comme Genséric, *là où l'appelait la colère de Dieu*[1]. Espoir de tout ce qui avait commis et de tout ce qui méditait un crime, il est venu ; il a réussi. Des hommes accablés de vos dons, le sein décoré de vos ordres, ont baisé le matin la main royale que le soir ils ont trahie. Sujets rebelles, mauvais Français, faux chevaliers, les serments qu'ils venaient de vous faire à peine expirés sur leurs lèvres, ils sont allés, le lys sur la poitrine, jurer pour ainsi dire le parjure à celui qui se montra si souvent lui-même traître, félon et déloyal. Ces bouleversements subits sont fréquents chez tous les peuples qui ont eu l'affreux malheur de tomber sous le despotisme militaire. L'histoire du Bas-Empire, celle de l'Égypte moderne et des régences barbaresques en sont remplies : tous les jours, au Caire, à Alger, à Tunis, un bey proscrit reparaît sur la frontière du désert ; quelques Mameloucks se joignent à lui, le proclament leur chef et leur maître ; pour réussir dans son entreprise, il n'a besoin ni d'un courage extraordinaire, ni de combinaisons savantes, ni de talents supérieurs : il peut être le plus commun des hommes, pourvu qu'il en soit le plus méchant. Animées par l'espoir du pillage, quelques autres bandes de la milice se

---

[1] Le rapport de M. de Châteaubriand au roi est du 9 mai 1815.

déclarent; le peuple consterné tremble, regarde, pleure et se tait : une poignée de soldats armés en impose à la foule sans armes. Le despote s'avance au bruit des chaînes, entre dans la capitale de son empire, triomphe et meurt.[1] »

Jamais peut-être de si belles images n'avaient été employées en style haut et passionné, pour définir le caractère violent de l'entreprise de Bonaparte. Avec ses grandes couleurs, M. de Châteaubriand suivait l'histoire des premiers actes des Cent Jours, la création des lieutenants-généraux de police, des commissaires extraordinaires : « la police *se faisait morale*, elle s'emparait de la presse; l'Acte additionnel proclamait l'arbitraire, il rétablissait la confiscation abolie par la Charte de 1814; la garde nationale, reconstituée, embrassait toute la population remuante comme aux époques de la Révolution les plus sauvages. La politique de Bonaparte était d'endormir les puissances étrangères; qui pouvait se fier à sa parole? qui pouvait croire à ses serments? » Puis avec des sentiments tout français et la plaie au cœur, M. de Châteaubriand exposait la tristesse de la situation du roi[2] : « Sire, je sens trop combien tout ce que je viens de dire est déchirant pour votre cœur. Nous partageons dans ce

---

[1] C'est pour éviter que ce rapport de M. de Châteaubriand ne se répandît en France que toute circulation fut interdite à la frontière.
Le sous-préfet de l'arrondissement de.... au maire de....
« Monsieur, Sa Majesté ordonne qu'on ne laisse sortir personne de France, sur toute la frontière du Nord, depuis Dunkerque jusqu'à Landau.
« L'Empereur ordonne aussi que tout individu de la maison du comte de Lille qui irait à Bruxelles, ou en reviendrait, soit arrêté; qu'on arrête de même sur la ligne des frontières tout ce qui sera suspect.

« On doit s'attendre que, pour éluder la surveillance, on usera de déguisements ou de travestissements; on prendra des habits d'ouvriers du pays. Les ouvriers ne peuvent pas plus que tout autre circuler de l'étranger à l'intérieur, et réciproquement.

« En général, Sa Majesté veut qu'on ne laisse passer personne, à moins qu'on ne soit porteur d'un passe-port du ministre des relations extérieures. »

[2] Le roi Louis XVIII ne cessait de publier à Gand des proclamations et des ordonnances, comme pour constater sa royauté.
Déclaration.
« Louis, à tous nos sujets; salut.

moment votre royale tristesse. Il n'y a pas un de vos conseillers et de vos ministres qui ne donnât sa vie pour prévenir l'invasion de la France. Sire, vous êtes Français, nous sommes Français! Sensibles à l'honneur de notre patrie, fiers de la gloire de nos armes, admirateurs du courage de nos soldats, nous voudrions, au milieu de leurs bataillons, verser jusqu'à la dernière goutte de notre sang pour les ramener à leur devoir, ou pour partager avec eux des triomphes légitimes. Nous ne voyons qu'avec la plus profonde douleur les maux prêts à fondre sur notre pays ; nous ne pouvons nous dissimuler que la France ne soit dans le plus imminent danger : Dieu ressaisit le fléau qu'avaient laissé tomber vos mains paternelles, et il est à craindre que la rigueur de sa justice ne passe la grandeur de votre miséricorde! Ah! sire, à la voix de Votre Majesté, les étrangers, respectant le descendant des rois, l'héritier de la bonne foi de saint Louis et de Louis XII, sortiront de la France! Mais si les factieux qui oppriment vos sujets prolongeaient leur règne, si vos sujets trop abattus ne faisaient rien pour s'en délivrer, vous ne pourriez pas toujours suspendre les calamités qu'entraîne la présence des armées. Du moins, votre

« La France libre et respectée jouissait par nos soins de la paix et de la prospérité qui lui avaient été rendues, lorsque l'évasion de Napoléon Bonaparte de l'île d'Elbe et son apparition sur le sol français ont entraîné dans la révolte la plus grande partie de l'armée. Soutenu par cette force illégale, il a fait succéder l'usurpation et la tyrannie à l'équitable empire des lois.

« Les efforts et l'indignation de nos sujets, la majesté du trône et celle de la représentation nationale ont succombé à la violence d'une soldatesque mutinée, que des chefs traîtres et parjures ont égarée par des espérances mensongères.

« Ce criminel succès ayant excité en Europe de justes alarmes, des armées formidables se sont mises en marche vers la France, et toutes les puissances ont prononcé la destruction du tyran.

« Notre premier soin, comme notre premier devoir, ont été de faire reconnaître une distinction juste et nécessaire entre le perturbateur de la paix et la nation française opprimée.

« Fidèles aux principes qui les ont toujours guidés, les souverains, nos alliés, ont déclaré vouloir respecter l'indépendance de la France et garantir l'intégrité de son territoire. Ils nous ont donné les assurances

royale sollicitude s'est déjà assurée par des traités qu'on respectera l'intégralité du territoire français, qu'on ne fera la guerre qu'à un seul homme. Vous êtes encore accouru au secours de votre peuple, et vous avez transformé en amis généreux ceux qui auraient pu se montrer ennemis implacables.

Ici M. de Châteaubriand réfutait tout ce que les journaux de Paris jetaient à la face des Bourbons : « Quels reproches pouvait-on faire au gouvernement royal ? Quels griefs avait-on à opposer à sa générosité ? l'extinction du domaine extraordinaire ou du domaine privé ? mais ils avaient servi au budget de l'État et au paiement des dettes contractées ! D'ailleurs, la plus grande partie des domaines étaient dus par les étrangers, et ils étaient venus chercher leurs quittances à Paris. Les diamants de la couronne étaient la propriété des Capets et des Valois depuis vingt générations. On avait honoré l'armée, acquitté l'arriéré de sa solde, et on avait laissé dans les caisses 72 millions. Quoi ! Bonaparte osait qualifier Louis XVIII de despote ! Qui avait rempli les prisons d'État? Qui avait cassé les décisions du jury? Si les ministres avaient commis quelques fautes, c'était à cause de leur trop grand abandon, de leur confiance dans la

---

les plus solennelles de ne point s'immiscer dans son gouvernement intérieur ; c'est à ces conditions que nous nous sommes décidé à accepter leurs secours généreux.

« L'usurpateur s'est en vain efforcé de semer entre eux la désunion, et de désarmer par une fausse modération leur juste ressentiment. Sa vie entière lui a ôté à jamais le pouvoir d'en imposer à la bonne foi. Désespérant du succès de ses artifices, il a voulu, pour la seconde fois, précipiter avec lui dans l'abîme la nation sur laquelle il fait régner la terreur. Il renouvelle toutes les administrations afin de n'y placer que des hommes vendus à ses projets tyranniques; il désorganise la garde nationale dont il a le dessein de prodiguer le sang dans une guerre sacrilége ; il feint d'abolir des droits qui depuis longtemps ont été détruits; il convoque un prétendu *Champ-de-Mai* pour multiplier les complices de son usurpation ; il se promet d'y proclamer, au milieu des baïonnettes, une imitation dérisoire de cette constitution qui, pour la première fois, après vingt-cinq années de troubles et de calamités, avait posé sur des bases solides la liberté et le bonheur de la France. Il a enfin consommé le plus grand de tous les crimes envers nos sujets en voulant les séparer de leur souverain,

foi des serments ; cependant de grandes espérances restaient au roi : « Dans les emplois civils, dans la magistrature, Votre Majesté a trouvé une multitude de sujets fidèles ; les uns ont quitté leurs places, les autres ont refusé d'humiliantes faveurs. Il s'est rencontré des hommes qui, se croyant négligés, auraient pu être tentés de suivre une autre fortune : et pourtant ils n'ont point trahi le devoir : ainsi, dans ces jours d'épreuve, l'honneur, comme la honte, a eu ses triomphes et ses surprises. Parmi vos ministres, sire, les uns ont été assez heureux pour s'attacher à vos pas, les autres pour souffrir sous la main de Bonaparte. Les chefs les plus habiles de leurs administrations ont imité leur exemple : plus leurs talents sont éminents, plus ils sont heureux de les consacrer au Roi, et de les refuser à l'usurpateur. Le clergé n'a point perdu l'habitude des persécutions : reprenant avec joie sa croix nouvelle, il refuse à l'impie cette touchante prière qui demande au ciel le salut du roi. Les deux chambres, qui conservaient avec Votre Majesté le dépôt sacré de la liberté publique, l'ont courageusement défendue. Rome, dans le siècle des Fabius, au

---

les arracher à notre famille, dont l'existence, identifiée, depuis tant de siècles à celle de la nation elle-même, peut seule encore aujourd'hui garantir la stabilité de la légitimité du gouvernement, les droits et la liberté du peuple, les intérêts mutuels de la France et de l'Europe.

« Dans de semblables circonstances, nous comptons, avec une entière confiance, sur les sentiments de nos sujets, qui ne peuvent manquer d'apercevoir les périls et les malheurs auxquels un homme que l'Europe assemblée a voué à la vindicte publique les expose. Toutes les puissances connaissent les dispositions de la France.

Nous nous sommes assuré de leurs vues amicales et de leur appui.

« Français ! saisissez les moyens de délivrance offerts à votre courage ! ralliez-vous à votre roi, à votre père, au défenseur de tous vos droits ; accourez à lui pour l'aider à vous sauver, pour mettre fin à une révolte dont la durée pourrait devenir fatale à notre patrie, et pour accélérer par la punition de l'auteur de tant de maux l'époque d'une réconciliation générale.

« Donné à Gand, le deuxième jour du mois de mai de l'an de grâce 1815, et de notre règne le vingtième. »

Signé, Louis.

rait nommé avec orgueil un citoyen tel que le président de la Chambre des Députés. Sa proclamation, sa protestation, au sujet des avis de M. le duc d'Otrante, resteront, sire, comme un monument de votre règne, et des nobles sentiments que vous savez inspirer. »

Après l'éloge de la fidélité loyale des serviteurs de l'exil, M. de Châteaubriand exaltait avec orgueil les services des princes de la royale famille : « Si Monsieur, votre digne frère, si monseigneur le duc de Berry, si monseigneur le duc d'Orléans, placés dans des circonstances pénibles, n'ont pu rallier une foule désarmée, ils ont montré, au milieu des trahisons et des perfidies, l'élévation, le courage, la loyauté naturelles au sang des Bourbons. Ne croit-on pas voir et entendre le Béarnais, lorsque monsieur le duc de Berry, sortant des portes de Béthune, se précipitant au-devant d'une troupe de rebelles, les appelant à la fidélité ou au combat, les trouvant sourds à sa voix, répond à ceux qui l'invitaient à faire un exemple : « Comment voulez-vous frapper des gens qui ne se défendent pas ? » L'entreprise héroïque de monseigneur le duc d'Angoulême [1] prendra rang parmi les hauts faits d'armes de notre histoire. Sagesse et audace du plan, hardiesse d'exécution, tout s'y trouve. Le prince, jusqu'alors éloigné des champs de bataille par la fortune, se précipite

---

[1] On venait de recevoir à Gand des nouvelles de M. le duc d'Angoulême, datées de Cadix. Voici une lettre autographe du prince:

« Me voilà enfin arrivé, grâce à Dieu, disait le duc d'Angoulême, après avoir fait tout ce qu'il était possible de tenter. Voici en peu de mots ce qui s'est passé :

« Le 30 mars, Amédée d'Escars repoussa le général Debelle en avant de Montélimart; le 2 avril nous battîmes complètement l'ennemi au passage de la Drôme. Deux canons, deux drapeaux et 800 prisonniers tombèrent entre nos mains. La possession de Valence et du cours de l'Isère furent le fruit de ce succès. Le 3, j'appris que le général Ernouf, abandonné par le 58e régiment, avait été forcé de rétrograder vers Sisteron, et que Nîmes, ainsi que Montpellier, avaient arboré le signe de la rébellion. Déjà les généraux Grouchy et Piré étaient partis de Lyon en force supérieure et marchaient contre moi, tandis que le général Gilly se dirigeait de Nîmes sur le Pont-St-Esprit ; je me vis contraint de songer à la

sur la gloire aussitôt qu'il l'aperçoit, et la ressaisit comme une portion du patrimoine de ses pères : mais la trahison arrête un fils de France aux mêmes lieux où elle avait laissé passer Bonaparte. Que de malheurs M. le duc d'Angoulême eût évités à notre patrie, s'il avait pu arriver jusqu'à Lyon ! un soldat rebelle et qui avait vu ce prince au milieu du feu, disait en admirant sa valeur : « Encore une demi-heure, et nous allions crier vive le roi ! » Mais que dire de la défense de Bordeaux par Madame ? Non, ce n'étaient pas des Français que les hommes qui ont pu tourner leurs armes contre la fille de Louis XVI ! Quoi ! c'est l'orpheline du Temple, celle qui a tant souffert par nous et pour nous, celle à qui nous ne pouvons jamais offrir trop d'expiations, d'amour et de respects, que l'on vient de chasser à coups de canon de sa terre natale ! grand Dieu ! et pour mettre à sa place l'assassin du duc d'Enghien, le tyran de la France, et le dévastateur de l'Europe ! Les balles ont sifflé autour d'une femme, autour de la fille de Louis XVI ! Si elle rentre en France, on lui appliquera les décrets contre les Bourbons, c'est-à-dire qu'on la traînera à l'échafaud de son père et de sa mère ! Elle a paru au milieu de ces nouveaux périls telle qu'elle se montra dans sa première jeunesse au milieu des assassins et des bourreaux. Fille de France, héritière de

---

retraite. M. Ferdinand-Berthier arriva le 6 et m'apprit que Bordeaux et Toulouse étaient entre les mains de l'ennemi. Ce fut alors que le général Piré, ayant tenté le passage de l'Isère, fut repoussé, quoique les avis désastreux arrivés de Nîmes et de Montpellier eussent déjà occasionné une grande désertion dans mes troupes Le 6, je quittai Valence à dix heures et demie du soir. Je bivouaquai avec le 10 régiment de ligne, puis je me mis en marche pour Montélimart, où j'arrivai le 7 à quatre heures du soir. Le colonel du 14e de ligne, qui m'avait rejoint le 5, me dit qu'il n'était plus le maître de son régiment, qui en effet m'abandonna et se dirigea sur Valence. On m'avait proposé de partir seul de cette ville, et je l'avais refusé. Le 10 régiment d'artillerie, que le parti rebelle avait corrompu, était prêt à me quitter ; on me renouvela dans ce moment la proposition de partir seul ; je la rejetai encore, mais j'en-

Henri IV et de Marie-Thérèse, nourrie de tribulations et de larmes, éprouvée par la prison, les persécutions et les dangers, que de raisons pour savoir mépriser la vie ! Je ne voudrais, en preuve de la réprobation du gouvernement de Bonaparte, que d'avoir laissé insulter madame la duchesse d'Angoulême ; la représenter baisant les mains des soldats pour les engager à rester fidèles ! L'appeler *une femme furieuse* à l'instant où ses vertus, ses malheurs et son courage excitaient l'admiration de toute la terre, c'est se condamner au mépris comme à l'exécration du genre humain. »

Telles étaient les belles et chaudes pages écrites par M. de Châteaubriand dans le rapport adressé au roi pendant son séjour à Gand ; elles se ressentaient des passions et des amertumes de l'exil. Ce rapport circula partout à l'étranger où il produisit une vive et grande impression ; il fit, pour le second retour de Louis XVIII, ce que la brochure de *Bonaparte et les Bourbons* avait fait contre Napoléon en 1814. Ce beau document diplomatique rattacha les gouvernements et les peuples à la cause de la Restauration ; on ne pensa plus à réaliser des combinaisons en dehors de la famille royale de France, car M. de Châteaubriand avait saisi l'opinion par ses côtés invincibles, le sentiment de l'hon-

---

voyai le général d'Aultane, chef de mon état major, au général Gilly, qui était au Pont-St-Esprit, afin de faire avec lui une convention pour qu'il me laissât passer avec mon corps et me retirer sur la Durance. Le 8, je me remis en route. Bientôt le colonel du 10e régiment de ligne (colonel-général vint m'annoncer que le tiers de son régiment avait déserté, et que le reste ne se battrait pas. L'artillerie était encore plus mal disposée ; il ne me restait que 800 hommes de garde nationale.

« Le général d'Aultane trouva au Pont-St-Esprit le colonel Saint-Laurent, du 10e de chasseurs, et convint avec lui que je me retirerais sur Marseille, escorté du 10e régiment de ligne ; mais le général Gilly s'y refusa ensuite. Cet avis me parvint à Pierrelatte ; et comme on retenait le général d'Aultane prisonnier, j'envoyai le baron de Damas, sous-chef de mon état-major, pour conclure avec le général Gilly la conven-

neur et du devoir. Avec ce noble et grand exposé, le *Journal de Gand* publiait de longs articles, qui chaque jour venaient développer les pensées du roi sur l'esprit et la tendance d'une nouvelle Restauration. Quelquefois Louis XVIII ne dédaignait pas d'écrire en de tout petits caractères des articles qu'il envoyait à son journal, avec un amour-propre d'auteur très marqué ; il avait un peu conservé ce goût du xviii° siècle d'écrire et de beaucoup écrire ; tradition littéraire qu'il n'oublia jamais dans ses jours même les plus tristes et les plus affligés.

A Gand était la cour politique, et dans les villes environnantes, sur les frontières, se trouvaient les débris de la cour militaire. Une des craintes de Louis XVIII était que l'invasion de la France ne fût rendue nécessaire par l'affermissement de Bonaparte sur le trône ; hélas ! combien ne faudrait-il pas payer cette intervention de l'étranger dans les affaires du pays ! Louis XVIII savait l'esprit des populations allemandes, qui toutes voulaient recouvrer ce qu'elles avaient perdu ; si l'invasion touchait les frontières, l'œuvre de Louis XIV resterait-elle dans son intégralité ? les gouvernements le voudraient-ils ? seraient-ils maîtres des peuples et de leur ambition conquérante ? Et cette préoccupation avait arrêté le roi sur les frontières, il avait peur de livrer la France. Or, un des plans qui paraissaient sourire à cet esprit éminemment national (car Louis XVIII, je le répète, n'aimait pas l'étranger), c'était

tion que je joins ici. L'ennemi s'était rendu maître de la route d'Avignon, ce qui me fit rester afin de pourvoir à la sûreté de ceux qui m'avaient suivi. Je ne partis donc que le 9 au soir, mais je fus arrêté au Pont-St-Esprit, où j'ai été retenu prisonnier pendant six jours, au mépris de la convention. Pendant dix heures, j'ai eu dans ma chambre un officier de gendarmerie qui avait ordre de ne pas me perdre de vue. Je ne m'en suis délivré qu'en leur donnant ma parole que je ne chercherais point à me sauver. Les soldats et gendarmes que l'on avait choisis pour me garder paraissaient être dans des dispositions détestables.

« C'est le général Grouchy, qui est arrivé le 9 au Pont-St-Esprit, qui m'a fait arrêter. Ce qui peut l'excuser, c'est qu'il avait avec lui un général Corbineau, aide-de-camp de Bonaparte chargé de veiller sur lui. Le baron de Damas, qui a vu plusieurs fois le général Grouchy, n'en a pas été très mé-

PROJET DES ROYALISTES A GAND (MAI 1815).

d'opérer sa restauration par la menace morale d'un mouvement européen contre Bonaparte ; on espérait (et c'était une illusion) une révolution intérieure avant la guerre ; à cet effet, on avait réuni sur la frontière quelques débris de la maison du roi, disposés à une campagne. A Gand, on conservait des intelligences avec quelques chefs des garnisons des frontières du Nord, afin de prendre position au premier signal ; c'était le plan du général Clarke et des maréchaux Victor et Marmont qui venaient de rejoindre le roi ; rentrer en France avec le drapeau blanc était un des rêves de Louis XVIII, parfaitement secondé par le parti militaire, spécialement sous l'influence du duc de Berry. Les volontaires, et ils étaient en bien petit nombre, campaient à Alost en attendant le signal venu de France : devait-il jamais arriver ?

On se faisait beaucoup d'illusions ! Croire que Bonaparte pourrait être renversé dans une campagne impuissante de quelques loyaux serviteurs, c'était là de l'utopie ; la guerre violente européenne pouvait seule en finir avec ce pouvoir né de la guerre, et qui ne pouvait tomber que par la guerre. Les maréchaux Victor et Marmont, qui vivaient fort retirés à Gand, attendaient la formation d'une armée royaliste pour en prendre le commandement, et pénétrer en France avant l'étranger. Ce

---

content. Le dernier jour, ce général étant parti pour Marseille, Corbineau envoya chercher le baron de Damas pour ajouter à la convention deux nouveaux articles qu'ils ont signés, et auxquels j'ai consenti, ayant trouvé qu'ils ne m'engageaient à rien. J'ai été relâché le 15, et le lendemain je suis arrivé à Cette, où je me suis embarqué le même jour à huit heures du soir, accompagné de dix-sept personnes. Ce départ était bien douloureux. Tout le pays que j'ai traversé est excellent. Partout on me comblait de bénédictions. L'armée seule et la gendarmerie se sont montrées parjures. Cependant mes 25 chasseurs du 14e m'ont été fidèles jusqu'à la fin et voulaient me suivre partout, ainsi que plus de 40 officiers.

« Quand j'ai quitté Cette, on disait la guerre déclarée, et l'on ajoutait que Bonaparte avait demandé une levée de 2 millions d'hommes et une contribution de 500 millions. L'opinion de la France est

plan de Restauration plaisait aussi à M. le comte d'Artois et à ses amis, immédiatement en rapport avec les royalistes organisés dans les provinces; MM. les ducs de Polignac, de Fitz-James, aidaient considérablement les opinions et les idées de Monsieur. Comme les armements immenses de l'Europe donnaient beaucoup d'inquiétude, même au parti militaire en France, bien des généraux et des officiers avaient tendance d'en finir par un rapprochement avec Louis XVIII, en prenant pour base la Charte, l'amnistie et le drapeau tricolore; ils désespéraient déjà de la cause de Napoléon, qu'ils avaient cependant embrassée avec chaleur. Quand ils désertèrent le drapeau blanc, ils croyaient avoir une campagne à faire contre une ou deux puissances; mais contre toutes, cela était au-dessus de leurs forces. Il y avait donc de mystérieuses transactions sur la frontière [1], et Louis XVIII aimait à les favoriser; le caractère national s'était profondément démoralisé : on passait tristement d'un drapeau à un autre sans loyauté.

Des négociations d'une plus haute importance venaient aussi de s'établir avec Fouché, le ministre de la police de Bonaparte. J'ai déjà dit que Louis XVIII n'avait aucune répugnance à traiter avec les hommes de la Révolution, et Fouché n'avait à son tour aucun de ces préjugés

que le parti jacobin va prendre l'ascendant et faire régner la terreur. Toulon et Marseille se sont rendues le 11 et le 12. Il paraîtrait que Masséna s'est assez bien conduit jusqu'à la fin.

« Ma traversée a été de trente-cinq heures; nous avons eu un assez gros temps. Je suis ici dans un incognito que je ne garderai pas longtemps, je crois. C'est le marquis Campo del Grado, gouverneur-général, qui me loge. Je vais recevoir toutes les autorités et expédier ensuite un courrier à Madrid. J'ai appris avec plaisir que le comte de Damas était à Saragosse; j'espère qu'il me joindra sous peu de jours. MM. de Rivière et de La Tour du Pin sont déjà partis pour Madrid. J'ai trouvé ici MM. de Bruges et Bruslart, ainsi que l'abbé de Jamar. J'apprends que M. le duc de Bourbon a débarqué à Saint-Ander. »

[1] Plus d'un chef avait déjà fait sa paix avec les Bourbons.

de la médiocrité entêtée qui ne pactise avec rien et sur rien. Avant le départ des Bourbons pour Gand, Fouché avait eu plusieurs conférences avec les confidents de Louis XVIII et même personnellement avec le comte d'Artois; on avait répété ce mot étonnant qu'il jeta au prince en lui baisant la main : « Monseigneur, sauvez le roi, je sauverai la monarchie. » Fouché était-il de bonne foi dans toutes ces négociations royalistes ? lui, pouvait-il donner des gages pour sauver une monarchie ? On l'ignore; sa manie était de traiter avec tous les partis, en se jouant d'eux par une raillerie incessante; il n'avait jamais eu foi dans la cause de Napoléon, il la croyait perdue d'avance, et il avait fixé le terme de tout ce drame [1] à trois mois dans ses limites les plus étendues. Il sondait M. de Metternich sur la régence, les jacobins sur la république, les impérialistes sur Napoléon II. Il vit bien qu'en Europe le parti était pris de restaurer les Bourbons; s'il eût préféré le duc d'Orléans, dont les souvenirs allaient mieux à ses vues et à ses propres idées, il se rattachait à Louis XVIII, parce que les cabinets paraissaient pencher vers la restauration pure et simple du vieux monarque.

Dès lors, Fouché n'hésita pas à se mettre en rapport avec Gand, et il chargea de cette mission M. Gaillard, un de ses amis de collège et de congrégation de l'Oratoire, époque d'éducation qu'aucun révolutionnaire n'oubliât dans sa vie. M. Gaillard, homme d'esprit et de science [2], dut partir pour Gand avec mission de dire au roi : « que Bonaparte était fini, c'était un homme mort; il fallait avoir de la patience, une habileté de conduite qui

---

[1] Fouché correspondait tout à la fois avec le duc de Wellington et Louis XVIII ; ses agents servaient aussi à éclairer l'empereur Napoléon.

[2] Ceux qui ont connu M. Gaillard l'ont entendu raconter, sous la Restauration, la plus petite particularité de cette mission de Gand.

donnerait des gages à la Révolution, et tout serait accompli. » Louis XVIII devait se faire le roi des idées de 1789 et de la cocarde tricolore. » Fouché demandait comme garantie de conserver le portefeuille de la police ou les affaires étrangères ; il se faisait fort d'être agréable à l'Autriche et à l'Angleterre, à M. de Metternich comme à lord Wellington. Ce point convenu, Fouché s'engageait avec Louis XVIII à le rétablir sans effusion de sang, et à contenir tout à la fois le parti bonapartiste et le parti révolutionnaire. M. Gaillard, muni de pleins pouvoirs pour traiter, se dirigea vers Gand, et tandis que Fouché amusait le parti révolutionnaire au Champ-de-Mai, il était convenu avec Louis XVIII que les bases d'un programme seraient fixées après une bataille perdue par Napoléon. L'opinion de Fouché était que *cet homme-là* pouvait bien gagner une première, une seconde bataille ; mais qu'à la troisième il était perdu : son rôle était fini ; il l'avait ainsi jugé depuis la déclaration des puissances, le 15 mars.

A ce moment arrivait à Gand un autre envoyé d'une importance plus grave, et qui venait se concerter avec Louis XVIII pour rétablir une restauration sur des bases constitutionnelles. Cet envoyé, esprit sérieux déjà, quoique bien jeune encore, était M. Guizot, secrétaire-général de M. de Montesquiou en 1814, et désigné par le comité constitutionnel de Paris. Ce comité comptait des hommes d'une grande portée d'intelligence, sous la direction de M. Royer-Collard[1]. Après le mauvais effet de l'Acte additionnel, les résolutions du congrès de Vienne et les armements de toute l'Europe, il était presque certain pour

---

[1] C'était généralement par les jeunes hommes des écoles et des universités que M. Royer-Collard correspondait avec Louis XVIII presque chaque semaine.

tous les esprits de portée que Bonaparte ne pourrait pas se maintenir; personnellement il était perdu : supposer alors qu'un autre gouvernement que celui de Louis XVIII succéderait à Bonaparte, c'était un enfantillage ; il n'y avait que deux idées corrélatives : la chute de l'Empereur entraînait le rétablissement des Bourbons, sans milieu ; la régence et la République n'auraient rien changé. Dès lors que devaient faire les royalistes constitutionnels, les hommes modérés et graves à la façon de MM. Camille Jordan, Becquey, Royer-Collard ? Déterminer Louis XVIII à prendre un ministère largement conçu, par suite de la disgrâce de M. de Blacas ; une fois le favori renvoyé, on ferait un cabinet responsable, marchant dans les voies libérales et réparatrices ; on admettrait quelques additions et rectifications à la Charte, telles qu'un abaissement d'âge pour les députés, la diminution du cens d'éligibilité, et, au-dessus de tout, l'unité ministérielle. Tel était le dernier mot du jeune envoyé qui arrivait à Gand. M. Guizot n'aimait pas le régime de Napoléon ; comme toute intelligence forte, ce despotisme matériel le blessait; il avait appris à détester l'Empire à l'école de madame de Staël ; il ne croyait pas une constitution possible avec la dictature militaire ; la paix, la liberté, lui paraissaient un grand symbole que les Bourbons seuls pouvaient alors réaliser ; et voilà pourquoi il se rattachait à leur cause [1].

A Gand, il vit beaucoup M. Mounier et M. de Rayneval, deux jeunes hommes qui s'étaient groupés autour du système de M. de Talleyrand ; capacités d'un genre différent, mais sous l'empire des mêmes idées. MM. Mounier, de Rayneval et Guizot s'entendirent parfaitement

---

[1] Le voyage de M. Guizot eut lieu vers la fin du mois de mai, ou au commencemen de juin 1815.

sur le sens à donner à toutes les négociations. M. Guizot eut plusieurs audiences de Louis XVIII, qui l'accueillit avec une haute distinction. Par la nature de son esprit, le roi aimait les idées modérées, les pensées de transactions ; il écouta très attentivement ce que lui dit M. Guizot [1] sur l'état des partis en France, et sur les éventualités d'une restauration par les idées libérales. Le roi comprenait tous les ménagements ; imiter Henri IV après la Ligue était sa pensée, sa volonté ; mais, pauvre vieillard, avait-il la tête couverte de fer et la mâle physionomie du Béarnais, noircie aux batailles ?

M. de Rayneval surtout jouait un rôle important à Gand ; chargé de la correspondance de M. de Talleyrand, si pressante, si vive alors, il demandait à grands cris le renvoi de M. de Blacas. M. de Talleyrand posait les conditions suivantes dans sa correspondance avec le roi : unité du ministère, présidence pour lui, modifications à la Charte sur quelques points qui ne paraissaient pas assez largement conçus. Et avec cela, on pouvait espérer une seconde Restauration, peut-être sans les alliés ; Bonaparte passerait comme un ouragan, après lui le ciel deviendrait serein. M. de Rayneval agit avec beaucoup d'habileté auprès de Louis XVIII [2], et l'on considéra comme une victoire la promesse que fit le roi de se séparer du jeune ami que lui avait laissé le duc d'Avaray en partant pour Madère. Louis XVIII était tellement fait aux concessions, il savait si bien ployer son âme, qu'il ne résistait pas devant les nécessités politiques. On arrangea d'avance le renvoi de M. de Blacas, qui n'eut lieu que plus tard ; le

---

[1] M. Guizot eut des conférences fort longues avec le roi, qui en garda un long et favorable souvenir.

[2] J'ai beaucoup vu M. de Rayneval dans ma vie, et plus particulièrement à Madrid, en 1833 ; c'était un des hommes intelligents et forts de la diplomatie à traditions, hélas ! tout à fait perdue.

favori dut se préparer à un lointain voyage; l'ambassade de Rome était vacante, le roi la lui réserva. La Châtre était à Londres, Blacas serait à Rome ; tous deux amis du roi, ils se consoleraient par de tout petits billets; douce correspondance que Louis XVIII aimait tant. La Châtre et Blacas ne devaient plus être que les amis personnels de ce prince, qui, hélas! oubliait souvent ses amis, quand il ne pouvait plus les voir, les entendre et leur réciter quelques odes d'Horace.

Alors le congrès de Vienne allait se dissoudre pour s'occuper plus activement des opérations militaires. Le czar Alexandre attendait son armée, qui se déployait vers Nuremberg ; l'empereur d'Autriche, le roi de Prusse, devaient l'accompagner à Mayence. M. de Talleyrand vit donc le moment de constituer le gouvernement de Louis XVIII ; le terme de la chute de Bonaparte serait plus ou moins éloigné, mais ce résultat était inévitable. Il se disposa donc à quitter Vienne, pour rejoindre le roi à Gand, ne voulant toutefois faire cette démarche décisive que lorsqu'il serait certain que son programme ministériel serait complétement accepté.

CHAPITRE III.

SOULÈVEMENT DE LA VENDÉE. ORGANISATION ROYALISTE DES PROVINCES DU MIDI.

Les paroisses. — Ordre d'armée. — Les chefs. — MM. d'Autichamp, — de Suzannet, — de Sapineau, — les La Rochejaquelein. — Parti provincial. — Parti anglais. — Rivalités. — Les pouvoirs du roi Louis XVIII. — La Vendée en armes. — Les différents corps. — Premières opérations. — Les généraux Travot et Lamarque. — Négociations de Fouché. — Mission de MM. de Malartic et de la Béraudière. — Propositions de Fouché. — Division parmi les chefs. — Refus du parti anglais sous M. de La Rochejaquelein. — Combat de la Croix-du-Vic. — Pacification de la Vendée. — Convention avec les chefs. — Correspondance de Fouché. — Exaltation du Midi. — Les compagnies franches. — Préparatifs d'un soulèvement. — Les chefs et les paysans. — Réfractaires. — Marseille en état de siége. — Esprit de vengeance. — Première tentative de soulèvement.

15 Mai au 6 Juin 1815.

Si la partie sérieuse et habile des royalistes cherchait à préparer une restauration durable, modérée, et le moins réactionnaire possible, la fraction ardente ne se soumettait pas à des conditions aussi paisibles. Dans la marche des partis, on a toujours remarqué cette séparation entre les politiques et les ardents ; c'est la raison réfléchie aux prises avec l'imagination aventureuse, qui joue une cause en se dévouant pour elle. Il peut y avoir de l'honneur et de la grandeur dans ces cœurs chauds, rarement il y a un succès long et durable pour leurs œuvres : aussi les hommes graves, à la manière de MM. de Talleyrand, Pasquier, Royer-Collard, Guizot, Barante, préparaient une restauration rationnelle, libérale, sans effusion de sang, par le mouvement naturel des idées. Mais les Vendéens ne voulaient point de ces succès tièdes et sans couleur : courageux et infatigables, avec le plus noble dévouement, ils reprenaient les armes à la voix de leurs chefs, et réveillaient ainsi au milieu du pays la guerre civile, avec ses tristes et poétiques couleurs.

Lorsque M. le duc de Bourbon traversa la Vendée après le 20 mars, il suffit de quelques sages remontrances des autorités dévouées à Napoléon pour le déterminer à la retraite : les âmes fatiguées ne sont point bonnes pour se jeter dans les périls des guerres civiles; elles n'aiment pas les jours d'agitation, les longues nuits qu'il faut passer sur la dure, le cliquetis des armes et l'aspect des panaches sanglants qui se meuvent dans la bruyère. Ainsi était M. le duc de Bourbon ; sa tête était épuisée par mille tristes souvenirs; le malheur mène à un désespoir fatal et résigné ; il avait le courage naturel aux Condé et avec cela cette fatigue de l'âme qui ne permet plus rien d'énergique ; elle explique l'absence de toute mesure dans la Vendée lors du passage de M. le duc de Bourbon; il avait touché le rivage d'Angleterre sans laisser la moindre organisation de résistance [1].

Il y avait peut-être aussi un autre motif dans cette tiédeur qui avait accueilli M. le duc de Bourbon. La Vendée

---

[1] Les fonctionnaires publics de la Restauration, à Angers surtout, furent tous vivement frappés de ce manque d'énergie de M. le duc de Bourbon.

est un groupe de paroisses, chacune avec ses traditions, ses familles héréditaires, son seigneur et son curé; elles forment comme les débris du moyen âge, temps où les races restaient puissantes avec leurs caractères parculiers; les paroisses de la Vendée ressemblaient à ces réunions de pastoureaux ou de communaux qui aux XIIIe et XIVe siècles prenaient les armes au son du cornet et de la cloche, pour la défense de leurs droits et de leurs priviléges. Les Vendéens connaissaient à peine le duc de Bourbon; ils avaient respect et dévouement pour ce nom comme pour la croix; mais ils attendaient avant tout les ordres de leurs seigneurs naturels et des chefs qui les avaient autrefois conduits; les métairies ne s'agitaient que lorsque paraissaient à leur tête des gentilshommes nationaux, ceux qui avaient leur château fortifié à côté des métairies en friche du paysan vendéen. Aussi n'y eut-il de prise d'armes que lorsque, d'après les ordres du roi, les chefs firent sonner le tocsin et assemblèrent les paroisses.

Ces chefs avaient tous des noms retentissants, et les traditions en gardaient mémoire. Le plus remarquable, le plus habile, le plus spirituel était M. le marquis d'Autichamp, lieutenant-général [1], issu d'une famille antique; ses formes douces et conciliantes s'unissaient à un sentiment de bravoure incontestable. MM. de Sapineau et de Suzannet, avec des services et des talents moins réels, savaient néanmoins affronter la mort sur un champ de bataille; ils étaient très considérables dans la Vendée. La famille des La Rochejaquelein tenait une large place dans les mouvements de guerre civile; elle avait payé de son sang sa renommée, et je n'aime pas à

---

[1] La famille d'Autichamp, très proche parente des Broglie, était une des races les plus courageuses et les plus savantes en stratégie.

contester la grandeur de ceux qui se font martyrs d'une cause. Mais ce qui distinguait particulièrement les La Rochejaquelein au milieu des autres chefs d'une plus grande capacité qui marchaient avec eux, ce qui souvent les rendit nuisibles à la Vendée, c'était d'abord leur esprit dominateur, absorbant, qui semblait viser à une supériorité sur les autres chefs vendéens.

Si les La Rochejaquelein avaient rendu des services à la cause royale, combien n'étaient-ils pas au-dessous de la capacité militaire et politique des Charette, des Stofflet, des Bonchamps, des Talmont, et même des d'Elbée, puissantes renommées qui s'élevèrent dans ces temps d'épreuves et de miracles[1]! Et néanmoins, les La Rochejaquelein voulaient tout dominer, tout conduire ; ils prétendaient à une sorte de suzeraineté sur la Vendée : c'était leurs fiefs, leur terre ; de sorte que par cet esprit dominant ils excitèrent souvent de la jalousie, ils mirent de la division dans les rangs, ils voulurent conduire des hommes qui leur étaient supérieurs en talents militaires et en tenue politique. Ensuite un triste caractère sépara les La Rochejaquelein des autres chefs : ils méconnurent l'esprit essentiellement provincial de la Vendée ; ils y voulurent mêler l'Anglais, si antipathique au véritable Vendéen ; les paysans faisaient la guerre royaliste et religieuse de paroisse à paroisse avec énergie, mais ils restaient essentiellement provinciaux, sans recourir à l'étranger, à l'habit rouge. Il n'en était pas ainsi des La Rochejaquelein, intimement liés avec l'Angleterre : c'est par le secours des forces britanniques que le marquis Louis de La Rochejaquelein voulait

---

[1] Tout ce qui a été écrit sur ces chefs de guerre civile a été généralement vu d'un point de vue très resserré et personnel.

donner à la guerre civile un aspect plus formidable; il courait chercher à Londres des armes et des munitions, invoquant le secours de la marine et des vaisseaux de la flotte britannique. Le marquis d'Autichamp, le général Suzannet, aimaient à conduire les paysans, pour la défense de leur province, sous la croix et le drapeau blanc; mais ils repoussaient d'autres secours. Il suffit de lire la correspondance du marquis Louis de La Rochejaquelein avec l'amiral sir Henri Hotham[1], pour se convaincre que le principal appui du mouvement vendéen qu'il conduisait, c'était l'Angleterre; circonstance essentielle à expliquer, afin de comprendre les événements de la Vendée pendant les Cent Jours. Certes, nul ne pouvait refuser l'intrépidité aux La Rochejaquelein; mais, je le répète, ils nuisaient souvent par ce double esprit de domination et d'appel à l'étranger, et cela fut une des causes de la chute rapide du mouvement vendéen en 1815.

Dans les premiers jours du mois de mai, le marquis Louis de La Rochejaquelein parut dans la Vendée; il venait de Londres, muni des pleins pouvoirs du roi Louis XVIII pour opérer un soulèvement de paroisses favorable à la cause royaliste; et, à cet effet, il avait obtenu du cabinet britannique des armes, des munitions,

---

[1] *Lettre du commandant de la frégate l'Astrée, au marquis de La Rochejaquelein.—Du 31 mai.*

« Mon cher marquis,

« Je ne saurais vous exprimer le plaisir que me fit éprouver hier soir l'arrivée de votre aide-de-camp, et les détails qu'il me transmit sur vos opérations et sur votre situation actuelle. Ce plaisir a été vivement partagé par tous mes officiers et, s'il m'est permis de le dire, par mes matelots même. La plus vive satisfaction éclatait sur tous les visages.

« Ainsi que j'avais eu l'honneur de vous l'annoncer, l'amiral sir Henri Hotham est arrivé de l'Angleterre, et a pris le commandement de cette escadre. C'est un très aimable homme, et l'un des officiers les plus distingués de la marine anglaise. J'aurai le plus grand plaisir à vous présenter à lui; il désire beaucoup lui-même de vous recevoir sur son bord, pour s'entendre avec vous à l'égard des opérations ultérieures; il vous apporte une grande quantité d'armes, de munitions, et quelques pièces de campagne.

des subsides ; l'amiral sir Henri Hotham s'était engagé à le seconder; l'escadre, sous pavillon anglais, était sur la côte avec des fusils, des canons et de la poudre. A peine débarqué, le marquis Louis de La Rochejaquelein adresse aux Vendéens une proclamation, souvenir des vieux et nobles temps de la Vendée ; il leur parle du roi, il a besoin pour ainsi dire de justifier les froideurs de la Restauration pour la Vendée ; si Louis XVIII ne les a pas mieux traités, c'est que cela n'a pas dépendu de lui ; il apporte des armes, et les nations de l'Europe fourniront les moyens de rétablir l'autel et le trône ; il se présentait par ordre du roi, pour détruire les factieux : « Sachez que Bonaparte affecte de ne pas vous craindre. Le monstre n'ignore pas que votre réveil sera le signal de sa destruction. Vendéens ! rappelez votre antique valeur ; ne perdez pas de vue le titre de *peuple de géants* : l'usurpateur lui-même vous l'a donné. L'Europe a les yeux fixés sur vous ; elle marche pour vous soutenir. Déjà le crime frissonne et sa chute est prochaine. Souvenez-vous de ces paroles mémorables du roi : « Je devrai ma couronne aux Vendéens. » Marchons, et que ce cri de l'honneur français nous guide à la victoire : *Vive le roi !* »

Cette proclamation, signée par le marquis de La Ro-

« Le pavillon amiral est arboré sur *le Superbe*, de 74. *Le Bellérophon*, de la même force, est également sous ses ordres. Tout ira donc au gré de mes désirs ; je suis dans la plus ferme conviction que dès demain les brigands de Saint-Gilles seront entièrement soumis par nous, et que toute communication avec l'intérieur leur sera aussi fermée : j'ai ordre de raser la côte aussi près que possible, afin d'entretenir nos communications mutuelles. Comptez que je ne négligerai rien pour surveiller tous les mouvements de l'ennemi.

« Je suis avec la plus sincère estime tant pour vous que pour votre cause.

Signé, Kittroc.

« P. S. Nous attendons de moments en moments de nouveaux secours en munitions et en armes. Mes compliments à toutes les personnes qui vous entourent. Vive le roi ! Vive Louis XVIII ! Vivent les Bourbons ! tel est le cri continuel de tout mon équipage. »

chejaquelein, maréchal-de-camp des armées royales, allait bien aux sentiments et aux opinions des Vendéens : tout était préparé pour un soulèvement; déjà les chefs naturels du mouvement insurrectionnel s'étaient portés en masse dans le Bocage. M. de Suzannet avait levé plus de 4,000 hommes et un petit corps de cavalerie; M. d'Autichamp commandait plus de 5,000 paysans bien armés. Quand tous ces groupes furent réunis, on compta quatre corps d'une force presque égale; le premier commandé par M. d'Autichamp, le second par M. de Sapineau, le troisième par M. de Suzannet, le quatrième enfin par le comte Auguste de La Rochejaquelein, le frère du marquis; et il se trouvait que, par un étrange jeu de la fortune, le chef d'état-major de l'armée royaliste était le vieux général républicain Canuel, qui, à une autre époque, avait paru dans la Vendée sous les couleurs de la Convention et du Comité de salut public. Temps singulier! Le général Donnadieu, l'ami de Masséna, le républicain du Consulat, se trouvait aux ordres de la duchesse d'Angoulême, et le patriote général Monnier commandait une division de l'armée du duc d'Angoulême dans le Midi [1].

Lorsque cette prise d'armes des paroisses eut été organisée, une première question s'éleva parmi les chefs : à quel commandant supérieur les forces royalistes seraient-elles confiées? Il y avait là parmi ces chefs M. d'Autichamp, créé lieutenant-général par le roi, d'un âge avancé déjà et d'une certaine renommé militaire; Canuel était également lieutenant-général. Dans la hiérarchie ordinaire, M. d'Autichamp devait commander les forces vendéennes; M. Louis de La Rochejaquelein, simple ma-

---

[1] C'était le reste de la fusion des républicains et des royalistes contre Bonaparte.

réchal-de-camp, contesta ce droit naturel dans l'ordre des grades, et à l'appui de cette prétention qui bouleversait tout il montrait une lettre de Louis XVIII, qui lui donnait mission de soulever les paroisses : était-ce là son seul titre pour commander en chef? Le marquis Louis invoquait les services qu'il venait de rendre à Londres; il avait procuré de la poudre, des munitions de guerre, des armes, de l'argent ; lui seul était en rapport avec l'amiral Hotham; il devait donc mener les forces du Bocage. Cette prétention à la suzeraineté, au commandement supérieur, fut une des premières causes de la division qui s'introduisit dans le camp vendéen et de la fin si prompte de la guerre civile.

Les généraux Lamarque et Travot[1], qui allaient commander les forces impériales dans la Vendée, connaissaient parfaitement ces principes de division qui séparaient les chefs vendéens entre eux. Tous deux appartenaient à la même école militaire, calme, patriotique, savante; leur mission était d'en finir immédiatement avec la guerre civile, car elle nécessitait le déploiement

---

[1] *Lettre du maréchal Davoust au général commandant le département de la Loire-Inférieure.*

Paris, le 28 mai 1815.

« Général, les partisans de la guerre civile, tous les gens qui n'ont d'autre patrie que leur vanité, et d'autre religion que la féodalité et la dîme ; ces mêmes hommes qui, depuis vingt-cinq ans, ont fait cause commune avec les étrangers, et ont fait tous leurs efforts pour exciter la guerre extérieure et intérieure dans notre belle patrie, ont levé l'étendard de la rébellion sur quelques points de la Vendée ; déjà le sang français a coulé.

« De grandes mesures sont prises pour éteindre, dès son principe, cette rébellion.

« Une armée de 25,000 hommes et une nombreuse artillerie sont en mouvement pour se porter sur la Loire.

« Tous les citoyens peuvent être rassurés. Les instructions données sont d'être indulgent envers la population, qui n'est qu'égarée et qui va contre ses intérêts en prenant les armes en faveur de ses oppresseurs.

« Mais on déploiera toute la rigueur des lois envers les ex-nobles qui seront pris les armes à la main, et tous ceux qui sont connus pour être chefs de bandes, et ne se plaisent qu'au milieu des troubles.

« Je vous recommande, général, de faire répandre chez tous les habitants où il y aurait des symptômes et des commencements de rébellion, les nouvelles, et de prendre toutes les mesures pour rassurer

de forces imposantes, qu'on pourrait employer plus utilement à la défense du territoire contre les armées étrangères. Napoléon comptait attaquer l'ennemi dans le mois de juin; à ce moment tout devait être pacifié dans la Vendée, afin que les deux divisions Lamarque et Travot pussent se porter immédiatement sur la frontière Nord, et prendre part à la guerre européenne. A cet effet Napoléon avait ordonné à ses lieutenants de mener la guerre avec vigueur; le maréchal Davoust s'était montré impitoyablement dur dans une circulaire adressée aux généraux commandant les départements de la Loire; on devait annoncer de grandes mesures contre les Vendéens, « gens qui n'avaient d'autre patrie que la vanité, et d'autre religion que la féodalité et la dime »; on devait invoquer le secours des fédérés et s'appuyer sur eux pour opérer la répression [1]. Ces fédérés avaient reçu une organisation tumultueuse à Rennes, à Angers, à Nantes. Le parti jacobin s'était réveillé; on avait opposé les villes à la campagne, la bourgeoisie libérale à la campagne exaltée: les fédérations bretonne et angevine comprenaient les fonctionnaires publics, les cours impériales, et M. de Portalis lui-même, tête si modérée, premier président de la cour royale d'Angers, fut obligé de se placer à la tête de la fédération angevine. On exigeait alors cette espèce de dévouement.

---

tous les habitants, afin que les agitateurs soient abandonnés lorsqu'ils verront tout l'appareil de nos forces.

« Vous avez une grande facilité d'obtenir ce résultat par les fédérés.

« Sous le règne avilissant des Bourbons, lorsque cette classe de gens qui vient de se mettre en guerre contre l'Empereur et toute la nation, avait influence et protection, ils étaient en opposition avec les quatre-vingt-dix-neuf centièmes de la nation.

« Maintenant, que les quatre-vingt-dix-neuf centièmes ont pour chef l'empereur Napoléon, qui est le souverain de leur choix, souffrirons-nous les attentats de quelques milliers de furieux?

« Il est temps, général, que l'on prenne de fortes mesures qui fassent trembler ces mauvais Français et rassurent les bons. »

Signé, le prince d'Eckmühl.

NÉGOCIATIONS AVEC LA VENDÉE (MAI-JUIN 1815). 77

Les forces dont disposaient les deux généraux de l'armée impériale étaient de 8,500 hommes, la moitié moins que celles des Vendéens; mais c'étaient de bonnes troupes, bien disciplinées, des régiments vieux au feu, et ils n'avaient en face que des paysans rassemblés au tocsin de la paroisse. Jusqu'alors aucun engagement sérieux ne s'était accompli; on faisait des marches et des contre-marches; car une négociation importante s'était engagée entre Fouché, mêlé à tout, et les chefs de la Vendée [1]. Dès l'instant que l'habile ministre avait connu les troubles de l'Ouest, leurs causes, leur développement, les chefs qui commandaient les bandes, il offrit à l'Empereur de les pacifier sans effusion de sang, et par les simples moyens de police. Napoléon avait déjà essayé, sous le Consulat, cette arme de la pacification, et l'abbé Bernier avait servi

---

[1] Fouché dans sa proclamation officielle s'était rapproché de l'esprit de répression du maréchal Davoust.
Ministère de la police générale.
Paris, 28 mai 1815.
« M. le préfet, l'insurrection vient d'éclater sur plusieurs points des départements de l'Ouest. Une guerre qui fut si fatale et si célèbre peut s'y rallumer. Le sang français qui a coulé tant de fois dans cette contrée par les propres mains des Français peut y couler encore! de nouvelles victimes seraient immolées sur les tombeaux que nous avons fermés!
« Toutefois, les circonstances ne sont plus ce qu'elles étaient il y a vingt ans. Les cabinets et les peuples étrangers savent apprécier les mensonges ou les illusions des transfuges qui trahissent leur patrie, et qui s'arment contre elle.
« La France, qui surmonta si glorieusement et avec tant de courage les dangers qui la menaçaient en 1793, n'est pas, comme alors, sans chef, sans armées, sans généraux, livrée aux passions d'une assemblée qui avait tout à la fois à lutter contre les factions de l'intérieur et contre la coalition des souverains de l'Europe.
« La sédition qui se manifeste aujourd'hui n'est point, comme l'insurrection de 1793, fondée sur des mécontentements populaires, excités par d'antiques préjugés, des habitudes monarchiques et le fanatisme religieux.
« Les habitants de la Vendée savent bien que ce n'est ni pour leur cause, ni pour un ordre de choses qui leur soit plus favorable, qu'on cherche à les armer.
« N'ont-ils pas éprouvé les prétentions orgueilleuses de ceux pour lesquels ils ont si souvent bravé la mort? Quelles récompenses ont-ils reçues de leur dévouement? Quel prix en peuvent-ils espérer?
« Le rétablissement des dîmes, des redevances, des servitudes, la féodalité, la dévastation, l'incendie, le massacre, et le deuil de toutes les familles, voilà tout ce qui se présente à leur souvenir et à leur avenir.
« L'Empereur a parcouru la Vendée sans gardes, au milieu de la multitude qui se pressait sur ses pas; il a recueilli des témoignages de respect et d'admiration qui

d'intermédiaire dans cette rude tâche de bien public. Ces souvenirs du Consulat plaisaient à Bonaparte, et il sentait l'importance de disposer en juin des divisions Lamarque et Travot; il résolut donc de terminer les troubles de la Vendée, et de se confier entièrement à Fouché, dont il savait la sagacité habile et les moyens efficaces de corruption. Le ministre, autorisé dans la plus vaste étendue de pouvoirs, eut recours à deux hommes de talent et d'activité, déjà connus dans la Vendée; MM. de Malartic et de la Béraudière, caractères pleins de modération, et négociateurs parfaitement choisis. Fouché leur parla sans détour : « Pourquoi les Vendéens faisaient-ils la guerre civile ? quel but se proposaient-ils ?

n'étaient pas commandés par l'éclat du diadème.

« Toute la contrée est couverte de ses bienfaits; les villes, les églises, les hameaux rétablis, les grandes routes, les canaux qu'il a fait ouvrir, sont des monuments que les efforts du temps et de l'ingratitude ne parviendront pas à détruire.

« Les agitateurs ne peuvent plus invoquer les intérêts de la religion et de la monarchie, puisque c'est l'Empereur qui a relevé le trône et les autels. Ils n'ont plus de crédit sur un peuple tant de fois sacrifié aux passions ambitieuses de quelques individus, et tant de fois trahi par eux; mais ils emploient la ruse, le mensonge et les menaces. Ils excitent la pitié des habitants des campagnes; ils errent dans les bois; ils parcourent les chaumières, sous prétexte de trouver un asile contre des persécutions dont ils ne sont pas même menacés. Ils répandent les craintes de levées d'hommes, et c'est par ce moyen qu'ils ont entraîné les jeunes gens, qu'ils leur inspirent le goût du vagabondage, qu'ils les excitent à toutes sortes de désordres.

« Ainsi le gouvernement n'a point à combattre une population insurgée; c'est une population amie de la paix qu'il doit secourir et protéger contre les séditieux qui l'égarent.

« Les cantonnements qu'on avait retirés vont rentrer dans les départements d'outre-Loire; des colonnes mobiles vont poursuivre les chefs qui se sont mis à découvert, et qu'on peut frapper maintenant sans injustice et sans erreurs.

« Vous aurez, M. le préfet, à seconder l'ensemble de ces mesures par tous les moyens qui sont en votre pouvoir; et pour en assurer le prompt succès, vous ferez former dans chaque commune la liste des absents qu'on peut supposer à l'étranger ou dans les rassemblements armés.

« Ces listes seront remises aux procureurs impériaux chargés d'informer et de faire prononcer, s'il y a lieu, les peines portées par le décret impérial du 6 avril 1809.

« Afin qu'on puisse réunir et présenter aux tribunaux les preuves constatant la légitimité de l'absence, il sera nécessaire que vous fassiez connaître mes instructions à vos administrés. »

Le ministre de la police générale.
Signé, le duc d'Otrante.

la restauration de Louis XVIII? mais c'était une chose déjà moralement faite et qu'il fallait laisser à son mouvement naturel : Bonaparte ne vivait plus politiquement; ce n'était plus pour le roi qu'une question de temps; lui, Fouché, travaillait pour les Bourbons » ; et comme preuve, il montra la correspondance intime qu'il avait avec Gand, la mission de M. Gaillard auprès de Louis XVIII. « Pourquoi, dès lors, les Vendéens se battraient-ils? le sang français devait-il couler à grands flots[1]? Il fallait attendre un mois ou deux, et tout serait fini. On devait éviter aussi que les Anglais vinssent se mêler de cette affaire, car ils n'y viendraient que pour profiter encore de nos divisions intestines. Le ministre se résumait ainsi : « conclure un armistice jusqu'à l'inévitable Restauration ». Il ajouta qu'il avait jeté les yeux sur eux, parce qu'il les savait sages et capables d'apprécier la situation. Fouché leur délivra des passe-ports; des ordres furent donnés à tous les lieutenants-généraux de police pour leur prêter appui; ils furent revêtus du titre de pacificateurs, et MM. de Malartic et de la Béraudière arrivèrent sous les tentes de la Vendée au moment où la guerre civile allait commencer.

---

[1] Le général Lamarque s'adressait aux Vendéens dans son langage habituellement déclamateur.

Proclamation.

« Le lieutenant-général Max. Lamarque, commandant l'armée de la Loire, aux habitants de la Vendée.

« Habitants de la Vendée,

« Tandis que les étrangers, frappés de stupeur à l'aspect de nos boulevards et des millions de soldats qui invoquent le moment du combat, n'osent dépasser nos limites, quelques-uns de vous courent aux armes, et donnent le signal de la guerre civile.

« Quoi, Français! vous avez soif du sang français! Vos champs encore blanchis des ossements de vos pères ne vous disent-ils pas quel est le sort qui vous attend?

« Qu'elle est aveugle et insensée votre fureur! Contre qui vous armez-vous? Quel est celui qui, pour réparer les pertes de votre population, vous exempta longtemps de toute conscription? N'est-ce pas Napoléon? Ministres d'un Dieu de paix, qui vous a rappelés d'un long exil? qui a réédifié vos temples et paré vos autels? N'est-ce pas Napoléon, Napoléon-le-Grand, qui, après une longue anarchie, rétablit en France l'édifice social, et fit triompher à la

Quand ils eurent touché la terre sacrée, ils ne s'adressèrent point au parti de M. de La Rochejaquelein, ils savaient que là ils ne pourraient se faire entendre ; on voulait se battre à tout prix, parce que M. de La Rochejaquelein avait pris des engagements à Londres. Ils vinrent trouver l'homme d'esprit et de modération de la Vendée, le marquis d'Autichamp, plus considérable, d'ailleurs, par son rang et par ses titres ; ils lui communiquèrent les intentions de Fouché, ce que le ministre leur avait dit sur une inévitable restauration de Louis XVIII : « la Vendée ne serait qu'un accident dans les grands intérêts qui allaient se décider sur le champ de bataille de la Belgique. La guerre des Blancs et des Bleus était désormais sans but. »

Ces explications une fois données, M. d'Autichamp comprit bien toute la portée de la mission de MM. de Malartic et de la Béraudière : « à quoi bon faire couler le sang français pour arriver à un but de Restauration, que le chef même de la police de Bonaparte croyait inévitable. » M. d'Autichamp laissa donc le parti anglais s'agiter seul dans la guerre civile, et il entraîna dans cette même voie de modération et de sagesse MM. de Suzannet et de Sapineau ; le marquis Louis de La Rochejaquelein resta

---

fois la cause des lois, de la liberté et de la religion ?

« Habitants de la Vendée ! ceux qui soufflent parmi vous le feu de la guerre civile vous cachent le but qu'ils veulent atteindre. Si jamais ils pouvaient l'emporter sur l'intérêt et la volonté de l'immense majorité de la nation, alors ils rétabliraient les dîmes, la féodalité, les impôts arbitraires, l'avilissement de tout ce qui est plébéien, et le double despotisme des nobles et des rois. Abandonnez donc une cause qui n'est pas la vôtre ; retournez dans vos champs que couvrent de riches moissons ; dites à ceux qui vous égarent, que leur présence vous fut toujours funeste, et qu'il est maudit de Dieu et des hommes celui qui déchire le sein de sa patrie.

« De nombreuses colonnes vont entrer sur votre territoire : elles observeront la discipline la plus sévère ; les propriétés et les personnes seront respectées ; mais malheur à ceux qui persisteront dans leur révolte !

« Au quartier-général, à Angers, le 29 mai 1815. »

Signé, Max. Lamarque.

seul opposé à la pacification. Dans la vivacité de sa colère, il voulut appeler tous les Vendéens à une prise d'armes nouvelle; il fit remplacer M. d'Autichamp dans le commandement de sa division; puis il se porta avec sa valeur et son intrépidité accoutumées vers la côte pour favoriser le débarquement d'armes et de poudre que les Anglais envoyaient aux Vendéens dans le but d'attiser la guerre civile. A la suite de ce débarquement fut livré le combat de la Croix-du-Vic, où les Vendéens et les impérialistes se battirent sans haine, sans ardeur; le marquis Louis de La Rochejaquelein fut magnifique de courage, c'était héréditaire dans sa race [1]; percé d'une balle, il mourut les armes à la main, arrosant de son sang la pieuse terre de Vendée; noble mort sans doute, mais il eût été mieux d'éviter un combat devenu sans utilité pour sa cause.

L'engagement de la Croix-du-Vic eut pour objet d'assurer la suprématie morale des La Rochejaquelein dans la Vendée ardente. Le marquis Louis tenait aussi à honneur de remplir les engagements pris avec le cabinet anglais lors de son passage à Londres; c'était agir avec plus de loyauté que de nationalité! Si après ce combat de la Croix-du-Vic, quelques chefs se tinrent encore sous les armes, si les paroisses furent prêtes au signal, il n'y eut plus en réalité de guerre civile; Fouché put an-

---

[1] On trouva la lettre qu'on va lire sur le corps du marquis de La Rochejaquelein si glorieusement tué :

Croix-de-Vic, 2 juin 1815.

« Mon cher général, le grand œuvre d'iniquité est consommé : tous nos chefs entraînés se retirent, et licencient leur monde. J'ai la lettre que vous écrit Suzannet, et l'arrêté de ces messieurs qui y est joint. Je ne vous envoie pas ces pièces, de peur qu'elles ne se perdent. Revenez près de nous. Nous consulterons ensemble le parti que nous avons à prendre pour parer aux inconvénients de cette infâme désertion. Il faudra bien que nous fassions à nous seuls, puisqu'on ne veut plus coopérer.

« Tout à vous d'amitié, à la mort et à la vie.

« *Signé*, Canuel.

« P. S. Par réflexion, je vous envoie ces papiers par M. Decourbeillon. »

noncer à l'Empereur : « que la Vendée était pacifiée. » Ce résultat était dû moins à des succès signalés (les généraux Lamarque et Travot en vinrent à peine aux mains) qu'aux promesses que Fouché fit aux Vendéens de proclamer bientôt Louis XVIII. C'était ainsi une pacification à sa manière, un point d'arrêt qu'il cherchait à mettre au mouvement désordonné des provinces de l'Ouest ; il substituait, comme toujours, la politique et les négociations aux armements militaires [1].

L'agitation royaliste s'étendait plus loin que la Vendée ; la Bretagne voyait renaître quelques symptômes de chouannerie. Les hommes sérieux appelés à étudier l'esprit des peuples devaient remarquer un changement notable dans la tendance nouvelle des guerres civiles : à l'époque de 1793, quand la Vendée se leva, ce n'étaient pas les nobles qui appelaient les paysans à la défense du trône et de la province ; au contraire, les paysans forçaient les nobles à prendre l'épée pour le soutien de la monarchie. Aujourd'hui les gentilshommes, les grands propriétaires, entraînaient les paysans tranquilles par bandes et comme malgré eux ; il n'y avait plus cette spontanéité nécessaire dans les guerres civiles ; le petit feu d'un soulèvement s'éteignait aussitôt qu'il avait paru ; les gentilshommes réunissaient leurs garde-chasses, leurs métayers, leurs serviteurs, qui presque

---

[1] La guerre civile restait sans aliment : voici ce que le commandant de Brest mandait par dépêches télégraphiques.

« Les colonnes mobiles qui ont été envoyées sur la frontière du département ont produit le plus heureux effet.

« Tous les rassemblements d'insurgés se sont dissipés, et ils ont fait la remise de leurs armes aux maires. »

Extrait du rapport du 15 au 16 juin, fait par le général Schramm, commandant à Angers le département de Maine-et-Loire.

« Le général en chef doit être à Challans ; les communes depuis Nantes jusqu'à Napoléon rendent leurs armes. Les habitants ont indiqué cinq pièces de canon qui étaient cachées, et qui ont été conduites au quartier-général ; les pièces et les fusils sont de manufacture anglaise.

« Le général en chef espère rétablir promptement la tranquillité dans le pays. »

aussitôt se réfugiaient sans combattre dans les bruyères de l'Anjou, de la Bretagne. La pacification suivait presque toujours la prise d'armes; on avait usé la guerre civile.

L'esprit d'insurrection, moins hardi, n'en était pas moins puissant dans tout le Midi de la France; le parti royaliste y possédait des forces considérables [1]. Le départ de la duchesse d'Angoulême n'avait point éteint l'opinion si favorable aux Bourbons dans la cité fidèle du 12 mars; l'autorité impériale y était à peine reconnue; Bordeaux possédait une jeunesse ardente, instruite, tapageuse, sous l'influence des plus fiers caractères; là s'était réfugié, en quittant le fauteuil de la présidence des députés, M. Lainé, qu'on appelait avec esprit « le républicain le plus dévoué à la monarchie; » autour de lui se groupaient MM. de Peyronnet, Ravez, de Martignac, qui menaient toute la jeunesse de Bordeaux; on faisait du bruit au spectacle, on chantait des couplets où les lys et le drapeau blanc jouaient un grand rôle; comme tous ces jeunes gens tiraient parfaitement l'épée et avaient du cœur, ils ne craignaient pas les duels avec les officiers de la garnison;

---

[1] Fouché avait de vives craintes sur le mouvement royaliste : il exposait ses terreurs à Napoléon :

« C'est ce parti qui trouble maintenant la tranquillité intérieure; c'est lui qui agite Toulouse, Marseille et Bordeaux : Marseille, où l'espoir de sédition anime jusqu'aux dernières classes de la population, où les lois ont été méconnues; Toulouse, qui semble encore sous l'influence de l'organisation révolutionnaire qui lui fut donnée il y a quelques mois; Bordeaux, où se réunissent et fermentent avec intensité tous les germes de la révolte; Bordeaux, où la patrie trouva jadis de si nombreux défenseurs, où la liberté excita de si généreux sacrifices et de si nobles dévouements; Bordeaux qui recèle maintenant des prédicateurs de la guerre civile ;

« C'est ce port qui, par de fausses alarmes, des distributions d'argent et l'emploi des menaces, est parvenu à soulever les paisibles cultivateurs dans tout le territoire enclavé entre la Loire, la Vendée, l'Océan et le Thouet.

« On y a débarqué des armes, des munitions de guerre. D'anciens noms, des hommes nouveaux, paraissent sur ce sanglant théâtre; l'hydre de la rébellion renaît, se reproduit partout où il exerça jadis ses ravages, et n'est point abattu par nos succès d'Esnay, de Saint-Gilles et de Palluau. De l'autre côté de la Loire des bandes désolent le département du Morbihan,

il y avait des disputes dans les cafés, au théâtre. En vain le préfet de Bordeaux, M. Fauchet, cherchait à faire prévaloir les idées impérialistes fermes et modérées; il trouvait de la résistance dans les mœurs élégantes de la cité, comme dans les dévouements des classes ouvrières : Bordeaux n'était pas à l'Empereur. Pour réprimer ce mauvais effet, le commandant militaire avait organisé des bataillons de mulâtres sous le titre de compagnies coloniales, et tous les officiers en demi-solde, les gendarmes, s'étaient placés sous le commandement de deux patriotes jumeaux, les frères Faucher, ardents républicains de La Réole, qui menaçaient la ville de grandes répressions. Dans le Midi, là où le soleil fait bouillonner les têtes, il ne faut pas avancer des propos imprudents ou des mots de menaces ; ils sont comme l'eau-forte sur la chair vive, ils brûlent ; et quand viennent les jours de réaction, on ne pardonne rien. Les frères Faucher subirent la fatale conséquence de quelques haines profondes qu'ils avaient semées.

A Toulouse, l'organisation royaliste était restée debout, quoique le drapeau tricolore fût arboré sur le Ca-

quelques parties d'Ille-et-Vilaine, des Côtes-du-Nord et de la Sarthe; elles ont un moment envahi les villes d'Aurai, de Rédou, de Ploërmel, les campagnes de la Mayenne, jusqu'aux portes de Laval; elles arrêtent les marins et les militaires rappelés; elles désarment les propriétaires, se grossissent des paysans qu'elles font marcher de force, pillent les caisses publiques, anéantissent les instruments de l'administration, menacent les fonctionnaires, s'emparent des diligences, saisissent les courriers, et ont intercepté un instant les communications du Mans à Angers, d'Angers à Nantes, de Nantes à Rennes, de Rennes à Vannes.

« Sur les bords de la Manche, Dieppe, le Havre ont été agités par des mouvements séditieux. Dans toute la quinzième division, les bataillons de milice nationale n'ont été formés qu'avec la plus grande difficulté ; des marins et des militaires ont refusé de répondre aux appels et n'ont obéi qu'aux moyens de contrainte. On oppose aux mesures que les circonstances exigent une résistance coupable, ou une force d'inertie plus dangereuse et plus difficile à vaincre que la résistance ouverte. Caen a été troublé deux fois par des réactions royalistes; et dans quelques arrondissements de l'Orne, des bandes se forment comme en Bretagne et dans la Mayenne. »

pitole; le besoin de jeter toutes les troupes à la frontière n'avait pas permis à l'Empereur la disposition de forces considérables pour le maintien de l'ordre dans les départements royalistes. Ces grandes cités avaient à peine garnison pour contenir les masses, et la garde nationale était en pleine opposition. Pour seconder les Cent Jours, on avait établi des compagnies d'officiers en demi-solde qui montaient la garde, faisaient le service des soldats avec le noble zèle des régiments de ligne : que pouvaient quelques bataillons d'une centaine d'hommes contre tous ces bras vigoureux qui les étoufferaient dans une nuit d'insurrection, sorte de *Vêpres Siciliennes* contre les oppresseurs de la cité? De Toulouse à Nîmes, à Montpellier, à Pézénas, à Avignon, la querelle politique devenait une guerre religieuse; on était catholique ou protestant, calviniste dans les montagnes, orthodoxe dans la plaine; la grande majorité appartenait aux catholiques. Les Cévennes, pays dur, sévère comme les noirs rochers, avaient conservé le caractère sauvage de ces pics qui se perdent dans les nues. Ces huguenots des Cévennes, les Cent Jours les avaient favorisés; les préfets du Midi mettaient en présence les protestants et les catholiques, cherchant à maintenir les villes par les paysans, à opposer l'arquebuse du montagnard au long fusil de l'ouvrier ! Viendrait un temps de réaction, où les catholiques pourraient se venger de leurs humiliations présentes. Le xvie siècle était retrouvé.

Avignon avait les mariniers du Rhône, population inculte, ardente, au teint basané, qui s'était vouée aux Bourbons avec la chaude passion des âmes méridionales. Ces hommes n'avaient aucune empreinte de sentiments modérés et d'éducation morale; en matière de gouvernement, ils ne connaissaient que deux idées, action et réaction; vaincus, ils courbaient sous le joug en frémissant; vainqueurs, ils posaient leurs pieds sur le corps de leurs victimes. Un mélange de sang espagnol et d'origine italienne se manifestait dans les contrées méridionales; il y avait encore le principe de la guerre au couteau [1].

A Nîmes et à Avignon commençait l'organisation des compagnies franches, ligue mystérieuse qu'on appela plus tard du nom de *verdets*, ayant la volonté ardente d'éclater au premier signal. C'est une chose à remarquer, sous le régime impérial même, malgré la surveillance des préfets, que cette organisation des compagnies royalistes avec leurs capitaines, presque tous gentilshommes campagnards, et qui exerçaient une influence absolue sur les cantons. Au premier signal, 30 à 40,000 insurgés pouvaient se lever en masse, depuis le Gard jusqu'au Var, étouffer les garnisons, car on ne comptait depuis Bordeaux jusqu'à Nîmes que 7 à 8,000 hommes de troupes de ligne, répartis dans huit ou neuf détachements; l'aigle avait jeté là son nid sur la crête d'un volcan : on ne se gênait plus, les royalistes considéraient avec mépris ces signes de domination impériale qu'ils renverse-

---

[1] Le gouvernement de Gand était en communication intime avec le Midi; il était parfaitement informé. Voici une des dépêches royalistes, datée de Bordeaux :

« Il est bien vrai que tout le midi de la France n'attend que le premier coup de cloche ou de tocsin pour se soulever, mais jusqu'à présent il n'existe ni armée espagnole ni armée anglaise sur nos frontières. Cependant avec 15 ou 20,000 hommes on enlèverait tout le Midi à l'usurpateur. Tout est disposé à prendre les armes. L'exaltation est la même à Marseille, à Nîmes, à Toulouse, à Perpignan, à Bordeaux, dans toutes les villes et toutes les campagnes du Midi. Chaque jour on voit de nouvelles scènes.

« Nous avons ici   1,500 hom.
« Bayonne en a   1,500
« Marseille et Toulon, 6,000
« Toulouse,   1,200
« Perpignan,   1,600

Total.   11,800

« Il n'y a aucune troupe dans les petites villes de second ordre. Le prétendu huitième corps d'armée n'existe pas plus à Bordeaux, ni ailleurs, que n'existait le camp de 100,000 hommes l'année dernière. Ces troupes ne seraient pas capables de conte-

raient un jour aux cris de tumultueuses et sanglantes saturnales.

A Marseille, l'esprit anti-bonapartiste était encore plus marqué ; l'organisation des compagnies franches existait là dans la campagne par des liens que nul ne pouvait saisir ; il n'était pas un bourg, pas un paysan qui ne fût prêt à prendre les armes, comme aux jours de l'Écosse des Stuarts, quand le feu de la révolte paraîtrait sur la montagne. Dans cette situation agitée, Fouché résolut par une mesure exceptionnelle de mettre Marseille en état de siége. Les pouvoirs révolutionnaires ne se font pas faute d'invoquer les idées violentes ; ils ne se servent jamais des constitutions pour protéger les propriétés et les personnes ; une révolution n'est, à vrai dire, que l'état de siége de toute la société ; c'est sa destinée si elle veut triompher. Depuis ce moment, des troupes plus considérables furent envoyées à Marseille ; Toulon, siége de la 8ᵉ division militaire, devait servir de centre à la résistance dans le cas d'une invasion possible des Piémontais ; on avait donc groupé, de Marseille à Nice, une petite armée de réserve qui comptait 15,000 hommes ; le maréchal Brune en prit le commandement sous le titre de général

---

nir le pays ; mais on veut voir attaquer dans le Nord.

« La Vendée est soulevée ; Fougères, Chollet, Bourbon-Vendée, etc., ont arboré le drapeau blanc. On y a envoyé quelques troupes qui n'y feront pas grand'chose.

« La fédération bretonne est composée de quelques centaines de monstres couverts du sang de leurs concitoyens. On ne met en place que les bonnets rouges.

« Il ne part d'ici aucun militaire en retraite ou à la demi-solde. Il y a eu une scène violente à la préfecture. Les hommes rappelés ont crié *Vive le roi!* en courant d'imprécations l'homme qui veut nous égorger. Mon fils, qui est parti pour aller joindre monseigneur le duc d'Angoulême, pourra vous assurer que l'enthousiasme est à son comble.

« On a fait réparer notre vieux Château-Trompette : la garnison craignait d'être égorgée à chaque instant. A chaque fête de campagne on envoie du canon, de la cavalerie et de l'infanterie.

« La garde nationale ne fait aucun service. Les capitaines ont caché les contrôles. Le premier garde national à qui on verrait une cocarde tricolore serait assommé sur-le-champ. »

en chef de l'armée du Midi ; le siége du gouvernement fut placé à Marseille, et, par conséquent, il s'y groupait 5 à 6,000 hommes dans le fort Saint-Jean et Saint-Nicolas ; un régiment de cavalerie y fut également envoyé, et ces troupes, dévouées à l'Empereur et souvent insolentes envers la bourgeoisie et le peuple, donnèrent à la ville un aspect triste et désolé ; les proscriptions commencèrent. Le maréchal Brune, patriote ardent, jugeait la situation très périlleuse, et jamais il n'eût commis des violences sans nécessité. Mais sa position lui faisait un devoir de satisfaire le parti républicain qui avait fatalement marqué dans les tristes jours de la Révolution ; il réveilla donc l'esprit jacobin en Provence, et là jamais il ne s'était effacé ; le foyer était ardent comme au temps de 1795.

On vit reparaître des figures sinistres, des bonnets rouges ; on parla de clubs, de fédération, d'assemblées patriotiques, et, pour comble d'imprudence, chaque fête militaire où se portaient des toasts à la Révolution ou à l'Empire était marquée de quelques désordres bruyants ; ici, des officiers avinés couraient dans les rues l'épée à la main, en forçant à crier *Vive l'Empereur !* là des processions patriotiques venaient rappeler les jours de la terreur. Les royalistes comprimés ne disaient rien ; mais leurs visages, aux traits contractés, semblaient annoncer les scènes sanglantes qui éclateraient dans une fougueuse réaction. Il y eut beaucoup d'imprudences commises par les hommes des Cent Jours ; Marseille était comme une ville conquise, il y avait des vainqueurs et des vaincus ; M. Frochot, le préfet, l'homme modéré, était hors de cause par l'état de siége ; il ne s'agissait que d'un duel entre les habitants et les jacobins appuyés sur la garnison. Toutes les campagnes de Marseille et de Toulon étaient armées ; les Piémontais, soutenus des Anglais et des Espagnols, pouvaient soulever en quelques marches toute la Provence et le Languedoc jusqu'à la Loire.

Cette attitude du parti royaliste dans les provinces du Midi, cette organisation secrète de toutes ses forces avaient un triste effet sur la marche du gouvernement impérial; elles le paralysaient en exigeant l'emploi de grandes répressions militaires. On ne pouvait rien obtenir de ces départements; les conscrits ne venaient pas à l'appel de l'Empereur; les impôts, on les payait mal; pour faire marcher un homme, il fallait en employer dix; on était obligé d'envoyer des compagnies de gendarmerie dans les villages. Ici, le drapeau blanc était arboré; là, on couvrait d'outrages les symboles de la Révolution; et ces petites taquineries annonçaient une plus vaste organisation de révolte. La France, loin d'être unanime pour Bonaparte, loin de seconder le mouvement qui le poussait à la frontière pour défendre le pays, était divisée en mille partis divers, en fractionnements infinis; les royalistes, avec leurs grandes fortunes, disposant de leurs paysans, marchaient d'accord avec le clergé, qui partout restait dévoué aux Bourbons. Si la guerre civile matérielle n'existait plus nulle part après la Vendée, il y avait une opposition morale plus puissante et plus énergique, parce que la guerre civile, on peut la vaincre dans une bataille, tandis que l'opposition morale s'infiltre partout, fait naître des dangers à chaque pas, réduit l'autorité à l'impuissance et fait que toutes les forces de la société, loin d'être employées à un but commun, luttent entre elles et préparent la ruine et la décadence d'un gouvernement, et souvent, hélas! la perte d'un pays.

CHAPITRE IV.

LE CHAMP-DE-MAI. PREMIÈRES OPERATIONS DES DEUX CHAMBRES.

Préparatifs du Champ-de-Mai. — Curiosité publique. — Pompes et salle de spectacle. — Les électeurs. — Les représentants à Paris — La cérémonie du Champ-de-Mai. — Dépouillement du scrutin. — Résultat improvisé. — Adresse de M. Dubois (d'Angers). — Harangue de Napoléon. — Distribution des drapeaux. — Mauvais effet du Champ-de-Mai. — Persiflage. — Formation de la liste des pairs — Refus. — Hésitation — On ne publie pas la liste. — Premières séances des Représentants. — Esprit de l'assemblée. — Démarche pour porter Lucien à la présidence. — Opposition. — Choix d'un président hostile. — Motion de M. Sibuet contre les nobles, — de M. Dupin, contre le serment à l'Empereur. — La liste définitive des pairs. — Discours de Napoléon. — Discussion de l'adresse. — Sentiments haineux et hostiles. — Influence de Fouché. — La Chambre des représentants en dehors de Napoléon.

1er au 12 Juin 1815.

La vaste plaine du Champ-de-Mars avait toujours servi de théâtre aux cérémonies pompeuses de la Révolution française; depuis la Fédération qui avait remué tant de pelletées de terre, jusqu'à la distribution des drapeaux, le Champ-de-Mars s'était paré d'échafaudages, de tentures, de couleurs, livrés aux vents des partis et des enthousiasmes. Il y avait cette différence entre les œuvres des rois Bourbons et celles des gouvernements qui s'étaient succédé, que Louis XIV et Louis XV avaient fondé dans les plaines sur la rive gauche de Paris, l'un l'Hôtel-des-Invalides ; l'autre l'École-Militaire, bâtiments aux pierres solides, avec de grandes destinations ; tandis que les pouvoirs populaires n'avaient élevé là que des ouvrages de planches et de carton, mobiles comme leur durée, pleins de fragilité comme leurs œuvres ! Que de fois les tertres du Champ-de-Mars n'avaient-ils pas été remués ! que de charpentes n'avait-on pas élevées avec des décors et des guirlandes ! Les gouvernements démocratiques aiment ces édifices qui naissent un matin, et croulent avec la soirée ; ils sont l'image des caprices de multitudes ; les monuments ondulent lorsque le sol est agité par un tremblement de terre.

On travaillait depuis un mois au Champ-de-Mars ; les charpentiers, les peintres, les tapissiers, tous les décorateurs étaient mis en réquisition comme pour un opéra; on coupait des bois, on façonnait des étoffes; mille drapeaux tricolores voltigeaient au vent, on ne parlait que des préparatifs de la fête si solennelle qui devait convier Paris et les départements ; les badauds (et la race n'en est jamais éteinte) attendaient chaque jour Marie-Louise et le roi de Rome, qui devaient être couronnés au Champ-de-Mai ; on allait visiter le trône, l'autel, comme aux jours de la Fédération, pauvre relique fardée de la Révolution française, quand toute une génération, séduite par les écrits du xviiie siècle, était venue singer sous un roi la république américaine. On espérait tout du Champ-de-Mai ; les vieux démocrates attendaient que l'Empereur abdiquant sa couronne établirait la démocratie sous un consul élu ; les plus modérés croyaient que déposant la pourpre sur l'autel, Bonaparte imiterait la petite anecdote apocryphe sur Philippe-Auguste, demandant à Bouvines qu'on élevât le plus digne sur le pavois. On s'imaginait qu'au Champ-de-Mai on pourrait réformer la constitution et lui donner une base plus démocratique. Tous se trompaient sur le caractère de l'homme de génie que le 20 mars avait élevé de nouveau sur le trône [1].

On ne refait pas son histoire, on ne brise pas son passé : Napoléon était tellement habitué aux formes impériales, aux coutumes du palais, qu'il ne voulait pas revenir en arrière. S'il avait un peu changé son vocabulaire politique, s'il avait consenti à une forme représentative, à une Constitution, à une Charte, c'étaient ses seules concessions ; il avait repris ses habitudes impériales, il avait ses chambellans, ses pages, ses grandes et petites entrées, ses levers, tout ce qui constituait enfin les formules de l'étiquette, alors qu'époux fastueux de Marie-Louise, il commandait au monde. Napoléon s'était fait sur le Champ-de-Mai des idées théâtrales : il voulait frapper le peuple par les signes de la puissance, lui rappeler sa gloire en se costumant de tous les attributs de sa dignité ; lui, devait paraître dans toute la majesté pompeuse ; sa famille, en vêtements de soie blanche et en costumes princiers. Pour singer tout à fait la Fédération, l'Empereur voulut que le Champ-de-Mai fût spé-

---

[1] « Le bâtiment élevé dans le Champ-de-Mars forme un octogone dont trois pans seront coupés. La salle, qui occupera la totalité de ce bâtiment, sera ouverte du côté de l'École militaire. La charpente de la salle est presque achevée. Les ouvriers charpentiers y ont déjà placé leur bouquet. Le toit en ardoises et la menuiserie sont très avancés, ainsi que les décorations On construit en avant du péristyle de l'École-Militaire une grande tribune en bois, où sera placé le trône impérial, en face de la salle des membres des colléges électoraux des départements. On arrivera dans cette tribune par la salle du conseil de l'École-Militaire. Les talus qui environnent le Champ-de-Mars sont taillés en gradins pour la commodité des spectateurs. »

cialement témoin d'une cérémonie religieuse : M. de Talleyrand, évêque d'Autun, avait célébré la messe de la Fédération, et l'abbé Siéyès la servit, dit-on, comme clerc : au Champ-de-Mai, Napoléon désira également une messe solennelle ; imitateur de Charlemagne, il aimait ces cérémonies religieuses, qui impriment un caractère sacré aux actes de la vie. Une partie du haut clergé lui était restée dévouée, à lui le restaurateur du culte, et les évêques devaient à sa protection l'immense progrès des mœurs religieuses. Bonaparte, comme tous les Italiens, avait une foi vive et profonde ; il croyait, et à mesure que l'âge venait avec les émotions et les infortunes, il se rapprochait davantage des mystères et des grands actes du catholicisme ; il désira donc que la messe fût célébrée au Champ-de-Mai, au milieu même de cette génération politique du xviiie siècle, indifférente et moqueuse. Là où un simple prêtre aurait suffi, Napoléon voulut un cardinal, des archevêques : MM. de Bayane, de Barral, Fallot de Beaumont, s'offrirent à lui pour invoquer Dieu au milieu de cérémonies trop théâtrales pour être religieuses. Le cardinal de Bayane dut y paraître célébrant la messe avec la pourpre romaine, les archevêques avec la mitre d'or, comme l'Empereur se montrerait au peuple avec le manteau des rois et la toque souveraine.

C'était le 1er juin, par une assez belle journée de printemps; le Champ-de-Mars était envahi par la multitude; des échafaudages, des constructions en bois, entouraient son enceinte, où se rangeaient des milliers de spectateurs; un autel était placé au cintre; à côté, le trône élevé sur des gradins [1] ; tout cela, en damas rouge, visible au loin,

[1] Les dépenses de la tenture du Champ-de-Mars furent payées par la Restauration, dans le budget de 1816.

pavoisé de drapeaux tricolores ; sur ces gradins les femmes de la cour et les grands dignitaires ; l'aristocratie nouvelle n'avait voulu renoncer à rien ; plus vaniteuse que les vieux gentilshommes de nom et de race, elle gardait ses hochets jusqu'à la fin ; elle avait donc imité l'Empereur en se panachant avec tous ses crachats, ses cordons. Dans un espace bien resserré se trouvaient les 500 électeurs députés par les colléges électoraux, et ramassés pêle-mêle, dépositaires des fameux registres des votes, et à leur tête M. Dubois (d'Angers), qui devait porter la parole.

C'était une curieuse réunion que celle de ces électeurs ; ils étaient venus de toutes les parties de la France ; ce n'était pas, comme sous le Consulat ou lors de l'avénement à l'Empire, une réunion de propriétaires paisibles, d'hommes d'ordre et de forts contribuables ; tous ces électeurs du Champ-de-Mai étaient choisis parmi la partie bruyante et parleuse du pays, les orateurs de la province, plaie intime et profonde de la nation ; c'est ainsi qu'il arrive toujours après une révolution qui remue les existences : les véritables notables se tiennent à l'écart ; ceux qui se montrent sont généralement les esprits turbulents et déclamateurs. On ne peut dire l'agitation qu'apportèrent ces députes à Paris ; raisonneurs politiques, ils remplissaient les salons et formaient des clubs[1] ; il y avait des banquets, des toasts, des chants patriotiques, toutes choses qui marquent les époques parleuses et décousues. La veille du Champ-de-Mai, on fit une sorte de répétition parmi les électeurs ; on avait rédigé une adresse toute remplie d'un faux es-

---

[1] On avait, pour ainsi dire, caserné les électeurs, et ils se réunissaient le soir en club. Le salon de Lucien était tout rempli de ces députations.

prit et de phrases retentissantes ; cette première rédaction, communiquée à l'Empereur, le mit dans une colère vive et éclatante ; l'adresse, en effet, ne se bornait pas à être patriotique, elle était insolente, elle semblait dicter des lois à la puissance souveraine. Lucien réunit la majorité des électeurs ; il leur demanda certaines modifications dans l'intérêt de la bonne harmonie des pouvoirs : « était-il temps de récriminer ? ne fallait-il pas s'unir pour conjurer les dangers qui menaçaient la France ? » Lucien obtint avec difficulté quelques changements. M. Dubois récita devant ses collègues le thème qu'on avait adopté, il le fit avec un bonheur, une étendue, un éclat de voix indicible ; on s'en était félicité pour le lendemain, car les phrases vides avaient besoin d'être soutenues par de larges poumons.

Tous les électeurs étaient donc rangés là derrière l'archi-chancelier, vêtu d'un habit princier couleur orange ; et le premier des scrutateurs, M. Champollion-Figeac, devait additionner le relevé des votes. La foule était nombreuse, lorsque des salves d'artillerie annoncèrent l'Empereur [1]. Il n'avait pas suivi la route indiquée par le programme ; Napoléon traversa, dans sa voiture de galas, suivie d'une nombreuse escorte, le jardin des Tui-

---

[1] « L'Empereur avait sur la tête une toque noire, ombragée de plumes, et attachée sur le devant par un gros diamant ; son manteau était de velours pourpre doublé d'hermine blanche, brodé en or, descendant à peine jusqu'aux talons, attaché autour du cou et sans manches. Il avança précipitamment, salua, ou plutôt inclina deux ou trois fois la tête, et s'élança vers son trône où il s'assit et s'entoura de son manteau. Il avait assez mauvaise grâce et paraissait soucieux. Ses frères se placèrent à ses côtés, Lucien à sa gauche, Joseph et Jérôme à sa droite ; ils étaient tous les trois vêtus de taffetas blanc depuis les pieds jusqu'à la tête, et avaient aussi mauvaise mine.

« L'archi-chancelier Cambacérès, en manteau orange parsemé d'abeilles d'or, descendit alors sur la plate-forme et s'assit sur une chaise qui lui était destinée, un peu au-dessous de celles qui étaient placées à droite du trône. Il y eut de grands éclats de rire auprès de nous lorsqu'on vit paraître cet homme, dont les talents et le goût sont également connus dans tout l'Empire. »

(*Récit de M. Hobhouse, témoin oculaire.*)

leries, la place Louis XV, le quai du Palais-Bourbon, l'esplanade des Invalides et le Champ-de-Mars. Les vieux républicains furent affectés de le voir pour ainsi dire ployer sous le poids de ses habits brodés d'or, avec ce costume de gentilhomme de François Ier ou de Henri III, si peu taillé pour sa physionomie antique, si peu en rapport avec les circonstances. Il était précédé de ses hérauts d'armes, de ses pages, de ses chambellans, revêtus de leurs costumes à la façon de *Jean de Paris* ou de *Joconde*. L'Empereur avait l'air soucieux, inquiet, fatigué; il jeta les yeux sur cette confusion de peuple, et mille pensées durent s'agiter dans son imagination vive, colorée, impressionnable, car, lui, le suprême dictateur, n'aimait les masses que sur le champ de bataille; le peuple lui faisait peur. La cérémonie religieuse précéda toutes les opérations politiques; la messe fut célébrée par l'archevêque de Tours, et l'on vit Napoléon recueilli invoquer le Dieu des batailles pour sauver son trône et la patrie dans la crise fatale qui les menaçait.

L'acte le plus important et le plus solennel du Champ-de-Mai était le dépouillement des votes sur l'Acte additionnel; les registres avaient été apportés par les électeurs; il fallait maintenant présenter un chiffre et le soumettre à l'Empereur et au peuple; on avait été si pressé que le relevé n'était pas terminé: on l'improvisa, pour ainsi dire, dans l'assemblée du Champ-de-Mai. L'archi-chancelier Cambacérès, et M. Champollion-Figeac, le secrétaire du corps électoral, durent hâter un résultat afin de ne pas susciter des impatiences dans la tête de Napoléon qui les pressait du geste et des yeux; l'addition réelle était impossible, il fallut donner un à peu près, et M. Champollion additionna les votes des colléges presque à la volée. Ce travail accompli, on proclama, comme résultat définitif et calculé ce qui n'était véritablement qu'un chiffre hâtivement saisi; en matière de constitution, quel est le gouvernement qui se gêne? On divisa les votes en trois séries : les citoyens, l'armée, la marine. Les chiffres étaient très malheureusement significatifs, un vingtième à peine de la population avait pris part aux votes; quant à l'armée, c'était son œuvre, elle l'acceptait; l'Empereur était son père, son César, elle l'élevait sur le pavois; sur deux cent mille votes, trois mille à peine protestèrent contre l'Empereur. En résultat, rien de fixe, rien de déterminé dans cette opération innocente au reste, à ce point même que plusieurs registres des départements n'étaient point encore arrivés [1] lorsque Cambacérès, pâle et tristement agité sous ses habits de velours et de soie, annonça, : « que l'Acte additionnel aux constitutions de l'Empire était accepté à la presque unanimité des votants. »

A ce moment si majestueux pour les faiseurs de constitutions, on entendit la grosse voix de M. Dubois (d'Angers) qui venait faire la leçon patriotique à l'Empereur. Son discours déclamatoire n'était qu'une longue suite de lieux communs, revêtus de ce patriotisme vieilli à l'aide duquel pourtant on avait tué les grandes destinées de la monarchie française et arrêté l'œuvre de Louis XIV. Et encore ce discours avait-il été beaucoup modifié; le premier texte contenait de véritables insolences contre l'Empereur; les rédacteurs n'avaient-ils pas osé dire : « que Bonaparte devait rapporter de l'exil le repentir de son passé ! » Il y avait des invectives contre l'Europe, des injures aux Bourbons : « Un contrat nouveau s'était

---

[1] Je tiens ces détails de M. Champollion lui-même, homme de trop d'esprit pour ne pas comprendre que tout cela s'en allait.

formé entre la nation et l'Empereur; les vœux du peuple, dont ils étaient les représentants, rappelaient Bonaparte sur le trône! Que voulait la ligue des rois? sans doute le démembrement de la France. Voulait-on lui réserver le sort de la Pologne ou rétablir les Bourbons? » Et ici, les déclamations commençaient contre Louis XVIII et la famille exilée : les trois branches de la législature allaient se mettre en action, pour perfectionner de concert l'Acte additionnel; et si l'ennemi menaçait le territoire, alors le peuple entier se lèverait pour le défendre : « Rien, disait l'orateur, n'est impossible, rien ne sera épargné pour nous assurer l'honneur et l'indépendance, ces biens plus chers que la vie! Tout sera tenté, tout sera exécuté pour repousser un joug ignominieux! Nous le disons aux nations, puissent leurs chefs nous entendre! s'ils acceptent vos offres de paix, le peuple français attendra de votre administration forte, libérale, paternelle, des motifs de se consoler des sacrifices que lui a coûtés la paix. Mais si l'on ne nous laisse que le choix entre la guerre et la honte, la nation tout entière se lèvera pour la guerre! Elle est prête à vous dégager des offres trop modérées peut-être que vous avez faites pour épargner à l'Europe un nouveau bouleversement. Tout Français est soldat; la victoire suivra vos aigles, et nos ennemis, qui comptaient sur nos divisions, regretteront bientôt de nous avoir provoqués [1]! »

A cette adresse pompeuse, Napoléon fit encore une de ces réponses graves, solennelles, à la manière antique, dont la postérité doit garder une longue mémoire. Il venait d'étendre la main sur l'Évangile pour prêter serment à la

---

[1] La superbe voix de M. Dubois d'Angers se faisait entendre de l'École-Militaire jusqu'au pont d'Iéna.

constitution, lorsque, saluant de son chapeau la foule émue et se recouvrant avec dignité, il fit entendre ces belles paroles : « Empereur, Consul, soldat, je tiens tout du peuple. Dans la prospérité, dans l'adversité, sur le champ de bataille, au conseil, sur le trône, la France a été l'objet unique et constant de mes pensées et de mes actions. Comme ce roi d'Athènes, je me suis sacrifié pour mon peuple, dans l'espoir de voir réaliser la promesse donnée de conserver à la France son intégrité naturelle, son honneur et ses droits. L'indignation de voir ces droits sacrés, acquis par vingt-cinq années de victoires, méconnus et perdus à jamais, le cri de l'honneur français flétri, les vœux de la nation m'ont ramené sur ce trône qui m'est cher, parce qu'il est le palladium de l'indépendance, de l'honneur et des droits du peuple français. En traversant au milieu de l'allégresse publique les diverses provinces de l'Empire pour arriver dans ma capitale, j'ai dû compter sur une longue paix : les nations sont liées par les traités conclus par leurs gouvernements, quels qu'ils soient. Ma pensée se portait alors tout entière sur les moyens de fonder notre liberté par une constitution conforme à la volonté et à l'intérêt du peuple : j'ai convoqué le Champ-de-Mai. Je ne tardai pas à apprendre que les princes qui ont méconnu tous les principes, froissé l'opinion et les plus chers intérêts de tant de peuples, veulent nous faire la guerre. Ils méditent d'accroître le royaume des Pays-Bas, de lui donner pour barrière toutes nos places-frontières du Nord, et de concilier les différends qui les divisent encore en se partageant la Lorraine et l'Alsace. Il a fallu se préparer à la guerre. Cependant, devant courir personnellement les hasards des combats, ma première sollicitude a dû être de constituer sans retard la nation. Le peuple a accepté l'acte que je lui ai présenté. Français, lorsque nous aurons repoussé ces injustes agressions, et que l'Europe sera convaincue de ce qu'on doit aux droits et à l'indépendance de vingt-huit millions de Français, une loi solennelle, faite dans les formes voulues par l'acte constitutionnel, réunira les différentes dispositions de nos constitutions aujourd'hui éparses. Français, vous allez retourner dans vos départements : dites aux citoyens que les circonstances sont grandes ; qu'avec de l'union, de l'énergie et de la persévérance, nous sortirons victorieux de cette lutte d'un grand peuple contre ses oppresseurs ; que les générations à venir scruteront sévèrement notre conduite, qu'une nation a tout perdu quand elle a perdu l'indépendance. Dites-leur que les rois étrangers que j'ai élevés sur le trône ou qui me doivent la conservation de leur couronne ; qui tous, au temps de ma prospérité, ont brigué mon alliance et la protection du peuple français, dirigent aujourd'hui tous leurs coups contre ma personne. Si je ne voyais que c'est à la patrie qu'ils en veulent, je mettrais à leur merci cette existence contre laquelle ils se montrent si acharnés. Mais dites aussi aux citoyens que, tant que les Français me conserveront les sentiments d'amour dont ils me donnent tant de preuves, cette rage de nos ennemis sera impuissante. Français, ma volonté est celle du peuple ; mes droits sont les siens ; mon honneur, ma gloire, mon bonheur, ne peuvent être autres que l'honneur, la gloire et le bonheur de la France. »

Quelle différence de langage entre les grosses paroles des électeurs et ces phrases empreintes d'un si haut caractère ! Il parlait ici la langue du peuple, du soldat et de l'histoire ; autour de lui se groupait l'armée entière, fière de son César, comme lui était fier d'elle. Puis

Napoléon s'arrêtant tout d'un coup, distribua les aigles et les drapeaux aux troupes de ligne et à la garde nationale : « Soldats de la garde nationale de l'Empire, s'écria-t-il, soldats des troupes de terre et de mer, je vous confie l'aigle impériale aux couleurs nationales. Vous jurez de la défendre au prix de votre sang, contre les ennemis de la patrie et de ce trône ! Vous jurez qu'elle sera toujours votre signe de ralliement ! Vous le jurez ? » — « Nous le jurons ! » fut le cri unanime, qui retentit comme le bruit du tonnerre. »

Dans ces sortes de cérémonies, Napoléon était toujours à sa place : toutes les fois qu'il restait Consul, Empereur militaire, rien ne pouvait égaler sa grandeur, son geste, son regard, et il laissait dans tous les cœurs une empreinte profonde. Si la cérémonie du Champ-de-Mai s'était bornée à ces solennelles paroles de l'Empereur, elle aurait conservé une glorieuse majesté; mais tout le reste gardant une empreinte théâtrale, ne produisit aucun des résultats qu'on avait espérés; elle fut ridicule pour une certaine partie de la population, odieuse pour l'autre : on avait beaucoup espéré, longuement attendu, et l'on n'obtenait rien. Ce qu'on croyait possible avec Napoléon ne fut pas donné; il n'abdiqua pas, il ne consentit pas à consulter le peuple sur ses droits à la couronne; il ne concéda rien à la Révolution. La revue seule des troupes garda sa splendeur. Napoléon était bien avec ses vieux soldats; tous ces princes, ces pages, ces chambellans n'étaient-ils pas déplacés au milieu de cette démocratie que le dictateur invoquait à son aide? Quoi! l'on se voyait forcé d'employer les bras nerveux des faubourgs, d'implorer les jacobins, de chercher la force dans le parti patriote, et l'on conservait toutes les formules odieuses à la République! On costumait Joseph, Lucien, Jérôme en rois, Cambacérès en prince! en vérité, c'était méconnaître l'esprit et la tendance du mouvement qui avait préparé les Cent Jours. Les patriotes auraient souffert une dictature martiale, pourvu qu'elle fût austère, simple, couverte de fer; mais une dictature revêtue de panaches, qui paradait la royauté, c'était là le ridicule, et le peuple le sentit profondément. On voulut en vain célébrer le Champ-de-Mai, la police fit faire des couplets sur l'air si guerrier du *Premier pas* [1]; le peuple censura ce spectacle de Franconi; ce n'était pas ainsi qu'il voulait saluer son Bonaparte, son Consul, son Empereur.

A peine était-on sorti de la cérémonie du Champ-de-Mai, qu'il fallut traiter avec les Chambres, dont la convocation était fixée au 1ᵉʳ du mois de juin. L'Acte additionnel portait : « qu'il y aurait une pairie héréditaire ; » on s'était occupé avec une vive sollicitude de désigner les membres qui composeraient la Chambre des pairs; Napoléon y mettait un puissant intérêt sous plus d'un rapport; il voulait, par l'éclat des noms, constater aux yeux de l'Europe que l'aristocratie ne s'écartait pas absolument de lui (et il avait toujours du goût pour elle). Puis, comme il craignait la Chambre des représentants, il espérait, par une pairie conservatrice et dévouée, balancer les résolutions de la Chambre élective. C'est dans cette double vue qu'il avait travaillé avec MM. Maret, Regnauld, Lavalette surtout, à la composi-

---

[1] Ici on retrouve quelques vers de police parfaitement ridicules :

Au Champ-de-Mai
Le bonheur de la France
En ce beau jour est enfin proclamé.
La liberté, la paix et l'abondance,
Voilà nos vœux, notre unique espérance.
Au Champ-de-Mai.
Au Champ-de-Mai
Toute la France entière,
Dans le héros par nous légitimé,
A reconnu son souverain, son père,
L'égalité, la liberté prospère
Au Champ-de-Mai.
Au Champ-de-Mai
Souverains de la terre.
Contemplez bien tout un peuple animé!...
Si vous voulez nous déclarer la guerre,
Regardez-nous, Russe, Autriche, Angle-
Au Champ-de-Mai.   [terre!

tion d'une liste de pairie; on s'était adressé à des familles de grande naissance; beaucoup refusèrent, des maréchaux eux-mêmes s'étaient abstenus d'accepter, et parmi eux Macdonald, Oudinot, dont la loyauté à l'épreuve s'était manifestée dans les événements de Fontainebleau; ils n'avaient quitté l'Empereur malheureux que les derniers. Napoléon en fut très contrarié, parce que cet exemple était contagieux. Dans cette première liste des pairs étaient compris Joseph et Jérôme Bonaparte; Lucien n'y était point porté; son frère lui réservait la présidence de la Chambre des représentants.[1] Il est rare qu'on ne soit pas toujours sous l'influence du passé; souvent les réminiscences sont fatales en politique, on veut essayer pour la vieillesse du pouvoir ce qui a réussi dans ses temps de jeunesse et de force; or, Lucien avait servi admirablement Napoléon, lors du 18 brumaire, à la tête du conseil des Cinq-Cents; et l'Empereur s'imaginait qu'en le plaçant de nouveau comme président de la représentation nationale, il pourrait lui rendre les mêmes services.

Ce fut une grande affaire que cette liste des pairs[1],

---

[1] Carnot avait écrit à la Chambre le 4 juin pour la faire attendre:

« Monsieur le Président, j'ai l'honneur de vous informer que, d'après les ordres de S M l'Empereur, la liste des membres de la Chambre des Pairs ne sera arrêtée et publiée qu'après l'ouverture de la session. »

Signé, Carnot.

Liste des pairs.
Cambacérès, président.
Joseph \
Louis   \ Bonaparte.
Lucien   /
Jérôme /
Le cardinal Fesch.
Eugène de Beauharnais.
Les maréchaux Lebrun.
— Brune.
— Davoust.
— Grouchy.
— Jourdan.
— Lefebvre.
— Masséna.
— Moncey.
— Mortier.
— Ney.
— Soult.
— Suchet.
Les généraux Andréossy.
— Arrighi.
— Belliard.
— Bertrand.

parce que les refus venaient de tous côtés. Un premier travail, discuté le 4 juin, donna la pairie à Joseph, à Jérôme, puis à Cambacérès et Lebrun, désignés par les titres, un peu singuliers dans les circontances démocratiques, de ducs de Parme et de Plaisance; parmi les ecclésiastiques on comptait les cardinaux de Bayane et Cambacérès, les archevêques de Tours, de Bourges et de Toulouse; les maréchaux Masséna, Jourdan, Lefebvre, Soult, Davoust, Grouchy, Ney étaient créés pairs de France; les autres noms avaient été habilement choisis parmi les généraux et les chauds amis du parti impérial. Les patriotes comptaient eux-mêmes Quinette, Roger-Ducos, Sieyès, Thibaudeau, Fouché; le reste était un pêle-mêle de noms anciens et de noms nouveaux, une sorte d'imitation de la pairie telle que Louis XVIII l'avait fondée dans la Charte de 1814. La liste des pairs ne fut point publiée, à cause d'une épreuve décisive; on voulut voir si Lucien obtiendrait la majorité pour son élection à la présidence de la Chambre des Députés, objet d'inquiétude et de sollicitude pour l'empereur Napoléon.

—	Brayer.	—	Laborde.
—	Cambronne.	—	Laferrière-Lévêque.
—	Carnot.	—	Lallemand.
—	Clauzel.	—	Latour-Maubourg.
—	Drouot.	—	Lecourbe.
—	Duhesme.	—	Lefebvre-Desnouettes.
—	Dulauloy.	—	Lemarrois.
—	Durosnel.	—	Mouton.
—	Drouet.	—	Molitor.
—	Excelmans.	—	Morand.
—	De Flahaut.	—	Pajol.
—	Friant.	—	Rampon.
—	Gazan.	—	Rapp.
—	Gérard.	—	Reille.
—	Girard.	—	Savary.
—	Labédoyère.	—	De Ségur.

Dès les premières réunions des représentants on dut facilement apercevoir que les opinions les plus hostiles allaient se prononcer contre Bonaparte. La majorité des députés arrivait avec les préjugés les plus arrêtés sur l'Empire et son chef; le Champ-de-Mai leur avait paru une grande déception; Fouché, maître de l'esprit de la majorité, la faisait mouvoir et agir dans le sens d'une opposition sourde contre la couronne de Bonaparte. La Chambre se divisait en différentes nuances toutes fortement marquées; le parti impérialiste proprement dit ne comptait pas plus de soixante voix; au contraire, sur tous les bancs on voyait se presser les mécontents du régime impérial; les uns, idéalistes béats de la Charte, entouraient M. Lanjuinais, le janséniste du droit constitutionnel. Les parleurs des droits du peuple, débris de 1791, donnaient leurs suffrages à M. de Lafayette, toujours lié à la démocratie molle et bourgeoise; pour lui, la République n'était pas une vierge au bras puissant, elle lui paraissait sous le costume d'un bon bourgeois. Les plus influents des députés étaient MM. Merlin, de la loi des suspects; Dupont (de l'Eure), Dupin, Manuel, Be

—	Travot.	Clary.
—	Valence.	Clément de Ris.
—	Vandamme.	Colchen.
—	Verdière.	Cornudet.
—	Kellermann fils.	De Croix.
MM.	D'Aubusson.	Daboville.
	De Beaufremont.	Dalsace.
	De Beauveau.	Darjuzon.
	Bigot.	Davilliers.
	De Boissy-d'Anglas.	Dedelay-d'Agier.
	Caffarelli.	Dejean.
	Canclaux.	Fabre (de l'Aude).
	De Caulaincourt.	Forbin-Janson.
	Casa-Bianca.	Fouché.
	De Champagny.	De Gassendi.
	Chaptal.	Gaudin.

doch, Dumolard, Boulay (de la Meurthe), Roy, Regnauld (de Saint-Jean-d'Angély), Dubois (d'Angers), Durbach, Barrère, Cambon. Fouché (de Nantes), élu par trois colléges électoraux, fut créé pair.

Le 5 juin, la Chambre s'ouvrit pour se constituer elle-même en vertu de sa souveraineté. Au moment de la vérification des pouvoirs, l'opposition contre la famille Bonaparte se manifesta sans déguisement; il s'agissait de l'élection de Lucien, et M. de Lafayette demanda avec son ton railleur si M. le prince de Canino, revêtu d'une dignité romaine, pouvait être représentant en France? M. Sapey (de l'Isère), le dévoué de Lucien, et qui avait beaucoup négocié avec lui lors de son ambassade à Madrid, ne défendit pas la principauté du frère de Bonaparte; se conformant à l'esprit de l'assemblée, il déclara : « que les électeurs n'avaient point élu le prince de Canino, mais Lucien Bonaparte, l'ex-tribun, l'ex-représentant du peuple. » Cette explication ne suffit pas; immédiatement la Chambre fit un second acte d'opposition en déclarant que la liste des pairs n'étant pas connue, il était inutile de s'occuper de vérifier l'é

Gilbert de Voisins.
Lacépède.
De Lameth.
De La Rochefoucauld.
Lavalette.
Lejeas.
Marmier.
Molé.
Mollien.
Monge.
Montalivet.
De Montesquiou.
De Nicolaï.
Perrégaux.
Pontécoulant.
De Praslin.

Quinette.
Rœderer.
Roger-Ducos.
Sieyès.
Sussy (Collin de).
Thibaudeau.
De Turenne.
L'amiral Decrès.
Le vice-amiral Emmeriau.
Le contre-amiral Cosmao.
Le cardinal Cambacérès.
L'archevêque de Tours, de Barral.
L'archevêque de Bourges, Gallot de Beaumont.
L'archevêque de Toulouse, Primat.

lection de Lucien Bonaparte par le collége de l'Isère. Serait-il pair ou représentant? il fallait que le ministère s'expliquât sur ce point constitutionnel, car d'après l'Acte additionnel les princes de la famille étaient pairs de droit. A cette proposition vint s'en joindre une autre aussi minutieuse : un député, du nom de Sibuet, demanda qu'il n'y eût plus de qualifications nobiliaires dans l'assemblée : «plus de comtes, plus de barons; tous étaient représentants du peuple, et ce titre créait un lien d'égalité.» Cette proposition, partie d'un point de vue démocratique, singerie de la fameuse nuit de la Constituante pour les nouveaux Montmorency, blessait néanmoins la vanité de tous ces gentilshommes d'hier, de ces barons, de ces comtes improvisés ; ils repoussèrent donc la proposition de M. Sibuet, par une fin de non-recevoir puérile, fondée sur ce que l'orateur, occupé d'un si grand intérêt en face des périls de la patrie, avait lu son discours, tandis que d'après l'Acte additionnel, il aurait dû le prononcer d'abondance. Que de grandeur dans ces vues ! quelle immensité d'intelligence dans cette déplorable assemblée au moment d'une crise ! Hélas ! ces épisodes se sont trop souvent reproduits dans notre histoire parlementaire ; ils proviennent du manque d'éducation politique. En Angleterre, le Parlement sait et fait les affaires ; en France, l'ignorance des choses entraîne nécessairement le triomphe des déclamateurs.

Les représentants allaient passer à l'opération décisive, le choix du président, chargé de donner l'impulsion à la Chambre, et d'en diriger l'esprit; Napoléon y mettait une haute importance ; plus que jamais il voulait Lucien à ce poste de surveillance parlementaire. Le terrain fut essayé, on examina s'il y avait possibilité d'obtenir pour lui la majorité des suffrages; les impérialistes actifs, et en tête M. Regnauld (de Saint-Jean-d'Angely), et M. Defermont, consultèrent les membres les plus influents, et ils purent se convaincre que bien peu de voix seraient données au frère de Bonaparte. Les idées de la Chambre n'étaient point pour la dynastie ; on se posait en patriotes, en républicains ; on était très insolent, parce que le pouvoir était faible ; or, il fut reconnu que les représentants qui pouvaient se disputer les suffrages étaient : le premier de tous, M. de Lafayette, autour duquel se groupaient les patriotes de 1791 ; M. Flaugergues, d'un caractère plus modéré, mais qui avait fait une opposition si vive avec M. Raynouard en 1814 ; enfin, M. Lanjuinais, moins hostile sans doute que M. de Lafayette, mais tête étroite, incapable de comprendre la grande idée d'une dictature forte, patriotique, dans les mains de Napoléon. La présidence devait se disputer entre ces capacités, et, dans cette alternative, les impérialistes, reportant leur choix sur les patriotes modérés, préférèrent M. Lanjuinais[1] à ses deux compétiteurs. Napoléon n'aimait pas M. Lanjuinais, mais ce choix lui évitait M. de Lafayette, esprit d'une désolante et patriarcale anarchie; l'Empereur craignait sa bonhomie de désordre, toujours prête à sacrifier la force à une popularité vulgaire. Il savait qu'avec M. de Lafayette tous les pouvoirs se perdaient, et qu'il n'y avait pas de monarchie possible dans les conditions de l'Assemblée Constituante ou Législative. Après quelques difficultés et quelques hésitations, l'Empereur

---

[1] Le nombre des votants était de 472 : majorité absolue, 237.

Le premier tour de scrutin donna à Lanjuinais 189 voix ; à Flaugergues 74 ; à Lafayette 68, à Merlin (de Douai) 41, à Dupont (de l'Eure), 29 ; un moindre nombre à Bédoch, Boulay (de la Meurthe), Dumolard, Carnot-Feulins, Regnauld (de Saint-Jean-d'Angély), Girardin, Garat, Ramond, Dubois (d'Angers), Roy (de la Seine), etc.

Au second tour de scrutin, Lanjuinais obtint 277 suffrages ; Flaugergues 58 ; Lafayette, 73.

(*Procès-verbal.*)

approuva le choix de M. Lanjuinais, qui fut proclamé à la présidence; et le lendemain parut la liste des pairs, dans laquelle était compris Lucien comme frère de l'Empereur. Ainsi, les deux Chambres étaient constituées [1].

Les premières hostilités des représentants avaient vivement irrité l'Empereur; il voyait la mauvaise tendance de ces rhéteurs qui, dans la vue de blesser sa puissance, ne laissaient rien passer, ni un mot, ni une formule. La Chambre le taquinait, le piquait à coups d'épingle. Que les temps étaient changés! l'esprit de l'Empereur n'était-il plus dans la nation? ou bien la Chambre était-elle en dehors de ce peuple? A chaque acte on lui soulevait une chicane, à chaque mot éclatait un orage. Lorsqu'on lui porta le choix de M. Lanjuinais, il répondit avec la fierté de lui-même : « Je ferai connaître ma réponse par un chambellan de service. » Alors s'élèvent mille cris! Ce n'est pas constitutionnel! Naguère on a parodié la fameuse nuit de la Constituante pour l'abandon des titres de noblesse; maintenant on va parodier les mots de Mirabeau à M. de Brézé; car un chambellan est de toute nécessité un esclave. On murmure dans l'assemblée : « Un chambellan de service, c'est offensant pour les représentants. » N'y avait-il pas de quoi faire prendre en mépris tous ces parleurs? Où était la France dans tout cela, sa grandeur, ses intérêts? L'Empereur pouvait se tromper, mais était-ce le moment de le lui faire amèrement sentir?

« [1] Le lendemain, l'Empereur vit M. Lanjuinais et lui adressa la parole en ces termes : « Quelques-uns disent, M. Lanjuinais, que vous êtes bourboniste; d'autres, que vous êtes mon ennemi personnel, et d'autres que vous aimez véritablement votre patrie; vous jugerez quels sont ceux que je crois, lorsque je vous félicite, ainsi que la Chambre, du choix qui vous a fait son président. »

(*Récit d'un contemporain.*)

L'opposition continue; les représentants, appelés à choisir leurs vice-présidents, repoussent unanimement tous les impérialistes; ils les prennent dans les opinions patriotes et presque républicaines, MM. Flaugergues, Dupont (de l'Eure), Lafayette et Grenier. La domination des avocats s'établit: M. Dupin demande pour la première fois la parole; nommé représentant de la Nièvre, il se pose en formaliste à complétement hostile à l'Empereur [1]. Un décret a ordonné le serment à l'Acte additionnel et aux constitutions de l'Empire; M. Dupin dit: « qu'un décret ne peut pas prescrire un serment, il faut une loi émanée des trois pouvoirs; bien entendu que ce serment ne préjudiciera en rien la faculté de modifier la Constitution ». Toujours la Constitution! c'était devenu une manie! Et pourquoi toutes ces oppositions puériles, ces protestations et ces discours? Le pays est menacé dans sa force, dans sa dignité, et jusqu'à présent cette assemblée politique ne s'est occupée que d'étroits incidents et de petites taquineries! C'est que presque toujours les assemblées oublient les grandes affaires, pour ne voir que leurs petites passions; elles n'aiment pas les hommes à grande taille, les esprits supérieurs, les intelligences à vol d'aigle; elles en sont humiliées. M. Dupin, au milieu d'une haute question politi-

---

[1] « Quand la guerre est engagée, disait Napoléon, la présence d'un corps délibérant est aussi embarrassante que funeste. Il lui faut des victoires. Que le monarque ait des revers, la terreur s'empare des gens timides, et les rend à leur insu l'instrument et les complices des hommes audacieux. La crainte du péril, l'envie de s'y soustraire dérangent toutes les têtes : la raison n'est plus rien, les sensations physiques sont tout. Les turbulents, les ambitieux, avides de bruit, de popularité, de domination, s'érigent de leur propre autorité en avocats du peuple, en conseillers du prince; ils veulent tout savoir, tout régler, tout diriger. Si l'on n'écoute point leurs conseils, de conseillers ils deviennent censeurs, de censeurs factieux, et de factieux rebelles. Il faut alors que le prince subisse leur joug, ou qu'il les chasse; et dans l'un ou l'autre cas, il compromet toujours sa couronne et l'Etat... J'aperçois avec douleur que les députés ne sont pas disposés à ne faire qu'un avec moi, et qu'ils ne laissent échapper au-

que, engageait une querelle de barreau où les incidents absorbent trop souvent le principal. M. Dupin voulait que la Chambre fît une constitution, l'entendez-vous? lorsqu'il fallait doubler les armées, organiser les forces nationales et préparer le pays à une grande résistance!

Au bruit importun de ces taquineries, Napoléon, toujours maître de lui-même, résolut d'ouvrir en personne les deux Chambres; il y vint dans tout le cortége de la majesté souveraine; son front était sévère, assombri, son regard pénétrant; on le voyait péniblement affecté de la mauvaise position qu'on lui avait faite; sa figure pâle annonçait le trouble de son âme [1]; derrière lui étaient ses frères Joseph, Lucien; le cardinal Fesch était à ses côtés; la duchesse de Saint-Leu et quelques dames ses ferventes admiratrices occupaient des tribunes. Le discours qu'il prononça n'était pas son œuvre entière; écrit par M. Regnauld, il contenait des non-sens et des contre-vérités : singulier mensonge! fatal abaissement de caractère! on faisait dire à l'Empereur : « qu'il venait remplir aujourd'hui le vœu de son cœur, la monarchie constitutionnelle. » (Entre lui et la monarchie constitutionnelle qu'y avait-il de commun?) « La Chambre pourrait s'occuper de recueillir dans un seul cadre les constitutions

---

cune occasion de me chercher querelle. De quoi ont-ils à se plaindre? Que leur ai-je fait? Je leur ai donné de la liberté à pleine main, je leur en ai peut-être trop donné, car les rois ont aujourd'hui peut-être plus besoin de garantie que les nations. J'y mettrai du mien autant que je pourrai; mais s'ils croient faire de moi un Soliveau ou un second Louis XVI, ils se trompent : je ne suis pas homme à me laisser faire la loi par des avocats, ni à me laisser couper la tête par des factieux. »

[1] Lucien avait écrit à la Chambre pour lui annoncer son élévation à la pairie.

« Monsieur le président,

« J'ai l'honneur de vous faire part que, d'après une lettre close de Sa Majesté Impériale, j'ai pris séance à la Chambre des pairs. Je suis donc dans la nécessité de donner ma démission de membre de la Chambre des représentants. Je vous prie, Monsieur le président, de la faire agréer, ainsi que mes regrets et mon profond respect. »

Signé, Lucien.

de l'Empire; pour lui, il ambitionnait de donner à la France toute la liberté possible. Une coalition formidable de rois en veut à notre indépendance, continuait-il, ses armées arrivent sur nos frontières. La frégate *la Melpomène* a été attaquée et prise dans la Méditerranée, après un combat sanglant contre un vaisseau anglais de 74. Le sang a coulé pendant la paix! Nos ennemis comptent sur nos divisions intestines; ils excitent et fomentent la guerre civile. Des rassemblements ont lieu; on communique avec Gand, comme en 1792 avec Coblentz. Des mesures administratives sont indispensables : c'est à votre patriotisme, à vos lumières et à votre attachement à ma personne que je me confie sans réserve. La liberté de la presse est inhérente à la Constitution actuelle; on n'y peut rien changer sans altérer tout notre système politique; mais il faut des lois répressives, surtout dans l'état actuel de la nation. Je recommande à vos méditations cet objet important. Mes ministres vous feront connaître la situation de nos affaires. Les finances seraient dans un état satisfaisant sans le surcroît de dépenses que les circonstances actuelles ont exigé. Cependant on pourrait faire face à tout si les recettes comprises dans le budget étaient toutes réalisées dans l'année; et c'est sur les moyens d'arriver à ce résultat que mon ministre des finances fixera votre attention. Il est possible que le premier devoir du prince m'appelle bientôt à la tête des enfants de la nation pour combattre pour la patrie. L'armée et moi nous ferons notre devoir. Vous, pairs et représentants, donnez à la nation l'exemple de la confiance, de l'énergie et du patriotisme; et, comme le sénat du grand peuple de l'antiquité, soyez décidés à mourir plutôt que de survivre au déshonneur et à la dégradation de la France. La cause sainte de la patrie triomphera! »

NAPOLÉON ET LA CHAMBRE (JUIN 1815).

Ce discours (dont la dernière partie seule était l'œuvre de Napoléon) fut écouté avec une indifférence marquée ; les représentants ne voulaient plus de cette sorte dictature que l'Empereur sollicitait fièrement ; on savait qu'il avait méfiance de la Chambre, et la Chambre, à son tour, avait méfiance du chef militaire. Le parti impérialiste avait demandé qu'il fût décerné à Napoléon le titre de *Sauveur de la patrie*, et la proposition fut repoussée presque à l'unanimité. Un esprit démocratique domine dès ce jour les représentants ; on réveille les vieux mots de la Révolution, en cherchant à reconstituer le vocabulaire de la Législative, ces pauvres phrases sur la représentation nationale, sur la souveraineté des masses ; un député du nom de Leyraud (de la Creuse) s'écrie : «Mandataires du peuple, voulez-vous être dignes de votre mission? soyez peuple un moment, soyez nos égaux ; que le lien de la fraternité nous unisse, et ne soyez plus que nos collègues ! Ce ne peut être un sacrifice pour vos grands cœurs. Songez qu'en entrant dans l'assemblée des Amphictyons les rois de Sparte et d'Athènes se dépouillaient de la pompe de leurs noms, du faste de la pourpre royale ; ils n'étaient plus que les représentants de leur patrie.» Que de niaiseries pompeuses en face de tant de petitesses! M. Leyraud (de la Creuse) demandait aux grands noms de l'assemblée de se dépouiller de leur majesté ; que de gens durent être heureux! L'esprit du xviiie siècle avait ainsi fait la génération; il l'avait nourrie d'axiomes sans application et de phrases à la manière du *Contrat social ;* les idées positives étaient abandonnées à ce point d'appeler despotisme l'exercice de tout pouvoir régulier et fort.

L'adresse des représentants, qui était la manifestation de leurs principes, ne parla que de constitutions et de principes libéraux; c'était la manie du jour. On mettait de côté l'Acte additionnel comme une œuvre imparfaite et ridicule; la Chambre visait à la souveraineté : « toutefois, la constitution faite, on se rallierait franchement à Napoléon pour le soutenir contre l'Europe. Enfin la Chambre offrait son concours pour garantir le succès d'une guerre nationale. »

La réponse de l'Empereur au président Lanjuinais, triste, un peu contrainte, révélait pourtant quelque chose de ce patriotisme pur et bien plus français que les sentimentalités libérales de la Chambre : « Je partirai cette nuit, disait Napoléon, pour me rendre à la tête de mes armées; les mouvements des différents corps ennemis y rendent ma présence indispensable. Pendant mon absence, je verrais avec plaisir qu'une commission nommée par chaque Chambre méditât sur nos constitutions. La constitution est notre point de ralliement; elle doit être notre étoile polaire dans ces moments d'orage. Toute discussion publique qui tendrait à diminuer directement ou indirectement la confiance qu'on doit avoir dans ses dispositions serait un malheur pour l'État; nous nous trouverions au milieu des écueils sans boussole et sans direction. La crise où nous sommes engagés est forte. N'imitons pas l'exemple du Bas-Empire, qui, pressé de tous côtés par les Barbares, se rendit la risée de la postérité en s'occupant de discussions abstraites au moment où le bélier brisait les portes de la ville. Indépendamment des mesures législatives qu'exigent les circonstances de l'intérieur, vous jugerez peut-être utile de vous occuper des lois organiques destinées à faire marcher la constitution; elles peuvent être l'objet de vos travaux publics sans avoir aucun inconvénient. Au reste, les sentiments exprimés dans votre adresse me démontrent assez l'atta-

LA CHAMBRE ET NAPOLÉON (JUIN 1815).

chement de la Chambre à ma personne, et tout le patriotisme dont elle est animée. Dans toutes les affaires, ma marche sera toujours droite et ferme. Aidez-moi à sauver la patrie. Premier représentant du peuple, j'ai contracté l'obligation, que je renouvelle, d'employer, dans des temps plus tranquilles, toutes les prérogatives de la couronne et le peu d'expérience que j'ai acquis à vous seconder dans l'amélioration de nos institutions. » Nobles paroles qui restèrent sans échos au milieu de cette majorité sourde et fatalement préoccupée.

L'Empereur allait partir pour l'armée, il offrait ses veilles et son sang pour la patrie : que lui donnaient en échange ceux qui se disaient les représentants du peuple? Une fois sous la tente, Napoléon laissait derrière lui une assemblée qui avait méfiance de ses desseins, et ne désirait autre chose que sa chute. Les représentants étaient alors sous l'influence de Fouché; du fond du ministère de la police, et par l'intermédiaire de MM. Jay et Manuel, Fouché était à peu près le maître de tous les mouvements politiques; il flattait, il caressait tour à tour l'amour-propre vaniteux de M. de Lafayette, le parti jacobin ou impérialiste; comme il avait la haute surveillance des journaux, il exerçait une autorité morale sur tous les députés, et demeurait, en résultat, maître des délibérations. La chambre serait dans ses mains, ou un instrument pour seconder Napoléon, ou un grand élément pour le détruire. Fouché aimait ces épées à deux tranchants qui servaient à tuer un pouvoir ou à le protéger, mais à le dominer en toutes hypothèses.

CHAPITRE V.

ACTES DE L'EMPEREUR JUSQU'AU COMMENCEMENT DE LA CAMPAGNE DE WATERLOO.

Nouveaux prodiges d'organisation. —Travail de nuit. — Plan de campagne. — Les deux systèmes, — offensif ou défensif. — Idée de Carnot. — Idée de Bonaparte. — Défense des places fortes. — Manque de temps et de moyens. — Divisions de l'armée en corps. — Maréchaux. — Généraux. — Troupes de ligne. — La garde impériale. — Corps francs. — Fédérés. — Affaiblissement du moral dans l'armée. — Le maréchal Soult. — Manque de confiance. — Système général. — Conférences de l'Empereur avec ses ministres. — Formation du gouvernement. — Joseph. — Lucien. — Lutte entre la pensée de dictature et l'idée représentative. — Travail particulier avant le départ de l'Empereur. — Exposés de Fouché, de Carnot, et de M. de Caulaincourt. — Napoléon quitte Paris. — Visite des places fortes. — Proclamation d'Avesne. — Entrée en campagne.

1ᵉʳ au 14 Juin 1815.

Dans ses rapports avec les institutions représentatives, l'Empereur était en dehors de ses habitudes et de ses goûts ; il se trouvait déplacé au milieu de cette lutte de petits intérêts et d'étroites idées ; s'il avait convoqué les Chambres, c'était pour trouver un énergique appui dans l'opinion publique ; il s'imaginait que la France viendrait à lui plus forte, plus grande, plus patriotique, plus unanime, parce qu'elle aurait une représentation nationale. Quand il eut touché ces hommes, leurs passions particulières, leur indifférence du bien public, il éprouva un profond dégoût pour ces luttes de tribune ; il vit que rien n'était changé dans la destinée des idées représentatives en France ; la pensée du 18 brumaire lui revint dans la tête ; les temps seuls étaient changés, le cœur humain ne l'était pas.

Fatigué de ces intrigues de tribune, Napoléon s'absorba dans le développement des moyens militaires et administratifs [1] qu'il opposerait à la formidable coalition de l'Europe. Ce corps de fer se consacrait avec une indicible activité à tous les travaux qu'un si hardi système de défense exigeait : passer des revues, travailler avec ses ministres, visiter les fortifications, les travaux, étaient sa tâche du jour ; la nuit était consacrée aux méditations du plan de campagne qu'il fallait improviser contre un milion d'ennemis. Le temps pressait ! Napoléon savait la

---

[1] Ce fut à ce moment que l'Empereur eut recours encore à l'institution des commissaires extraordinaires pour chacune des divisions de l'Empire. Les divisions répondaient un peu aux anciennes provinces ; le pouvoir était plus centralisé que dans les départements.

1re division (Paris), M. de Sussy ;
2e — (Mézières), M. Bédoch ;
3e — (Metz), M. de Gérando ;
4e — (Nanci), le général Rampon ;
5e — (Strasbourg), le général Pommereul ;
6e — (Besançon), M. Dumolard ;
7e — (Grenoble), M. Bourdon de Vatry ;
8e — (Toulon), M. Rœderer ;
9e — (Montpellier), M. d'Alphonse,
10e — (Toulouse), M. de Pontécoulant ;
11e — (Bordeaux), M. Boissy d'Anglas ;
12e — (La Rochelle), le général Miot ;
13e — (Rennes), le général Cafarelli ;
14e — (Caen), M. François de Nantes ;
15e — (Rouen), M. Quinette ;
16e — (Lille), M. Costaz ;
18e — (Dijon), M. Thibaudeau ;
19e — (Lyon), M. Maret ;
20e — (Périgueux), le général Marchand ;
21e — (Bourges), M. Colchen.
22e — (Tours), M. Chasset ;
23e — (Bastia en Corse), le général Arrighi.

marche rapide des armées anglo-belge, russe, autrichienne et prussienne. Le 1er juillet, la campagne commencerait sur toutes les frontières : « attendrait-on l'ennemi pour défendre pas à pas le terrain à l'aide des places fortes, en souvenir de l'admirable campagne de 1814 ? ou bien prendrait-on l'offensive pour se précipiter au milieu des étrangers, frapper un coup d'éclat de manière à ébranler les liens de la coalition ? »

Napoléon avait discuté cette question avec Carnot dans les longues et silencieuses veilles de l'Élysée, et chacun s'était prononcé selon son caractère. Carnot, toujours pour la défensive, voulait armer les places de la frontière du Nord depuis Dunkerque jusqu'à Charlemont, les protéger par les écluses et les inondations[1] ; on ferait en seconde ligne des travaux de campagne dans la forêt de Normal ; on construirait des retranchements dans les défilés de l'Argonne. On armerait toutes les forteresses de la Lorraine; les cinq passages des Vosges seraient protégés par des redoutes, ainsi que les défilés du Jura et des Alpes ; rien ne serait négligé, pas même la troisième ligne de places, telles que Guise, La Fère, Vitry, Soissons, Château-Thierry et Langres ; ces ouvrages se lieraient au plan de défense de Paris, muni de redoutes sur les hauteurs de Montmartre et de Ménilmontant.

---

[1] 3 mai.
« Toutes les places de la frontière du Nord, depuis Dunkerque jusqu'à Charlemont, sont armées et approvisionnées. Les écluses sont mises en état, et les inondations seraient tendues au premier mouvement d'hostilité. Les ouvrages de campagne ont été ordonnés dans la forêt de Normal. Les mesures sont prises pour faire des retranchements dans les différents passages de la forêt d'Argonne. Toutes les places de la Lorraine sont en état. Des retranchements sont construits aux cinq passages des Vosges. Les forteresses de l'Alsace sont armées. Des ordres sont donnés pour la défense du passage du Jura et de toutes les frontières des Alpes. On met en état les places de la Lorraine qui sont en troisième ligne. Dans l'intérieur, les places de Guise, La Fère, Vitry, Soissons, Château-Thierry, Langres, s'arment et se fortifient. On a même ordonné que des ouvrages fussent construits sur les hauteurs de Montmartre et de Ménilmontant, et armés de 300 bouches à feu. Ils seront

Lyon servirait de base d'opérations comme Paris ; on le fortifierait par une tête de pont aux Brotteaux, par des redoutes en avant de l'enceinte. Pierre-en-Sise serait garni de batteries, la rive droite de la Saône recevrait le développement de plusieurs redoutes ; enfin, du côté de la Savoie, on armerait Sisteron et le Pont-Saint-Esprit. A ce système de défense, Carnot ajoutait une armée active qui se diviserait en huit corps sur la ligne des forteresses du Nord, sur la Moselle, sur le Rhin, au Jura, à Chambéry, sur le Var, aux Pyrénées, à Perpignan et à Bordeaux. En arrière de ces troupes de ligne, se placeraient les gardes nationales volontaires, les régiments levés par le patriotisme des habitants; on organiserait partout des levées en masse, et dans cette attitude on attendrait la marche des alliés avec la fermeté et le patriotisme qui conviennent à une grande nation ; la première bataille gagnée, on négocierait pour désunir l'alliance s'il était possible.

Napoléon examina le plan de Carnot avec réflexion et maturité ; il aperçut immédiatement tout ce qu'il avait de faible et d'incomplet. Sous le point de vue moral, il blessait le caractère dominant du soldat français ; si on le plaçait sur la défensive, il ferait son devoir, sans doute,

---

d'abord en terre, et successivement on leur donnera la solidité des fortifications permanentes. »

Au nom de l'Empereur.

« Le lieutenant-général commandant en chef le 1er corps d'observation et la 16e division militaire, déclare les places de Boulogne, Gravelines, Dunkerque, Bergues, Lille, Douai, Valenciennes, Condé, Le Quesnoy, Maubeuge et Avesnes, en état de siège.

« En conséquence, MM. les généraux commandant les places déterminées ci-dessus notifieront aux autorités civiles la mise en état de siége, exerceront toute l'autorité qui leur est dévolue par les lois et réglements militaires, et notamment par les chapitres 1er et 4 du titre III du décret du 24 décembre 1811, et prendront toutes les mesures convenables pour mettre les places dans le meilleur état possible de défense.

« Au quartier-général à Lille, le 2 mai 1815.

« Le lieutenant-général commandant en chef. »

Signé, le comte d'Erlon (Drouet).

mais il ne ferait que cela; il perdrait cette énergie aventureuse, qui avait assuré si souvent la victoire aux drapeaux de la République et de l'Empire. Attendre l'ennemi sur la défensive, c'était aussi donner aux alliés les moyens de réunir à l'aise leurs immenses forces, pour se précipiter sur tous les points de la France; l'Empereur ne se faisait pas d'illusion; s'il avait opéré des prodiges d'organisation, il n'avait pas les moyens suffisants pour s'opposer au développement des forces coalisées, qui s'élèveraient à 1,100,000 hommes[1]. C'était bien sans doute de raisonner sur un système de défense pour les lignes des places fortes; mais Carnot savait mieux que personne que les ouvrages qu'on avait improvisés étaient incapables de résister à des siéges réguliers; si l'on en exceptait les places de premier ordre, telles que Lille, Strasbourg, Metz, il n'y avait pas dix villes de seconde ligne qui soutiendraient deux jours de tranchée. La stratégie de l'invasion avait d'ailleurs bien changé depuis que Carnot avait organisé un système de défense sous la République; car, en 1814, les alliés avaient négligé le siége des places fortes pour se porter en masse sur Napoléon et l'accabler de leurs forces.

En prenant l'offensive, au contraire, on étonnait l'Europe; les soldats français auraient deux fois plus d'éner-

---

[1] Les prévoyances de l'Empereur ne se rattachaient pas seulement à l'armée régulière; un décret organisa même les corps francs, sorte de système d'armement en course:

« Il sera organisé un ou plusieurs corps francs dans chacun des départements-frontières de l'Empire.

« Les individus qui auront les qualités nécessaires pour lever un corps franc s'adresseront au ministre de la guerre ou au préfet.

« Les officiers admis à lever un corps franc seront brevetés par l'Empereur. L'officier breveté par Sa Majesté pourra lever un corps franc, pourra donner des commissions de capitaines, lieutenants, sous-lieutenants et sous-officiers. Il enrôlera des hommes de bonne volonté, soit parmi les gardes nationales qui ne font pas partie des compagnies actives, soit parmi les soldats en retraite, soit parmi les gardes forestiers et autres employés sous quelque titre que ce soit.

gie lorsqu'ils verraient leurs aigles voler encore de cités en cités ; l'Empereur pourrait choisir le champ de bataille. Comme toutes les troupes de l'alliance ne seraient en ligne qu'au 1er juillet, on pourrait, par une attaque rapide, surprendre et couper quelques-uns de ces grands bras de l'hydre aux mille têtes qui s'avançait. Aux époques heureuses de l'Empire, qu'est-ce qui avait assuré tant de victoires à Napoléon ? C'était son activité incessante, l'art admirable de ses manœuvres pour atteindre les forces ennemies les unes après les autres, en les séparant de manière à pouvoir les battre en détail ; à ce moment même, s'il se portait rapidement sur la Belgique, il pouvait atteindre les Prussiens qui se réunissaient à peine ; et après les Prussiens en déroute, il tomberait sur les Anglais dispersés dans une ligne trop considérable : il ferait donc ce qu'on appelle en stratégie une trouée immense avec 100,000 hommes pour se porter sur le Rhin. Une ou deux victoires, en relevant l'esprit public en France, imprimeraient aux Chambres l'énergie suffisante ; le gouvernement de l'Empereur avait besoin de se consolider par l'ascendant moral des succès, une victoire obtenue, et bien exploitée, pouvait détacher quelques puissances, et particulièrement l'Autriche, de cette formidable coalition ; le mur d'airain serait ébréché.

« L'infanterie et la cavalerie de ces corps seront organisées comme l'infanterie et la cavalerie des troupes légères. Ces corps ne seront tenus à aucun uniforme régulier. Le *maximum* de leur formation sera de 1000 hommes pour l'infanterie et de 300 pour la cavalerie.

« Les corps francs s'armeront, s'équiperont et se monteront à leurs frais. Ils ne recevront aucune solde, ni de guerre ni de paix ; ils auront droit aux vivres de campagne, mais seulement au moment de la guerre.

« Les corps francs pourront avoir deux pièces de canon de 3 ou de 4, et, dans ce cas, le matériel leur sera fourni des matériaux de l'Empire. Ils seront toujours tenus d'avoir avec eux de la poudre et des balles pour six mille coups.

« Tout ce que les corps francs prendront sur l'ennemi sera de bonne prise et à leur profit. »

Ce système, chaudement développé par Napoléon, prévalut dans le cabinet, et le maréchal Davoust résuma sous ses yeux les forces dont il pouvait disposer en entrant en campagne, sans se faire illusion. Il avait sous sa main au 1er juin 285,000 hommes [1], desquels il fallait déduire un bon tiers pour les non-valeurs, les malades, les dépôts, comme il arrive toujours en entrant en campagne : 175,000 hommes formaient son personnel militaire, 140,000 d'infanterie, 55,000 de cavalerie ; presque toutes excellentes troupes, organisées sur le pied de guerre ; le reste en artillerie et génie, puis la garde, soldats d'élite sur lesquels on pouvait compter. L'invasion menaçait tant de points différents, qu'il fallut subdiviser ces forces à l'infini ; on forma quatre armées, et quatre corps d'observation ; Napoléon avait destiné la plus grande masse de troupes à la composition de ce qu'il appelait *la grande armée*, sous ses ordres,

[1] *Situation de l'armée française au mois de juin 1815.*
Armée active de Belgique.

1er corps. Gén. Drouet.	4 div. d'inf. Guyot, Donzelot, Marcognet, Durutte. 1 — Cavalerie, Jacquinot.	20,600	A Solzesur-Sambre.
2e corps. Gén. Reille.	4 div. d'inf. Bachelu, Foy, Jérôme Bonaparte, Girard. 1 — Cavalerie, Piré.	22,800	Ham-sur-Eur.
3e corps. Gén. Vandamme.	3 div. d'inf. : Habert, Berthezène, Lefol. 1 — Cavalerie, Walin.	16,000	Beaumont.
4e corps. Gén. Gérard.	3 div. d'inf. : Vichery, Pécheux, Hulot. 1 — Cavalerie, Morin.	14,600	Philippeville.
5e corps. Gén. Lobau.	3 div. d'inf. : Simmer, Jeannin, Teste. 1 — Cavalerie, Dhomond.	12,600	Beaumont.
Gardes.	2 div. vieille garde, Friant et Morand. 8,000 1 — jeune garde, Duhesme. 4,000 Cav. de la garde, 19 esc. légers, 13 esc. grosse cav 4,000 Artillerie, sapeurs. 2,400	18,400	Idem.

souvenir et débris des glorieuses journées; elle devait s'élever à 120,000 hommes, divisés en cinq corps : le premier sous le général Drouet, le deuxième commandé par le général Reille, le troisième par le général Vandamme, le quatrième par le général Gérard, le cinquième enfin par le général Mouton; toute la cavalerie fut placée sous les ordres de M. de Grouchy, récemment élevé au titre de maréchal d'Empire. Aux appels du 12 juin, cette armée se composait de la garde impériale, forte de 14,000 hommes et de 4,000 chevaux; puis de 100,000 hommes de troupes de ligne, dont 16,000 au moins de belle cavalerie. En comparant les états du ministère de la guerre avec la situation du personnel de cette armée, on doit dire qu'elle absorbait à peu près toutes les forces disponibles; seule, elle était capable de résister à un mouvement offensif et sérieux des coalisés.

En dehors de cette armée, qu'existait-il en forces réelles? On avait donné le nom d'*Armée des Alpes* à deux divisions de troupes, sous le maréchal Suchet, qui devait

Réserves de cavalerie.

1er corps léger. Gén. Pajol.	Div. de hussards et chasseurs de Subervic.	2,800	idem.
2e corps. Gén. Excelmans	Div. de dragons, Sproly et Chastel.	3,000	idem.
3 corps. Gén. Milhaud.	Div. de cuirassiers, Watier et Delort.	3,600	idem.
4e corps. Gén. Kellermann.	Div. de cuirassiers, Lhéritier et Roussel.	3,700	idem.

Total, 167 faibles bataillons. 166 esc. 346 canons. 120,000 combattants.

Autres troupes.

Rapp commandait l'armée du Rhin.
Belliard, un corps à Metz.
Lecourbe, un petit corps d'observation à Béford.
Suchet, l'armée d'Italie en Savoie.
Brune, le corps d'observation du Var.
Decaen et Clauzel, les corps d'observation de Pyrénées.
Lamarque, le corps de la Vendée.

occuper les défilés de l'Italie, du côté du Piémont et de la Savoie ; cette armée se liait à 3 ou 4,000 hommes qu'on appelait *Corps d'observation*, placés à Béfort, sous le général Lecourbe ; ce corps donnait la main à trois divisions appelées du titre pompeux d'*Armée du Rhin*, sous le général Rapp, qui se déployait en Alsace. Dans l'intérieur, on avait une armée de 11,000 hommes occupée à la guerre de la Vendée et de la Bretagne ; une fois la pacification opérée, elle devait se porter sur le point des frontières le plus menacé. Enfin, de petits corps étaient placés à Marseille, à Toulouse, à Bordeaux, pour contenir la population ; les levées de la garde nationale mobile, difficilement recrutées, devaient entrer en seconde ligne. Quelles forces exiguës pour repousser une coalition indissoluble qui mettait en ligne des myriades d'hommes ! On avait manqué de temps ; quelque prodigieuse que pût être l'activité de l'Empereur, elle n'avait pu répondre à tant de travaux ; il avait veillé nuit et jour pour organiser les moyens de défense ; le pays abîmé, divisé, n'avait que faiblement répondu à son appel ; il était contrarié, dégoûté ; l'Europe ne lui laissait pas de répit, elle marchait comme un seul homme !

Le temps et les moyens manquèrent donc à l'Empereur ; il fit tout ce qu'il put, mais il y a des choses au-dessus de l'humanité. Comment armer des places fortes sans matériel ? Comment mettre des hommes en ligne sans leur donner les moyens de suivre une longue campagne ? L'armée était pleine de dévouement, officiers et soldats rivalisaient de zèle, on voyait même un esprit militaire bien autrement remarquable que parmi les conscrits de 1813 et 1814 ; la tenue était meilleure, le fourniment plus complet. L'armée s'était recrutée de vieux soldats sortis des prisons d'Angleterre et de Russie ; tous savaient bien qu'il s'agissait de leur cause[1]; ils avaient voulu leur Empereur, il fallait le garder; ils avaient désiré leurs aigles, il fallait mourir autour d'elles, ou leur imprimer encore le rayon de gloire qui brillait à Austerlitz, à Iéna, à Friedland.

A travers ces sentiments d'enthousiasme, il se mêlait néanmoins quelque chose de triste et de profondément découragé; il n'y avait plus dans les rangs ces transports de gaîté et de victoire qui faisaient courir le soldat au triomphe en chantant. On avait la rage au cœur contre l'ennemi, mais une rage sombre qui se renfermait dans ces seuls mots : « Vaincre s'il est possible, mourir toujours! » Les généraux étaient trop éclairés pour ne point voir que les moyens étaient disproportionnés à la face des immenses préparatifs de l'Europe; ils devaient donc commencer le duel d'extermination dont tous prévoyaient le funèbre résultat! Il n'y avait que peu chance de succès; on succomberait sur le champ d'honneur. Autour de soi on n'entendait que des paroles de trahison; on se soupçonnait mutuellement. Le soldat avait peu de confiance dans les officiers, il croyait voir toujours des traîtres dans ses rangs; la discipline s'était relâchée; la

---

[1] Voici ce qui se passait à Paris ; c'est la chronique des veilles de l'Empereur :

« On a augmenté la vieille garde de trois bataillons, douze autres bataillons, formés de militaires rentrés qui ont fait plusieurs campagnes, viennent d'être réunis à la jeune garde.

« La garde impériale reçoit tous les jours de nombreux renforts. Dans peu de temps elle sera portée à 40,000 hommes. Le général Drouot est aide-major-général de la garde ; le général Friant commande les grenadiers à pied, et le général Morand les chasseurs à pied de la vieille garde ; le général Guyot commande les grenadiers à cheval ; le général Ornano, les dragons ; le général Colbert, les lanciers; et le général Lefebvre-Desnouettes, les chasseurs à cheval. Le colonel Deschamps commande l'artillerie légère, qui aura sous peu de jours 80 pièces de canon attelées. Les Polonais sont commandés par le colonel Germanowsky, qui a accompagné l'Empereur à l'île d'Elbe.

« Les trois divisions d'infanterie de la jeune garde sont commandées par les généraux Brayer, Meunier et Barrois. »

« L'Empereur a parcouru ce matin la

marche du golfe Juan, la révolte contre quelques chefs avaient porté des coups mortels à l'obéissance passive; le soldat raisonnait, discutait; l'officier avait une certaine terreur morale sur la suite des événements; il n'y avait plus la même homogénéité dans l'armée, on était divisé d'opinions, on voyait ici les camps de Moreau et de Bonaparte; les uns étaient travaillés par la République, les autres conservaient du dévouement aux Bourbons. Si l'armée qui partait pour Waterloo avait incontestablement la même bravoure que celle d'Austerlitz, il n'y avait pas un même esprit, et cela devait porter malheur à la campagne.

L'Empereur avait choisi des lieutenants de capacité et d'énergie, les généraux Reille, Gérard, Vandamme, Mouton, étaient des officiers distingués; la supériorité militaire du maréchal Soult dans les rangs de l'armée le fit désigner pour major-général de l'Empereur; grand organisateur, général de premier ordre, il remplaça ainsi Berthier auprès de Napoléon. Berthier n'était pas venu prendre du service auprès de son ancien général en chef; capitaine des gardes de Louis XVIII, il était

capitale. Sa Majesté était à cheval et n'avait que quatre officiers avec elle. Le peuple s'est porté partout sur son passage, en faisant éclater le plus vif enthousiasme. La foule était si grande partout, sur le boulevard et dans le faubourg Saint-Antoine, que Sa Majesté n'a pu marcher que très lentement. Les cris de *Vive l'Empereur!* n'ont pas cessé un instant depuis la sortie de Sa Majesté jusqu'à son retour. »

« L'Empereur a passé en revue les différents corps de la garde impériale, les gendarmes de la garde de Paris et les sapeurs-pompiers; toutes ces troupes étaient de la plus brillante tenue. Sa Majesté a parcouru les rangs à pied et a inspecté les corps dans le plus grand détail. La revue a commencé à une heure et n'a fini qu'à six heures et demie. Pendant tout le temps qu'elle a duré, les cris de *Vive l'Empereur!* n'ont cessé de se faire entendre, ainsi qu'au départ de Sa Majesté pour l'Élysée-Napoléon. »

« L'Empereur, accompagné seulement des généraux Corbineau, Drouot et de Flahaut, ses aides-de-camp de service, est allé visiter l'atelier des armes qui vient d'être créé comme par enchantement dans l'ancien couvent de la Croix, rue de Charonne.

« Sur tous les points de son passage, Sa Majesté a été accueillie avec un enthou-

demeuré en Allemagne, où une triste destinée l'attendait. Ce changement seul indiquait une modification considérable dans les rapports de l'armée avec l'Empereur; ce qui distinguait admirablement Berthier, c'était l'obéissance passive, une activité merveilleuse à saisir et à exécuter les ordres; général médiocre, sans avoir jamais une pensée à lui, il était le miroir fidèle où se révélait la volonté de Napoléon; le style de sa correspondance était clair, précis; on le comprenait dans ses ordres même les plus compliqués.

Le maréchal Soult, bien supérieur à Berthier comme général d'armée, était une intelligence de premier ordre, un organisateur hors ligne; mais plus sa capacité était élevée, moins peut-être il était apte à refléter techniquement la pensée de l'Empereur; il avait son génie militaire à lui, sa stratégie à lui, et il y a de certains esprits qui ne peuvent se résigner à un poste secondaire; la tête de l'homme n'a pas la même destination que son bras, chaque partie dans le corps humain a son action. Le maréchal Soult n'était point alors aimé de

---

siasme vraiment national, et qu'aucune expression ne saurait rendre. »

Les dons patriotiques continuaient :

« M. le chevalier Gérard, chef de bataillon à la suite du 4ᵉ régiment d'infanterie légère, a fait don d'une somme de 800 fr. pour subvenir aux frais de la guerre.

« M. Delorme, ancien avocat, propriétaire à Paris de la belle galerie qui porte son nom, vient d'adresser au ministre de l'intérieur l'offre qu'il fait à la patrie de ses services personnels et d'une somme de 60,000 fr.

« M. Crèvecœur, sous-inspecteur aux revues, a fait un don d'une somme de 600 fr.

« Chacun des ministres a fait un don personnel de 3,000 fr. pour l'habillement des gardes nationales.

« Les employés des bureaux du ministre de l'intérieur ont fait un don de 5297 fr.

« M. Lachenadais, propriétaire à Paris, a déposé à la mairie de son arrondissement une somme de 10,000 fr.

« Les employés du ministère de la police ont offert, comme don patriotique, une somme de 17,000 fr.

« Les bureaux du ministère des affaires étrangères ont fait un don patriotique de 5,040 fr.

« L'administration centrale des postes aux lettres et le conseil des relais ont versé une somme de 20,000 fr. »

l'armée, on se défiait de lui bien à tort ; il avait loyalement servi les Bourbons, il servirait loyalement l'Empereur dans ses fonctions de *major-général*. Déjà le maréchal Soult, parti pour visiter l'armée en ligne sur la frontière du Nord, s'était adressé au vieux dévouement du soldat dans un ordre du jour fort remarquablement énergique ; le maréchal rappelait les gloires du passé, les nobles devoirs envers la patrie ; c'était le langage d'un soldat plus dévoué encore à la France qu'à Napoléon, car pour le vieil ami de Masséna, Napoléon n'était que le dictateur suprême que la patrie avait choisi pour la délivrer de l'étranger [1].

Une des fautes commises par l'Empereur dans cette organisation, fut peut-être de destiner à des chefs un peu usés la conduite suprême de grandes divisions de l'armée. Le maréchal Ney avait demandé un commandement ; on ne pouvait le refuser à sa valeur brillante, au sacrifice qu'il avait fait d'un serment solennel ; il avait

---

[1] *Ordre du jour du maréchal Soult.*

« La plus auguste cérémonie vient de consacrer nos institutions. L'Empereur a reçu des mandataires du peuple et des députations de tous les corps de l'armée l'expression des vœux de la nation entière sur l'acte additionnel aux constitutions de l'Empire, qui avait été envoyé à son acceptation, et un nouveau serment unit la France et l'Empereur. Ainsi les destinées s'accomplissent, et tous les efforts d'une ligue impie ne pourront plus séparer les intérêts d'un grand peuple, du héros que les plus brillants triomphes ont fait admirer de l'univers.

« C'est au moment où la volonté nationale se manifeste avec autant d'énergie, que des cris de guerre se font entendre ; c'est au moment où la France est en paix avec toute l'Europe que des armées étrangères avancent sur nos frontières ! Quel est l'espoir de cette nouvelle coalition ? Veut-elle plonger dans la servitude 28,000,000 de Français ? A-t-elle oublié que la première ligue qui fut formée contre notre indépendance servit à notre agrandissement et à notre gloire ? Cent victoires éclatantes, que des revers momentanés et des circonstances malheureuses n'ont pu effacer, lui rappellent qu'une nation libre, conduite par un grand homme, est invincible.

« Tout est soldat en France quand il s'agit de l'honneur national et de la liberté : un intérêt commun unit aujourd'hui tous les Français. Les engagements que la violence nous avait arrachés sont détruits par la fuite des Bourbons du territoire français, par l'appel qu'ils ont fait aux armées étrangères pour remonter sur le trône qu'ils ont abandonné, et par le vœu unanime de

donné des gages fatals et récents, et tout en sacrifiant les Bourbons, il avait à peine regagné la confiance de l'Empereur. Eh bien! Ney était démoralisé. Homme loyal, sa conduite faible, pusillanime, avait laissé dans son âme des empreintes inneffaçables; le passage si rapide d'une cause à une autre, avait déplorablement affecté son esprit; il ne savait plus que demander une seule chose, mourir sur un champ de bataille; il était animé de cette sombre énergie, désespoir des nobles âmes après une faute; on le voyait dans ses paroles, dans ses actes, et c'était mal le connaître que de lui destiner le commandement en chef d'un des grands corps de l'armée : il faut se garder des hommes au désespoir, car ceux-là ne font plus que des fautes.

Le maréchal Grouchy recevait aussi un autre commandement supérieur; la vie militaire du maréchal Grouchy n'avait rien de remarquable et qui le plaçât au-dessus des généraux Gérard, Reille, Mouton, Lamarque, Clauzel, et de tant d'autres officiers de mérite qui entouraient Napoléon; nul service de premier ordre ne l'avait distingué des autres vieux généraux de la République et de l'Empire; il venait d'être créé maréchal; n'était-ce pas une récompense suffisante de sa campagne du Pont-Saint-Esprit? fallait-il lui confier encore la direction d'un grand corps d'armée, et placer dans ses mains les opérations majeures d'une invasion soudaine et rapide en Belgique?

la nation, qui, en reprenant le libre exercice de ses droits, a solennellement désavoué tout ce qui a été fait sans sa participation.

« Les Français ne peuvent recevoir des lois de l'étranger; ceux même qui sont allés y mendier un secours parricide ne tarderont pas à reconnaître et à éprouver, ainsi que leurs prédécesseurs, que le mépris et l'infamie suivent leurs pas, et qu'ils ne peuvent laver l'opprobre dont ils se couvrent qu'en rentrant dans nos rangs.

« Mais une nouvelle carrière de gloire s'ouvre devant l'armée; l'histoire consacrera le souvenir des faits militaires qui auront illustré les défenseurs de la patrie et de l'honneur national. Les ennemis sont nombreux, dit-on ; que nous importe ? Il sera plus glorieux de les vaincre, et leur défaite aura d'autant plus d'éclat. La lutte qui va s'engager n'est pas au-dessus du

Ainsi, Napoléon en entrant en campagne n'était plus entouré des hommes qu'il avait habituellement sous la main ; il trouvait encore des dévouements chauds, des têtes brûlantes; mais il connaissait mal la valeur et la spécialité de chacun. La seule capacité militaire en première ligne était le maréchal Soult, et on le plaçait comme major général, dans un poste en dehors de ses habitudes et au-dessous de son mérite. Tout, au reste, s'était fait avec précipitation. Les soldats et les chefs n'avaient pas le temps de se connaître ; les régiments s'étaient formés à la hâte, on les avait recrutés de toutes les manières ; leurs rangs s'étaient augmentés d'officiers en demi-solde qui avaient plus de courage que d'instruction et de stratégie; le moral d'une armée qui se maintient par le contact des habitants, était un peu découragé par les divisions d'opinions et de partis qui retentissaient. Il y avait encore un Empereur, mais il n'y avait plus de hiérarchie; le séjour de Paris, qui aux glorieuses époques fortifiait l'officier dans son dévouement, l'avait au contraire attiédi, inquiété. Le soldat français, qui a un instinct si profond, semblait comprendre qu'il n'avait plus toute la France derrière lui : la classe bourgeoise était effrayée, les classes supérieures hostiles. Il restait le peuple encore, mais le peuple en haillons, et les fédérés avaient excité un indicible repoussement au milieu de la garde et de la troupe de ligne.

génie de Napoléon, ni au-dessus de nos forces Ne voit-on pas tous les départements, rivalisant d'enthousiasme et de dévouement, former comme par enchantement cinq cents superbes bataillons de gardes nationales, qui déjà sont venus doubler nos rangs, défendre nos places, et s'associer à la gloire de l'armée? C'est l'élan d'un peuple généreux qu'aucune puissance ne peut vaincre, et que la postérité admirera.

« Bientôt le signal sera donné ; que chacun soit à son devoir ! Du nombre des ennemis nos phalanges victorieuses vont tirer un nouvel éclat. Soldats, Napoléon guide vos pas ; nous combattons pour l'indépendance de notre belle patrie, nous sommes invincibles.

« Le maréchal d'Empire, major-général.»
Signé, Duc de Dalmatie.
Paris, le 1er juin 1815.

Avant son départ pour l'armée, Napoléon réunit ses ministres; il causa avec eux à cœur ouvert sur la situation : « Ce qu'il craignait, c'était moins l'ennemi à l'extérieur que les dissensions dans la patrie ; la Chambre des représentants était mauvaise, la pairie sans puissance, sans prérogatives ; il allait laisser Paris sous l'influence des Lafayette, des Lanjuinais, de tous les niais ambitieux, de tous les députés aux crânes étroits, ses ennemis personnels, de tous les hommes enfin qui perdraient le pays pour de vaines disputes. » L'Empereur posa donc nettement la question de savoir : « s'il ne fallait pas mieux renvoyer cette Chambre médiocre en saisissant fortement la dictature. Les périls de la situation justifiaient le pouvoir absolu, qu'il saisirait sans regret comme sans crainte; après la victoire, on reconstituerait le gouvernement constitutionnel si l'on voulait ; en attendant, il était bien triste de voir une assemblée contrarier des volontés justes, nationales; jusques ici, les représentants n'avaient donné ni un homme ni un écu, et c'était là en définitive le moyen par lequel on repousserait l'ennemi. »

Napoléon cherchait à réveiller un peu d'énergie au cœur des hommes d'état, et on l'écouta silencieusement. Hélas ! les positions étaient prises et les opinions faites. Carnot aurait déposé momentanément l'épée de fer dans la main de Napoléon, mais les autres ministres n'étaient pas de cette trempe : Fouché avait trop d'intérêt à contrarier l'Empereur pour laisser détruire la Chambre des représentants ; MM. de Caulaincourt, Gaudin, Mollien, âmes molles et paisibles, aimaient le régime constitutionnel; la charte de 1814 les avait considérablement séduits. Lucien fut d'avis qu'il n'était pas encore temps d'arriver à la violence ; il fallait se servir de la puissance morale des deux assemblées pour ranimer l'esprit public. Le prudent Cambacérès ne se sentait pas la force d'être archi-chancelier d'un dictateur; il tremblait devant une réaction, et la société en état de siége lui paraissait un danger. Tous les ministres se réunirent donc pour conseiller à Bonaparte de ménager la Chambre des représentants. Fouché déclara : « qu'avec de la persévérance et du patriotisme, on pourrait faire entendre raison à ces hommes, leur dire les plaies saignantes du pays, leur montrer qu'il fallait sacrifier leurs ressentiments au besoin commun de sauver la France. » Fouché aimait la présence et l'action d'une assemblée médiocre, parce qu'il savait qu'avec de petites passions et de petits intérêts, on la domine facilement.

Ce fut dans ces idées de ménagement et de temporisation que l'Empereur organisa son gouvernement provisoire, pour administrer le pays pendant son absence; il le composa de quatorze personnes. Comme il menait Jérôme avec lui, en lui destinant le commandement d'une division, il ne plaça dans le conseil que ses frères Joseph et Lucien; Joseph, l'aîné, dut le présider; les huit ministres, Cambacérès, Davoust, Caulaincourt, Fouché, Carnot, Gaudin, Mollien et Decrès, faisaient de plein droit partie du gouvernement, auquel étaient également admis MM. Defermont, Regnauld de St.-Jean d'Angely, Boulay (de la Meurthe) et Merlin, tous créés ministres d'État, parce qu'ils étaient bons parleurs, et qu'il fallait devant les représentants des hommes à la parole facile. Ce conseil devait traiter avec la Chambre, faire passer les lois et les mesures de salut public. Au fond, Fouché et Carnot étaient les deux seuls hommes politiques en rapport avec les partis; seuls ils avaient l'action gouvernementale; en dehors d'eux, il n'y avait pas un chef d'opinions puissant; Joseph avait donné des signes indicibles d'incapacité et de faiblesse en 1814 ; Lucien venait de recevoir un échec complet à la Chambre des représentants, et il s'était réfugié tout honteux dans la pairie : pouvait-on compter sur la fermeté de Cambacérès, sur la tenue et la persévérance de Davoust dans un moment de crise ; sur l'énergie de M. de Caulaincourt, qui, se créant toujours des fantômes, se faisait peur à lui-même en effrayant les autres? Quant à MM. Gaudin, Mollien et Decrès, c'étaient à peine des spécialités ; on enverrait aux Chambres comme commissaires MM. Defermont, Regnauld, Boulay et Merlin, car ceux-là avaient l'habitude des assemblées : il pourraient en deviner l'esprit et en diriger les délibérations.

Le dernier travail de l'Empereur avec ses ministres eut lieu le 11 juin au soir ; il s'agissait d'arrêter les bases d'un exposé de la situation de l'Empire, que les ministres d'État devaient présenter à la Chambre des représentants, afin de préparer une résolution forte, un vote d'argent et d'hommes, à la manière du Parlement d'Angleterre dans les crises publiques. Carnot, qui soumit le premier son travail à l'Empereur, ne déguisait rien : « le gouvernement se trouvait entre deux partis, les bourboniens et les républicains ; les partisans des Bourbons ne sauraient ressaisir ce qu'ils avaient si irrévocablement perdu ; les républicains devaient au 20 mars leur délivrance, ils en gardaient souvenir pour la dynastie qui se faisait gloire de sortir des rangs populaires. » Comme dans tous les rapports officiels, le mensonge était à côté de la vérité ; à entendre M. Carnot : « les Bourbons avaient tout détruit, même le commerce, qui avait au contraire si prodigieusement grandi sous leur sceptre ; le 20 mars avait tout rendu à la France même la sécurité et l'ordre des finances, et les fonds publics étaient tombés de 30 francs !

Après cette série de contre-vérités, Carnot, abordant la question militaire, énumérait les bataillons des gardes nationales prêts à prendre les armes, les merveilles des manufactures impériales, les munitions et les armements qu'elles avaient donnés; tout avait été mis en activité, car la France était fertile en prodiges ! Pour terminer cet exposé, Carnot faisait une sorte de mercuriale à la Chambre des représentants, afin que la licence ne prît plus la place de la liberté, et l'anarchie celle de l'ordre. »

Napoléon approuva cet exposé; il écouta avec non moins d'attention les documents rédigés par M. de Caulaincourt sur l'état des relations avec l'étranger. C'était une collection de pièces diplomatiques [1], et le ministre qui avait d'abord tant caressé l'Angleterre dans ses premières démarches, l'attaquait avec tout l'acharnement de la vieille école impériale. M. de Caulaincourt n'enluminait pas le tableau; il y régnait une sorte de désespoir en harmonie avec son caractère : « on ne pouvait renouer les relations européennes, un mur d'airain nous séparait des cabinets. » L'aveu en était fait, et sa conclusion était celle-ci : « Croire à la possibilité du maintien de la paix serait donc aujourd'hui un dangereux aveuglement : la

---

[1] *Rapport de M. de Caulaincourt sur les relations extérieures.* « Une première remarque doit péniblement affecter les hommes qui connaissent les droits des peuples, et qui attachent du prix à les voir respectés par les rois. Le seul motif allégué par le prince-régent pour justifier les mesures qu'il annonce l'intention d'adopter, est : « qu'il s'est passé en France des événements contraires aux engagements pris par les puissances alliées entre elles »; et ce souverain d'une nation libre semble ne pas même faire attention à la volonté du grand peuple chez lequel ont eu lieu ces évènements ! Il semble qu'en 1815 l'Angleterre et ses princes ne se souviennent plus de 1688; il semble que les puissances alliées, parce qu'elles ont eu un avantage momentané sur le peuple français, aient pu, sur l'acte intérieur qui intéresse le plus toute son existence, stipuler irrévocablement, pour lui et sans lui, au mépris du plus sacré de ses droits !

« En Autriche, en Russie, en Prusse, dans toutes les parties de l'Allemagne, et en Italie, partout enfin, on voit un armement général.

« *Autriche.* — A Vienne, le rappel de la landwehr, dernièrement licenciée, l'ouver-

guerre nous entoure de toutes parts, et ce n'est plus que sur le champ de bataille que la France peut reconquérir la paix. Les Anglais, les Prussiens, les Autrichiens, sont en ligne; les Russes sont en pleine marche. C'est un devoir d'accélérer l'heure du combat, quand une hésitation trop prolongée peut compromettre les intérêts de l'État. » Ici était la seule et grande vérité de ce rapport : faire croire à la paix, c'était un moyen que l'Empereur avait d'abord jeté à la France pour ne point l'alarmer. Sa présence sur le trône était la guerre sans espoir d'une solution ; c'était recommencer les vingt-cinq ans de lutte où des flots de sang avaient coulé.

Le dernier rapport était de Fouché, et à travers toutes les phrases doucereuses destinées à frapper, à éblouir l'Empereur, on pouvait apercevoir le but que le ministre se proposait, à savoir : dominer les représentants en exagérant même les périls de la situation. Il résultait du rapport du ministre : « que la France était sur un volcan ; une étincelle pouvait mettre le feu partout ; le parti royaliste dominait les provinces ; les mécontentements prenaient une attitude alarmante. Fouché concluait : « en invitant les pairs et les représentants à

---

ture d'un nouvel emprunt, la progression chaque jour croissante du discrédit du papier-monnaie, tout annonce l'intention ou la crainte de la guerre.

« De fortes colonnes autrichiennes sont en marche pour aller renforcer les corps nombreux déjà rassemblés en Italie. On peut douter si elles sont destinées à des opérations agressives, ou si elles n'ont d'autre mission que de maintenir dans l'obéissance le Piémont, Gênes, et les autres parties du territoire italien, dont les intérêts froissés peuvent faire craindre le mécontentement.

« *Prusse*. — Les mouvements de la Prusse n'ont pas moins d'activité ; partout les cadres se remplissent et se complètent ; les officiers réformés sont obligés de se rendre à leurs corps ; pour accélérer leur marche, on leur accorde la franchise de la poste; et ce sacrifice, léger en apparence, mais fait par un gouvernement calculateur, n'est pas une faible preuve de l'intérêt qu'il met à la rapidité de ses préparatifs.

« *Espagne*. — Les nouvelles d'Espagne et une lettre officielle de M. de Laval du 28 mars apprennent qu'une armée doit se porter sur la ligne des Pyrénées. La force

prendre des mesures énergiques et à s'unir d'intention avec le souverain. » Cette Chambre tracassière et molle, il fallait l'entraîner dans des voies exceptionnelles par le tableau rembruni de la situation du pays ; on pourrait au moins alors établir la dictature morale ; quelques lois sur la presse et les cris séditieux étaient indispensables ; il ne fallait rien déguiser, parce qu'on devait beaucoup demander. L'Empereur, trop préoccupé de son départ, recommanda vivement à ses ministres l'union et l'énergie ; il dit à Fouché avec une sincérité hautaine et forte : « Comme tous les gens qui sont prêts à mourir, nous n'avons rien à nous déguiser les uns et les autres ; si je tombe, les patriotes tomberont avec moi ; vous joueriez mal votre jeu si vous me trahissiez. Après moi, vous tous, révolutionnaires, vous serez perdus avec les Bourbons ; je suis votre dernier dictateur : méditez sur cela. »

Après ces fières paroles, Napoléon partit le 12 juin au matin ; il déjeûna à Soissons ; le 13, il était à Avesnes ; à son passage on activait l'armement de ces places dans la crainte d'une invasion. Le 14 au soir, les états de l'ar-

de cette armée sera nécessairement subordonnée à la situation intérieure de cette monarchie, et son mouvement ultérieur aux déterminations des autres états. La France remarquera que ces ordres ont été donnés sur la demande de M. le duc et de madame la duchesse d'Angoulême. Ainsi, en 1815, comme en 1793, ce sont des princes nés français qui appellent l'étranger sur notre territoire.

« *Pays-Bas.* — Les rassemblements de troupes de diverses nations qui ont eu lieu dans le nouveau royaume des Pays-Bas, et les nombreux débarquements de troupes anglaises sont connus de Votre Majesté. Un fait particulier se joint encore aux doutes que ces rassemblements peuvent faire naître sur les dispositions du souverain de ce pays. Je viens d'être informé qu'un convoi de 120 hommes et de 12 officiers, prisonniers français revenant de Russie, a été arrêté par ses ordres, du côté de Tirlemont. En me réservant de prendre à cet égard des informations exactes, et de demander au besoin le redressement d'un tel procédé, je me borne aujourd'hui à en rendre compte à Votre Majesté, vu la gravité qu'il reçoit de son rapport avec les autres circonstances qui se développent autour de nous sur tous les points de l'Europe à la fois. On se dispose, on s'arme, on marche, ou bien on est prêt à marcher. »

mée lui furent présentés; à l'appel elle comptait 122,400 hommes et 350 bouches à feu; l'aile gauche s'appuyait sur la rive droite de la Sambre, le centre était à Beaumont, l'aile droite en avant de Philippeville.

Ce fut un beau cri dans les rangs des soldats, un cri de confiance et d'amour : « L'Empereur est arrivé! l'Empereur est parmi nous! » Et le lendemain, César annonçait sa présence à ses légions, dans cette langue que seul il savait parler. « Soldats, c'est aujourd'hui l'anniversaire de Marengo et de Friedland, qui décida deux fois du destin de l'Europe. Alors, comme après Austerlitz, comme après Wagram, nous fûmes trop généreux! nous crûmes aux protestations et aux serments des princes que nous laissâmes sur le trône! Aujourd'hui cependant, coalisés entre eux, ils en veulent à l'indépendance et aux droits les plus sacrés de la France. Ils ont commencé la plus injuste des agressions : marchons donc à leur rencontre; eux et nous ne sommes-nous plus les mêmes hommes? Soldats, à Iéna, contre ces mêmes Prussiens, aujourd'hui si arrogants, vous étiez un contre deux, et à Montmirail un contre trois. Que ceux d'entre vous qui ont été prisonniers des Anglais, vous fassent le récit de leurs pontons et des maux affreux qu'ils ont soufferts. Les Saxons, les Belges, les Hanovriens, les soldats de la Confédération du Rhin, gémissent d'être obligés de prêter leurs bras à la cause des princes ennemis de la justice et des droits de tous les peuples. Ils savent que cette coalition est insatiable! Après avoir dévoré douze millions de Polonais, douze millions de Belges, elle devra dévorer les États du deuxième ordre de l'Allemagne. Les insensés! un moment de prospérité les aveugle. L'oppression et l'humiliation du peuple français sont hors de leur pouvoir! S'ils entrent en France, ils y trouveront leur tombeau. Soldats, nous avons des marches forcées à faire, des batailles à livrer, des périls à courir; mais, avec de la constance, la victoire sera à nous : les droits, l'honneur et le bonheur de la patrie seront reconquis. Pour tout Français qui a du cœur, le moment est enfin arrivé de vaincre ou de périr. »

Elle était triste cette proclamation. Napoléon répétait encore ce mot qui était dans toutes les âmes : « Il faut vaincre ou mourir. » Il l'avait dit à plusieurs reprises cette phrase fatale dans ses bulletins de la campagne de France, lorsqu'il était à Nangis presque sans ressources : « Il faut vaincre ou mourir! » Voilà désormais sa devise. Quelle différence avec les proclamations de la veille d'Austerlitz et d'Iéna, lorsque Napoléon disait avec sa confiance rayonnante de joie : « Soldats! nous allons à Berlin, l'ennemi est à nous! » Aujourd'hui, le génie arrivé à sa fin, semblait se rappeler, comme je l'ai dit, la triste parole des trappistes : « Frères, il faut mourir. » Il y avait là un pressentiment qu'un grand holocauste se préparait, et que sur un champ de bataille les destinées militaires de la France allaient s'accomplir. Tous ceux qui entendirent ainsi Napoléon, durent sentir leur cœur se serrer, et déjà parut à leurs yeux cette vaste fosse du Mont-Saint-Jean, où s'amoncelèrent les cadavres et les ossements blanchis par les chaudes journées de juillet !

CHAPITRE VI.

LES CABINETS ET LES ARMÉES DES COALISÉS JUSQU'A L'ENTRÉE EN CAMPAGNE.

Derniers actes des conférences de Vienne. — Constitution germanique. — La Suisse. — Traité entre la Saxe et la Prusse. — Actes contre la personne de Napoléon Bonaparte. — Lieu fixé pour son exil. — Titre que désormais on lui donnera. — Notes allemandes et belges contre le traité de Paris. — Vaste plan de campagne — Les cinq armées. — Ordre des souverains pour hâter le mouvement. — Terme fixé pour le commencement des hostilités. — Plan de campagne arrêté à Vienne. — Opinion du duc de Wellington. — L'aile droite de la coalition. — 1° Armée anglo-belge. — 2° Armée prussienne. — Centre. — Armées russe et allemande. — Aile gauche. — Armée autrichienne par Bâle. — Austro-Piémontais par le midi de l'Italie. — Espagnols aux Pyrénées. — Forces immenses. — Notes sur les premières opérations de Bonaparte. — Les villes belges. — Les armées du duc de Wellington et du prince Blücher.

1er au 14 Juin 1815.

Le sort en était jeté, et Napoléon se montrait une fois encore inopinément sur les frontières du Nord, avec la pensée de surprendre les alliés dans un état de dispersion et de désordre qui ne permettrait pas le déploiement de leurs forces immenses. A la tête de son armée pleine d'énergie, l'Empereur paraîtrait comme la foudre, réalisant ainsi l'effet de la tête de Méduse, au milieu des cantonnements prussiens et anglais. S'il avait été bien informé de ce qui se passait à Vienne, à Bruxelles, aux Pays-Bas, en Allemagne, et des précautions prises, il aurait peut être agi avec moins de précipitation et surtout moins d'imprudence; car enfin, l'Europe entière s'était donnée rendez-vous sur le Rhin, aux Pyrénées et aux Alpes pour le 1er juillet; en prenant l'initiative, c'était s'exposer à être écrasé sous des masses innombrables.[1]

Au congrès de Vienne, loin que le débarquement de Bonaparte eut été un dissolvant pour les puissances qui discutaient le partage, cet événement subit avait produit au contraire un rapprochement plus actif, plus prompt, qu'on ne devait l'espérer. Les difficultés qui en des temps ordinaires se seraient prolongées, et qui peut-être auraient produit des divisions et la guerre, s'étaient subitement apaisées; on avait vu des puissances abandonner leurs prétentions sur des territoires, pour se réunir à la cause commune. C'est ce qui arrive toujours lorsqu'un intérêt grave et un principe puissant dominent toutes les autres transactions; alors les rivalités particulières cessent, les intérêts isolés disparaissent devant l'action vivace du principe dont on redoute la force. Napoléon

---

[1] Il se publiait alors d'étranges choses en Allemagne sur Napoléon :

Aux habitants du pays de Berg.

« Bonaparte est revenu. Babylone, qu'on avait eu la grandeur d'âme d'épargner, l'a reçu dans l'ivresse d'une joie criminelle. Les cris honteux d'allégresse qui partent de ses murs, séjour de la trahison, retentissent jusqu'au trône du juge des mondes.

« Hésitez-vous? vous laissez-vous abattre? — Non, croyez! ayez confiance!

« Le mal doit terminer son cours. Telle est la volonté de l'Éternel. La mesure du crime est comblée. Le jour de son jugement approche. Babylone tombera, et elle écrasera sous ses débris fumeux l'éternel ennemi de l'humanité !

« Levez-vous, habitants du pays de Berg! c'est le combat du bien contre le mal. L'humanité vous appelle. Le drapeau sacré flotte, la sainte croix est levée.

« Dusseldorf, le jour de la mort de Notre Seigneur et Sauveur, 1815. »

Le gouverneur général.
Signé, Justus Gruner.

fut, par le fait, le grand conciliateur à Vienne; il croyait par sa présence briser les conférences, armer l'Autriche contre la Russie, la Prusse contre la Saxe; eh bien! le contraire arriva; on se ligua plus étroitement contre lui, et il devint comme le bouc émissaire destiné à tout expier. Les questions les plus délicates, les plus difficiles, se résolurent comme par enchantement. Ainsi l'acte final de la Confédération germanique, si grave à discuter, fut enlevé dans les dernières conférences du mois de mai; le comité germanique, un moment suspendu, avait repris ses séances avec une grande activité; l'acte fédératif, l'objet de tant de notes, de questions incidentes, fut définitivement adopté par le congrès. La Suisse reçut son organisation intérieure, ses rapports territoriaux furent fixés avec l'Autriche et la Sardaigne; on marqua ses limites du côté de la Valteline; le roi de Sardaigne céda quelques cantons à Genève, en échange de quelques autres villages de la vallée; tout fut fixé pour le mieux des intérêts de la Confédération helvétique, et le résultat le plus important pour les cabinets, ce fut l'adhésion de la Suisse au mouvement militaire de la coalition; la Confédération se dépouilla momentanément de sa neutralité, pour entrer en ligne avec l'alliance européenne.

Il en fut de même de l'Italie, où les intérêts furent réglés avec une certaine mesure; après la reconstruction de la monarchie autrichienne sur les larges proportions du royaume Lombardo-Vénitien[1], on fixait les limites du Pié-

---

[1] La pragmatique ou l'organisation du royaume Lombardo-Vénitien est du 7 avril 1815.

« Nous, François Ier, par la grâce de Dieu, empereur d'Autriche, roi de Hongrie, de Bohême, de Lombardie, de Venise, etc., archiduc d'Autriche, etc., etc.

« En conséquence des traités conclus avec les puissances alliées et des conventions ultérieures et amicales faites avec elles, les provinces lombardes et vénitiennes dans toute leur étendue jusqu'au lac Majeur, aux fleuves du Tésin et du Pô, comme aussi cette partie du territoire Man-

mont, qu'on agrandissait de toute la république de Gênes; la Toscane revoyait ses anciens grands-ducs, ces princes si protecteurs; Modène saluait les descendants de la maison d'Este. La puissance de Murat était tombée dans la poussière, l'activité habile du commandeur Ruffo et du duc de Serra-Capriola pressa la conclusion d'un arrangement favorable à leur maître; Ferdinand reprenant la couronne de Naples, offrait les forces de son royaume à la coalition. Pie VII réclamait les anciennes possessions de la papauté, avec cette persévérance résignée qui distingue la cour de Rome. L'acte final du congrès fut signé le 9 juin, un peu avant l'ouverture de la campagne; il devait prendre place dans le Livre d'or de la diplomatie; complément indispensable du traité de Paris, il en expliquait et en étendait les dispositions. La tentative de Bonaparte avait mis une fois encore la France en péril, et l'Europe en harmonie; et ce besoin d'union, de concorde, de coalition se faisait sentir à tel point, que la Saxe et la Prusse réglèrent immédiatement leurs intérêts si divisés, par un traité spécial qui marquait désormais leurs frontières; Dresde et Leipsick tant convoitées par la Prusse, restèrent comme grandes capitales au roi de Saxe, privé de plus d'un tiers de ses possessions. Il était ainsi puni de son noble attachement à l'empereur des Français en 1813.

A côté de ces conférences presque publiques, les pléni-

---

touan qui est située sur la rive droite de ce dernier, et pareillement la province de la Valteline et les comtés de Chiavenne et de Bormio, demeurent à perpétuité incorporées, comme partie intégrante, à l'empire d'Autriche.

« Animé du vif désir de donner aux provinces ci-dessus dénommées une preuve éclatante de notre affection, et du prix que nous attachons à cette réunion, voulant ainsi consolider de plus en plus les liens qui les unissent à notre empire, nous avons jugé convenable d'ériger en royaume ces provinces et ces districts sous le titre de royaume de Lombardie et de Venise (Lombardo-Veneto).

(Suivent quinze articles qui règlent l'administration intérieure du nouveau royaume.)

potentiaires eurent à discuter certains points particuliers qui tenaient à la situation dans laquelle la tentative de Napoléon venait de placer les rapports de l'Europe. Il paraissait constant pour tous les diplomates, que Bonaparte serait incapable de résister à la coalition immense, tant les forces et l'union étaient puissantes parmi les cabinets. La déclaration du 13 mars avait résolu un point diplomatique de la plus haute gravité; Bonaparte était proscrit; en le mettant au ban des nations, l'Europe avait déclaré qu'il n'avait plus désormais le titre d'Empereur; le traité de Fontainebleau était rompu [1] : « ce n'étaient pas les cabinets, disait le congrès, qui avaient manqué à la foi jurée; Napoléon violant les clauses de ce traité s'était placé en dehors des garanties. » Dès lors, il fut résolu qu'on ne donnerait plus à celui qui avait porté si glorieusement la couronne d'Empereur, à celui qui s'était assis au banquet des rois, que le titre de *général Bonaparte*; on le dépouillait du caractère que le traité de Fontainebleau lui avait reconnu.

Avec cette première résolution irrévocable, deux autres furent prises; on ne devait traiter avec le gouvernement français que lorsque Bonaparte, livré par lui, serait confié à la garde des puissances signataires du congrès de Vienne [2]; cet esprit aventureux avait tant de fois

---

[1] « Les puissances, informées du débarquement de Bonaparte en France, n'ont pu voir en lui qu'un homme qui, en se portant sur le territoire français à main armée et avec le projet avoué de renverser le gouvernement établi, en excitant le peuple et l'armée à la révolte contre le souverain légitime, et en usurpant le titre d'Empereur des Français, avait encouru les peines que toutes les législations prononcent contre pareil attentat. »
(*Déclaration du congrès du 12 mai 1815.*)

[2] « La volonté du peuple français ne suffit pas pour rétablir, dans le sens légal, un gouvernement proscrit par des engagements solennels, que ce même peuple avait pris avec toutes les puissances de l'Europe, et qu'on ne saurait, sous aucun prétexte, faire valoir contre ces puissances le droit de rappeler au trône celui dont l'exclusion avait été la condition préalable de tout arrangement pacifique avec la France. »
(*Déclaration du 12 mai.*)

troublé la paix des nations, qu'on se voyait forcé de prendre avec lui ces précautions de police européenne. Restait enfin pour les conférences à fixer le lieu de sa captivité; car il ne serait plus désormais que prisonnier d'État, et l'île Saint-Hélène depuis longtemps indiquée, fut désignée définitivement dans les conférences du mois de mai. Ceci est un point à noter, ce ne fut pas la résolution inopinée et personnelle de l'Angleterre, qui donna pour exil au général Bonaparte l'île Saint-Hélène ; cette résolution fut prise et formulée par un acte secret du congrès au mois de mai; si Bonaparte ne mourait pas sur le champ de bataille, on devait préserver l'Europe des écarts de son héroïsme, en lui appliquant le système des prisons d'État que lui-même avait organisé par son décret de 1810.

Cette résolution, triste sans doute, importait moins à la France, que les fatales réclamations qu'élevaient déjà les Belges, unis à plusieurs cabinets de l'Allemagne et à la Sardaigne, contre les frontières données à la monarchie de Louis XVIII par le traité de Paris. Bonaparte pouvait disparaître de la scène du monde en laissant des regrets personnels, une triste admiration, mais la France était toujours la France ; une nation ne meurt pas parce qu'elle perd un homme de génie; la plus cruelle menace que cette nation allait subir, c'était donc les réclamations vives, bruyantes, que les Allemands, les Belges et la maison de Savoie, élevaient à la suite du mouvement militaire de l'Europe. On a déjà dit que les Allemands se croyaient fortement blessés par le premier traité de Paris, qui assurait l'Alsace et la Lorraine à la France; des réclamations s'étaient élevées vives, pressantes; et le traité de Paris les avait fait taire ; à Vienne, la France s'était relevée comme puissance de premier ordre. Mais dans cette nouvelle circonstance où tant de sacrifices d'hommes et d'argent étaient demandés à l'Allemagne : « pourquoi, disait-on, ne chercherait-elle pas des indemnités territoriales ? Ce n'était pas la Germanie qui commençait la guerre; on l'avait voulue, eh bien ! on en subirait les conséquences. Si donc la France ne pouvait se délivrer de Bonaparte toute seule, si la coalition était forcée de passer le Rhin [1], l'Allemagne devait reprendre l'Alsace et la Lorraine, ses anciennes possessions, les *avulsa Imperii* usurpés par Louis XIV et Louis XV. » Les notes du baron de Gagern, rédigées en style pressant, déclamatoire, insistaient sur ce point [2]; ministre du Hanovre, M. de Gagern s'appuyait sur l'Angleterre; la Prusse à son tour poussait la Confédération germanique à ces réclamations contre la France; car, si l'Alsace et la Lorraine étaient reprises, on pouvait créer une souveraineté au roi de Saxe sur le Rhin, et la Prusse obtiendrait les villes de l'Elbe. Il existe un curieux projet d'un écrivain allemand, qui veut reconstituer au profit du roi de Saxe un royaume d'Austrasie, formé de toutes les terres situées sur le Rhin et la Moselle; l'Alsace et la Lorraine, arrachées à la France, auraient été la base de cette royauté; les Vosges seraient désormais les limites de la monarchie française.

Les Belges, ou pour parler plus exactement le royaume hollando-belge, élevait des réclamations presque identiques; peuples et gouvernements se plaignaient de ce que l'esprit turbulent de la France prenait toujours pour champ de bataille la Belgique : il n'y aurait

---

[1] « Ce n'est plus Napoléon qu'il s'agit de renverser, c'est la France qu'il faut démembrer entièrement. Cette nation est trop industrieuse et trop remuante. La Lorraine et l'Alsace conviendraient parfaitement aux puissances, et seraient d'excellentes indemnités pour les princes qui ne peuvent en trouver suffisamment en Allemagne. » (*Mercure du Rhin.*)

[2] Voyez ces notes dans mon *Histoire de la Restauration.*

pas de sécurité et de repos tant qu'une formidable ligne de forteresses ne s'étendrait pas depuis le Rhin jusqu'à la Meuse, et de la Meuse à la mer. D'après les diplomates hollando-belges : « la France, depuis deux siècles, avait considérablement usurpé sur ses voisins ; pourquoi ces triples lignes de forteresses dans la Flandre, tandis que la Belgique était sans défense ? On pouvait en rogner une ligne sans compromettre la sécurité de la France, en constituant une bonne frontière pour la Belgique ; la ligne d'Arras, de Mézières, de Rethel, pouvait parfaitement convenir à la France, car elle se liait à Metz, à Nancy, à Épinal, à Vesoul et à Besançon. La Belgique serait ainsi rassurée par un système de fortifications. » Ce plan trouvait appui dans l'assentiment de l'Angleterre, une des puissances les plus vivement intéressée à l'abaissement de la France et qui aurait vu peut-être avec satisfaction Dunkerque et Calais dans la ligne des frontières belges.

Cet esprit de réaction contre les conquêtes de la Révolution et de l'Empire se propageait du nord au midi. A peine la maison de Carignan était-elle établie sur le trône qu'elle exposa ses plaintes sur la fraction détachée de la Savoie dans le traité de 1814, pour être réunie à la France : « Chambéry, disait la cour de Turin, était un ancien patrimoine de sa maison[1] ; les Français n'avaient aucun droit à le posséder ; la frontière naturelle de la France était les Alpes et Grenoble ; au-delà, l'Italie commençait, et la Savoie était un des fiefs de la monarchie piémontaise ; il fallait préserver le Midi comme le Nord des turbulences révolutionnaires. » Cette réclamation était appuyée par l'Autriche, qui,

---

[1] Chambéry formait encore, en 1814, un chef-lieu d'arrondissement.

en donnant la Savoie au Piémont, aspirait à grandir aussi ses frontières jusqu'à Alexandrie.

La Suisse se plaignait elle-même du voisinage français ; il lui paraissait insupportable : « que Bâle fût sous le canon d'Huningue, et que la capitale de toute la banque de la Suisse dépendît des caprices d'un général français. » Donc si Dieu protégeait les armes de la coalition, il s'ensuivrait une espèce de démembrement des frontières de la France ; l'œuvre de Richelieu et de Louis XIV était attaquée dans ses fondements ; et qu'on le remarque bien, les grandes puissances, n'intervenant pas ici par elles-mêmes, se montraient désintéressées dans la question territoriale ; elles ne paraissaient que comme protectrices des petits états qui entouraient la France, par suite de la nouvelle circonscription de l'Europe : ainsi, au Nord, c'était les Belges qui demandaient, mais les Belges appuyés par l'Angleterre ; au centre c'était la Confédération germanique qui réclamait, mais la Confédération appuyée par la Prusse ; dans le Midi, c'était le Piémont, mais derrière le Piémont était le cabinet de Vienne qui se posait aussi en protecteur de la Suisse. Voilà donc ce qu'avait de formidable la coalition, et le mal qu'avait fait la tentative fatale de Napoléon Bonaparte.

Pour arriver à ce résultat d'un déchirement de la France, il fallait des forces immenses et un plan de campagne fortement conçu sur une telle masse de moyens qu'aucune résistance efficace ne pourrait être opposée. On se concerta donc à Vienne pour les mesures à prendre ; car toujours à côté d'un projet diplomatique se trouvait un plan militaire, méthode suivie en 1813 (et on s'en était parfaitement trouvé) jusqu'à la capitulation de Paris en 1814. Les armées de la coalition étaient composées de manière à ce que toutes les nations y fussent représentées ; la plus intime union devait être maintenue ; partout il y avait des commissaires des cinq puissances qui suivaient les opérations jour par jour ; l'intérêt étant commun, on devait marcher simultanément [1]. Le plan militaire des alliés différa peu de celui qui avait été adopté par les deux dernières campagnes ; leur but fut d'écraser Bonaparte sous des masses tellement compactes, tellement resserrées, qu'il ne pourrait nulle part se faire jour. On ignorait encore sur quel point de la frontière il se porterait ; quelques-uns penchaient pour l'Alsace ; d'autres croyaient que, comme dans ses campagnes ordinaires, il prendrait le centre de l'Allemagne pour se porter sur ses champs de bataille favoris au-delà du Rhin. Nul ne pouvait croire qu'il se jetterait en forces sur la Belgique, car c'était là où les alliés étaient les plus prêts, sous des généraux de premier ordre, le duc de Wellington et le prince Blücher.

Il existe encore en original le Mémoire que le duc de Wellington adressa aux cabinets sur le plan de campagne

---

[1] Le général prussien de Knesebeck, un des théoriciens de l'école de Frédéric, présenta un plan d'opérations sur les bases suivantes :

« Diriger les mouvements des armées alliées de manière à ce que jamais une d'elles ne puisse être accablée séparément. Mais au contraire, que plusieurs doivent toutefois se trouver ensemble, et, s'il est possible, réunies au jour de bataille générale ; voilà le moyen d'atteindre le but. Il résulte de cette considération que si, pour renverser Bonaparte, Paris doit être de rechef l'objet que les armées alliées se proposent, elles doivent se trouver sur la même hauteur avant de commencer un mouvement combiné contre cette capitale.

« Il semble donc que l'armée de Wellington doit prendre position entre Enghien, Halle et Jemmapes, tenant des postes d'observation à Charleroi, et sur sa droite jusqu'à Ostende.

« Cette armée doit regarder Anvers comme le point duquel ses opérations doivent partir, et où elle doit s'être réservé et préparé un asile au cas d'une stricte défense ; enfin, Anvers doit être en Hollande, pour l'armée anglaise, ce qu'était Lisbonne en Portugal. Dans le cas où elle se verrait attaquée par des forces supérieures, elle se retirerait sur cette direction et y prendrait possession jusqu'à ce que les opérations des autres armées vinssent la dégager.

« L'armée de Blücher prendra position sur la rive droite de la Meuse, entre Namur, Huy et l'Aste.

de la coalition. Le général en chef des armées alliées en Belgique, celui qui prépare la funeste bataille de Waterloo, médite de longue main son plan de campagne ; il a compris qu'il fallait agir avec circonspection et prendre Paris pour but des opérations simultanées : : « D'après les Mémoires successifs que le soussigné a eu l'honneur de soumettre aux yeux des illustres souverains, il lui reste encore à présenter un aperçu des manœuvres qu'il faudra faire quand le moment sera venu de marcher vers Paris. La situation de la France présente deux opérations pour atteindre ce but : l'une, celle que les alliés ont suivie dans la dernière campagne, en s'avançant avec leurs plus grandes forces par les routes de Langres et de Dijon ; l'autre peut se faire par la droite, en portant les plus grandes forces entre la Marne et l'Oise. Considérant que les armées du général Blücher et la mienne partant de Mons et Namur n'auront que la moitié du chemin que celles du Rhin auront à parcourir, il paraît qu'il faudra donner la préférence à la seconde opération. Si l'on devait s'y résoudre, voici, à ce qu'il paraît, quelles doivent être

« On croit cependant devoir les prévenir que, jusqu'au commencement du mois de juin, l'armée du Haut-Rhin ne pourra pas être rassemblée ni passer cette rivière en force. Le fardeau de la guerre pèsera donc jusque-là sur les forces réunies sur la Meuse, et le soutien de l'armée du Haut-Rhin devra se borner à des diversions ou vers le Midi de la France, ou vers la Lorraine.

« Des raisons majeures, comme par exemple la vraisemblance d'une contre-révolution à Paris, ou la certitude que l'ennemi, ayant été dans la nécessité de faire de forts détachements pour le Midi, ne se trouverait pas en force du côté des Pays-Bas, peuvent donner la possibilité de battre un corps d'armée ennemi, ou de surprendre une des places fortes.

« Mais, pour le moment, les opérations des deux armées doivent se borner à une simple défensive, et à se soutenir réciproquement jusqu'à ce que l'armée du Haut-Rhin puisse lier ses opérations aux leurs.

« Quand les forces de l'ennemi tomberaient sur l'une de ces armées, sans que l'autre soit pressée, celle-ci manœuvrerait en attendant sur le flanc de l'ennemi. Par exemple, quand l'armée de Wellington serait contrainte de se retirer sur Anvers, et que l'armée de Blücher ne serait pas pressée en même temps, celle-ci s'avancerait sur le flanc de l'ennemi pour dégager l'armée de Wellington, avec réserve de ne pas trop s'éloigner de la Meuse, et des points de Namur à Liége. De même, si l'armée de Blücher venait à être menacée, l'armée de

les dispositions : les corps de Wrède et du prince royal de Wurtemberg doivent marcher sur la Sarre; l'armée russe s'y portera de même aussitôt que possible; l'armée autrichienne restera sur le Haut-Rhin; le quartier des souverains sera pris à Fribourg; on tâchera de répandre de toutes parts le bruit que l'on se dispose à tenir à peu près le même plan de campagne que l'année passée; que la grande armée s'avancera de rechef sur la route de Bâle à Langres; qu'elle sera secourue par l'armée d'Italie et les Suisses; que les Anglais ont insisté pour faire le siége de Dunkerque; ce qui contraindra Blücher de rester sur la défensive, et de faire une guerre méthodique; qu'il en est furieux; s'il est possible, il faut livrer de telles nouvelles et de tels plans à un des émissaires de Bonaparte, et en général ne rien négliger pour attirer celui-ci vers les frontières de la Suisse ou de l'Italie. »

C'est par cette première ruse de guerre que les alliés veulent attirer Bonaparte sur le Rhin; ils craignent de le voir paraître inopinément en Belgique, et les Anglais redoutent le premier élan des troupes françaises. Puis

Wellington passerait la Meuse pour soutenir Blücher. Si l'ennemi se portait avec toutes ses forces du côté de la Moselle, les deux armées marcheraient à la gauche sur Luxembourg, et tâcheraient de lui couper ses ressources.

« Dans cette position, les deux armées resteront jusqu'à ce que l'armée du Haut-Rhin passe le Rhin. Quand le moment du passage sera venu, les armées de Blücher et de Wellington tâcheront de le faciliter de leur côté par un mouvement offensif.

« L'armée du Haut-Rhin continuera, en attendant, de se rassembler sur les lieux indiqués. Le moment de son passage étant venu, elle se rassemblera promptement sur un point, jettera des ponts, passera cette rivière, d'après les circonstances, soit à Bâle, soit entre Huningue et Brissach.

« Le point d'appui de l'armée du Haut-Rhin doit rester derechef sur la Suisse, sans pourtant y passer qu'avec consentement du gouvernement suisse. Mais comme il est indispensable pour l'armée autrichienne d'avoir une communication directe par la Suisse avec l'Italie, ainsi qu'il est de la plus haute conséquence, et pour les opérations militaires en général, et pour la sûreté de la Suisse elle-même, d'avoir un libre passage par Bâle et Genève, on entamera une négociation avec le gouvernement suisse pour obtenir une route militaire entre la Souabe et l'Italie.

« La ligne d'opérations de cette armée

le duc de Wellington continue : « Si l'on réussit par ces stratagèmes à détourner de Paris les forces militaires de Bonaparte et à les attirer sur le Haut-Rhin, alors il faut vite réunir l'armée du Haut-Rhin avec celle de la Russie, et marcher à lui pour livrer bataille, ou l'occuper et le forcer de rester sur le Haut-Rhin pendant que nous nous porterons brusquement sur Paris. »

Le duc de Wellington énumère ensuite sans exagération les forces dont les alliés pourront immédiatement disposer; il les porte à 556,000 : « Si l'on déduit de ces 556,000 hommes 50,000 pour observer les forteresses, il en restera toujours 500,000 pour marcher sur Bonaparte et lui livrer bataille; moi et Blücher nous exécuterons nos manœuvres sur Paris avec 120,000 hommes. Si l'on ne devait pas réussir à attirer la plus grande masse des forces de Bonaparte vers la Suisse, l'Italie et le Haut-Rhin, l'alternative se présente : ou Bonaparte, se voyant menacé par les généraux Blücher et Wellington, marchera contre eux avec des forces supérieures, ou il attendra dans un cercle resserré autour de Paris (à peu près à la hauteur de Péronne, Laon, Rheims, Châlons, Troyes)

sera Bâle, Belfort, Langres, Mulhausen, Épinal.

« D'après cette esquisse, on verra que les armées alliées ne formeront, jusqu'à l'arrivée de l'armée russe, que deux grandes masses, l'une groupée sur la Meuse, l'autre du côté de la Suisse. La marche des événements a amené cette position; et sans vouloir exposer l'armée de Wellington à un échec, il ne faudra rien y changer. Aussi se pourra-t-il que l'ennemi, par-là se voie forcé de former de son côté deux armées : mais s'il ne le fait pas, la trop grande distance entre la Meuse et le Rhin lui donne l'avantage de manœuvrer longtemps sous la protection de ses forteresses et du Rhin, du côté de Strasbourg, pendant qu'il pourra tomber avec prépondérance sur l'armée de la Meuse et, s'il devait réussir à la battre, de l'achever entièrement avant qu'elle puisse être soutenue.

« Si l'ennemi voulait profiter de la lacune qui, jusqu'à l'arrivée des Russes, se trouve entre l'armée du Haut-Rhin et celle de la Meuse, et se jeter dans cet intervalle, il me semble qu'il faut être bien d'accord de se porter sur ses communications de toutes parts.

« En attendant, on aura soin de préparer à toutes les armées un train d'artillerie de

les manœuvres des alliés. Dans le premier cas, le duc de Wellington et le général Blücher doivent avoir la liberté de disposer des corps de Wrède et du prince royal de Wurtemberg, soit pour les attirer directement à eux, soit pour les faire marcher sur les flancs de l'ennemi. Dans le second cas, où Bonaparte viendrait à rester dans le cercle indiqué jusqu'à ce que les manœuvres des alliés soient entièrement développées, voici ce qu'il faudrait faire. Les corps de Wrède et du prince royal de Wurtemberg, en tout 110,000 hommes, doivent se concentrer sur la Sarre du côté des Deux-Ponts. L'armée russe, de 120,000 hommes, passera le Rhin à Oppenheim, se dirigeant derrière l'armée bavaroise, par Kreutznach, Birkenfeld, Trèves et Luxembourg; puis se portera à marche forcée sur Stenay. L'armée autrichienne, de 125,000 hommes, passera le Rhin entre Strasbourg et Bâle, chaque armée destinant un corps de vingt à trente mille hommes, qui reste en arrière d'elle, pour contenir le pays, observer les forteresses, et soigner les approvisionnements. Que tout ce qu'il y a de landwher disponible se joigne à eux [1]. Cette disposition faite, les opérations doivent commencer. »

On remarquera que la stratégie du duc de Welling-

---

siége, d'accélérer les marches des troupes en arrière, de les former en corps avant qu'elles ne passent le Rhin, et de bien préparer les moyens pour rester pendant la guerre au grand complet. L'armée d'Italie ne peut entrer, pour le moment, dans le calcul des opérations, et doit agir séparément, jusqu'à ce que, peut-être à l'avenir, elle puisse lier directement ses opérations à celles des autres armées. »

Signé, Knesebeck.

[1] *Nouvelle note du duc de Wellington.*

« Je ne dis rien de nos opérations défensives, parce que je suis porté à croire que Blücher et moi nous sommes si unis et si forts, que l'ennemi ne peut pas nous faire beaucoup de mal. Je suis aux avant-postes, la plus grande partie de l'armée ennemie est en face de ma division; et si je suis tranquille, moi, les autres peuvent l'être aussi.

« Relativement aux opérations offensives, mon opinion est que, malgré la supériorité de nos forces sur celles de l'ennemi, nous ne devons pas nous étendre plus qu'il n'est nécessaire afin de faciliter la subsistance de nos troupes. Je n'approuve pas qu'on étende notre ligne de la mer jusqu'aux Alpes, car je suis convaincu que dans ce cas les troupes placées

ton est jusqu'ici toute combinée en tenant compte des forces russes, l'opinion générale des alliés est que rien d'important et de décisif ne peut être tenté avant l'arrivée des Russes sur le Mein. Aussi les calculs militaires du duc de Wellington deviennent-ils plus certains à mesure qu'il suppose l'arrivée de ces forts auxiliaires.

« L'idée générale est : 1° qu'on se présente à l'ennemi en trois masses à peu près égales, dont le centre sera destiné à se porter, d'après les circonstances, ou sur la droite ou sur la gauche, et à renforcer de cette manière, par un mouvement rapide, une des ailes, pour lui donner une telle prépondérance de forces qu'il puisse livrer bataille avec l'espoir de la victoire. Si donc le mouvement doit avoir lieu sur la droite, les armées russe, prussienne, anglaise et bavaroise doivent tâcher de se réunir sur la Meuse aussi vite que possible. Alors, elles chercheront l'ennemi pour lui livrer bataille, ou marcheront brusquement sur Paris, tâchant de le battre s'il s'y oppose, ou

à gauche de la ligne générale se trouveraient entièrement hors de la ligne des opérations.

« Nous sommes maintenant, ou nous le serons bientôt, échelonnés sur les frontières de France. La droite, stationnée ici, forme l'échelon le plus avancé, et la gauche, placée sur le Haut-Rhin, forme le plus reculé.

« Paris est notre but, et les plus grandes forces ainsi que les plus grandes difficultés militaires sont opposées au mouvement de la droite, qui est la partie la plus avancée de notre ligne générale. Nous avons même à combattre de telles forces et de telles difficultés, qu'il me semble impossible pour Blücher et moi d'avancer avant que les mouvements des autres corps alliés ne nous délivrent d'une partie des forces ennemies qui nous sont opposées. Il faut, en outre, observer que nous ne pouvons

être délivrés par des mouvements qui se feraient à travers le Luxembourg. Selon mon opinion, les opérations des alliés doivent commencer par la gauche, et le meilleur parti serait alors de passer le Rhin entre Bâle et Strasbourg. Le centre réuni sur la Sarre passerait le fleuve le jour où l'on supposerait que la gauche serait à Langres.

« Si ces mouvements ne délivraient pas la droite, on les continuerait, c'est-à-dire la gauche poursuivrait sa marche sur les deux rives de la Marne, pendant que le centre traverserait l'Aisne, de manière que la distance entre les deux corps, et entre chacun d'eux et Paris, diminuât de jour en jour. Mais cette dernière hypothèse n'est pas probable : l'ennemi ferait certainement un mouvement rétrograde à la première nouvelle de la marche de l'armée du Haut-Rhin.

de tourner sur leur gauche si l'ennemi cherche à les prendre en flanc sur Châlon, ou en longeant la Meuse; manœuvre à laquelle il faudra s'attendre si Bonaparte est resté concentré dans le cercle de Troyes, Châlons et Rheims; que le prince royal de Wurtemberg entretienne les communications entre ces armées et l'armée autrichienne, et que celle-ci manœuvre dans le flanc de l'ennemi, cherchant à l'attirer de son côté et à le tourner du côté de Paris, ou à le suivre s'il se tourne vers les armées de Blücher et de Wellington. Pour cet effet, l'armée autrichienne s'avancera sur Langres, le maréchal de Wrède sur Verdun; le prince royal de Wurtemberg, sur Nancy, Toul et Commercy; l'armée russe, en tournant Sarrelouis, Thionville, Longwy, sur Stenay; l'armée de Blücher, sur Mézières; Wellington, sur Chimay. Chaque armée adoptera en principe de surprendre, s'il est possible, sur son chemin, quelques places fortes, et de ne pas s'engager contre des forces supérieures. Si l'ennemi tâche de percer au centre, le prince royal de Wurtemberg se repliera, et trouvera, dans les cas les plus malheureux toutefois, des asiles sûrs à Mayence ou à Luxembourg, pendant que les autres armées se porteront sur le flanc

« Le résultat le plus probable de ces premiers mouvements, serait la concentration des forces de l'ennemi sur l'Aisne; aussi entendons-nous parler de la fortification de Soissons et de Laon, et d'un camp retranché à Beauvais, etc., etc. Dans ce cas, nous devons, après la première opération, jeter toutes les forces qui nous resteront de l'autre côté de la Marne, et nous fortifier, s'il le fallait, par les détachements du centre et de la gauche. Nous marcherons alors sur Paris entre la Seine et la Marne, tandis que la droite et le centre attaqueraient les positions de l'ennemi sur ce dernier fleuve, ou tâcheraient de tourner sa gauche; ou bien encore toute l'armée se réunirait pour faire une attaque générale sur les positions de l'ennemi.

« Je vais maintenant examiner quelles forces seraient nécessaires pour exécuter ces opérations. Celles de l'ennemi sont tout au plus de 200,000 hommes effectifs, non compris les gardes nationales qui forment les garnisons; on peut donc présumer avec assez de certitude qu'il n'en pourra porter guère plus de 150,000 sur un point déterminé. Basons donc notre marche sur ces données; ayons 150,000 hommes à droite, 150,000 à gauche, et tout le reste au centre. Ou bien, formons un

PLAN DES ALLIÉS (JUIN 1815).

de l'ennemi pour le battre où le prévenir à Paris. »

Ces mémoires, ces plans si multipliés des généraux ennemis constatent un fait historique remarquable : c'est l'inquiétude, ou même la terreur qu'inspirait le nom de Bonaparte : voilà des armées quatre fois plus nombreuses que les nobles phalanges que conduit Napoléon, et les alliés hésitent, calculent l'attaque, et donnent tout à la prudence et rien au hasard. Enfin le plan d'invasion définitif, arrêté dans les conférences de Vienne, le 9 mai, reposait sur une vaste échelle. Au Nord, une puissante armée se formait sous les ordres du duc de Wellington, plaçant son quartier-général à Bruxelles ; elle se composait d'Anglo-Belges, des Hollandais sous le prince d'Orange, et de toutes les légions allemandes, hanovriennes, que la Grande-Bretagne avait à sa solde. Le duc de Wellington se porterait par Namur sur Nivelles et Mézières ; là, il ferait la jonction avec Blücher et les Prussiens qui déboucheraient par Dusseldorf, Maëstricht et Liége ; on marcherait avec précaution pour attendre la grande armée bavaroise, russe et alle-

centre suffisant en réserve pour la droite, la gauche ou le centre, selon que l'on jugera le plus convenable pour la marche et la subsistance des troupes, et dès lors je répondrai du résultat, attendu que cette réserve pourra être portée partout où besoin sera. Commençons dès que nous aurons 450,000 hommes, et avant que les Autrichiens de la gauche soient à Langres, les Russes auront passé le Rhin, et toute l'armée prussienne se trouva en ligne.

« Telles sont mes idées générales ; je ne crois pas qu'elles diffèrent beaucoup de celles du général Knesebeck. En parlant des siéges de Givet et de Maubeuge, je ne prétends pas qu'il faille les entreprendre avec la totalité des deux armées de la droite, mais seulement avec de forts détachements. Le centre assiégerait Sédan (qui n'est ni fort ni défendu par une nombreuse garnison), et observerait Longwy, Thionville et Metz. La gauche aurait à observer de son côté Huningue et les forteresses de l'Alsace.

« Si l'on employait les troupes du Piémont, leurs opérations devraient être séparées de la grande confédération, car en combinant ces opérations, on romprait les communications entre les troupes que j'ai regardées jusqu'ici comme formant l'aile gauche et le reste de la grande ligne. Cependant on pourrait employer les forces du Piémont à protéger les mouvements de la gauche, surtout en les dirigeant sur Chambéry, où en leur faisant tenir ce poste en échec. Mais leur base est diffé-

mande, qui de Francfort s'avancerait par Mayence, afin de déborder simultanément dans les plaines de la Champagne.

Châlons était le premier rendez-vous ; là les Anglo-Belges, les Prussiens, les Russes, devaient se donner la main dans une immense réunion de plus de 500,000 hommes. En même temps, l'armée autrichienne, débouchant par Bâle, devait tourner Besançon, s'avancer par Vesoul, Chaumont, et prêter sa droite par Troyes à la grande armée, qui opérerait dans les plaines de la Champagne. Le second rendez-vous était la ligne de la Seine. Les Piémontais, les Sardes et les Autrichiens, débouchant sur Lyon par Mâcon et Dijon, devaient se lier à une fraction de l'armée autrichienne sur Troyes. Enfin, une autre armée piémontaise, sarde, anglaise, devait se porter sur le Midi, où l'insurrection royaliste n'attendait que le signal. Les Espagnols soulèveraient le Languedoc ; les Anglais et les Sardes, la Provence ; la Vendée serait en armes, et dans ce mouvement général les alliés espéraient étouffer Napoléon après le court espace de quelques semaines. Jamais l'histoire moderne n'avait présenté une réunion de forces aussi formidable. Les alliés éclairés par l'expérience savaient que, pour en finir avec une nation grande et forte comme la France, ce n'est pas trop de l'Europe entière ; ils ne voulaient plus venir niaisement se faire battre en détail, se disputer ou

---

rente de celle du reste de l'armée, et ne peut être changée sans inconvénient. Dieu sait si les alliés permettront que leurs forces soient divisées comme je le propose, et si les Prussiens voudront agir en corps séparés, l'un sous Blücher ici, et l'autre avec le centre ; ou si les troupes alliées s'ébranleront avant que toute l'armée aussi soit disposée en réserve ; mais je suis convaincu que le plan d'opérations que je viens de présenter est d'une utilité si évidente, qu'on n'y fera que très peu de changements. »

se trahir, comme pendant les guerres de la République et de l'Empire.

Depuis deux mois l'armée anglo-belge se réunissait avec activité sur le territoire qui s'étend de Gand jusqu'à Groningue; dans cette monarchie à peine construite, dans ce royaume hollando-belge à peine formé, se manifestait un grand mouvement militaire qui avait pour mobile les Anglais; l'Angleterre mettait un grand prix à dominer toutes les opérations de la Belgique ; ce pays devait désormais servir de centre à toutes ses transactions commerciales, comme un passage et transit naturel de ses marchandises pour l'Allemagne. Depuis un mois le duc de Wellington s'était rendu de Vienne à Bruxelles ; il avait visité toutes les frontières, parcouru le territoire depuis Bruges jusqu'à Luxembourg ; Louis XVIII lui-même avait plusieurs fois accueilli le lord commandant supérieur des forces britanniques.

A Gand, le duc de Vellington avait cherché à se renseigner sur l'armée de Bonaparte; il s'en exprime dans une de ses dépêches à lord Castlereagh ; les notes ne lui ont pas manqué : « J'ai vu Clarke hier, et il m'a dit qu'un membre du ministère de la guerre en qui il pouvait avoir confiance lui avait appris que le 50 avril l'armée régulière de l'ennemi se montait à 159,000 hommes, et la garde à 25,000, et que la gendarmerie et les gardes nationales pourraient porter ce nombre à 280,000 tout au plus. Beurnonville, qui doit le savoir, m'a dit aujourd'hui que l'ennemi aurait une force effective de 200,000 hommes ; il dit que le roi en avait 155,000 lorsqu'il quitta Paris, et qu'il avait donné plus de cent mille congés qu'on avait rappelés, mais qu'il ne fallait pas compter que la moitié obéiraient à l'appel. J'appris également qu'il y avait au moins

100,000 déserteurs disséminés par toute la France. Quant à ces différents rapports, il faut observer que Clarke parle d'après des renseignements positifs, Beurnonville d'après des conjectures. Clarke dit que l'armée ne s'est augmentée que de 50,000 hommes depuis quinze jours. Mais il faut remarquer que la garde a obtenu un renfort de 19,000 hommes, puisqu'elle n'avait alors que 6,000 hommes, et qu'aujourd'hui elle en compte 25,000. »

Au commencement de juin, l'armée anglo-belge se composait de vingt-quatre brigades, dont neuf anglaises, dix allemandes, cinq hollandaises et belges; onze divisions de cavalerie, composées de seize régiments anglais, neuf allemands et six hollandais. C'était un assemblage curieux à voir que cette armée de plusieurs nations; les uniformes étaient variés, on parlait des langues diverses sous les tentes. Parmi les régiments britanniques, se distinguaient douze mille Écossais en costume national, troupes solides au feu, avec leurs vieux airs nationaux et le pibroc des montagnes; quelques-uns de ces régiments venaient d'accomplir une campagne dans le Canada; sans toucher à l'Angleterre, ils durent débarquer immédiatement pour Ostende. Singulière fortune que la guerre destine aux troupes anglaises : elles combattent tantôt dans l'Inde, tantôt en Amérique, sur un point du globe ou sur un autre, en Égypte, à Malte, en Espagne; dispersées dans le monde, elles n'ont d'autre patrie, d'autre ralliement que le drapeau. L'appel du 11 juin dans les cadres de l'armée anglaise offrit les résultats suivants : 22,000 hommes d'infanterie, 10,500 hommes de cavalerie, 5,000 artilleurs, purs Anglais, d'origine nationale, Irlandais ou Écossais; à côté de ces troupes, le duc de Wellington avait groupé 42,000 Allemands à la solde de l'Angleterre ; 16,000 Hanovriens, grenadiers à la haute stature, soldats d'énergie et de force, dont la renommée était retentissante depuis la bataille de Fontenoy ; une légion germanique de 6,000 hommes, 4,000 soldats de Nassau, et 6,000 fantassins de Brunswick. La cavalerie allemande se composait de 2,000 Hanovriens, de 3,000 cuirassiers ou dragons, et puis 1,500 de ces hussards de Brunswick, aux panaches noirs et flottants, célèbres déjà dans la campagne de 1813 ; le duc de Brunwicks-OEls qui les conduisait était cette âme ardente, ce fils implacable qui avait voulu venger la mort de son père contre Bonaparte, qu'il disait son meurtrier. Le duc de Brunswick conduisait ces hussards de la Mort, qui devaient presque tous périr avec leur chef à l'attaque des Quatre-Bras. Les Hollando-Belges, les auxiliaires des Anglais [1],

---

[1] *Situation officielle des armées alliées en Belgique au 14 juin 1815.*

Armée anglo-néerlandaise du duc de Wellington.

			Force.	Emplacement.
1er corps. Prince d'Orange.	2 div. angl., les gardes et Alten.		10,800	Enghien, Surbise et environs.
	Armée belge-holl.	brig. ind., div. Stedman. div. Perponchet et Chassé.	21,200	d'Oudenarde à Nivelle.
	Cavalerie du général Collaert.		4,600	Braine-le-Comte.
2e corps. Général Hill.	5 div. anglo-hanovriennes.		34,600	Renaix, Oudenarde, Leuze, Bruxelles.
	Cavalerie de lord Uxbridge.		9,850	de Gand à Mons.
Corps de Brunswick : Infanterie et cavalerie.			6,750	Bruxelles, Malines.
Contingent de Nassau.			3,000	Bruxelles, Genappe.
Artillerie.			6,000	Répartie.
Total, 123 bataillons, 114 escadrons, 240 canons.			99,900	combattants.

avaient fourni 25,000 hommes; l'infanterie n'était point d'élite, on ne pouvait la compter qu'en seconde ligne; mais il y avait 5,000 cavaliers parfaitement montés et une artillerie admirablement servie.

Tous ces corps étaient dispersés dans les villes belges; il fallait trois ou quatre jours pour se réunir, et on ne croyait pas être aussi vivement attaqué. Le duc de Wellington, pour ne point tant fatiguer les habitants, avait beaucoup étendu sa ligne de bataille; les armées anglaises ont besoin de larges subsistances dans les pays où elles entrent en ligne; si on resserre trop leurs masses, les vivres manquent, et le duc de Wellington mettait beaucoup de soin à cantonner ses soldats dans les meilleures provinces de la Belgique. Lui, avait fixé son quartier-général à Bruxelles; généreux, magnifique comme l'aristocratie anglaise, il donnait des bals aux dames belges, multipliait les concerts, et on ne parlait que du duc de Wellington à Bruxelles; l'or et l'argent circulaient partout; point de réquisitions, tout était payé comptant par les commissaires britanniques.

En étendant leur ligne vers la gauche, les Anglais

Prussiens sous le maréchal Blücher.

1er corps. Zielen.	4 div. d'infanterie. Cavalerie de Roder.	3,900	32,800	Sur la Sambre, entre Thuin et Auveloy.
2e corps. Pirch.	4 div. d'infanterie. Cavalerie de Jurgas.	4,000	31,800	Environs de Namur.
3e corps. Thielmann.	4 div. d'infanterie. Cavalerie de Hobe.	2,500	24,000	Environs de Cyncy et Dinant.
4e corps. Bulow.	4 div. d'infanterie. Cav. du prince Guillaume de Prusse.	3,000	30,300	Environs de Liége.

Le total des deux armées, non compris quelques garnisons et le corps prussien de Kleist (5e), qui comptait environ 30,000 hommes, était de 218,800 combattants et 560 canons.

avaient pour but de se mettre en communication avec Blücher, qui devait opérer simultanément. Le duc de Wellington avait partagé son armée en deux grands corps : l'un sous le commandement du prince d'Orange, dont le quartier-général était à Braine-le-Comte; le second avait pour chef lord Hill, son quartier-général était à Bruxelles; lord Uxbrigde commandait la cavalerie, son point de ralliement était Grammont. C'est à la ferme des Quatre-Bras que l'armée anglaise devait entrer en communication avec les Prussiens de Blücher, qui s'avançaient par Dusseldorf.

Cette armée prussienne, qui devait jouer un rôle si actif dans les événements de la campagne, s'était réunie avec la promptitude que Blücher savait mettre à toutes ses opérations militaires; composée de corps prussiens et saxons, elle comptait 85,000 hommes d'infanterie, 20,000 de cavalerie et deux cent quatre-vingt-huit bouches à feu, servies par 15,000 artilleurs. Ces troupes n'étaient pas généralement bonnes et parfaitement identiques d'opinions; on y voyait de vieux régiments qui servaient depuis dix années, et ceux-là étaient solides; mais avec ces régiments on devait compter une foule de levées en masse, de jeunes étudiants et la landwerh à peine équipée. L'ardeur remplaçait la discipline; le désir d'en venir aux mains suppléait au défaut d'habitude. Blücher le patriote, la tête des universités, général en chef de cette armée, avait sous lui des officiers du premier mérite, et particulièrement les généraux Ziéthen, Bulow, et Mufling surtout; on demandait partout la bataille, mais on ne l'attendait pas si prompte[1]. Cependant, il ne faut point

---

[1] D'après les documents inédits qu'a bien voulu me communiquer le général Jomini, ce fut un tambour, déserteur de la garde impériale, qui donna le premier éveil aux Prussiens sur la présence de l'Empereur.

croire, comme l'ont écrit les bulletins français, que les armées anglaise et prussienne aient été suprises par l'irruption subite de Bonaparte. Le duc de Wellington et Blücher suivaient avec attention les mouvements des troupes françaises sur la frontière; Napoléon n'avait point encore quitté Paris que déjà, par l'instinct militaire et les renseignements positifs, les alliés étaient prévenus que des mouvements de troupes avaient lieu sur les frontières. D'après des notes arrivées au quartier-général, le duc de Wellington savait que le général Gérard, parti de Metz le 6 juin, avait passé la Meuse et était arrivé le 14 à Philippeville; en vain le général Belliard avait cherché à masquer le mouvement vers Sarrelouis, les Anglais et les Prussiens étaient prévenus de cette marche. On apprenait aussi que la garde impériale s'était portée sur Avesnes, que de Valenciennes et de Lille s'élançaient de nombreux corps qui tous avaient les yeux fixés sur la Belgique; l'armée française manœuvrait de manière à faire croire qu'elle se porterait sur la gauche; mais Blücher avait deviné la concentration sur la Sambre, et par conséquent la marche en avant sur lui; il ne fut point surpris, il attendit fermement la bataille dans une belle position.

Le plan de toutes les opérations militaires des alliés sur la Meuse et sur les frontières belges avait été concerté d'avance par le duc de Wellington, Blücher, le prince d'Orange, lord Hill, le duc de Brunswick, les généraux Zieten et Bulow. La stratégie de l'Empereur commençait à être parfaitement comprise, et les généraux ennemis l'avaient profondément étudiée; Napoléon se précipitait habituellement entre deux armées pour les séparer et les battre isolément; à cette méthode, qui avait si bien réussi dans les premières campagnes de l'Empereur, les alliés, depuis 1813, en opposaient une autre : quand Bonaparte opérait sa manœuvre d'attaque sur un corps d'armée isolé, ce corps se retirait après une belle résistance, et tandis que Napoléon le poursuivait, une autre armée, par une marche de flanc, se présentait à son côté et le prenait ainsi entre deux feux, jetant la confusion et le désordre dans les rangs; à l'éventail que déployait l'Empereur, ils opposaient une grande tenaille qui l'écrasait et le broyait. Les Russes avaient suivi ce plan dans la campagne de 1812; la bataille de Leipsick en 1813 n'avait été au fond que le résultat de cette stratégie. En partant de ces données, positivement appuyées sur l'expérience, le duc de Wellington et Blücher convinrent que le premier qui serait attaqué livrerait bataille; si le succès ne couronnait pas ses efforts, il se retirerait en bon ordre, tandis que l'autre armée, restée intacte, apparaîtrait aussitôt sur le flanc des Français, et donnerait le temps au corps poursuivi de reprendre l'offensive, et de mettre Napoléon entre deux feux. Ainsi cette stratégie peut ainsi parfaitement se résumer : si l'armée française, manœuvrant sur la Meuse, attaquait d'abord Blücher, il y aurait une première bataille acharnée, car les troupes étaient également animées d'un sombre enthousiasme; Blücher battu se retirait, et immédiatement le duc de Wellington entrait en ligne sur les flancs de Napoléon. Si, au contraire, Napoléon marchant sur Bruxelles attaquait les Anglais du duc de Wellington, celui-ci livrerait bataille à son tour, également acharnée, et alors Blücher et les Prussiens revenaient sur leurs pas et attaquaient avec des avantages incontestables les Français épuisés de fatigue. Cette arrivée de Blücher au Mont-St-Jean qu'on a crue un effet du hasard, une heureuse aventure pour le duc de Wellington, fut arrêtée à Bruxelles quinze jours au moins avant le commencement de la campagne; seulement elle devait être réciproque, et si Blücher s'était trouvé dans la même position que le duc de Wellington à Waterloo, l'armée anglaise serait venue au secours des Prussiens, comme les Prussiens vinrent au secours des Anglais. Tout avait été fixé avec une grande rectitude : le temps, les lieux, les ordres, et jusqu'aux heures mêmes calculées d'avance. Le général comte Pozzo di Borgo fut chargé de transmettre les moindres nouvelles au camp prussien ; il était comme l'intermédiaire entre les deux commandants en chef. Ces faits étaient bien nécessaires à expliquer, afin de comprendre les événements ultérieurs de la campagne qui va s'ouvrir par un coup d'éclat, et qui finit par un coup de tonnerre.

CHAPITRE VII.

CAMPAGNE DE 1815. BATAILLE DE WATERLOO.

Question politique. — Comment une bataille perdue a-t-elle pu renverser l'œuvre de Napoléon ? — Esprit de l'armée. — Crainte et hésitation des chefs. — M. de Bourmont et plusieurs officiers passent sur le territoire belge. — Cet accident change-t-il le plan de Napoléon? — La sciatique du maréchal Mortier. — L'armée débouche. — Premier combat. — Acharnement des deux camps. — Point de quartier. — Mouvement sur les Prussiens. — Avis réciproque du duc de Wellington et du prince Blücher. — Position prise par les Prussiens. — Disposition de la bataille. — Question historique. — Le maréchal Ney a-t-il pu, a-t-il dû s'emparer de la position des Quatre-Bas ? — Échec. — Contenance des Anglais. — Bataille de Ligny. — Fausse idée que les Prussiens sont détruits. — Retraite du duc de Wellington pour se mettre en communication avec Blücher. — Position prise au Mont-Saint-Jean. — Situation des armées. — La nuit du 17 au 18 juin. — Première période de la bataille du Mont-Saint-Jean. — Arrivée de Bulow. — Caractère de la dernière période de la bataille de Waterloo. — Défaut d'organisation. — Le maréchal Grouchy a-t-il contribué à la perte de la bataille de Waterloo? — Désordre du soir. — A quoi l'attribuer ? — Conduite de Napoléon à la fin de la journée. — Vérités et légendes sur Waterloo.

12 au 19 Juin.

L'histoire ne présente pas de phénomène militaire aussi triste, aussi étonnant que cette chute rapide, profonde, d'un grand œuvre politique à la suite d'une campagne de six jours et d'une seule bataille. Dans la longue série de guerres, il y a eu des catastrophes aussi épouvantables que la bataille de Waterloo, des ruines aussi complètes, mais rien peut-être de comparable à l'anéantissement de tout cet Empire par suite d'une défaite. Six jours ont suffi pour le bouleverser; ce qui était né si vite est mort plus vite encore; est-ce la condition de l'existence? Quand le chêne a de vieilles racines, l'ouragan a besoin de souffler longtemps dans ses branches épaisses pour le renverser sur le sol; lorsqu'à peine l'arbre tient au rocher desséché, la première bouffée l'emporte, il meurt, et il ne reste plus de traces que le bruit confus de sa chute. Ainsi fut évidemment Napoléon à Waterloo; les Cent Jours étaient sans racines dans l'opinion, la France en avait assez de Bonaparte et de ses guerres; surprise, éblouie, trompée un moment, elle n'avait que faiblement secondé la révolution du 20 mars; Napoléon n'avait plus son prestige, il était éteint; la force n'était plus en lui; et voilà pourquoi une bataille suffit pour le faire crouler.

En histoire, on attribue souvent à une trahison ce qui est la suite d'une fatalité irrésistible. Les empires et les monarchies tombent par des causes inflexibles, invariables; la trahison, c'est le verre d'eau dans l'Océan des âges, c'est l'individualisme imperceptible dans les grandes causes qui amènent la chute des empires, c'est l'insecte qui ronge le vieil arbre. Nul ne peut nier la vigoureuse et mâle contenance des troupes qui, sous les aigles, partirent pour Waterloo; elles étaient fières de marcher encore une fois sous Napoléon, leur chef de guerre, celui qui de la pointe de son épée avait tant de fois indiqué la victoire. Le soldat était plein d'ardeur, orgueilleux de son courage; mais un caractère particulier se faisait remarquer dans cette armée : elle n'avait plus la confiance des jours de gloire. Le souvenir des malheurs du passé jette dans les hommes une indicible amertume, une misanthropie découragée ; on pouvait remarquer cet esprit dans les rangs de l'armée qui partait pour Waterloo : on ne parlait que de *trahison*, on avait peur de son voisin ; il n'était pas un officier qui n'eût fait l'holocauste de sa vie, le sacrifice de ses jours ; le passage d'un gouvernement à un autre était si rapide, les serments si fatalement violés, qu'on avait quelque raison de n'avoir plus de confiance, même en soi. On signalait du doigt les officiers soupçonnés de royalisme, les généraux républicains suspects ; le mot *trahison* était murmuré, et quand ce mot fatal traverse les rangs, il n'est pas loin de cet autre si fatal, *sauve qui peut*, qui retentit même parmi les plus braves.

Chaque jour d'ailleurs il y avait des désertions sur la frontière belge ; on passait dans le camp royaliste à Alost ou à Gand ; de l'autre côté des frontières, se trouvaient les maréchaux Victor et Marmont, un gouvernement établi sous Louis XVIII ; bien des hommes sans espérance pour la cause de Napoléon allaient joindre le drapeau blanc, par conviction ou par des sentiments moins honorables. Or l'abandon du drapeau qui frappa le plus vivement l'armée impériale, ce fut le départ subit, inattendu, du général comte de Bourmont, des colonels Clouet, Villontrey, et de quelques autres officiers, chefs de bataillon, qui passèrent la frontière pour aller offrir leur épée au roi de France à Gand. Il est à remarquer que sur cette frontière de la Belgique, les proclamations de Louis XVIII et du général Clarke étaient répandues à profusion sous la tente ; on promettait l'oubli du passé, récompense même à tous ceux des officiers ou soldats qui viendraient joindre le drapeau blanc, soit à Alost, où était le duc de Berry, soit à Gand, qui était le siége même du gouvernement du roi [1]. Le but et, je dirai, l'illusion des royalistes était qu'ils pourraient ainsi former une armée et démoraliser par ce moyen les troupes de l'Empereur ; ils espéraient même que Louis XVIII pourrait être proclamé sous la tente impériale, afin d'éviter une invasion de territoire par l'étranger. En vain les ordres les plus sévères étaient transmis pour éviter ces communications entre les royalistes et les divisions de l'armée ; elles continuaient d'exister, et le général Clarke, ministre de la guerre, se faisait fort d'entraîner la défection d'un bon nombre d'officiers, soit royalistes, soit républicains. Les rapports de l'armée constataient que chaque jour des officiers quittaient leurs rangs pour passer sur le territoire belge et allaient retrouver le drapeau blanc au-delà des frontières : l'Empereur en parle dans un de ses ordres du jour secrets. Toutes les fois que les opinions politiques divisent un pays [2], ces fatalités arrivent, et les généraux Lafayette et Dumouriez avaient donné un malheureux exemple dès l'origine de la Révolution française. Je ne justifie rien, j'explique les faits en dehors de l'esprit des partis. Le général comte de Bourmont sortait des rangs de ces Bretons armés sous le Consulat, énergiques défenseurs des priviléges provinciaux et de la cause royaliste. La police pouvait bien dénoncer comme des brigands les fils de la Vendée et de la Bretagne, mais l'esprit supérieur de Napoléon ne se laissait point aller à ces folles irritations ; il voyait là de l'énergie et de la

---

[1] Une proclamation de Louis XVIII fut insérée à cet effet dans le *Moniteur de Gand*; elle est du mois de mai.

[2] Des officiers de cavalerie surtout passaient sur la frontière belge, le *Moniteur* même en cite plusieurs.

force; il avait tenté de gagner à lui Georges Cadoudal, il fut plus heureux avec M. de Bourmont; le chef d'une division royaliste devint un des officiers supérieurs de l'Empire; il se distingua par son activité et son intelligence; à la campagne de 1814, il était général de division; les bulletins le citent pour sa belle conduite à Nangis [1], où il soutint les efforts de la grande armée coalisée.

Avec les Bourbons, M. de Bourmont n'eut aucune faveur, on lui savait mauvais gré d'avoir quitté les rangs royalistes pour servir l'Empire : il resta lieutenant-général. Quand Napoléon débarqua, M. de Bourmont dut commander une des divisions de l'armée du maréchal Ney, destinée à une résistance contre Napoléon. Ici viennent des témoignages contradictoires : si l'on en croit le récit de M. de Bourmont, il fut très opposé à la défection du maréchal Ney; au contraire, selon le témoignage du maréchal, M. de Bourmont l'encouragea fortement à déserter la cause des Bourbons [2], il connut la triste proclamation et l'approuva; mais lorsque le maréchal Ney porta ce témoignage, il était à la face de la mort et voulait se justifier. Tant il y a que M. de Bourmont resta sous le drapeau, et ce fut un tort; pourquoi ne donna-t-il pas sa démission le 15 mars, comme tant d'autres officiers ? Qu'avait-il besoin de garder le commandement de ses troupes ? Lorsque l'Acte additionnel parut, comme cet Acte proscrivait les Bourbons, le général Bourmont vota ouvertement contre; mais pourquoi encore garda-t-il un commandement ? sa démission pouvait être tardive, il devait la donner encore ; car ce n'était pas une nécessité pour

---

[1] Au mois de février 1814. Voyez mon travail sur l'Empire.

[2] Voyez le procès du maréchal Ney, dans mon *Histoire de la Restauration*.

lui de rester dans les rangs de l'armée. La chronique militaire veut que l'Empereur ait montré quelque répugnance à confier une division de l'armée de Belgique à M. de Bourmont; le général Gérard cautionna sa loyauté, et il se rendit à son poste. Il paraît constant, toutefois, que le général de Bourmont envoya le 1er juin sa démission au comte Gérard [1]; il espérait, il attendait son remplacement; là, sur la frontière, fut-il en communication avec le général Clarke et la petite armée royaliste sous le drapeau blanc? M. de Bourmont a dit que s'il avait attendu d'arriver à la frontière pour se démettre du commandement, c'est qu'il craignait d'être arrêté à l'intérieur; c'était là une bien faible excuse pour un acte de cette importance, qui pèse sur toute une vie. Tant il y a que cette démission fut donnée *trop tôt* ou *trop tard*, mot qu'on attribue à M. le duc de Berry. On ne quitte pas le drapeau la veille d'une bataille.

Le départ du général Bourmont et de quelques officiers se fit de nuit, et produisit un triste effet moral sur l'armée; mais c'est une erreur de dire qu'il changea le plan de campagne de Napoléon: le général, a-t-on dit, donna des renseignements au duc de Wellington sur les projets de l'Empereur. M. de Bourmont ne vit pas le duc de Wellington; il alla directement à Alost et à Gand, pour rejoindre le général Clarke et les maréchaux Victor et Marmont; il dut commander une division royaliste; là, il était à sa place. Quant au plan de Napoléon, nul ne le savait; son génie les improvisait sur le champ de bataille; conçus aux premiers rayons du soleil, souvent ils étaient accomplis avant que les feux du soir ne se perdis-

---

[1] M. le maréchal Gérard n'a jamais démenti ce fait, cité par MM. de Bourmont fils dans la noble défense de leur père.

sent sur l'horizon. Qui pouvait se flatter de connaître les pensées de l'Empereur? Qui pouvait deviner ces improvisations de la victoire? Avec lui nul ne pouvait prévoir ses marches, ses combinaisons militaires.[1] Napoléon avait quelque chose du génie italien : il était comme un grand improvisateur de stratégie, une sorte de poëte armé.

L'esprit de découragement gagnait les âmes les plus mâles. Le maréchal Mortier, à qui Napoléon avait confié un commandement, celui de la garde, je crois, s'excusa en se mettant au lit, atteint subitement d'une sciatique à Beaumont; on crut dans l'armée que c'était un jeu : on prétendit depuis que le maréchal Mortier avait été attiré à une autre cause plus nationale par M. de Valence, qui exerçait sur lui une vieille et absolue autorité[2]. Une sciatique vous prendre si rapidement, la veille d'une bataille! c'est chose venue à temps! à Wagram, le maréchal Masséna, brisé de blessures, n'en parcourait pas moins le champ de bataille en calèche. Une sciatique ne pouvait empêcher un général de servir son Empereur; cela n'eût pas été aux jours heureux d'Austerlitz et d'Iéna, le front en eût rougi. C'est qu'alors les refus arrivaient de partout à Napoléon; Macdonald, Oudinot, s'abstinrent de prendre les armes dans la campagne. Il se fit deux classes parmi les maréchaux et les généraux : 1° ceux qui suivirent Louis XVIII à Gand, comme les maréchaux Victor et Marmont, le général Clarke; ou bien

---

[1] Le général Jomini m'a dit qu'une des choses qui avaient le plus vivement attiré l'attention de l'Empereur sur sa personne, c'est que dans la campagne de Prusse, lui, le général Jomini, avait deviné où serait dans deux ou trois jours le quartier-général.

[2] Le marquis de Valence était lié avec la maison d'Orléans; il avait distingué et avancé Mortier dans la campagne de 1792.
Tous deux s'étaient fait inscrire comme simples grenadiers dans la garde nationale de Paris.

qui vinrent le joindre, comme MM. de Beurnonville et Bourmont ; 2° ceux qui, sans quitter la patrie, refusèrent de prendre du service sous Bonaparte, tels que les maréchaux Macdonald, Oudinot et peut-être Mortier, les généraux Dessolles et Gouvion-Saint-Cyr. L'armée n'était donc plus à l'aise ; elle ne savait plus sur qui compter ; les maréchaux même qui avaient accepté des commandements, tels que Ney et Grouchy, paraissaient sombres, inquiets, indécis ; et cette situation des chefs de l'armée ne dut pas échapper à l'instinct si avisé du soldat français [1].

Pour se faire une idée exacte de la campagne qui va commencer, il faut constater un premier fait : c'était l'importance de la position des *Quatre-Bras*. La pensée de l'Empereur était de couper les communications entre les deux armées anglaise et prussienne, qui se joignaient

---

[1] De même que les fils du maréchal Bourmont ont cherché à défendre la mémoire de leur père, de même les honorables enfants du maréchal Ney ont voulu remplir le pieux devoir de rétablir les faits historiques à l'égard de l'intrépide maréchal. L'un d'eux m'a fait l'honneur de m'envoyer la défense de son père, et j'en publie les pièces les plus importantes

Napoléon au maréchal Ney.

« Mon cousin, je vous envoie mon aide-de-camp, le général Flahaut, qui vous porte la présente lettre. Le major-général a dû vous donner des ordres ; mais vous recevrez les miens plus tôt parce que c'est de la plus haute importance. Je porte le maréchal Grouchy avec les troisième et quatrième corps d'infanterie sur Sombref. Je porte ma garde à Fleurus et j'y serai en personne avant midi. J'y attaquerai l'ennemi si je le rencontre, et j'éclairerai la route jusqu'à Gembloux. Là, d'après ce qui se passera, je prendrai mon parti, peut-être à trois heures après midi, peut-être ce soir. Mon intention est que, immédiatement après que j'aurai pris mon parti, vous soyez prêt à marcher sur Bruxelles, je vous appuierai avec la garde qui sera à Fleurus ou à Sombref et je désirerais arriver à Bruxelles demain matin. Vous vous mettriez en marche ce soir même si je prends mon parti d'assez bonne heure pour que vous puissiez en être informé de jour et faire ce soir trois ou quatre lieues, et être demain à sept heures du matin à Bruxelles. Vous pouvez donc disposer vos troupes de la manière suivante. Première division à deux lieues en avant des Quatre-Chemins, s'il n'y a pas d'inconvénient. Les divisions d'infanterie autour des Quatre-Chemins et une division à Marbais, afin que je puisse l'attirer à moi à Sombref, si j'en avais besoin. Elle ne retarderait d'ailleurs pas votre marche. Le corps du comte de Valmy, qui a 3,000 cuirassiers d'élite, à l'interception du chemin des Romains et de celui de Bruxelles, afin que je puisse l'attirer à moi, si j'en avais besoin ; aussitôt que mon parti sera pris, vous lui enverrez l'ordre de venir vous rejoindre. Je désire-

par cette grande chaussée, et c'est dans cette haute vue de stratégie qu'en se portant, lui, sur les Prussiens du côté de Ligny, il avait destiné à Ney, si brillant et si brave, la direction d'un mouvement parallèle, qui se résumait en ceci : « Pousser vigoureusement les Anglais, de manière qu'on pût s'emparer des Quatre-Bras avant que le duc de Wellington ne se mît à cheval sur cette chaussée. » Les Quatre-Bras étaient donc la clef de toute la campagne. Ney dut partir, se précipiter, aux ordres de l'Empereur.

Tout est triste et fatal dans cette campagne! quand une catastrophe arrive on s'en prend à tous. La conduite du maréchal Ney fut-elle militairement irréprochable? N'y eut-il pas des lenteurs, des tâtonnements de sa part? Deux systèmes se présentent ; les défenseurs du maréchal prétendent qu'arrivé fort tard au quartier-général, ne recevant que des avis incertains de l'Empereur, il ne put agir qu'après le moment décisif; les ordres écrits

---

rais avoir avec moi la division de la garde que commande le général Lefebvre-Desnouettes, et je vous envoie les deux divisions du comte de Valmy de manière à le rappeler si j'en avais besoin, et ne point faire faire de fausses marches au général Lefebvre-Desnouettes, puisqu'il est probable que je me déciderai ce soir à marcher sur Bruxelles avec la garde. Cependant, couvrez la division Lefebvre par les deux divisions de cavalerie d'Erlon et de Reille, afin de ménager la garde ; s'il y avait quelque échauffourée avec les Anglais, il est préférable que ce soit sur la ligne que sur la garde. J'ai adopté comme principe général, pendant cette campagne, de diviser mon armée en deux ailes et une réserve. Votre aile sera composée des quatre divisions du premier corps, des quatre divisions du deuxième corps, de deux divisions de cavalerie légère, et de deux divisions du corps de Valmy. Cela ne doit pas être loin de 45 à 50,000 hommes.

« Le maréchal Grouchy aura à peu près la même force, et commandera l'aile droite. La garde formera la réserve, et je me porterai sur l'une ou sur l'autre aile, selon les circonstances. Le major-général donnera les ordres les plus précis pour qu'il n'y ait aucune difficulté sur l'obéissance à vos ordres lorsque vous serez détaché ; les commandants de corps devront prendre mes ordres directement quand je me trouve présent. Selon les circonstances, j'affaiblirai l'une ou l'autre aile en augmentant ma réserve. Vous sentez assez l'importance attachée à la prise de Bruxelles. Cela pourra d'ailleurs donner lieu à des accidents, car un mouvement aussi prompt et aussi brusque isolera l'armée anglaise de Mons, Ostende, etc. Je désire que vos dispositions soient bien faites pour qu'au premier ordre vos huit divisions puissent marcher rapide-

de l'Empereur ne lui arrivèrent que très tardivement ; il ne pouvait exécuter ce qui ne lui avait pas été ordonné. « Le 11 juin, disent-ils, à onze heures du soir, Ney reçut à l'Élysée l'ordre de rejoindre l'armée ; le 12 il monte en voiture, il était à Laon à 10 heures du soir; le 13, à Avesnes en conférence avec l'Empereur; le 14 et le 15, il le suit péniblement faute de chevaux; le 15, à 7 heures du soir il rejoint l'Empereur au-delà de Charleroi, à l'embranchement des routes de Bruxelles et de Fleurus :
« Bonjour, Ney, lui dit Napoléon; je suis aise de vous voir. Vous allez prendre le commandement des 1er et 2e corps d'infanterie ; le général Reille marche avec trois divisions sur Gosselies ; Drouet doit coucher ce soir à Marchiennes-au-Pont ; vous aurez avec vous la division de cavalerie légère de Piré ; je vous donne aussi les deux régiments de chasseurs et de lanciers de ma garde, mais ne vous en servez pas. Demain vous serez rejoint par les réserves de grosse cavalerie aux ordres de Kellermann.

ment et sans obstacles sur Bruxelles. »

Charleroi, le 16 juin 1815.

Signé, Napoléon.

A M. le maréchal prince de la Moskowa.

En avant de Fleurus, le 16 juin, à deux heures.

« Monsieur le maréchal, l'Empereur me charge de vous prévenir que l'ennemi a réuni un corps de troupes entre Sombref et Bry, et qu'à deux heures et demie, M. le maréchal Grouchy, avec les troisième et quatrième corps, l'attaquera ; l'intention de Sa Majesté est que vous attaquiez aussi ce qui est devant vous, et, qu'après l'avoir vigoureusement repoussé, vous rabattiez sur nous pour concourir à envelopper le corps dont je viens de vous parler.

« Si ce corps était enfoncé auparavant, alors Sa Majesté ferait manœuvrer dans votre direction pour hâter également vos opérations.

« Instruisez de suite l'Empereur de vos dispositions et de ce qui se passe sur votre front. »

Le maréchal d'Empire, major-général.

Duc de Dalmatie.

A M. le maréchal prince de la Moskowa.

Charleroi, le 16 juin 1815.

« Monsieur le maréchal, l'Empereur ordonne que vous mettiez en marche les deuxième et premier corps d'armée, ainsi que le troisième corps de cavalerie qui a été mis à votre disposition, pour les diriger sur l'interjection des chemins dits les *Trois-Bras* (route de Bruxelles), où vous leur ferez prendre position, et vous porterez en même temps des reconnaissances, aussi avant que possible, sur la route de Bruxelles et sur Nivelles, d'où probablement l'ennemi s'est retiré.

« Sa Majesté désire que, s'il n'y a pas d'inconvénient, vous établissiez une division avec de la cavalerie à Genappe, et elle ordonne que vous portiez une autre divi-

Allez, et poussez l'ennemi. » Ce fut donc seulement le 15 à la nuit que Ney se trouva à la tête de son corps d'armée : il ne put donc se rendre en face des Quatre-Bras que le 16 au matin, moment où se développait le mouvement anglais. »

Les défenseurs de la grande stratégie de Napoléon, au contraire, soutiennent que Ney fit la faute énorme de ne pas marcher sur les Quatre-Bras avant les Anglais ; lui si impétueux, si brave, perdit un temps précieux. Souvent Napoléon exigeait l'impossible ; mais souvent aussi Ney exécutait des choses si merveilleuses que l'Empereur put bien croire que l'instinct militaire le pousserait tout seul aux grandes entreprises. Si le maréchal en effet avait été l'homme des belles campagnes, le même qu'en Prusse, à Iéna, en Allemagne, en Russie, quand il traversait les armées entières avec quelques mille braves, certes la position des Quatre-Bras eût été enlevée avec quelques régiments,

---

sion du côté de Marbais, pour couvrir l'espace entre Sombref et les Trois-Bras. Vous placerez, près de ces divisions, la division de cavalerie de la garde impériale, commandée par le général Lefebvre-Desnouettes, ainsi que le premier régiment de hussards, qui a été détaché hier vers Gosselies.

« Le corps qui sera à Marbais aura aussi pour objet d'appuyer les mouvements de M. le maréchal Grouchy sur Sombref, et de vous soutenir à la position des Quatre-Bras, si cela devenait nécessaire. Vous recommanderez au général qui sera à Marbais de bien s'éclairer sur toutes les directions, particulièrement sur celles de Gembloux et de Wavres.

« Si cependant la division du général Lefebvre-Desnouettes était trop engagée sur la route de Bruxelles, vous la laisseriez et vous la remplaceriez au corps qui sera à Marbais par le troisième corps de cavalerie aux ordres de M. le comte de Valmy, et par le premier régiment de hussards.

« J'ai l'honneur de vous prévenir que l'Empereur va se porter sur Sombref, où, d'après les ordres de Sa Majesté, M. le maréchal Grouchy doit se diriger avec les troisième et quatrième corps d'infanterie, et les premier, deuxième et quatrième corps de cavalerie. M le maréchal Grouchy fera occuper Gembloux.

« Je vous prie de me mettre de suite à même de rendre compte à l'Empereur de vos dispositions pour exécuter l'ordre que je vous envoie, ainsi que de tout ce que vous aurez appris sur l'ennemi.

« Sa Majesté me charge de vous recommander de prescrire aux généraux commandant les corps d'armée de faire réunir leur monde, et rentrer les hommes isolés, de maintenir l'ordre le plus parfait dans la troupe, et de rallier toutes les voitures d'artillerie et les ambulances qui au-

sans examiner les périls, sans approfondir la résistance. Mais Ney alors avait perdu l'énergie de son caractère; les événements l'avaient démoralisé, il était devenu timide, désespéré; il appelait la mort à grands cris ; il aurait souhaité comme un bonheur que des boulets vinssent déchirer ses entrailles, et dans cette situation d'esprit, on perd tout. L'Empereur avait demandé à Ney de grandes choses comme autrefois, et le maréchal ne donna que ce qu'il put par rapport à la faiblesse actuelle de sa tête; lui l'intrépide, fut prudent comme le général le plus vulgaire ; il fut dominé par le souvenir de la perte de Vandamme en 1815, et qui amena de si grands périls pour l'armée française; il craignait d'être cerné par les Anglais.

La position des Quatre-Bras était d'autant plus décisive qu'elle pouvait isoler les Prussiens des Anglais, et rendre leur défaite plus complète; les Prussiens de

---

raient pu se trouver engagées en arrière. »
Le maréchal d'Empire, major-général,
Signé, duc de Dalmatie.

A M. le maréchal prince de la Moskowa.

« Charleroi, le 16 juin 1815.

Monsieur le maréchal,

« Un officier de lanciers vient de dire à l'Empereur que l'ennemi présentait des masses du côté des Quatre-Bras. Réunissez les corps des comtes Reille et d'Erlon, et celui du comte de Valmy, qui se met à l'instant en route pour vous rejoindre ; avec ces forces, vous devrez battre et détruire tous les corps ennemis qui peuvent se présenter. Blücher était hier à Namur, et il n'est pas vraisemblable qu'il ait porté des troupes vers les Quatre-Bras ; ainsi, vous n'avez affaire qu'à ce qui vient de Bruxelles.

« Le maréchal Grouchy va faire le mouvement sur Sombref, que je vous ai annoncé, et l'Empereur va se rendre à Fleurus; c'est là où vous adresserez vos nouveaux rapports à Sa Majesté. »
Le maréchal d'Empire, major-général.
Signé, duc de Dalmatie.

A M. le maréchal prince de la Moskowa.

« L'Empereur ordonne que l'armée soit disposée à attaquer l'ennemi à neuf heures du matin ; MM. les commandants des corps d'armée rallieront leurs troupes, feront mettre les armes en état, et permettront que les soldats fassent la soupe ; ils feront aussi manger les soldats, afin qu'à neuf heures précises chacun soit prêt et puisse être en bataille avec son artillerie et ambulances, à la position de bataille que l'Empereur a indiquée par son ordre d'hier soir.

« MM. les lieutenants-généraux, commandant les corps d'armée d'infanterie et de cavalerie, enverront sur-le-champ des officiers au major-général, pour faire connaître leur position et porter des ordres. »
Au quartier-général impérial, 18 juin 1815.
Le maréchal d'Empire, major-général.
Signé, duc de Dalmatie.

Zieten qui formaient l'avant-garde de l'armée du maréchal Blücher, vigoureusement poussés, opérèrent leur retraite en bon ordre. La division de Jérôme Bonaparte eut l'honneur d'ouvrir la campagne. Quelques beaux coups de sabre distinguèrent la brillante cavalerie des généraux Clary et Lefebvre-Desnouettes. Le 15 juin à midi, Napoléon entrait à Charleroi et les grandes opérations stratégiques commencèrent.

Surpris par cette attaque rapide, impétueuse, Zieten avait gagné la petite chaussée de Ligny pour de là s'appuyer sur Namur, la base d'opérations de l'armée prussienne; cette retraite se fit avec ordre et sang-froid. Zieten jeta un corps d'infanterie dans les bois en avant de Fleurus; des feux bien nourris annoncèrent que là était un corps d'élite qui opposait une ferme résistance. L'Empereur ordonna de le charger; les Prussiens se formèrent en carrés et firent leur retraite; Zieten s'appuyait sur Blücher et lui donnait le temps d'offrir bataille. C'est dans une de ces charges que le général Letort, brave officier, fut frappé d'une balle dans la poitrine[1]. La résistance de Zieten donna le temps à Blücher de prévenir le duc de Wellington de l'attaque subite des Français; les Anglais s'ébranlent aussitôt et se dirigent sur le point des Quatre-Bras, pour se porter sur le flanc gauche des Français et maintenir les communications. La rapide et brillante marche de Napoléon ne permit point à ce plan de s'exécuter en entier; les divisions anglaises arrivaient au pas de course sur les Quatre-Bras où devait s'engager bientôt une véritable bataille; mais elles n'y étaient point réunies encore en masse lorsque Ney reçut l'ordre d'attaquer avec vigueur.

---

[1] L'Empereur écrivit de sa main au bas d'un petit bulletin : « Letort va mieux. »

Pour bien comprendre la situation au 15 juin, l'Empereur se trouvait entre les deux armées prussienne et anglaise, avec toute liberté de se porter sur l'une ou sur l'autre. Il y avait avantage et inconvénient dans cette position : comme les Prussiens et les Anglais réunis présentaient par leurs masses des forces plus considérables que l'armée de Napoléon, ils pouvaient, par une marche bien combinée, l'entourer et le broyer entre les deux armées ; mais, de son côté, l'Empereur pouvait, en séparant les Anglais et les Prussiens, les battre partiellement, puis se porter indifféremment sur Bruxelles ou Namur. Dans cette alternative, Napoléon se décida pour une attaque d'abord dirigée contre les Prussiens, et voici son raisonnement [1] : Blücher, avec son caractère hussard, sa tactique militaire hardie, pourrait marcher plus rapidement, se précipiter avec plus de hardiesse ; si donc les Français se portaient vers Bruxelles, Blücher pourrait opérer sa marche de flanc, et les surprendre au moment où la bataille s'engageait avec les Anglais. Au contraire, le duc de Wellington avait un caractère prudent, tacticien, méthodique ; il n'accourrait pas aussi activement au secours des Prussiens par les Quatre-Bras ; d'où l'Empereur conclut qu'il valait mieux at-

[1] L'armée française sur Ligny était forte de 71,000 hommes, et de 240 bouches à feu, savoir :

	Infant.	Caval.	Artill.	B. à feu.
2e corps, division Girard.	5,000	»	270	8
3e corps.	13,000	1,400	1,290	38
4e —	12,000	1,400	1,290	38
6e —	9,500	1,400	1,290	38
Garde.	11,500	2,000	2,100	82
Corps de cavalerie Pajol.	»	2,500	300	12
— d'Excelmans.	»	2,600	300	12
— de Milhaud.	»	3,000	300	12
	51,000	14,300	7,140	240

71,940 hommes.

taquer d'abord le maréchal Blücher, parce qu'on pourrait le battre, le pousser vigoureusement avant que le sang-froid du duc de Wellington se fût ému.

Dans cette pensée, le centre et la droite de l'armée française se portèrent avec rapidité sur Fleurus, avant que le corps commandé par le général Bulow fût venu appuyer le prince Blücher en avant de la chaussée. Le 16, on aperçut l'armée prussienne de Namur, le centre appuyé sur le village de Ligny, la gauche sur Saint-Amand, les réserves sur les hauteurs d'un moulin à vent; la position était belle, parfaitement choisie; on voyait que Blücher prévenu à temps offrait la bataille, et ne la craignait pas; réunissant 75 à 80,000 hommes, il espérait être joint par Bulow, et secouru dans la journée même par l'armée anglaise qui déboucherait aux Quatre-Bras, ainsi qu'il en était convenu avec le duc de Wellington. L'important pour Napoléon était donc de fermer les Quatre-Bras à tout mouvement anglais, tandis que les Prussiens seraient intrépidement attaqués à Ligny; il insistait pour qu'un coup de main vigoureux fût porté par le maréchal Ney, qui, maître de la position, se rabattrait ensuite sur Bry et Sombref, afin de prendre les Prussiens sur le derrière de Ligny, tandis que lui, l'Empereur, les attaquerait de front. Il confiait à l'officier le plus intrépide de l'armée un mouvement impétueux, imprudent peut-être, car le maréchal pouvait avoir en un moment toute l'armée anglaise à combattre. Quels furent les ordres de l'Empereur? Comment furent-ils exécutés? les avis sont divers; Napoléon soutient que Ney aurait pu se rendre immédiatement maître des Quatre-Bras, cette position n'étant occupée que par une division belge. Les amis du maréchal répondent : « que Ney se serait gravement compromis s'il avait montré une trop imprudente hardiesse ; car il pouvait être coupé, cerné par toute l'armée anglaise du duc de Wellington, arrivant au pas de course de Bruxelles, et Ney, comme Vandamme en 1815, aurait été obligé de mettre bas les armes. »

La vérité est qu'il y eut des retards pour tout le monde ; Napoléon perdit lui-même un temps précieux : les heures se comptent dans une campagne ; quelquefois une marche rapide en avant assure la victoire. Si Napoléon s'était montré contrarié du retard qu'éprouvait le mouvement sur les Quatre-Bras, lui-même n'avait-il pas perdu un temps précieux devant Fleurus à discuter sur les projets des jacobins de Paris, sur les mesures de gouvernement pendant son absence ? Il se montre inquiet, hésitant ; il ne veut pas croire qu'il a devant lui toute l'armée de Blücher ; il donne des ordres, des contre-ordres presque toute la journée ; il annule la division Drouet par de fausses manœuvres ; cette division, qui fait partie du corps du maréchal Ney, tient un milieu entre la bataille de Ligny et l'attaque de la position anglaise ; le maréchal l'appelle, et Drouet marche lentement à lui ; il s'arrête au-delà de Frasne ; là, il est rejoint par Labédoyère, porteur d'une note au crayon adressée au maréchal Ney pour qu'il dirigeât le corps du général Drouet vers Ligny. Alors le général change la direction de ses colonnes ; un moment après il reçoit l'ordre du maréchal Ney de se porter aux Quatre-Bras, il change encore la direction de sa division ; voilà donc des marches et des contre-marches infinies, et un magnifique corps d'excellentes troupes se trouve paralysé par l'incertitude de ses mouvements et l'hésitation fabuleuse du général Drouet.

Enfin, à trois heures après midi seulement, l'Empe-

LA BATAILLE DE LIGNY (16 JUIN 1815).

reur ordonne l'attaque contre les Prussiens du maréchal Blücher; les villages de Saint-Amand et de Ligny sont abordés avec une fureur intrépide par les troupes françaises. Les forces étaient égales, pleines d'ardeur, et si l'attaque fut impétueuse, la résistance le fut aussi; le village de Ligny fut pris et repris trois fois, et Saint-Amand emporté après des efforts inouïs. La bataille durait depuis cinq heures avec des avantages disputés, lorsque la garde s'ébranla pour achever la victoire; elle resta maîtresse du champ de bataille, mais le succès fut acheté par des torrents de sang; les Prussiens couvrirent le terrain de leurs cadavres, ils se défendirent à outrance. Du côté des Français, le brave général Girard reçut une balle au cœur, il conduisait la garde; les généraux Excelmans et Pajol se battirent avec une rare vaillance. Blücher, exposé à un danger personnel, fut foulé aux pieds des chevaux; puis, avec son courage et son intrépidité habituelles, il s'échappa au milieu des charges de cuirassiers et rejoignit les patriotes, les enfants des universités, les vieux grenadiers des régiments de Frédéric qui le pleuraient déjà. Si, à ce moment, Ney avait pu détacher, selon les ordres de l'Empereur[1], une ou deux divisions pour occuper Sombref et Bry, sur le derrière des Prussiens; si la division Drouet n'eût pas été annulée par les promenades militaires, la retraite des Prussiens se fût changée en déroute; mais à ce moment Ney lui-même n'était plus maître de sa position et de ses forces.

On put faire cette fatale remarque, que la guerre

---

[1] Le major-général avait écrit au maréchal Ney en ces termes :

« M le maréchal, je vous ai écrit, il y a une heure, que l'Empereur ferait attaquer l'ennemi à deux heures et demie dans la position qu'il a prise entre le village de Saint-Amand et de Bry; en ce moment l'engagement est très prononcé. Sa Majesté

prenait désormais une empreinte sinistre; la journée fut sans quartier, la garde demandait partout les Prussiens comme si elle voulait les dévorer; les Prussiens frappaient à coups de baïonnette les blessés et les mourants : « point de prisonniers ! » fut le cri unanime. On ne put s'emparer que de quelques pièces de canon sur lesquelles les soldats et les officiers s'étaient fait hacher; ainsi fut cette triste bataille ! L'erreur immense, capitale, de Napoléon, fut d'avoir cru qu'il avait tellement battu l'armée prussienne dans cette journée, qu'elle ne pourrait plus paraître dans la campagne. Il n'en était rien; les Prussiens avaient pour ralliement le corps de Bulow demeuré intact; ils se retirèrent en ordre sans cesser un moment d'être en communication avec les Anglais sur Wavres, en libre rapport avec Bruxelles et le duc de Wellington, prêts à reparaître sur un nouveau champ de bataille et d'après le plan communément adopté.

Si la bataille de Ligny n'eut rien de décisif, l'affaire des Quatre-Bras était triste et fatale. Le maréchal Ney, qui craignait d'avoir à sa face toute l'armée anglaise, avait mollement agi les premières heures, il avait mis des précautions et des réserves infinies dans cette attaque; le prince d'Orange s'aperçut de cette hésitation, et il masqua avec habileté la faiblesse actuelle de ses moyens sous les replis d'un terrain favorable; dans cette manière, il avait résisté au maréchal Ney jusqu'à

me charge de vous dire que vous devez manœuvrer sur-le-champ de manière à envelopper la droite de l'ennemi et tomber à bras raccourcis sur ses derrières; cette armée est perdue si vous agissez vigoureusement : le sort de la France est entre vos mains Ainsi, n'hésitez pas un instant pour faire le mouvement que l'Empereur vous ordonne, et dirigez-vous sur les hauteurs de Bry et de Saint-Amand, pour concourir à une victoire peut-être décisive. L'ennemi est pris en flagrant délit au moment où il cherche à se réunir aux Anglais. »

Le major-général,
Signé, duc de Dalmatie.
En avant de Fleurus, le 16 juin 1815, à 3 heures un quart.

ce que la division de Brunswick vînt soutenir la position. Tout dépendait de ces quelques heures; les troupes anglaises arrivaient au pas de course, on se battait avec une intrépidité égale; successivement on vit accourir aux Quatre-Bras les Écossais de la division Picton, les hussards allemands, les troupes de Nassau, et vers le soir près de 30,000 Anglais se réunirent appuyés de quelques batteries accourues au galop; dans la nuit du 16 au 17 juin, ils déployèrent près de 40,000 hommes. Le maréchal Ney avait déjà perdu bien du temps, quand il fallut se décider à l'attaque; vive, puissante, elle s'ouvrit par une belle mêlée de cuirassiers; les lanciers s'élancèrent sur les carrés d'infanterie, et les Écossais découvrirent un feu si bien nourri, que le désordre se mit dans ces brillants escadrons. La solide infanterie du général Foy vint arrêter bravement les charges de la cavalerie anglaise; jamais acharnement plus grand et plus atroce, on faisait des prodiges. Au milieu du feu le plus vif, le plus effrayant, Ney paraissait rêveur, désespéré, et plusieurs fois il s'écria dans son sombre courage : « Voyez-vous ces boulets? je voudrais qu'ils m'entrassent tous dans le ventre ! » C'est qu'il savait l'affaire perdue ; il fallait renoncer à s'emparer des Quatre-Bras. A chaque instant arrivaient de nouvelles troupes ennemies, et bientôt le duc de Wellington put y compter 50,000 hommes.

A Ligny et aux Quatre-Bras ce ne furent pas des victoires, mais des combats acharnés sans prisonniers; à Ligny, la garde impériale mêlait au cri de : *Vive l'Empereur!* cette triste vocifération : *Point de quartier!* Les soldats du brave général Girard demandaient des cartouches et des Prussiens ; la campagne commençait sanglante. Dans une même journée on comptait deux batailles simultanées : l'une à Ligny, où les Prussiens battus se retirèrent; l'autre, aux Quatre-Bras, où les Anglais restèrent maîtres de leur position [1]. Si le général Girard payait de son sang une victoire disputée, aux Quatre-Bras tombait aussi le duc de Brunswick-OEls, ce chef de la légion Noire qui avait rempli l'Allemagne de sa renommée ; il mourut de la seule mort qu'il devait espérer pour une noble poitrine comme la sienne ; sa vie avait été une grande vengeance et une expiation solennelle.

La victoire que Napoléon venait d'obtenir à Ligny sur les Prussiens découvrait entièrement la position des Anglais aux Quatre-Bras ; ils étaient débordés par leur gauche. Dès ce moment, la retraite de l'armée anglo-belge dut s'opérer sur Bruxelles par les deux chaussées de Nivelles et de Genappe ; les bois qui couvrent cette route favorisaient ce mouvement rétrograde. L'armée anglaise était presque intacte ; 40,000 hommes à peine avaient été engagés aux Quatre-Bras. Depuis longtemps le duc de Wellington avait étudié et choisi un champ de bataille entre Bruxelles et la forêt de Soignes, près des deux villages de Waterloo et du Mont-Saint-Jean. Nul

---

[1] Pour rester juste envers le maréchal Ney, il faut dire que son affaire des Quatre-Bras empêcha les Anglais d'opérer une marche de flanc sur Ligny et d'entamer Napoléon.

Extrait du rapport du duc de Wellington.

Waterloo, 19 juin 1815.
« L'armée prussienne conserva sa position avec sa bravoure et sa persévérance accoutumées à Ligny, malgré la grande disparité des forces ; le 4ᵉ corps, sous les ordres du général Bulow, n'ayant point encore rejoint, il me fut impossible de lui donner du renfort comme je le désirais, étant attaqué moi-même. »

Extrait du rapport de l'armée prussienne par le général Gneisenau, chef d'état-major. (*Bataille de Ligny.*)

« L'issue semblait dépendre de l'arrivée des troupes anglaises ou de celles du 4ᵉ corps prussien. En effet, l'arrivée de cette division aurait donné au feld-maréchal les moyens de faire immédiatement avec son aile droite une attaque dont on devait attendre un grand succès. Mais on apprit que la division anglaise destinée à nous appuyer était violemment attaquée par un corps de l'armée française, et qu'elle ne se maintenait qu'avec une extrême difficulté aux Quatre-Bras. Le 4ᵉ corps prussien n'avait pas paru, en sorte que nous fûmes forcés de soutenir seuls l'engagement avec un ennemi supérieur en nombre »

ne possédait mieux que lui la connaissance de son personnel militaire, et l'appréciation du soldat anglais; son talent consistait surtout à choisir une ligne défensive parfaitement en rapport avec le caractère de ses troupes, comme il l'avait fait à Torrès-Vedras. Le duc de Wellington désigna donc la position de Waterloo, comme Blücher avait désigné Ligny, champ de bataille bien appuyé pour la résistance; toute la question stratégique des Anglais était de résister pendant un certain nombre d'heures, jusqu'à l'arrivée des Prussiens qui prendraient Napoléon en flanc; il n'y eut pas un seul point de changé dans le plan primitif; à Ligny, les Anglais devaient arriver par les Quatre-Bras au secours de Blücher, et ils furent arrêtés par Ney; à Waterloo, Blücher et Bulow devaient arriver par Wavres, afin de soutenir les Anglais; c'était un point militaire inflexiblement arrêté; rien ne fut laissé au hasard ni à la fortune; Napoléon avait réfléchi ses plans et combiné chacune de ses manœuvres; le duc de Wellington et le prince Blücher s'étaient aussi concertés sur les éventualités de la campagne : s'appuyer l'un sur l'autre pour accabler les Français, tel était le résumé de leur plan militaire.

En faisant sa retraite sur Waterloo, le premier soin du duc de Wellington avait été de bien connaître la position réelle de Blücher; il apprit que l'armée française se faisait illusion sur le succès de Ligny; Napoléon croyait et disait l'armée prussienne complétement détruite, tandis qu'il était positif qu'après l'arrivée de Bulow cette armée, aussi formidable qu'avant Ligny, animée d'une même ardeur, voulait prendre une revanche éclatante. La Belgique était semée de places fortes, très propres pour appuyer la reconstruction d'une armée, et c'est cette fausse idée de la destruction absolue des Prussiens qui donna à la surveillance exercée sur Blücher par le maréchal Grouchy un caractère de mollesse, d'insouciance, qu'exagérèrent surtout les rapports fautifs et mal éclairés du général Pajol à la tête de la cavalerie légère. Dès ce moment, Napoléon semble, en effet, ne plus penser qu'au duc de Wellington; il veut le vaincre et l'abîmer; les troupes sont animées du meilleur esprit; la victoire de Ligny sur les Prussiens a relevé le courage de tous les corps : un cri de marche en avant se fait entendre.

Les forces de l'armée française s'élevaient, le 17 juin, veille de la bataille, à 70,000 hommes[1]; le personnel était bon, les troupes presque toutes solides; les appels du soir constatèrent quelques vides, mais les hommes présents ne quittèrent pas un moment le drapeau. Le temps était affreux, la nuit du 17 au 18 juin fut marquée par un ouragan de pluie; les chemins se défoncèrent, l'artillerie ne put se mouvoir qu'avec peine, on était persuadé que le lendemain serait une grande journée. Des aides-de-camp furent envoyés au maréchal Grouchy pour lui indiquer la position prise par l'Empereur et la bataille imminente. Il était nuit, ces aides-de-camp arrivèrent-ils à leur destination? furent-ils pris ou égarés? La faute de l'Empereur, je le répète, fut de croire que l'armée prussienne, cessant désormais d'être redoutable, ne pourrait pas faire une trouée entre lui et le maréchal Grouchy.

Les premiers rapports que l'on reçut du maréchal annoncèrent que les Prussiens se retiraient sur Namur, ce qui était une grande erreur. Blücher avait fait sa re-

---

[1] M. le général baron de Jomini a bien voulu me communiquer le beau et grand travail stratégique qu'il a fait sur la dernière campagne de Napoléon, à Ligny et à Waterloo. Rien n'égale la lucidité mathématique des démonstrations du général Jomini, que l'Europe considère justement comme la première et la plus forte intelligence pour la théorie et l'enseignement militaire.

traite sur Wavres pour garder ses communications. Le maréchal Grouchy était encore à Gembloux, il marchait avec précaution. Cela se conçoit; il n'avait peut-être pas toutes les illusions de l'Empereur sur la ruine complète des Prussiens. Les reconnaissances du général Pajol avaient indiqué que l'ennemi se retirait en toute hâte par Namur sur Liége, tandis que Blücher opérait sa retraite sur Wavres, des extrémités au centre de la ligne, pour se joindre à Bulow et donner la main au duc de Wellington [1]. Remarquons bien ceci : Ney aux Quatre-Bras ne s'était pas rapidement porté sur la position, parce qu'il craignait d'avoir en face toute l'armée anglaise; le maréchal Grouchy ne se dirigea pas immédiatement sur Wavres, parce qu'il craignait d'être cerné par toute l'armée prussienne. L'un et l'autre pouvaient être coupés, et ils furent timides, incertains; ils firent presque la même faute.

La position de l'armée anglo-belge au Mont-Saint-Jean, très souvent critiquée au point de vue général de stratégie, était néanmoins parfaitement appropriée à l'esprit et au caractère du soldat anglais, et au but que se proposait le duc de Wellington. Le talent d'un général ne consiste pas à suivre certains principes généraux de stratégie, mais à comprendre parfaitement les éléments qu'il a sous sa main, le caractère des soldats dont il dispose, et le résultat qu'il veut obtenir. Les Français auraient été horriblement placés dans la position du Mont-Saint-Jean, avec une seule mauvaise route pour retraite, des bois, des hauteurs, dans lesquels on pouvait être coupé et battu; mais le duc de Wellington connaissait

---

[1] Ce fut d'après l'avis du général Muffling que Blücher se retira sur la chaussée de Wavres à Bruxelles, d'après ce grand principe de stratégie : « qu'il faut toujours marcher en communication avec la plus grande masse de troupes disponibles. »

la fermeté des soldats anglais et allemands derrière des lignes ; il savait le jeu formidable de son artillerie, les feux bien nourris de son infanterie ; il n'avait pas cessé un moment d'être en communication avec Blücher et Bulow ; or, il était convenu qu'à heure fixe, le corps prussien de Bulow viendrait sur le champ de bataille ; Blücher marcherait pour arriver presque immédiatement après dans la direction de la ferme de la Haye-Sainte. Le comte Pozzo di Borgo fit deux voyages la veille, au camp prussien, pour arrêter ces points de manœuvres, et Blücher lui-même vit le duc de Wellington à Bruxelles. Tout se résumait donc dans l'examen de cette seule question : « combien de temps l'armée anglaise pourrait-elle résister ? Si elle pouvait soutenir l'attaque française pendant le temps voulu, elle aurait Bulow pour appui, et Blücher tomberait sur le flanc des Français. » Le choix du champ de bataille au Mont-Saint-Jean ne fut déterminé que par ce motif ; cette position n'était pas offensive, elle n'était que défensive ; il ne s'agissait pas de prévoir une retraite, mais d'assurer une résistance. Rien de plus, rien de moins.

Les voyageurs qui ont parcouru en pèlerins le champ de bataille de Waterloo, où le lion belge s'élève comme un souvenir et une menace, ont pu se faire une idée de ce grand duel qui se donna là, il y a déjà vingt-cinq ans. La position que choisit le duc de Wellington était celle-ci : son centre, composé de divisions anglaises et belges, s'était placé en avant du Mont-Saint-Jean ; il s'appuyait à gauche sur la chaussée de Charleroi, occupant ainsi la ferme de la Haye-Sainte, vaste cercueil de sang [1]. A droite, 3 divisions anglaises et belges s'étaient placées en arrière

[1] J'ai visité en détail ce champ de bataille en 1839-1840. Abstraction faite des petits charlatanismes du guide, ou y recueille des traditions curieuses sur la bataille.

LA MATINÉE DE WATERLOO (18 JUIN 1815). 189

du village de la Haye, tandis que la réserve se groupait au Mont-Saint-Jean, là où l'on voit encore s'unir les deux chaussées de Nivelles et de Charleroi. La cavalerie aux couleurs rouges et bleues s'était massée en colonnes profondes sur le Mont-Saint-Jean, derrière la ligne de la bataille; des nuées de flanqueurs garantissaient la gauche et la droite des Anglais. Toutes ces troupes n'étaient pas également bonnes; il n'y avait de fermes et de solides que les régiments écossais, anglais et allemands; les Belges ne passaient point pour des troupes d'élite, le duc de Wellington ne comptait pas sur eux; les Hollandais n'avaient pas non plus une grande renommée militaire; mais les Anglais, les Écossais étaient d'excellentes troupes. Quelques régiments écrasés aux Quatre-Bras avaient pu donner la mesure de ce qu'on trouverait de résistance. Dans cette position, l'armée ennemie attendait l'attaque vigoureuse, intrépide, des soldats de Napoléon.

C'était le 18 juin, date funèbre. La noble armée de France avait passé une nuit très fatiguée; la pluie tombait par torrents, le soleil se levait entouré de nuages et d'un brouillard épais comme il s'en fait en Belgique. L'Empereur se réveilla un peu tard, fit servir son déjeuner à huit heures; assis au bivouac, entouré de ses officiers, il leur parla de la faute que faisait le duc de Wellington, en l'attendant dans une position aussi mauvaise; il énuméra les chances de la victoire, il en avait quatre-vingt-dix contre une [1]. Cette causerie dura quelque temps;

---

[1] A huit heures on apporta le déjeuner de l'Empereur, où s'assirent plusieurs officiers généraux; il dit : « L'armée ennemie est supérieure à la nôtre de près d'un quart; nous n'en avons pas moins quatre-vingt-dix chances pour nous, et pas dix contre. — Sans doute, dit le maréchal Ney, qui entrait dans ce moment, si le duc de Wellington était assez simple pour attendre Votre Majesté; mais je viens lui annoncer que déjà ses colonnes sont en pleine retraite; elles disparaissent dans la forêt. — Vous avez mal vu, lui répondit Napoléon; il n'est plus temps, il s'exposerait à une perte certaine : il a jeté les dés, et ils sont à nous. »

il avait besoin de retremper un peu ces courages fatigués et d'épanouir d'un peu d'espérance ces fronts assombris. Après avoir visité les lignes, il dicta avec son admirable sang-froid l'ordre de bataille, que les généraux écrivirent sur leurs genoux. Ensuite, des nuées d'aides-de-camp, d'officiers d'ordonnance, parcoururent la plaine pour porter les ordres de l'Empereur.

Magnifique spectacle! onze colonnes se déployèrent simultanément comme de longs serpents aux reluisantes écailles, on les voyait se dessiner dans la plaine; quatre de ces colonnes étaient destinées à former la première ligne de bataille, quatre la deuxième, et trois la troisième de ces lignes; il fallut à peine une heure pour accomplir cette belle manœuvre; les trompettes faisaient retentir l'air de nobles fanfares, les tambours battaient aux champs, la musique des régiments faisait entendre les airs de la République, la *Marseillaise*, le *Chant du Départ*, et *Veillons au salut de l'Empire*. Le duc de Wellington a dit depuis que lui, l'homme de guerre, avait été vivement frappé de cette magnifique solennité; il vit bien qu'il avait devant lui des corps d'élite commandés par le premier génie militaire. La cavalerie défila malgré le mauvais terrain avec une précision admirable; quand le mouvement fut exécuté, le premier corps de la ligne française, formé de trente-deux bataillons, fit la droite, flanqué de douze escadrons de cavalerie légère; le deuxième, de vingt-quatre bataillons, forma la gauche, flanqué aussi de douze escadrons de chasseurs et de hussards. Derrière cette première ligne, se voyaient à la droite les vingt-quatre escadrons de cuirassiers, conduits par Kellermann; tous à la stature robuste, aux cuirasses et aux casques resplendissants; à la gauche, également vingt-quatre autres escadrons de cuirassiers, sous le général Milhaud, la plus belle troupe que l'on pût admirer; et derrière en troisième ligne, comme pour couronner ce tableau, les grenadiers, les lanciers et les chasseurs à cheval de la garde. En réserve, vingt-quatre bataillons à pied de la garde, sur les deux côtés de la chaussée du Mont-Saint-Jean; enfin, en colonnes serrées par escadrons, entre l'aile droite et l'aile gauche, la cavalerie du général Subervic, soutenue par tout le sixième corps pressé en colonnes.

Les vieux soldats qui racontent en gémissant les lamentables funérailles de Waterloo, disent encore que rien ne peut être comparé au spectacle de ces deux armées en présence. Les Anglais resserrés sur une ligne formidable, retranchés sur la chaussée du Mont-Saint-Jean, et en face d'eux la plus magnifique des armées rangée comme un demi-cercle pour briser les retranchements, et refouler l'ennemi jusqu'à Bruxelles. Le soleil dissipait lentement le brouillard, ses feux éclataient sur ces milliers de baïonnettes, de cuirasses et de casques; le mouvement n'était pas encore opéré. Le premier coup de canon qui se fit entendre retentit en écho dans la vallée lorsque l'horloge de Nivelles sonna onze heures; la bataille fut annoncée par une vive fusillade que Jérôme Bonaparte engagea sur la gauche vers le bois d'Hougomont[1]. Les Anglais démasquèrent contre lui un parc d'artillerie qui échangea des boulets avec les parcs de la cavalerie du général Kellermann. Comme à Ligny, le bois fut enlevé et repris plusieurs fois; les Anglais l'évacuèrent après une vive fusillade. Tout ce que voulait le duc de Wellington, c'était une

---

[1] De tous les frères de Napoléon, Jérôme était celui qui montrait le plus de courage et d'aptitude militaire.

bataille de résistance, afin de gagner du temps, en conservant sa position avec le moins de pertes possible; là était tout son plan : quelques heures encore, et Bulow arriverait sur le champ de bataille. Depuis deux heures on prenait, on cédait quelques accidents de terrain, lorsque Napoléon donna l'ordre au maréchal Ney d'attaquer la grande ligne de l'ennemi et de percer son centre : les colonnes du maréchal s'ébranlent; Ney tire sa noble épée, lorsque les soldats postés vers la Haye-Sainte amènent un hussard noir; on l'interroge avec inquiétude, et celui-ci annonce : « qu'une colonne profonde s'avance vers la droite à Saint-Lambert! » C'était le corps entier de Bulow, non engagé à Ligny, qui accourait sur le champ de bataille par une manœuvre semblable à l'attaque de flanc glorieusement accomplie par Ney à Bautzen. Le hussard noir donna aussi quelques autres renseignements; Bulow n'était que l'avant-garde de toute l'armée de Blücher qui abandonnait Wavres pour se porter sur Waterloo [1].

Ainsi, ce corps de Blücher que l'on croyait anéanti, cette armée que l'on disait en désordre, allait rentrer en ligne, et se présenter sur les flancs de l'armée française. Qu'était devenu le maréchal Grouchy? Que faisait-il dans sa poursuite contre les Prussiens? Le ma-

---

[1] Avant de donner le signal de l'attaque du centre, l'Empereur voulut jeter un dernier regard sur tout le champ de bataille, et aperçut dans la direction de Saint-Lambert un nuage qui lui parut être des troupes. Il dit à son major-général : « Maréchal, que voyez-vous sur Saint-Lambert? — J'y crois voir 5 à 6,000 hommes; c'est probablement un détachement de Grouchy. » Toutes les lunettes de l'état-major furent fixées sur ce point. Le temps était assez brumeux. Les uns soutenaient, comme il arrive en pareille occasion, qu'il n'y avait pas de troupes, que c'étaient des arbres; d'autres, que c'étaient des colonnes en position; quelques-uns, que c'étaient des troupes en marche. Cette colonne, qu'on apercevait à Saint-Lambert, était l'avant-garde du général Bulow, qui arrivait avec 30,000 hommes; c'était le 4ᵉ corps prussien, qui n'avait pas donné à Ligny.

réchal Grouchy à Gembloux, comme Ney aux Quatre-Bras, avait mollement suivi l'ennemi, afin de ne pas s'exposer aux coups de forces supérieures, et les Prussiens masquant leur mouvement par le corps du général Thielmann, s'étaient portés de Wavres sur Saint-Lambert. A ce moment décisif, l'important était de prévenir le maréchal de cette grande bataille, qui faisait trembler la terre à cinq lieues. Le maréchal Soult expédia ordre sur ordre pour lui annoncer que la bataille était engagée, et qu'il devait se porter sur Saint-Lambert. Que devinrent ces officiers, ces aides-de-camp ? On l'ignore. Les Prussiens du général Bulow, qui avaient déjà gagné toute une marche, s'avançaient au pas de course ; 30,000 hommes de troupes fraîches et solides arrivaient sur le terrain du grand combat. Cet épisode de la bataille, qui n'entrait pas dans le calcul primitif de Napoléon, le force à modifier quelques-unes de ses dispositions, et il le fait avec sa supériorité habituelle. Il faut à tout prix éviter une trouée, une attaque de flanc par un mouvement de gauche à droite; l'Empereur donne ordre au général Mouton d'opposer une vive résistance aux Prussiens avec son corps d'armée, il faut les contenir tandis qu'il va frapper un grand coup vers le centre de la ligne anglaise ; si cette attaque réussit, alors il sera temps de tomber sur les Prussiens avec l'énergie de la victoire [1].

L'ordre fut sur-le-champ expédié au maréchal Ney d'accélérer le dénouement de l'attaque de la ligne anglaise, et la Haye-Sainte fut le point de mire de l'intrépide maré-

---

[1] « Nous avions ce matin quatre-vingt-dix chances pour nous, dit l'Empereur au maréchal Soult, l'arrivée de Bulow nous en fait perdre trente ; mais nous en avons encore soixante contre quarante, et si Grouchy répare l'horrible faute qu'il a commise hier de s'amuser à Gembloux, et envoie son détachement avec rapidité, la victoire en sera plus décisive, car le corps de Bulow sera entièrement perdu. »

chal; il fallait en déloger l'ennemi pour intercepter toute communication entre les Anglais et les Prussiens de Bulow; la Haye-Sainte fut enlevée. A ce moment et sur l'ordre de l'Empereur s'ébranlent les cuirassiers du général Milhaud, hommes de fer; le terrain tremble sous les pas de leurs chevaux; ils croisent la latte avec les dragons anglais, la plus vieille des cavaleries, célèbre déjà même au temps des têtes rondes et de Claverhouse; c'est un combat du moyen âge, un de ces engagements de chevaliers que l'école flamande nous a transmis. Dans cette mêlée, les boulets et les mitrailles rebondissaient sous les pieds des chevaux. Le duc de Wellington rappelle aux officiers et aux soldats, avec le flegme britannique, la nécessité de deux heures de résistance encore. Les lignes anglaises se maintiennent avec fermeté, les bataillons tombent sous les coups des cuirassiers et des dragons français, lorsque le premier épisode de la bataille s'accomplit : les boulets du général Bulow arrivent à la Haye-Sainte.

Les Prussiens, en effet, ramenaient devant eux presqu'en désordre le corps trop faible du général Mouton, opérant sa retraite en échiquier; les feux des batteries prussiennes labouraient la chaussée en avant et en arrière de la Belle-Alliance où se trouvait l'Empereur. Le moment devenait décisif; il fallait repousser cette attaque de flanc, ou bien tout était compromis. L'Empereur ordonne à une division de la jeune garde, conduite par le général Duhesme, de se placer l'arme au bras en avant de la Belle-Alliance, pour arrêter le mouvement des Prussiens. Bulow s'avançait toujours, et ses colonnes débordaient tellement la ligne de l'Empereur, qu'elles arrivaient jusqu'à la hauteur de Planchenoit; Napoléon dut alors soutenir la jeune garde par la vieille. En présence de ces visages basanés par les feux de Marengo, d'Austerlitz, d'Iéna, les Prussiens s'arrêtèrent ; les forces presque égales rétablissent le combat ; les divisions Duhesme, Mouton et Morand pouvaient lutter glorieusement avec les troupes de Bulow. Cependant il faut remarquer déjà qu'à ce moment les réserves de l'Empereur sont engagées, la jeune et la vieille garde se trouvent en ligne ; quelle ressource pouvait-il rester en cas d'un revers [1] ?

L'attaque du centre de la ligne du duc de Wellington par le maréchal Ney se développait en face du Mont-Saint-Jean ; des charges de cavalerie intrépides, soutenues, se multipliaient ; les Anglais, informés de l'arrivée prochaine de Blücher, réunirent leurs efforts pour maintenir leurs positions. Toutes les réserves de cavalerie s'engageaient successivement avec plus d'enthousiasme que de regularité ; la valeur brillante du maréchal Ney se montra comme un témoignage de désespoir ; et l'on vit, chose merveilleuse, comme à la Moskowa, toute la cavalerie, le sabre haut, gravir le Mont-Saint-Jean en brisant des carrés entiers, et s'emparer des hauteurs garnies d'artillerie. Ce mouvement admirable de courage était, hélas ! bien hasardé ; le duc de Wellington en profite, il jette sa cavalerie sur les rangs ébranlés ; elle est soutenue par une infanterie, brave, solide ; tout était engagé, cuirassiers, dragons, grenadiers à cheval, lanciers, chasseurs de la garde, hussards, dans un pêle-mêle affreux où nul ne se reconnaissait plus [2]. On fit des prodi-

---

[1] On sait qu'un des grands mobiles de victoire de l'Empereur c'était de conserver une puissante réserve de la garde qu'il employait comme dernier éclat de la bataille.

[2] Il est bon de comparer les trois bulletins français, prussien, anglais, pour se faire une juste idée de la bataille de Waterloo ; mais le tableau raisonné, stratégique, m'a été tracé dans plus d'une causerie par le général de Jomini avec sa supériorité habituelle.

ges; des régiments anglais tout entiers disparurent comme l'herbe des champs après la grêle; les Écossais tombèrent fermes à leurs rangs, mais il résulta de cette mêlée un désordre de cavalerie indicible; on se presse les uns sur les autres, on tombe; le feu meurtrier des batteries anglaises laboure le champ de bataille à bout portant.

Dès ce moment, le succès commence à devenir douteux; car voici l'état de la bataille : les Prussiens de Bulow sont arrêtés vers Planchenoît par les divisions de la jeune et de la vieille garde; au centre, le duc de Wellington, qui attend Blücher, redouble ses charges et reprend l'offensive; l'Empereur, au milieu du feu, a vu la faute de Ney, ce désordre de la cavalerie; mais peut-on l'abandonner? il faut le soutenir en enlevant aux Anglais leurs dernières positions; cette cavalerie venait d'être ramenée sur le champ de bataille, abîmée sous la mitraille; on doit appuyer les cuirassiers dont le casque brille sur les hauteurs du Mont-Saint-Jean; Ney prend avec lui quatre bataillons de la moyenne garde, et s'avance l'épée au poing; des cris d'espoir se font alors entendre : « La victoire est à nous, Grouchy arrive! en avant, la garde va donner! » Ces mots rendent quelque ardeur aux rangs un peu confus des escadrons et des bataillons pressés; l'intrépide Ney à la tête de sa colonne d'attaque marche une fois encore sur le Mont-Saint-Jean; il est accueilli par une décharge d'artillerie à bout portant; les grenadiers ne s'arrêtent pas, ils courent tumultueusement, presqu'en désordre : ce n'est plus la fermeté des vieux jours, la solidité de la bonne infanterie; c'est de la rage, de la fureur. Le duc de Wellington s'aperçoit de ce tumulte : il lance une formidable cavalerie au milieu de ces bataillons, refoulés en un instant les uns sur les autres; le cheval du maréchal Ney est tué, les généraux Friand et Michel sont blessés, les grenadiers se retirent en désordre. La bataille est compromise.

Quand les troupes françaises s'agitaient aux cris de *vive l'Empereur!* quand les soldats disaient pour s'encourager les uns les autres : « Voici Grouchy! voici Grouchy! » à l'aspect de tourbillons de fumée, ce n'était pas le maréchal qui accourait au bruit du canon; Bulow se voyait déjà soutenu par Zieten, le général d'avant-garde de Blücher; ce Zieten qu'on avait dit dispersé, tué, arrivait aussi en ligne, et tandis que Bulow attaquait Planchenoît, il s'emparait de la Haye-Sainte. Ainsi partout les Prussiens, à Planchenoît, à la Haye-Sainte, sur le flanc et sur le derrière, et Blücher à quelques centaines de toises au-delà des réserves. A cet aspect des masses profondes de Prussiens, la confusion la plus étrange se met dans les rangs français, une terreur subite se communique et se propage comme un mal contagieux; quelques cris se font entendre déjà : « Nous sommes trahis! sauve qui peut! » et l'on sait combien dans un désordre ces cris font de mal. Le duc de Wellington aperçoit la confusion, il en profite et lance une fois encore au grand trot toute sa grosse cavalerie. Les Français abandonnent leurs positions, les Anglais les refoulent devant eux, ils sont pressés par Zieten et Blücher qui arrivent sur le champ de bataille à la Haye-Sainte, par Bulow qui brise tout ce qu'il rencontre à Planchenoît; attaquée de front, rompue sur les flancs, l'armée française n'est plus qu'une foule confuse; c'est une masse sans chefs, sans commandement; ce n'est plus une armée.

Ce fut alors que se formèrent en bataillons carrés quatre régiments de la vieille garde; ils devaient servir de point de ralliement et de réserve, pour opérer une retraite régulière; Napoléon l'avait ainsi ordonné, afin d'éviter des catastrophes comme à Moscou ou à Leipsick; il voulait se placer à leur tête, lorsque pressé par les aides-de-camp il quitta rapidement le champ de bataille à travers plaines. On a fait beaucoup de légendes sur la dernière partie de la bataille de Waterloo, et on a peint l'Empereur au milieu d'un bataillon de la garde, l'épée à la main, voulant mourir par une balle ou un boulet anglais ou prussien. Je respecte ces légendes du peuple, expression de son amour et de son admiration; mais une telle mort n'était point à la hauteur d'une tête militaire comme la sienne et d'un homme d'État qui avait d'autres destinées à remplir : aussi cette légende n'est pas l'histoire. Voici la vérité : dès que l'Empereur se vit débordé par les Prussiens à Planchenoit, dès que le corps de Bulow se rendit maître de la ferme de Caillou, au-dessous de la Maison-du-Roi, Napoléon dut quitter Waterloo à travers champs; son cheval vigoureux l'entraîna loin des Prussiens qui lui auraient fait un mauvais parti; il ne voulait pas tomber dans leurs mains, et il laissa le champ de bataille avant même que les derniers carrés de la garde eussent été formés pour protéger la retraite. La légende qui le place au milieu d'un bataillon héroïque, l'épée à la main, est une de ces glorieuses religions du soldat qu'il faut laisser dans un pieux mystère comme le mot du général Cambronne : « La garde meurt, mais ne se rend pas. » Certes, la garde était assez noble et assez intrépide pour prononcer ces paroles; certes, l'Empereur était assez brave, assez grand, pour mourir sur un champ d'honneur; mais, homme politique, il ne le fit pas. L'histoire doit dire qu'il était déjà à deux lieues du champ de bataille lorsque le dernier carré de la garde fut enfoncé. Il ne fut rejoint par ses équipages qu'à Charleroi ; ses voitures, le portefeuille des cabinets, ses décorations, son trésor, tout fut enlevé par les Prussiens. Les funérailles de Waterloo furent moins une retraite qu'un désordre. Elles s'expliquent par plusieurs causes générales, qu'il est important d'énumérer [1].

L'armée qui marchait en Belgique était animée par deux sentiments qui nuisent à la discipline et au succès dans la guerre : la fureur, qui fait courir le soldat comme un exalté sur le champ de bataille, à la manière des nations primitives; et ce découragement profond qui suit une première défaite. Quand le courage est une fièvre, l'abattement vient après. Ainsi fut l'armée française à Waterloo : elle n'avait pas le sang-froid des vieilles bandes, ce courage méthodique du camp de Boulogne; elle avait de la rage, de la fureur ; ses rangs furent souvent une confusion, on le vit dans l'attaque comme dans la retraite. Ensuite ce sentiment qu'il y avait trahison préoccupait le soldat, il ne croyait plus ni à ses généraux ni à ses officiers ; dans les événements les plus ordinaires, il apercevait une noirceur. Ces préventions, sources de désordre, enlèvent toute force morale ; elles arrivent chaque fois qu'il se mêle une exaltation religieuse

---

[1] Le lieutenant-général Duhesme, vieux soldat couvert de blessures et de la plus grande bravoure, fut fait prisonnier en voulant rallier une arrière-garde. Le général Mouton fut pris de même. Cambronne, général de la garde, resta grièvement blessé sur le champ de bataille. Sur 26 généraux anglais, 12 furent tués ou blessés grièvement. Les Hollandais perdirent 3 généraux.

Les pertes de l'armée anglo-hollandaise et celle du général Bulow furent, pendant la bataille, de beaucoup supérieures à celles des Français, et les pertes que les Français éprouvèrent dans la retraite, quoique très considérables, puisqu'ils eurent 6,000 prisonniers, ne compensent pas encore les pertes des alliés dans ces quatre jours, qu'ils avouent être de 60,000 hommes, savoir : 11,300 Anglais, 3,500 Hanovriens, 8,000 Belges, Nassaux, Brunswickois ; total, 22,800 pour l'armée anglo-hollandaise ; Prussiens, 38,000 ; total général, 60,800. Les pertes de l'armée française, même y compris celles éprouvées dans la déroute et jusqu'aux portes de Paris, furent de 41,000 hommes.

ou une trop vive empreinte politique à un mouvement de guerre ; il faut au soldat de l'enthousiasme, mais sans enivrement; malheureusement, à Waterloo, les grandes lois de la discipline n'existaient plus.

Il y eut des fautes pour tout le monde ; si, aux Quatre-Bras, le maréchal Ney pouvait se compromettre en attaquant sans hésitation, il pouvait aussi rendre un immense service. Ney, avec ses intrépidités d'Iéna et ses folies de gloire, pouvait briser le prince d'Orange. Le 18 juin, sur l'autre côté de la ligne, à Wavres, la conduite du maréchal Grouchy fut inexplicable : comment, lorsque le canon grondait sous ses pas, ne suivait-il point ce grand principe de stratégie : « marcher toujours au feu » ? Le maréchal Grouchy craignait de tomber avec son corps d'armée au milieu de toutes les forces prussiennes, comme Ney le croyait aussi pour les Anglais ; il craignait d'être forcé de mettre bas les armes, entouré comme il l'était par Bulow, Zieten et Blücher. Singulier changement qui s'était opéré dans ces lieutenants de l'Empereur depuis leurs grandes journées : à Austerlitz, à Iéna, *tous osaient;* maintenant, en Belgique, *tous craignaient!* là fut la cause d'une grande décadence. S'il faut en croire les récits bonapartistes, les avertissements ne manquèrent pas au maréchal Grouchy. « Le général Excelmans, qui commandait la cavalerie, se rendit près du maréchal et lui dit : « L'Empereur est aux mains avec l'armée anglaise; cela n'est pas douteux; un feu aussi terrible ne peut pas être une rencontre; il faut marcher sur le feu. Je suis un vieux soldat de l'armée d'Italie; j'ai cent fois entendu le général Bonaparte prêcher ce principe. Si nous prenons à gauche, dans deux heures nous serons sur le champ de bataille. » — « Je crois, lui dit le maréchal, que vous avez raison ; mais si Blücher débouche de Wavres sur moi et me prend en flanc, je serai compromis pour n'avoir point obéi à mon ordre, qui est de marcher contre Blücher. » Le général Gérard joignit dans ce moment le maréchal, et lui donna le même conseil que le général Excelmans. « Votre ordre porte, lui dit-il, d'être hier à Wavres et non aujourd'hui; le plus sûr est d'aller sur le champ de bataille. Vous ne pouvez vous dissimuler que Blücher a gagné une marche sur vous; il était hier à Wavres, et vous à Gembloux; et qui sait maintenant où il est? S'il est réuni à Wellington, nous le trouverons sur le champ de bataille, et dès lors votre ordre est exécuté à la lettre; s'il n'y est pas, votre arrivée décidera de la bataille. Dans deux heures nous pouvons prendre part au feu; et si nous avons détruit l'armée anglaise, que nous fait Blücher déjà battu ? »

Faut-il adopter absolument cette version? Dans les événements de l'histoire, lorsque de tristes résultats sont accomplis, beaucoup veulent se donner le mérite de les avoir prévus. Les généraux Gérard et Excelmans étaient de braves soldats et de dignes chefs, mais je doute qu'ils aient tenu ce langage et qu'ils n'aient pas été écoutés. Le maréchal Grouchy n'était pas d'une intelligence militaire bien étendue, il n'avait rien de spontané; les ordres de l'Empereur étaient pour lui inflexibles; il avait mission de surveiller le corps prussien de Blücher, il croyait l'avoir devant lui, mal éclairé qu'il était par la cavalerie légère du général Pajol, et il tint à cet ordre. Blücher, intrépide, hardi, lui déroba une marche; et en toute supposition pouvait-il l'arrêter? Les Prussiens, réunis au général Bulow, comptaient près de 85,000 hommes; le maréchal Grouchy en avait à peine 52,000; il pouvait être cerné, abîmé. Aux Quatre-Bras, Ney était trop faible pour contenir l'armée anglaise ; à Wavres,

Grouchy était trop faible pour résister à l'armée prussienne; l'activité de Blücher le trompa. Le maréchal Grouchy n'avait ni de ces conceptions ni de ces hardiesses militaires qui assurent les grands succès. Si on avait vécu encore au temps des merveilles, aux grandes époques d'Iéna et d'Austerlitz, toutes ces fautes n'auraient pas été commises; intrépides et jeunes, on ne comptait pas alors le nombre; aujourd'hui vieux et fatigués, on calculait trop; Mortier avait une sciatique, le maréchal Grouchy un peu de goutte, et Ney ce sombre désespoir qui ne voyait d'autre abri pour lui que la mort.

Et l'Empereur lui-même ne fit-il pas des fautes considérables dans cette campagne [1]? Qui expliquera le retard qu'il mit à attaquer les Prussiens à Ligny? et après avoir vaincu Blücher, pourquoi perd-il une journée entière avant d'attaquer les Anglais encore dispersés dans leurs cantonnements? Sa grande erreur surtout fut de croire que Blücher était entièrement détruit, et qu'il ne devait le faire suivre que par un corps d'observation. A toutes ces causes, il faut ajouter l'impossibilité où était Napoléon de vaincre des armées aussi considérables; il n'avait pas de moyens suffisants, il se trouvait en face de généraux de premier ordre, pleins de confiance, parce qu'ils savaient que Napoléon n'avait pas les éléments de vaincre. Blücher et Wellington auraient été battus, que les Russes arrivaient; après les Russes, les Autrichiens! L'idée napoléonienne était finie, et quand un temps est ainsi arrivé, tout est dit pour une cause!

---

[1] Comme stratégie, le général Jomini lui reproche d'avoir commencé la campagne *avec deux ailes sans centre.*

CHAPITRE VIII.

LA CHAMBRE DES REPRÉSENTANTS JUSQU'A LA

SECONDE ABDICATION DE L'EMPEREUR.

Esprit de la Chambre après le départ de l'Empereur. — Nullité de la pairie. — Puériles propositions des représentants. — Communication du gouvernement. — Rapports avec les ministres. — Projet de loi sur la presse et sur les cris séditieux. — Barrère à la tribune. — Aucune énergie. — Nouvelle de la bataille de Ligny. — Bruit du désastre de Waterloo. — M. de Lafayette à la tribune. — Agitation dans la chambre. — Napoléon à Paris. — Son trajet de Waterloo. — Conseil des ministres à l'Élysée-Bourbon. — La chambre mande les ministres. — Comité secret. — Acharnement de M. de Lafayette contre l'Empereur. — Commission mixte pour le salut de la patrie. — Intrigues pour obtenir l'abdication de l'Empereur. — Insistance des ministres — Menace de demander la déchéance. — Seconde abdication de l'Empereur. — Tumulte et anarchie dans la Chambre des représentants.

15 au 22 Juin 1815.

L'empereur Napoléon avait parfaitement jugé, à son départ, le caractère de la Chambre des représentants tristement hostile à son pouvoir; il ne s'était pas fait un seul moment illusion; cette Chambre était tout à fait incapable de s'élever à la hauteur des dangers de la France; pleine de haine et de faiblesse, un stupide sentiment de méfiance la détachait de l'Empereur, le seul bras puissant et fort qui pouvait sauver la patrie; de misérables passions la séparaient de Louis XVIII, le symbole de la paix; il y avait des déclamations, mais aucune énergie nationale. On allait sacrifier les plus hauts intérêts à des opinions étroites, haineuses, à des vengeances mesquines contre l'homme fort du 18 brumaire.

On aurait pu balancer l'action des représentants par la pairie; ainsi l'espérait l'Empereur en constituant les deux Chambres sur des éléments disparates; une pairie composée de nobles compromis, de sénateurs affaissés, de généraux vieillis, de républicains mécontents, était-elle capable de résister à cette incessante domination de la tribune représentative? que pouvait être la pairie de Bonaparte sans aristocratie, sans éclat, improvisée dans une seule nuit? Il n'y a de grande pairie qu'avec des souvenirs et une dynastie héréditaire; et, certes, les idées dans les Cent Jours n'en étaient pas là. L'esprit anarchique de la Constitution de 1791 avait fait une irruption soudaine dans les pouvoirs, et avec cela Fouché suivait ses projets avec une persévérance inquiétante pour les impérialistes; il ne croyait pas à la durée de Napoléon, il voulait le jeter en dehors des affaires pour réaliser ensuite l'idée de régence, ou toute autre négociation qui pourrait lui donner la pleine possession du pouvoir, même avec Louis XVIII[1]. Fouché avait un incessant besoin de remuer en politique; il n'était à l'aise qu'en menant de front trois ou quatre intrigues différentes pour aboutir à un résultat profitable à lui-même; ce grand railleur politique aimait à se jouer des partis, il se moquait des consciences humaines, comme le Diable du *Paradis Perdu* de Milton.

[1] M. Gaillard était alors arrivé à Gand comme négociateur de Fouché.

A la Chambre des représentants les propositions se succédaient; dans ce bruyant parlage de tribune, on ne s'occupa pas une seule fois des périls de la France ; on se garda bien de donner à l'Empereur les forces et les moyens de repousser l'ennemi, il n'en fut pas question ; à les entendre tous, on aurait dit que la paix étant assurée, les représentants n'avaient plus qu'à délibérer sur les formes constitutionnelles qu'il faudrait donner au pays. Les propositions les plus incohérentes se succédaient à la tribune ; aujourd'hui, on passait des heures entières à savoir si les représentants pourraient prononcer des discours écrits ou parler d'improvisation ; une autre fois, on discutait sur les formules des messages, sur les rapports des ministres avec la Chambre ; et pas un mot sur les moyens de donner une impulsion énergique à la résistance ! Chose triste à dire ! lorsque les ministres vinrent, après le départ de l'Empereur, exposer dans leur département respectif la situation du pays, la Chambre prêta à peine quelque attention à ces exposés d'une si grande gravité. « Pourquoi, s'écria-t-on, des ministres d'État portaient-ils la parole ? pourquoi ne pas envoyer des ministres à département responsables ? » Un esprit hostile, méfiant, s'envenimait de jour en jour contre Napoléon. Pauvres têtes politiques [1] !

---

[1] Voyez les procès-verbaux des séances du 7 au 18 juin 1815.

Voici le résumé des travaux de la Chambre ; on jugera de leur importance ?

« Il s'éleva une vive discussion sur la proposition faite par M. Jay, pour qu'à l'avenir les rapports des ministres fussent adressés à la Chambre, et pour qu'ils fussent prêts à répondre aux questions qui pourraient leur être faites par les députés. M. Roy alla jusqu'à proposer que, comme le rapport du ministre avertissait que la guerre était inévitable, cette communication, d'après l'art. 30 de la Constitution de l'an VIII, qui porte que : « Toute déclaration de guerre sera proposée, discutée, décrétée et promulguée comme une loi, » soit renvoyée à un comité spécial. Cette proposition fut combattue par plusieurs membres et surtout par le général Sébastiani. La proposition que fit ce général de déférer la question importante à suivre dans

Au moment où l'Empereur partait pour combattre la coalition de l'Europe soulevée contre la France, ces représentants songeaient à briser cette épée, qui seule pouvait les préserver eux-mêmes de grands périls ; on discutait, on disputait sur tout ; la seule proposition un peu sérieuse pourtant fut celle de M. Malleville, sur la répression des journaux et des cris séditieux ; M. Malleville, esprit fort modéré, considérant avec effroi la tendance que prenait la presse, voulait une loi qui pût donner au gouvernement la domination suprême sur les journaux au cas de revers et de périls. Sa proposition, vague dans tout ce qui tenait aux principes généraux, se formulait mieux dans la spécialité ; elle punissait toute provocation à la désobéissance aux lois, ou bien au renversement du chef de l'État. On ne pouvait désormais contester la légitimité du gouvernement, et l'on réputait séditieux les cris de *Vive le Roi! vive Louis XVIII! vive les Bourbons!* Toute provocation à l'assassinat de l'Empereur serait sévèrement punie ; les écrivains devaient être arrêtés, s'il s'agissait d'un crime portant peine infamante ; en matière ordinaire, l'arrestation n'aurait lieu qu'après jugement. Cette proposition, dictée par Fouché, qui voulait rester maître de la presse, fut accueillie par la Chambre. Depuis quelque temps les journaux lui faisaient peur ;

les relations entre le Corps législatif et le pouvoir exécutif a une commission spéciale fut adoptée à l'unanimité. M. Pouilly annonça l'intention de proposer que le gouvernement communiquât les actes en vertu desquels certains départements de l'Empire étaient mis hors de l'action de la Constitution, et que ces actes fussent discutés. Le rapport du ministre de la police donna lieu à une discussion sur la nécessité de prendre des mesures pour réduire les insurgés. M. Dumolard proposa une commission de neuf membres à cet effet, mais on s'y opposa parce que c'était prendre l'initiative que la Constitution donne au gouvernement. M. Barière dit cependant que les circonstances avaient démontré de la manière la plus péremptoire la nécessité de deux initiatives, l'une pour le pouvoir exécutif, l'autre pour le législatif. La proposition de M. Dumolard fut rejetée, et la Chambre passa à l'ordre du jour.

la liberté la plus extrême, poussée jusqu'à la licence, critiquait les pouvoirs, et chaque parti disait ses espérances prochaines, de manière à dévorer l'action du gouvernement. En général, les assemblées n'aiment pas la presse ; ces deux pouvoirs se ménagent un peu par politique ; s'ils le pouvaient, ils se proscriraient, ils se détruiraient l'un par l'autre. Fouché d'ailleurs comprenait l'imminence de la crise ; or, dans toutes les éventualités, il lui fallait dominer les journaux pour préparer l'opinion publique à une transition d'un système à un autre. Bonaparte absent de Paris, Fouché espérait que la direction des affaires tomberait tôt ou tard en ses mains ; c'est pourquoi il voulait avoir un droit absolu sur les organes de la pensée [1].

Dans ces discussions de projets, on vit paraître pour la première fois à la tribune un homme dont la réputation avait tristement marqué pendant les temps orageux de la Convention, M. Bertrand Barrère de Vieuzac ; le comité de salut public l'avait compté parmi ses membres les plus fatalement célèbres ; à un talent d'écrivain et d'orateur habile, il joignait une faiblesse indicible de caractère, et c'est cette facilité qui l'avait entraîné dans les plus coupables actions de sa vie. Quand le président prononça ces mots : « M. Barrère demande la parole », un triste murmure se fit entendre, la Convention terrible semblait se lever debout ; la Chambre des représentants, hostile aux Bourbons, haineuse contre Bonaparte, n'avait pas le courage d'aller droit et ferme aux principes révolutionnaires qui seuls pouvaient lui donner de la force, elle en avait peur. M. Bertrand Barrère possédait, comme

---

[1] On compta dans les Cent Jours dix-sept journaux politiques ; l'un même osait porter le titre du *Vieux Républicain*.

toute l'école de Robespierre, des paroles douces, mielleuses, faciles, capables de dominer une assemblée; les représentants de 1815 mous et turbulents étaient incapables de comprendre la fièvre patriotique de 1793. Avec cette disposition des esprits, l'énergie jacobine avait peu de chances, et la Chambre des représentants rejeta presqu'à l'unanimité une proposition d'un député du Morbihan, du nom de Leguevel, sur les délits commis « *par les bandes de révoltés et les brigands qui prenaient le titre d'armée royale.* » Cet homme obscur, renouvelant les jours de la Convention, déclarait : « *que tous les révoltés, leurs ascendants et descendants étaient mis hors la loi.* » Voyez-vous, hors la loi même pour les familles! mot terrible des proconsuls et des missions sanglantes! En révolution, la peur fait commettre des actions mauvaises, plus encore que la perversité des caractères; il serait curieux de voir, aux jours les plus violents de la Convention, tout ce que la frayeur a fait faire; ce n'est pas sans motif qu'on a appelé cette époque la terreur; elle était souvent pour tous, aussi grande parmi les juges, les exécuteurs, que parmi les proscrits et les victimes!

Au fond, cette assemblée des représentants était incapable de lutter contre les périls des circonstances. L'Empereur, en partant, lui avait recommandé l'union et l'énergie; en échange, les représentants lui donnaient l'anarchie la plus complète, la faiblesse et le décousu. Cette situation n'avait rien de compromettant tant que la victoire serait aux drapeaux de l'Empereur, et à bout de compte Napoléon saurait bien la secouer au premier succès; mais supposez une défaite, qu'en résulterait-il? Les discussions du Bas-Empire n'étaient pas dangereuses tant que l'ennemi était loin du Bosphore; mais lorsque les barbares campaient sur l'Hellespont, Byzance fut perdue ! La première nouvelle de la victoire de Ligny avait donné quelque confiance aux ministres de l'Empereur; Joseph et Lucien cherchèrent à ressaisir un peu d'influence sur la Chambre des représentants : on s'exagérait la portée de cette victoire, la grandeur du succès [1]; le lendemain on devait demander un vote de conscrits et d'argent. Bientôt, et comme un courant électrique, d'autres rumeurs succèdent; un bruit est jeté comme un glas funèbre : « Bonaparte a été vaincu, brisé ; il n'y a plus d'armée. » On ne sait comment les tristes nouvelles arrivent; dans les désastres, il se fait un jeu de télégraphes mystérieux qui portent à travers les airs les plus sinistres événements, les plus fatales impressions. Le 18 juin au soir, Waterloo sonnait ses funérailles, et déjà le 19 au matin le bruit circulait, sans détails, sur une funeste bataille donnée à quatre lieues de Bruxelles. Où était l'Empereur ? On ne savait encore qu'une seule phrase, sinistre comme une légende de mort : « L'armée française a été détruite et abîmée au Mont-Saint-Jean. »

Paris est une ville étrange dans les fastes du monde ! Le retour de Napoléon au 20 mars lui avait fait peur; d'abord, dans cet événement, la population vit la guerre furieuse, acharnée, contre toute l'Europe; puis, elle

---

[1] Voici les bulletins que l'on communiquait à la Chambre :

Charleroi, 15 juin, 9 heures du soir.

« L'armée a forcé le passage de la Sambre près Charleroi, et chassé les avant-postes à mi-chemin de Charleroi à Namur, et de Charleroi à Bruxelles. Nous avons fait 1,500 prisonniers et pris six pièces de canon. L'armée de l'Empereur a peu souffert, mais il a fait une perte sensible par la mort du général Letort, son aide-de-camp, qui fut tué sur les hauteurs de Fleurus en conduisant une charge de cavalerie. L'enthousiasme des habitants de Charleroi et des autres pays que nous traversons ne saurait se décrire. »

Derrière Ligny, le 16 juin, à huit heures du soir.

« L'Empereur vient de remporter une victoire complète sur les armées prussienne et anglaise, réunies sous les ordres du duc de Wellington et du maréchal Blücher. L'armée débouche en ce moment par le village de Ligny, en face de Fleurus, à la poursuite de l'ennemi. »

s'était un peu rassurée. Rien de plus crédule que la multitude parisienne : elle s'arrête aux plus grandes niaiseries, elle s'éprend des plus puérils incidents ; quelques petits bulletins de police, des mots semés à propos, un article de journal, suffisent pour fixer l'opinion et préoccuper le peuple. Fouché s'entendait merveilleusement à cette direction de l'esprit public. La bourgeoisie avait donc repris un peu de sécurité dans les Cent Jours ; elle attendait avec béatitude le retour de l'Impératrice et du roi de Rome ; c'était une promenade que d'aller voir si LL. MM. étaient arrivées de Vienne[1]. Le Champ-de-Mai, qui avait excité la curiosité, fut bientôt tourné en moqueries, en chansons ; quelques pièces militaires avaient ramené la confiance aux Boulevards ; et si quelque chose pouvait encore émouvoir la bourgeoisie, c'était la hausse ou la baisse des fonds publics. La nouvelle de la victoire de Ligny répandue le matin avait fait croire à la bourgeoisie que la fortune revenait à Napoléon : on redevint impérialiste un moment ; on crut voir renaître les jours les plus glorieux de l'Empire.

Mais quand les bruits d'un grand désastre à Waterloo se répandirent, il se fit un revirement d'opinions ; on passa de la confiance à l'abandon, on ne crut plus en la destinée de Bonaparte, on le délaissa ; et, par une lâcheté qui se rencontre souvent au milieu de cette population singulière, la sécurité revint, parce que l'on songea au retour de Louis XVIII, à la Restauration, à la paix. Si la partie énergique du peuple, si les faubourgs vigoureux demandaient des armes pour défendre la cité ; les riches, la bourgeoisie,

---

[1] On gardait encore cette illusion au mois de juin.

voyaient au contraire, dans la perte de la bataille de Waterloo, un moyen d'en finir avec la crise ; pour eux, le parti militaire était un embarras qui empêchait la paix et l'ordre ; l'armée les importunait. Waterloo mettait un terme à la dictature, on verrait les alliés à Paris; c'était un malheur, mais enfin ne les avait-on pas reçus en 1814? et leur présence, loin de détruire la richesse de la ville, l'avait augmentée [1] ; les lieux publics avaient fait merveille, la classe commerçante avait réalisé des bénéfices énormes sur les officiers étrangers. Chose bizarre à rapporter! aux premiers bruits de Waterloo, les fonds montèrent dans des proportions inouïes; Paris vit que la guerre était finie, et avec la guerre, les agitations et les violences. On n'aurait plus à se battre pour Napoléon, et c'était là comme une victoire pour la population rentière et propriétaire; Waterloo n'inquiétait que le patriotisme du peuple.

L'Empereur pourtant avait quitté le champ de bataille, couvert de sueur, accablé de fatigue; il s'était précipité à travers plaines, dans la direction des Quatre-Bras; tout avait été perdu, les voitures, les caissons; les soldats fuyant en désordre jetaient leurs armes ; le mot de trahison partout répété ne permettait pas de fixer les points de ralliement[2]. Les Français, si admirables dans une marche en avant, ne semblaient comprendre une retraite que comme une déroute ; ils n'entendaient plus la parole de leurs chefs, les exhortations de leurs officiers. A Phi-

---

[1] Sur l'esprit de la bourgeoisie de Paris en 1814, voyez mon *Histoire de la Restauration*, tome I.

[2] Voici un exemple de ce désordre soldatesque des fuyards de Waterloo :

«Deux cuirassiers, le sabre levé, m'arrêtèrent: « Où vas-tu? — Je vais à la rencontre de l'Empereur. — Tu en as menti! tu es un royaliste, tu vas rejoindre les Anglais!» Je ne sais comment cet incident aurait fini si un officier supérieur de la garde, un envoyé du ciel, ne m'eût heureusement reconnu et tiré d'embarras. »

(*M. Fleury de Chaboulon.*)

14*

lippeville seulement l'Empereur put s'arrêter, à dix lieues du champ de bataille; il avait fait cette route au milieu des fuyards[1] : là il put prendre quelque repos sur un lit dressé à la hâte. Il en profita pour faire un retour sur sa position, et examiner avec maturité les résolutions qu'il avait à prendre. Tout son plan de campagne se trouvait abîmé par la perte de la bataille de Waterloo; les alliés ne s'arrêteraient pas aux frontières, c'était évident; aucune place de la Flandre n'était capable de résister à l'invasion; Paris était donc le point central d'un système de défense; il fallait concentrer les forces dans le bassin de la Marne et de la Seine. Dans cette vue, il expédia l'ordre aux généraux Rapp, Lecourbe, Lamarque et Travot de se rendre à marches forcées sur Paris pour le couvrir; il craignait que le maréchal Grouchy n'eût été coupé, cerné, prisonnier; cependant il lui expédia le même ordre[2]; il invita les commandants militaires de chaque ville à résister le plus possible devant l'ennemi, afin de donner le temps d'opérer un mouvement de concentration.

Dans cette suite d'ordres militaires, sa seule, son unique préoccupation, c'était Paris; il y pensait comme toujours, à Moscou, à Leipsick, dans ses revers comme dans ses victoires. Rome! Rome! était la pensée de César! Quelle attitude allait prendre la Chambre des représentants? Comment l'opinion publique accueillerait-elle les récits de cette funeste bataille, aussi meurtrière que les désastres de Russie et la funèbre et dernière campagne

---

[1] « Le général Mouton, les généraux de la garde Petit et Pelet de Morvant, et une foule d'autres officiers cherchèrent à reformer l'armée. L'épée à la main, ils arrêtaient les troupes au passage et les forçaient de se ranger en bataille ; à peine réunies, elles se dispersaient aussitôt. »

[2] Pour être juste, il faut dire que la retraite du maréchal Grouchy fut parfaitement accomplie ; j'en expliquerai l'itinéraire.

de l'Elbe? De Charleroi même, il écrivit sur-le-champ deux lettres à son frère Joseph : l'une, publique, devait être lue au conseil des ministres ; c'était un long mensonge sur la bataille de Waterloo, afin de ne pas inquiéter le Conseil et la Chambre ; il se résumait par une demande d'hommes et d'argent. Dans la seconde lettre, toute confidentielle, il disait la vérité entière à son frère, en lui répétant, toutefois, que tout n'était pas perdu : « J'ai encore 150,000 hommes ; les fédérés et les gardes nationales m'en donneront 100,000 ; les bataillons du dépôt, 50,000 : j'aurai donc 300,000 soldats à opposer de suite à l'ennemi. J'attellerai l'artillerie avec les chevaux de luxe ; je lèverai 100,000 conscrits ; je les armerai avec les fusils des royalistes et des mauvaises gardes nationales. Je ferai lever en masse le Dauphiné, le Lyonnais, la Bourgogne, la Lorraine, la Champagne ; j'accablerai l'ennemi : mais il faut qu'on m'aide et qu'on ne m'étourdisse point. Je vais à Laon, j'y trouverai sans doute du monde. Je n'ai point entendu parler de Grouchy : s'il n'est point pris, comme je le crains, je puis avoir dans trois jours 50,000 hommes ; avec cela j'occuperai l'ennemi, et je donnerai le temps à Paris et à la France de faire leur devoir. Les Anglais marchent lentement ; les Prussiens craignent les paysans, et n'oseront point trop s'avancer : tout peut se réparer encore. Écrivez-moi l'effet que cette horrible échauffourée aura produit dans la Chambre. Je crois que les députés se pénétreront que leur devoir, dans cette circonstance, est de se réunir à moi pour sauver la France : préparez-les à me seconder dignement. » L'Empereur ajouta de sa main : « Du courage et de la fermeté! » C'était ici une illusion complète ; Waterloo devait produire un autre effet sur la population et sur les pouvoirs ; Napoléon ignorait que la plus grande plaie de la France, c'est le découragement après le premier revers.

L'Empereur ne put rester à Philippeville, déjà l'ennemi enlaçait cette ville par ses coureurs; réveillé en sursaut, il fut obligé de fuir encore; autour de lui se pressaient les généraux Drouot et Dejean, MM. de Flahaut, de Labédoyère, Corbineau et de Bissy. Toute l'escorte était à faire pitié, des figures décomposées, des habits couverts de sang et de poussière. On avait atteint Rocroy, souvenir de victoire du grand Condé, et c'est là qu'on disserta sur les moyens qui restaient à l'Empereur et au pays; mille paroles furent dites, chaudes, ardentes, mais sans portée, comme celles de jeunes officiers; Labédoyère voulait que « Napoléon vînt s'offrir de mourir en soldat et de remettre la couronne au plus digne; les Chambres alors le seconderaient d'enthousiasme. » On lui répondit que c'était mal connaître les représentants; ceux-ci accuseraient Napoléon d'avoir perdu la France. « Que Dieu nous préserve d'un semblable malheur! s'écria Labédoyère plein de feu; si les Chambres s'isolent de l'Empereur, tout est perdu : les ennemis, sous huit jours, seront à Paris; le neuvième, nous reverrons les Bourbons; alors, que deviendront la liberté et tous ceux qui ont embrassé la cause nationale ? Quant à moi, mon sort ne sera pas douteux, je serai fusillé le premier. » Pauvre jeune homme! quel sinistre pressentiment! — « L'Empereur est perdu s'il met le pied à Paris: il n'y a qu'un seul moyen de se sauver, lui et la France, reprit M. de Flahaut; c'est de traiter avec les alliés et de céder la couronne à son fils. Mais, pour pouvoir traiter, il faut qu'il ait une armée; et peut-être, au moment où nous parlons, la plupart des généraux songent-ils déjà à envoyer leur soumission au roi.» — «Raison de plus, dit Labédoyère, pour se hâter de faire cause commune avec les Chambres et la nation et pour se mettre en route sans perdre de temps.» — «Et moi, répliqua M. Fleury de Chaboulon, je soutiens, comme M. de Flahaut, que si l'Empereur met le pied à Paris, il est perdu. On ne lui a jamais pardonné d'avoir abandonné son armée en Égypte, en Espagne, à Moscou ; on lui pardonnera bien moins encore de l'avoir laissée au centre de la France. »

A Laon, on pouvait se rallier; la place était dans une assez bonne situation militaire pour la faire servir de pivôt à de nouvelles opérations ; tel était le premier avis de l'Empereur; il voulait rester là [1], car il éprouvait de la peine à revoir Paris en vaincu. Il réfléchit mieux sur sa position : l'effet du bulletin du Mont-Saint-Jean ne serait-il pas terrible au milieu d'une chambre qui le détestait ? tout serait perdu pour son trône et sa dynastie si le fatal bulletin arrivait avant lui ; sa présence pouvait seule contenir les partis menaçants; marcher à Paris fut sa résolution définitive. Il dicta donc à Laon le triste bulletin [2] du Mont-Saint-Jean, aussi fatal que ceux de Moskou et de Leipsick : pour la troisième fois, il allait arriver dans sa capitale précédé par les plus déplorables nouvelles, trois fois il l'avait laissée sur le champ de bataille. Ceci

---

[1] « Je resterai à Laon jusqu'à ce que le reste de l'armée soit réuni. J'ai donné l'ordre de diriger sur Laon et sur Reims tous les militaires isolés. La gendarmerie et la garde nationale vont battre la campagne et ramasser les traîneurs ; les bons soldats se rallieront d'eux-mêmes. Nous aurons dans vingt-quatre heures un noyau de 10 à 12,000 hommes. Avec cette petite armée, je contiendrai l'ennemi, et je donnerai le temps à Grouchy d'arriver, et à la nation de se retourner. »

[2] « Voici, dit Napoléon, le bulletin du Mont-Saint-Jean ; je veux que vous en entendiez la lecture. Si j'ai omis quelques faits essentiels, vous me les rappellerez ; mon intention est de ne rien dissimuler. Il faut, comme après Moscou, révéler à la France la vérité tout entière. J'aurais pu rejeter sur le maréchal Ney une partie des malheurs de cette journée ; mais le mal est fait, il ne faut plus en parler ! »

devait porter des coups mortels à son autorité : pouvait-il penser que ses ennemis, en forte majorité dans la Chambre des représentants, le seconderaient pour un projet de dictature et de résistance nationale? Il faut le dire, l'idée de voir Paris, de dominer les partis en s'emparant des délibérations publiques, absorba toutes les autres pensées de Napoléon; il se mit en route précipitamment, et arriva de nuit comme un proscrit à l'Élysée. La date est à remarquer : la bataille de Waterloo s'est donnée le 18 juin jusqu'au soir, et le 20 également au soir Napoléon touchait les barrières de Paris.

Dans cette journée du 20 juin, à quatre heures du matin, Fouché fut informé du désastre de Waterloo d'une manière assez bizarre; une lettre anonyme lui parvint avec ces mots : « Bonaparte a été battu à quatre lieues de Bruxelles; il fuit, il est perdu. » Cette note au crayon, sans signature, était venue, comme à vol d'oiseau, de Bruxelles en 18 heures [1]. Fouché la tint secrète, il manda seulement auprès de lui le matin les députés marquants de la Chambre pour causer vaguement sur les chances de la situation et les périls qui pourraient en surgir; « il ne doutait pas, répéta-t-il, que tôt ou tard un désastre ne renversât Napoléon; que ferait-t-on en ce cas? » Il sonda M. de Lafayette sur les moyens de donner une impulsion nationale à la Chambre des représentants; M. de Lafayette, avec son esprit froid et sa haine raisonnée et logique contre Napoléon, déclara : « que le seul parti à prendre au cas de revers était de se déclarer en permanence et de demander l'abdication de l'Empereur; et s'il refusait, il se faisait fort de faire prononcer sa déchéance. » La déchéance des pouvoirs était l'idée favo-

---

[1] Fouché en soupçonna une dame royaliste de sa connaissance.

rite de M. de Lafayette ; il vivait avec elle, parce qu'il aimait la négation de toute autorité. Fouché caressa cette fantaisie de souveraineté populaire, comme l'éventualité la plus probable pour s'emparer du pouvoir. Voici comment il raisonnait : « Si l'Empereur vient à Paris, ce n'est pas sans dessein ; s'il quitte son armée, c'est pour faire un coup de sa tête, saisir une dictature qu'il avait déjà essayé de prendre lors de son départ pour l'armée. » Fouché connaissait Lucien, Réal, Carnot même ; ils n'hésiteraient pas à conseiller à l'empereur Napoléon de saisir la dictature ; et pour faire tomber ce projet et l'annuler, il avait jeté les yeux sur M. de Lafayette, comme sur un instrument facile à manier et à séduire par des mots. A côté de ses mauvais desseins, M. de Lafayette avait une niaiserie de caractère indicible ; admirablement propre à renverser un gouvernement, il était impuissant pour en reconstituer un nouveau ; en face d'un pouvoir fort, M. de Lafayette était nul et abattu ; il était tout avec un pouvoir faible ; et à côté d'une tête politique qui flatterait sa vanité, il ne serait jamais qu'un instrument, un marche-pied, une courte-échelle, qu'on secouerait après s'en être servi, et c'est là le rôle que lui destinait Fouché.

A peine arrivé à l'Elysée, l'Empereur, abattu, fatigué, trempé de sueur, manda auprès de lui les ministres. M. de Caulaincourt l'attendait, comme prévenu par instinct des malheurs de l'armée ; pas un sourire ne fut échangé, pas une parole de consolation : des physionomies altérées, des visages baignés de larmes ou basanés par la poussière, le soleil et la poudre. Napoléon jeta quelques paroles à peine à M. de Caulaincourt, au milieu des soupirs : « L'armée avait fait des prodiges ; une terreur panique l'a saisie, tout a été perdu... Ney s'est conduit comme un fou : il m'a fait massacrer ma cavalerie... Je n'en puis plus... il me faut deux heures de repos pour être à mes affaires. » En portant la main sur son cœur : « J'étouffe là ! » L'Empereur, d'une voix altérée, demanda un bain très chaud, c'était son remède habituel et son moyen de repos; et là, il causa dans l'intimité avec M. de Caulaincourt; l'idée fixe qui paraissait le préoccuper, c'était la dictature; « il ne voulait pas la prendre, mais il espérait que la Chambre aurait le patriotisme de la lui donner; dans les crises imminentes, le besoin de la conservation n'est-il pas la première pensée même des intelligences brutes? Or, comment refuser de conférer la dictature à l'Empereur, puisque seul il pouvait sauver les patriotes des périls dont ils étaient menacés [1] ? »

Napoléon parlait avec franchise; il s'irritait, s'échauffait, puis l'abattement lui venait au cœur : « Je n'ai plus d'armée, reprit-il; je n'ai plus que des fuyards. Je retrouverai des hommes, mais comment les armer? Je n'ai plus de fusils. Cependant, avec de l'union, tout pourra se réparer. J'espère que les députés me seconderont, qu'ils sentiront la responsabilité qui va peser sur eux. Vous avez mal jugé, je crois, de leur esprit : la majorité est bonne, est française! Je n'ai contre moi que Lafayette, Lanjuinais, Flaugergues et quelques autres. Ils ne veulent pas de moi, je le sais; je les gêne... ils voudraient travailler pour eux... Je ne les laisserai pas faire; ma présence ici les contiendra. »

[1] « Il règne une grande agitation dans les esprits, dit M. de Caulaincourt à Napoléon; les dispositions des députés paraissent plus hostiles que jamais. Puisque Votre Majesté daigne m'écouter, je dois lui dire qu'il est à craindre que la Chambre ne réponde point à votre attente. Je regrette, Sire, de vous voir à Paris; il eut été préférable de ne point vous séparer de votre armée; c'est elle qui fait votre force, votre sûreté. »

Telle fut la première scène de l'Élysée ; les ministres prévenus arrivaient successivement ; Joseph et Lucien pressèrent fraternellement l'Empereur dans leurs bras, ils ne lui dissimulèrent point les mauvaises dispositions de la Chambre, et Napoléon à son tour ne cacha pas l'état déplorable de l'armée ; comment aurait-il pu le dérober à ces confidents de ses plus intimes pensées ? L'Élysée était envahi par des officiers pâles, maladifs, découragés ; ils voyaient partout l'ennemi comme un spectre attaché à leur poursuite ; ils parlaient haut des terreurs paniques du soldat et de la désorganisation de l'armée [1] ; on n'épargna pas le tableau de l'horrible désastre du Mont-Saint-Jean. Napoléon fit une lecture du bulletin daté de Laon, écrit dans une sorte de sincérité maladive ; et après que cette lecture eut été achevée, il prit encore la parole d'un ton plus ferme, plus décidé : « Nos malheurs sont grands. Je suis venu pour les réparer ; pour imprimer à la nation, à l'armée, un grand et noble mouvement. Si la nation se lève, l'ennemi sera écrasé ; si, au lieu de levées, de mesures extraordinaires, on dispute, tout est perdu ! L'ennemi en France, j'ai besoin, pour sauver la patrie, d'être revêtu d'un grand pouvoir, d'une dictature temporaire. Dans l'intérêt de la patrie, je pourrais me saisir de ce pouvoir ; mais il serait utile et plus national qu'il me fût donné par les Chambres. » C'était son idée de gouvernement depuis Laon ; il n'arrivait à Paris avec tant de rapidité que pour se faire investir de la dictature, et reconstituer les éléments épars du pouvoir ; il demandait que l'on concentrât dans sa personne la puissance que

---

[1] Les aides-de-camp et les officiers revenus du Mont-Saint-Jean n'épargnèrent aucun détail, et jetèrent imprudemment dans tous les cœurs la terreur et le découragement. On dit tout haut que Napoléon était perdu, et tout bas qu'il n'avait plus d'autre moyen de sauver la France que d'abdiquer.

le Comité de salut public avait exercée aux époques d'invasion ; les périls étaient les mêmes, le pouvoir devait être dans les mêmes conditions : on ne sauve pas un pays avec des demi-mesures.

A l'étonnement de tous, Carnot soutint l'opinion de cette dictature; il fut de l'avis d'un grand système de défense confié à l'Empereur ; on devait garder Paris jusqu'à la dernière extrémité, puis se retirer, s'il le fallait, derrière la Loire, harasser l'ennemi en l'accablant sous les partisans et les fédérés. M. de Caulaincourt ne partagea point l'avis de Carnot : « si Paris était occupé, tout serait dit pour le système impérial, une Restauration serait accomplie; c'était dans l'union avec les Chambres que Napoléon devait trouver ses forces. » Molles et tristes idées! qui furent surtout développées par Fouché. Le ministre répéta d'une façon assez légère : « que les Chambres n'étaient pas aussi hostiles que pouvait le croire l'Empereur; en montrant de la confiance, on pouvait les rendre bonnes et les diriger. » Decrès, avec sa mauvaise humeur habituelle, s'écria : « qu'on ne pouvait pas compter sur les représentants, et que Fouché se trompait sur tout cela. »

M. Regnauld (de Saint-Jean-d'Angély), le premier, jeta le mot fatal d'abdication au profit du prince impérial ; il ne dissimulait rien : « si l'Empereur n'abdiquait pas, la Chambre pourrait voter la déchéance, et c'était là un péril. » L'opinion de M. Regnauld était d'autant plus grave à consulter, que c'était lui qu'on savait en rapport avec la Chambre des représentants; il y portait habituellement la parole, il y suivait le jeu des partis, le mouvement des opinions; il savait donc la pensée des représentants. L'idée de régence paraissait à M. de Regnauld un moyen de sauver la dynastie impériale. Lucien défendit l'opinion d'une forte et grande dictature confiée à son frère; il était redevenu l'homme ferme du 18 brumaire; les moyens violents ne lui paraissaient pas en dehors de la situation; s'il le fallait, au besoin, on dissoudrait la Chambre des représentants par la force; l'armée n'était-elle pas dans les mains de l'Empereur [1] ? Il y a malheureusement des hommes en politique qui vivent avec une idée; comme cette idée a fait leur force, leur réputation, ils la caressent et veulent la reproduire, alors même que les temps et les opinions ont changé. Ainsi, pour Lucien, tout se résumait dans le 18 brumaire; il avait fait jeter les Cinq-Cents par les croisées à Saint-Cloud, il croyait le pouvoir encore en 1815, sans remarquer que le 18 brumaire était la jeunesse dans la vie de Bonaparte, et que les Cent Jours étaient la décrépitude et la mort. Donnez aux vieillards la nourriture des jeunes hommes, et vous les tuez; et il en est de la vie des États comme de celle des hommes. Carnot appuya Lucien, et Napoléon peut-être allait se décider pour une mesure de force et d'énergie, lorsqu'un message des représentants vint tout à coup interrompre la délibération.

Fouché, qui s'était entendu avec M. de Lafayette et les meneurs de la Chambre des représentants, Manuel, M. Jay, M. Dupin aîné, n'avait rien laissé ignorer de ce qui se passait dans la tête et le cœur de Napoléon pour

---

[1] « Je me suis déjà trouvé dans des circonstances difficiles, et j'ai vu que plus les crises sont grandes, plus on doit déployer d'énergie. Si la Chambre ne veut point seconder l'Empereur, il se passera de son assistance. Le salut de la patrie doit être la première loi de l'État ; et puisque la Chambre ne paraît point disposée à se joindre à l'Empereur pour sauver la France, il faut qu'il la sauve seul; il faut qu'il se déclare dictateur, qu'il mette la France en état de siège, et qu'il appelle à sa défense tous les patriotes et tous les bons Français. »

(*Opinion de Lucien.*)

la dictature; il exagéra même les bruits sinistres qui circulaient contre les représentants : « les nouvelles étaient très alarmantes pour ce qu'on appelait les mandataires du peuple; on méditait un 18 brumaire; les débris de la garde impériale devaient agir contre les organes de la nation : on essaierait une journée. »

Depuis le matin, M. de Lafayette était résolu à une démarche, car, je le répète, il paraissait comme l'oiseau sinistre qui annonçait la chute des gouvernements. On était au 21 juin, les représentants en grand nombre se réunirent à midi; les visages étaient différents : les bonapartistes paraissaient consternés; les patriotes de 1789, faut-il le dire! laissaient percer un rayon de joie, car ils voyaient dans ce sinistre événement un moyen de renverser Bonaparte, s'imaginant ensuite avec puérilité qu'ils pourraient obtenir des alliés un gouvernement de leur choix. Tous les partis étaient prêts; on attendait à tout moment une menace violente. Dans ces pénibles circonstances, M. de Lafayette monte à la tribune, avec son froid et impitoyable courage contre les gouvernements qui tombent, avec ce calme qu'il ne perdit jamais, alors même que le sang coulait à grands flots dans les journées de Versailles ou au Champ-de-Mars. Le voilà maintenant à la tribune : que va-t-il dire? que va-t-il proclamer? Au milieu du silence universel, voici les paroles qu'il fait entendre contre celui qui l'avait sauvé des prisons d'Olmultz : « Messieurs, lorsque, pour la première fois depuis bien des années, j'élève une voix que les vieux amis de la liberté reconnaîtront encore, je me sens appelé à vous parler des dangers de la patrie, que vous seuls à présent avez le pouvoir de sauver. Des bruits sinistres s'étaient répandus; ils sont malheureusement confirmés. Voici le moment de nous rallier autour du vieil étendard tricolore, celui de 89, celui de la liberté, de l'égalité et de l'ordre public! C'est celui-là seul que nous avons à défendre contre les prétentions étrangères et contre les tentatives intérieures. Permettez, messieurs, à un vétéran de cette cause sacrée, qui fut toujours étranger à l'esprit de faction, de vous soumettre quelques résolutions préalables, dont vous apprécierez, j'espère, la nécessité. Les voici : « La Chambre des représentants déclare que l'indépendance de la nation est menacée. La Chambre se déclare en permanence. Toute tentative pour la dissoudre est un crime de haute trahison. Quiconque se rendrait coupable de cette tentative sera traître à la patrie, et sur-le-champ jugé comme tel ; l'armée de ligne et les gardes nationales qui ont combattu et combattent encore pour défendre la liberté, l'indépendance et le territoire de la France, ont bien mérité de la patrie ; le ministre de l'intérieur est invité à réunir à l'état-major général les commandants et majors de légion de la garde nationale parisienne, afin d'aviser au moyen de lui donner des armes, et de porter au plus grand complet cette garde citoyenne, dont le patriotisme et le zèle, éprouvés depuis vingt-six ans, offrent une sûre garantie à la liberté, aux propriétés, à la tranquillité de la capitale et à l'inviolabilité des représentants de la nation ; les ministres de la guerre, des relations extérieures, de la police et de l'intérieur sont invités à se rendre sur-le-champ dans le sein de l'assemblée [1]. »

Cette résolution résumée en quelques lignes; brisait toute l'autorité de l'Empereur ; M. de Lafayette ne disait pas « qu'il fallait se réunir autour du chef de l'État, mais sous le drapeau tricolore ; idée vague de souveraineté po-

---

[1] Séance du 21 juin 1815.

pulaire; il y avait de la perfidie à parler des tentatives coupables, car c'était signaler les projets de dictature. Enfin, la Chambre, agissant sans le concours de l'Empereur, allait déclarer crime de haute trahison la tentative de la dissoudre; elle mandait les ministres à sa barre; ce qui était l'exercice des pouvoirs souverains en dehors du prince; et tout cela fut voté d'acclamation.

C'est ce message qui arrivait au milieu du conseil de gouvernement, présidé à l'Élysée par l'Empereur. Ainsi au moment où il fallait des résolutions d'unité et d'énergie, la Chambre jetait des brandons de discorde : qu'allait-on faire désormais de cette nation sans tête, de ce peuple sans chef, sans conducteur? Il y avait un parti à prendre à l'Élysée, c'était l'immédiate dissolution de la Chambre; on y était d'abord résolu, et cet acte de fermeté n'eût pas manqué d'exécuteurs dans le parti militaire et national; mais les avis mollissaient déjà; l'Empereur lui-même baissa la tête tout rouge de dépit; puis la relevant fièrement, il s'écria : « J'aurais dû congédier ces gens-là avant mon départ; c'est fini, ils vont perdre la France. Regnauld ne m'a point trompé, ils ne veulent plus de moi. Eh bien! j'abdiquerai s'il le faut, mais pas encore; voyons d'abord; Regnauld, allez à la Chambre, calmez-la et sondez le terrain. Vous leur annoncerez que je suis de retour; que je viens de convoquer le conseil des ministres; que l'armée, après une victoire signalée, a livré une grande bataille; que tout allait bien; que les Anglais étaient battus; que nous leur avions enlevé six drapeaux, lorsque des malveillants ont causé une terreur panique; que l'armée se rallie; que j'ai donné des ordres pour arrêter les fuyards; que je suis venu pour me concerter avec mes ministres et avec les Chambres, et que je m'occupe, en ce moment, des mesures de salut public qu'exigeront les circonstances. »

Ce terme moyen, qui jetait l'Empereur dans les bras des représentants, devait plaire aux timides qui composaient le conseil. M. Regnauld rédigea une communication officielle sur les événements de la bataille de Waterloo; comme il avait la parole facile, de l'élégance, des formes et une habitude des assemblées, il espérait être écouté avec faveur[1]; il devait, sinon dominer la Chambre, au moins la préserver d'un de ces mouvements qui en finirait avec la dynastie de l'Empereur. Montant à la tribune, il se borna pour le moment à communiquer aux représentants une note brève et significative sur les désastres de la campagne; elle était ainsi conçue : « L'Empereur est arrivé à onze heures. Il a convoqué le conseil des ministres; il a annoncé que l'armée, après une victoire signalée dans les plaines de Fleurus, où l'élite de l'armée prussienne a été écrasée, a livré une grande bataille, deux jours après, à quatre lieues de Bruxelles. L'armée anglaise a été battue toute la journée, et obligée de céder le champ de bataille. On avait pris six drapeaux anglais, et la victoire était décidée, lorsqu'à la nuit des malveillants ont répandu l'alarme, et occasionné un désordre que la présence de S. M. n'a pu rétablir à cause de la nuit, qui n'a été qu'une suite de désastres qu'on n'a pu arrêter. L'armée se rallie sous les murs d'Avesnes et de Philippeville. S. M. a passé à Laon; elle y a donné des ordres pour que la levée en masse des gardes nationales des départements arrête les fuyards. Elle est venue à Paris pour conférer avec ses ministres sur les moyens de rétablir le matériel de l'armée. L'intention de S. M. est

---

[1] M. Regnauld s'était déjà fortement rapproché du parti Fouché.

de se concerter aussi avec les Chambres sur les mesures législatives qu'exigent les circonstances. S. M. s'occupe en ce moment des propositions à présenter aux Chambres. »

A cette communication si curieusement dissimulée, M. Regnauld n'ajoute pas une seule parole; il la croit assez grave et assez solennelle; mais de sourds murmures se font entendre : « M. Regnauld, vous n'êtes pas un ministre à département; la Chambre a mandé les ministres, qu'ils viennent! qu'ils viennent! » — « Assurons la sécurité des représentants, dit M. Félix Desportes, et qu'une commission soit nommée pour veiller sur notre palais. » — « Oui, oui! s'écria-t-on, car on a voulu menacer la représentation nationale. » Aussitôt on désigne cinq membres chargés de garantir l'indépendance de la Chambre : ce sont le républicain Gamon et avec lui le général Becker, l'ordonnateur Lefèvre, l'ancien officier de marine Labbey de Pompières et le représentant Pénières[1]. M. Jay, organe de Fouché dans l'assemblée, s'écrie avec une grande vivacité : « Les ministres ne viennent pas; veulent-ils désobéir aux ordres de la Chambre? Envoyons un second message. » — « Appuyé! appuyé! » dit-on. Manuel, le commensal de Fouché, ajoute : « Prenons des mesures pour garantir la sécurité des représentants. » — « Nommons un commandant en chef de la garde nationale, » reprend M. Pénières. Et, par là, on voulait créer une fonction militaire à M. de Lafayette; on n'ose point cependant aller si loin, et dresser ce vieux glaive contre l'épée de l'Empereur. Le général Sébastiani, déjà lié au parti patriote, et un peu en disgrâce de Napoléon, répond aussitôt: « Sans nommer

[1] Séance du 21 juin 1815.

un chef de la garde nationale, on peut mander les chefs de légion devant la Chambre ; le général Durosnel, qui la commande, ne refusera pas d'envoyer un bataillon de cette garde fidèle, pour protéger la représentation. » L'agitation gronde, les propositions se succèdent, lorsqu'arrive un billet du conseil des ministres : « ils déclarent qu'ils vont se rendre à la Chambre des représentants, pour se mettre à ses ordres [1] » Concession immense faite par l'Empereur, prélude de son abdication ! lui, le souverain impérieux, laisse mander à la barre d'une assemblée les ministres de son choix ! En révolution, les choses marchent si vite ! quelques heures avant, il était résolu de saisir fortement la dictature ; le voici maintenant résigné à tout céder, même la couronne ; il autorise ses ministres à se rendre au milieu des représentants, et pour leur donner un chef, une tête, il charge son frère Lucien de les accompagner au milieu des flots tumultueux de ces hommes à passions étroites.

L'arrivée de Lucien déplut aux représentants ; souvenir vivant du 18 brumaire, sa présence était une insulte à une assemblée politique ; n'était-ce pas lui qui avait insisté pour que Napoléon saisît la dictature ? Lucien demande immédiatement le comité secret pour des communications importantes : « Non, non, s'écrient des voix tumultueuses, tout doit se faire et se dire au grand jour de la publicité ! » La majorité se prononce toutefois pour le comité secret, parce que chacun y sera plus à l'aise. Les représentants, placés en dehors de l'opinion, se jettent à corps perdu sur le cadavre politique de l'Empereur ;

---

[1] Monsieur le président,
« Ayant été retenus jusqu'à ce moment à la Chambre des pairs et au conseil, et ayant reçu presqu'en même temps votre message et celui des pairs, nous sommes sur le point de nous rendre à votre assemblée.»

Nous avons l'honneur, etc.
Signé, Carnot, Caulaincourt, duc d'Otrante, prince d'Eckmühl.

c'est à qui le déchirera. Il y a souvent une grande lâcheté dans les assemblées politiques : elles aiment à flétrir les pouvoirs déchus; elles exaltent les forts, elles foulent aux pieds les faibles. On insulte Lucien par le geste et la parole; Henri Lacoste (du Gard), un des républicains les plus hostiles à Napoléon, s'écrie : « Le voile est donc déchiré! nos malheurs sont connus! Quelque affreux que soient nos désastres, peut-être ne nous les a-t-on pas entièrement révélés. Je ne discuterai point les communications qui nous ont été faites; le moment n'est point venu de demander compte au chef de l'État du sang de nos braves et de la perte de l'honneur national; mais je lui demanderai, au nom du salut public, de nous dévoiler le secret de ses pensées, de sa politique; de nous apprendre le moyen de fermer l'abîme entr'ouvert sous nos pas! Vous nous parlez d'indépendance nationale, vous nous parlez de paix, ministres de Napoléon! Mais quelle nouvelle base donnerez-vous à vos négociations? Quels nouveaux moyens de communications avez-vous en votre pouvoir? Vous le savez comme nous, c'est à Napoléon seul que l'Europe a déclaré la guerre! Séparerez-vous désormais la nation de Napoléon ? Pour moi, je le déclare, je ne vois qu'un homme entre la paix et nous. Qu'il parle, et la patrie sera sauvée [1]! »

A ces paroles, qui décèlent simultanément la haine profonde contre Bonaparte et l'ignorance de la situation diplomatique, Lucien s'empresse de répondre : « Hé quoi! aurions-nous la faiblesse de croire au langage de nos ennemis? Lorsque, pour la première fois, la victoire nous fut infidèle, ne nous jurèrent-ils pas, en présence de Dieu et des hommes, qu'ils respecteraient notre in-

---

[1] Ce comité secret a été recueilli par un témoin oculaire.

dépendance et nos lois ? Ne donnons pas une seconde fois dans le piége qu'ils tendent à notre confiance, à notre crédulité. Leur but, en cherchant à isoler la nation de l'Empereur, est de nous désunir pour nous vaincre, et nous replonger plus facilement dans l'abaissement et l'esclavage dont son retour nous a délivrés. Je vous en conjure, citoyens, au nom sacré de la patrie, ralliez-vous tous autour du chef que la nation vient de replacer si solennellement à sa tête ! Songez que notre salut dépend de notre union, et que vous ne pourriez vous séparer de l'Empereur et l'abandonner à ses ennemis sans perdre l'État, sans manquer à vos serments, sans flétrir à jamais l'honneur national ! »

Telles furent les paroles de Lucien ; le frère de l'Empereur était homme de gouvernement avant tout ; il voyait bien et de haut la question politique ; mais quand les tempêtes grondent sur une assemblée, qui peut faire entendre la voix de la raison ? Les têtes de parti la dirigent seules et la dominent. Le général Lafayette jette de froides et solennelles paroles à Lucien : « Vous nous accusez de manquer à nos devoirs envers l'honneur et envers Napoléon ! Avez-vous oublié tout ce que nous avons fait pour lui ? Avez-vous oublié que les ossements de nos enfants, de nos frères, attestent partout notre fidélité, dans les sables de l'Afrique, sur les bords du Guadalquivir et du Tage, sur les rives de la Vistule et dans les déserts glacés de la Moskovie ? Depuis plus de dix ans 3,000,000 de Français ont péri pour un homme qui veut lutter encore aujourd'hui contre toute l'Europe! Nous avons assez fait pour lui ; maintenant notre devoir est de sauver la patrie. » Le temps était bien choisi pour énumérer les reproches du passé et les griefs, hélas ! trop nombreux contre Napoléon ! l'Empereur était par terre et on l'insultait, on prenait plaisir à flétrir celui dont on n'aurait osé naguère soutenir le regard. « Napoléon est un tyran; qu'il se hâte d'abdiquer; s'il ne le veut pas, eh bien! l'assemblée souveraine prononcera sa déchéance. » Voilà ce qu'on entend partout : puis on se calme un peu; la Chambre nomme une commission, composée de MM. Lanjuinais, Lafayette, Flaugergues, Dupont (de l'Eure) et du général Grenier; cette commission doit s'entendre avec deux autres commissions de la Chambre des pairs et du conseil d'État sur les mesures à prendre pour le salut de la patrie.

De cette triple réunion allaient dépendre les mesures qui devaient sauver le pays ou le perdre; les deux Chambres, les ministres, le conseil d'État se faisaient représenter dans ce comité central qui succédait réellement au pouvoir de l'Empereur. Réuni à neuf heures du soir, ce comité délibéra jusqu'à trois heures du matin, au milieu des discussions profondes. Si déjà la Chambre des représentants avait dépouillé l'Empereur de l'autorité exécutive, la commission proposa une mesure plus extraordinaire encore, c'était d'autoriser les deux Chambres à traiter directement avec les puissances alliées sans la participation de Bonaparte [1]. Par le fait, les représentants absorbaient déjà tous les pouvoirs : ils

---

[1] Les commissions des deux chambres, les ministres d'État se réunirent à onze heures du soir, en présence du prince Lucien.

Il fut décidé à la majorité de seize voix contre cinq :

« 1° Que le salut de la patrie exigeait que l'Empereur consentît à ce que les deux Chambres nommassent une commission qui serait chargée de négocier directement avec les puissances coalisées, aux conditions de respecter l'indépendance nationale, et le droit qu'a tout peuple de se donner les constitutions qu'il juge à propos ;

« 2° Qu'il convenait d'appuyer ces négociations par l'entier développement des forces nationales ;

« 3° Que les ministres d'État proposeraient les mesures propres à fournir des hommes, des chevaux, de l'argent, ainsi que les mesures nécessaires pour contenir et réprimer les ennemis de l'intérieur. »

mandaient les ministres à la barre, et organisant la garde nationale, ils prenaient des mesures de sûreté publique; enfin, comme couronnement de l'édifice, ils déclaraient qu'on pouvait traiter avec l'ennemi sans le concours de Napoléon.

Tout cela ne suffit pas encore; on poursuit, on persécute l'Empereur; il y a rage contre ce qui est unité de gouvernement. Duchesne (de l'Isère) est à la tribune : « Nos désastres sont grands, on ne peut le nier; ils sont attestés par la présence même du chef de nos armées dans la capitale. Si l'énergie de la nation n'a pas de bornes, ses moyens en ont. On nous a dit que ces moyens équivalent à ceux qu'elle avait en 1794.... Plût à Dieu qu'il en fût ainsi! Mais j'ai trop de motifs pour ne point partager cette opinion. On nous parle aussi d'imiter les Espagnols, qui ont donné un si grand exemple d'esprit national, un sentiment si profond de leur indépendance. Mais n'est-il pas malheureusement trop vrai que notre situation actuelle est bien différente de la leur? N'est-il pas malheureusement trop vrai qu'en France il ne règne pas la même unanimité de sentiments, unanimité qui peut seule sauver le pays? Je ne pense donc pas que la Chambre puisse offrir des négociations aux puissances alliées avant la déchéance de Napoléon; il résulte des pièces mêmes qui nous ont été communiquées la preuve qu'elles ont constamment refusé toutes les ouvertures qui leur ont été faites, et déclaré qu'elles ne traiteraient jamais avec vous tant que vous auriez à votre tête l'Empereur... » Cette harangue de Duchesne était destinée à hâter la chute fatale de l'Empereur : « L'abdication! l'abdication! » tel est le cri universel. En vain le président fait entendre à la Chambre que cette abdication va venir. « Non, non, il la faut tout de suite! on veut faire

perdre du temps à l'assemblée, point de moyens termes! »
Duchesne, immobile à la tribune, continue à proposer
une mesure prompte, immédiate : « Il la faut! appuyé!
appuyé! » — « Un moment de patience, s'écrie M. Lanjuinais, le message va venir. » — « Je demande, dit le
général Solignac, qu'une députation de cinq membres
soit nommée pour se rendre auprès de l'Empereur et
lui exposer l'urgence de sa décision. Votre commission
extraordinaire reviendrait alors au sein de la Chambre,
et je ne doute pas que le rapport qui nous serait fait ne
satisfît tout à la fois le vœu de l'assemblée et celui de la
nation. » — « Attendons encore une heure. » — « Une
heure, mais pas davantage, » ajoute le général Solignac.
Et ici on entendit de nouveau la voix impitoyable de
M. de Lafayette : « Si alors le message n'est pas arrivé, je
demanderai la déchéance de Bonaparte. » Tel est pourtant le déplorable spectacle que donna la Chambre!

A l'Élysée-Bourbon, l'Empereur roulait dans sa tête
mille pensées différentes; quelquefois un retour de
force et de colère venait lui brûler le front; alors il
voulait saisir son épée, chasser les représentants comme
le Christ chassa les marchands du Temple [1], et prendre
des mesures énergiques pour sauver le pays. Quand
Lucien revint, il ne dissimula pas l'esprit et l'attitude de

---

[1] Napoléon s'indigna de la violence qu'on voulait lui faire : « Puisque c'est ainsi, s'écria-t-il dans une vive agitation, je n'abdiquerai point! La Chambre est composée de jacobins, de cerveaux brûlés, d'ambitieux qui veulent des places et du désordre! J'aurais dû les dénoncer à la nation, et les chasser! Le temps perdu peut se réparer. — Sire, répondit Regnauld, ne cherchez point, je vous en conjure, à lutter plus longtemps contre la force des choses! le temps s'écoule; l'ennemi s'avance. Ne laissez point à la Chambre, à la nation, le moyen de vous accuser d'avoir empêché d'obtenir la paix. En 1814, vous vous êtes sacrifié au salut de tous; renouvelez aujourd'hui ce grand, ce généreux sacrifice! — Je verrai, repartit brusquement Napoléon. Mon intention n'a jamais été de refuser d'abdiquer; j'étais soldat, je le redeviendrai; mais je veux qu'on m'y laisse songer en paix, dans l'intérêt de la France et de mon fils. Dites-leur d'attendre. »

l'assemblée : « Le moment décisif est venu, s'écria-t-il, il faut briser ces gens-là, les renvoyer comme des misérables, ou abdiquer. » Lucien, opposé à toutes résolutions pusillanimes, conseillait de dissoudre la Chambre et de s'emparer du pouvoir; c'était bien l'unique moyen du gouvernement dans la crise. Mais alors la faiblesse était passée dans toutes les âmes; MM. Maret et de Caulaincourt insistèrent pour l'abdication ; la Chambre avait pris racine dans la bourgeoisie; tenter un coup d'autorité, c'était s'exposer à se faire mettre hors la loi, et les âmes n'étaient plus trempées comme au 18 brumaire ; « qu'il abdiquât en faveur de son fils, et après cela on pourrait négocier, car le mot de déchéance se faisait déjà entendre. » C'est alors que l'Empereur souriant, comme le duc de Guise, s'écria : « La déchéance! Ils n'oseraient pas ! » N'y a-t-il pas des temps où l'on ose tout! M. Regnauld survint en toute hâte, et quand l'Empereur répéta : « Ils n'oseraient pas! » il répondit : « Mais, sire, dans une heure votre déchéance, demandée par M. de Lafayette, sera prononcée irrévocablement; on vous a accordé une heure de grâce; entendez-vous? une heure de grâce! Voilà où nous en sommes. »

Il se passa en ce moment une scène qui fait mal au cœur : des députés vinrent insulter l'Empereur jusqu'à l'Élysée; un général (je tairai son nom) le somma d'abdiquer sur-le-champ, comme si la patrie devait être sauvée par ce seul acte. Ce débat dura quelques minutes encore, et l'Empereur, se tournant avec dépit vers Fouché, lui dit : « Écrivez à ces messieurs de se tenir tranquilles, ils vont être satisfaits. » Ces paroles amères furent immédiatement transmises par Fouché à Manuel, son image dans la Chambre. Le ministre avait ajouté un petit billet au crayon : « Faites taire ces bavardages, Bonaparte va abdiquer, et je vais vous en porter l'acte. »

Ce billet vint à propos, tandis que le maréchal Davoust exposait aux représentants la véritable situation de l'armée, en demandant à la Chambre de fortes mesures pour arrêter la désorganisation. Chose étrange encore ! lorsque le ministre s'occupait d'un bon système de défense et de régulariser les moyens de résister à l'ennemi, la Chambre ne trouve que des murmures et de lâches accusations ; on interpelle le ministre : « N'est-il pas vrai que vous avez voulu faire marcher des troupes contre l'assemblée ? » — « Sur mon honneur, tous ces faits sont faux », répond Davoust. « S'ils étaient vrais, vous seriez arrêté », reprend une voix sonore. Un autre représentant fait entendre ces paroles : « Ces communications sont tardives et dictées par la ruse. » — « J'en suis incapable », réplique Davoust, et la rougeur lui monte au front.

Or, ce débat fut suspendu par un murmure de joie qui se répandit dans l'assemblée ; « l'Empereur a abdiqué ! l'Empereur abdique au profit de la nation ! Point de Bourbons ! point de prince impérial ! » et ces gens-là font éclater une joie stupide, comme s'ils avaient re-

---

[1] « Hier, disait le maréchal Davoust, nous avons reçu des nouvelles de l'armée. Les renseignements qui nous étaient donnés, sans être officiels, nous portaient à croire que nos désastres ne sont pas aussi considérables qu'on a pu le craindre. Aujourd'hui ces renseignements ont acquis le caractère officiel le plus certain, et je les garantis à la Chambre sur mon honneur.

« Un officier d'ordonnance du prince Jérôme, parti d'Avesnes, le 21 juin, a trouvé la route couverte de soldats. Il doit y avoir au moins 20,000 hommes ralliés.

Quelques officiers de la garde ont trouvé sur la route des voitures de fusils, et ont armé de suite au moins 5,000 soldats. On a rassemblé de tous côtés des canons, caissons et fourgons.

« Des émissaires jetaient partout l'alarme en annonçant l'ennemi. Le commandant de La Fère a donné ordre d'arrêter tous ceux qui répandraient des bruits fâcheux.

« La garde s'est ralliée à Avesnes.

« Voici l'extrait d'une dépêche du duc de Dalmatie :

« M. le maréchal écrit le 20, de Rocroy,

poussé l'ennemi au-delà de la frontière. Pauvre situation pour un peuple d'être ainsi gouverné par quelques faiseurs de phrases! triste époque! quand une tribune est la seule garantie d'un pays, il faut le plaindre! Oui, l'Empereur avait abdiqué! après la déplorable scène que quelques députés avaient faite à l'Élysée, quand il avait été insulté, maltraité, la résistance était devenue inutile; Lucien n'insista plus pour la dictature; il prit la plume, et dit à Napoléon en italien: « Eh bien! frère, satisfais donc ces messieurs. » La minute, écrite par Lucien, fut dictée par Napoléon; elle n'était point adressée aux représentants, elle portait seulement le titre de *Déclaration au peuple français*; rédigée en termes fort laconiques, elle exprimait toutes les pensées de l'Empereur: « En commençant la guerre pour soutenir l'indépendance nationale, disait-il, je comptais sur la réunion de tous les efforts, de toutes les volontés et le concours de toutes les autorités nationales. J'étais fondé à en espérer le succès, et j'avais bravé toutes les déclarations des puissances contre moi. Les circonstances me paraissent changées; je m'offre en sacrifice à la haine des ennemis de la France : puissent-ils être sincères dans leurs déclarations, et n'en avoir voulu réellement qu'à ma personne! Ma vie politique est terminée, et je proclame mon fils,

---

qu'avec les bataillons de Philippeville il avait rallié 2,000 hommes de la vieille garde, et beaucoup d'autres détachements. »

« Le maréchal Grouchy annonce qu'il a battu, le 18, les restes de l'armée prussienne. Les communications étaient libres avec le maréchal Soult.

« Un autre officier n'a vu aucun ennemi entre le maréchal Grouchy et la frontière. Nul doute que M. le maréchal n'y soit avec son corps de cavalerie.

« Ainsi nous avons encore une armée de 60,000 hommes à la frontière du Nord. On peut y en envoyer 10,000 avec de la cavalerie, et 200 pièces de canon. J'ajoute que si la Chambre prend de fortes mesures et qu'elle déclare traître à la patrie tout garde national ou tout militaire qui abandonnera ses drapeaux, une barrière assez forte peut être opposée à l'invasion étrangère, et vous aurez une armée assez respectable pour appuyer vos négociations avec un ennemi qui a prouvé qu'il ne tenait pas toujours fidèlement ses promesses. »

sous le titre de Napoléon II, empereur des Français. Les ministres actuels formeront provisoirement le conseil de gouvernement. L'intérêt que je porte à mon fils m'engage à inviter les Chambres à organiser, sans délai, la régence par une loi. Unissez-vous tous pour le salut public, et pour rester une nation indépendante. »

Cette abdication amèrement formulée, Napoléon la lut et la corrigea de sa main; M. Maret en fit expédier deux copies sur la minute de Lucien; lorsqu'elles furent présentées à la signature de l'Empereur, il jeta sur tous un regard plein d'expression : « Messieurs, dit-il, ils l'ont voulu. » C'était pourtant cette abdication souveraine qui excitait de si vifs enthousiasmes dans les rangs de la représentation des Cent Jours; comme s'il n'y avait plus qu'à monter au Capitole pour rendre grâce aux Dieux!

CHAPITRE IX.

LES CABINETS ET LA COUR DE GAND APRÈS LA BATAILLE DE WATERLOO.

Le duc de Wellington et le prince Blücher. — Les armées anglaise et prussienne. — Effet produit par la victoire de Waterloo. — Dépêche du comte Pozzo di Borgo à l'empereur Alexandre. — Situation des Russes et des Autrichiens. — Motifs qui font hâter la marche des alliés. — Système anglais. — Système russe. — Système autrichien. — Faible résistance des places fortes. — Correspondance de Fouché avec le duc de Wellington et Blücher. — Le roi de France à Gand. — Causes qui le déterminent à venir aux frontières. — Tentatives pour un mouvement royaliste. — Relations de M. de Talleyrand avec les cabinets. — Commissaires du roi en France. — Marche précipitée de Louis XVIII. — Idée libérale qu'on veut faire prévaloir dans la nouvelle Restauration.

18 Juin au 1er Juillet 1815.

Le plan de campagne concerté entre le duc de Wellington et le prince Blücher avait complétement réussi dans les plaines de Waterloo; les deux généralissimes alliés n'espéraient pas une victoire aussi complète, aussi absolue; cette destruction dans une seule bataille d'une armée tellement abattue qu'on n'en trouvait plus trace, leur paraissait un événement de stratégie des plus extraordinaires; ils avaient bien compris que dans un temps déterminé, l'empereur Napoléon, accablé par des forces immenses, succomberait sous une lutte inégale, et ils espéraient bien tôt ou tard le briser; mais ici le succès était inimaginable, une journée avait suffi pour renverser le colosse; d'une armée aussi brillante, il ne restait plus que les débris; du vaste état militaire de la France, on ne comptait plus que quelques soldats sur le champ de bataille; lui, l'Empereur, avait fui jusqu'à Paris, en abandonnant ses équipages, son trésor, son sceptre, sa couronne! C'était à ne pas le croire!

Le lendemain de la bataille, le duc de Wellington était à Bruxelles, entouré, félicité par la cour, la bourgeoisie et le peuple, car les Belges nous étaient très hostiles [1]. La victoire avait été chèrement payée; plus d'un crêpe funèbre était aux drapeaux; les Anglais et les Allemands surtout avaient souffert; les Prussiens n'avaient que prêté secours, et leurs pertes avaient été moins considérables à Waterloo qu'à Ligny. Le lendemain Blücher vint rejoindre le duc de Wellington à Bruxelles, et on eut à examiner

---

[1] Il est curieux de lire la série des bulletins qui furent publiés à Bruxelles depuis le commencement des hostilités.

1er *Bulletin.*

« Un officier, revenu des avant-postes, ce matin, apporte la nouvelle que tout allait bien, que le duc de Wellington a couché à Genappe. Quelques traîneurs ont répandu une fausse alarme, sans aucun fondement. Je déclare que, jusqu'à ce moment, je ne fais aucun préparatif de départ. Nos armées recommenceront d'attaquer l'ennemi aujourd'hui.

Bruxelles, le 17 juin, à sept heures du matin.

Signé, Le secrétaire d'État,
baron de Capellen.

2e *Bulletin.*

« M. le colonel Wauthier, aide-de-camp du prince d'Orange, vient de m'être envoyé par Son Altesse Royale avec un rapport sommaire de l'affaire d'hier, pour Sa Majesté.

« L'affaire a été sanglante et l'issue glorieuse pour toutes les troupes de Sa Majesté et de ses alliés.

« Notre armée a gardé le champ de bataille et y a bivouaqué cette nuit. L'ennemi a été vigoureusement repoussé jusque bien au-delà des Quatre-Bras.

Bruxelles, le 17 juin 1815, à dix heures du matin.

Signé, Le secrétaire d'État,
baron de Capellen.

les avantages que l'on pourrait immédiatement tirer de la victoire. Blücher avait des notions positives sur le caractère des armées françaises, admirables dans une marche en avant, débandées, insubordonnées dans une défaite ; ils les avait vues après Leipsick ; or, il fallait, selon lui, profiter d'un moment de terreur, et de cette panique répandue au loin dans les esprits. Paris ! Paris ! tel fut le cri des Prussiens ! Les rapports venus de tous côtés annonçaient l'état malheureux de l'armée française, grande et triste bande de fuyards découragés pêle-mêle, et s'accusant de trahison ; de Namur, ils avaient reculé jusqu'à Avesnes. On savait également qu'aucune des places de guerre n'était approvisionnée sur la première et la seconde ligne, à peine avaient-elles des garnisons ; Bonaparte avait exagéré sur le papier des moyens de résistance presque nuls. Ces rapports déterminèrent le duc de Wellington et le prince Blücher à franchir la frontière sans hésitation et sans crainte ; une pointe sur Paris fut résolue, on devait y marcher par un de ces mouvements rapides qui se mêlent toujours à des idées politiques ; la hardiesse avait servi l'alliance en 1814, elle pourrait assurer la victoire encore en 1815 [1].

Cette résolution de pousser vigoureusement la guerre et d'envahir sur-le-champ la France, avait donné quel-

---

Bruxelles, le 19 juin 1815, à midi.

« Le duc de Wellington est arrivé ce matin en cette ville. La victoire remportée hier et cette nuit est complète et décisive. Les débris de l'armée ennemie fuient dans le plus grand désordre, en abandonnant un matériel immense d'artillerie et tous les bagages. Déjà cent cinquante pièces de canon sont tombées au pouvoir du duc de Wellington ; de son côté, le prince Blücher en avait pris soixante. On poursuit l'ennemi sur tous les points. Les succès obtenus jusqu'ici, et que cette mémorable victoire vient de couronner, sont l'effet des dispositions qu'avait prises le duc de Wellington ; c'est à son génie et à son intrépide sang-froid que nous devrons de voir incessamment la guerre transportée sur le territoire ennemi. »

Le secrétaire d'État.
Signé, baron de Capellen.

[1] Ce plan de marcher en avant fut adopté le 20 juin à Bruxelles.

ques inquiétudes aux ambassadeurs autrichien et russe, le baron de Vincent et le comte Pozzo di Borgo, qui suivaient le quartier-général en Belgique. Si la marche des Anglais et des Prussiens se continuait si rapide, il était à craindre que l'influence de la Prusse et de l'Angleterre ne restât dominante dans la solution définitive des affaires à Paris; les Russes, encore sur le Mein, saluaient à peine Francfort; les Autrichiens traversaient le pont de Bâle, pour se répandre dans la Bourgogne. Le comte Pozzo et le baron Vincent[1] s'aperçurent que tout pourrait se finir à Paris avant même que les armées russe ou autrichienne n'eussent touché la Meuse ou la Marne; et c'était là un inconvénient que les ambassadeurs voulaient éviter à leur cour. Dans ce but, et blessé sur le champ de bataille de Waterloo, le comte Pozzo di Borgo adressa une dépêche particulière à l'empereur Alexandre[2]; il lui annonçait le gain de la bataille, la déroute de l'armée française, et la volonté manifestée par le duc de Wellington et le prince Blücher de marcher immédiatement sur Paris; l'ambassadeur ajoutait quelques mots pour hâter la marche des Russes; plus on aurait de baïonnettes sur la Marne et la Seine, plus on aurait de poids dans la balance diplomatique, au milieu des événements et des transactions qui devaient suivre l'entrée des Anglais et des Prussiens à Paris.

Quand ces dépêches arrivèrent sur le Rhin, Alexandre

---

[1] Le général baron de Vincent avait été blessé à la main à côté du duc de Wellington.

[2] Le comte Pozzo di Borgo m'a dit bien des fois les inquiétudes qu'il avait éprouvées après Waterloo. Il envoya en courrier un officier russe avec ordre de rejoindre l'empereur Alexandre à franc étrier; le trajet de Bruxelles à Manheim fut fait en 30 heures; la dépêche ne disait que ces mots : « L'armée de Bonaparte est détruite; Wellington et Blücher seront à Paris sous huit jours; il faut alors nécessairement que l'on soutienne la marche avec 250,000 baïonnettes. »

était à Francfort, et le prince de Metternich, qui suivait les moindres mouvements de l'armée, n'avait point quitté le quartier-général ; M. de Metternich, sans être abattu précisément, paraissait inquiet sur les chances d'une campagne qui pouvait tourner contre l'Europe ; il connaissait la vaste capacité militaire de Napoléon, il n'était pas complétement raffermi dans la conviction, je dirai presque dans cette jactance de la victoire qui semblait dominer les Russes ou les Prussiens ; habitué à l'éclat de l'empereur des Français, aux miracles de ses campagnes, il croyait que de magnifiques inspirations se retrouveraient dans ce beau génie aux prises avec les périls ; il réfléchissait souvent à la paix et à l'idée d'une régence comme à une solution. Et puis il n'était pas ennemi personnel de Bonaparte ; la force de son gouvernement allait à son esprit, c'eût été peut-être un moyen d'arrêter le mouvement trop patriotique de l'Allemagne ; il se serait rallié avec quelque faveur à l'idée de Fouché, qui était de renverser Napoléon pour élever le fils de l'archiduchesse Marie-Louise. Aussi le premier bulletin de la bataille de Ligny, cette invasion rapide de Napoléon, ce succès obtenu sur le prince Blücher, avait fait une profonde impression sur l'esprit de M. de Metternich ; et il eut besoin de lire deux fois la dépêche de M. de Vincent pour se convaincre que tout était fini pour Napoléon, et que l'armée française avait été détruite dans les plaines de Waterloo.

La situation des esprits était tellement craintive au quartier-général, qu'on ne voulut pas croire à cette grande destruction de l'armée de Bonaparte par une seule bataille. Quelques officiers généraux nièrent la vérité des dépêches du baron de Vincent et du comte Pozzo di Borgo ; il se fit alors des conjectures incroyables ; on savait les haines du comte Pozzo di Borgo contre Napoléon ; n'avait-il pas dit dans ses souvenirs de vendetta corse : « qu'en débarquant au golfe Juan, Bonaparte serait pendu à un olivier ou à un figuier sauvage »? Un témoin oculaire, le plus distingué des stratégistes [1], rapporte qu'un général autrichien dit ces curieuses paroles : «Ne croyez pas que Napoléon soit détruit; c'est une ruse de guerre ; dans cette saison les blés sont très hauts en Belgique, il s'y est caché avec son armée. »

Enfin, on reçut les bulletins officiels anglais et prussien. Dès ce moment, M. de Metternich considéra la vie de Bonaparte comme politiquement terminée; la France privée de son chef ne pourrait résister à la coalition victorieuse; le passé était accompli, on n'avait plus à se prononcer que sur l'avenir ; on devait décider le sort réservé à la France, et dans cette question, chaque cabinet voulait prendre place. Pour obtenir une bonne situation dans le débat diplomatique, il ne fallait point laisser les Prussiens et les Anglais maîtres absolus de régler les destinées du gouvernement en France; les Autrichiens et les Russes devaient entrer en ligne de bataille et de négociations. Les Russes avaient 230,000 hommes au Rhin, les Autrichiens 180,000, et avec de telles forces, les cabinets de Saint-Pétersbourg et de Vienne devaient saisir une forte position dans les conseils diplomatiques; suite nécessaire de la bataille de Waterloo et de l'occupation de Paris.

Ainsi de grands intérêts allaient désormais s'agiter sur le territoire de cette pauvre France envahie; les cabinets, victorieux et de parfaite intelligence sur le but

---

[1] Je tiens ce fait du général de Jomini, qui m'a raconté toutes les impressions du quartier général depuis cette entrée en campagne des alliés.

commun de la guerre, pourraient se diviser sur les résultats. L'Angleterre devait naturellement favoriser l'intérêt belge, et par conséquent se montrer exigeante sur la délimitation des frontières Nord. Le duc de Wellington avait arrêté à Bruxelles un système de fortifications destiné à empêcher désormais les invasions des Français dans le royaume Hollando-Belge ; et pour que cette ligne de défense fût complète, on devait exiger la cession d'un grand nombre de districts détachés de la France. La Prusse, qui ne se trouvait pas satisfaite par la constitution du duché du Bas-Rhin, voulait réclamer une plus large frontière à notre détriment ; et d'ailleurs, comme elle convoitait ce qui restait à la Saxe, on pourrait donner en échange le duché du Bas-Rhin à Frédéric-Auguste, avec les morcellements de l'Alsace et de la Lorraine ; comme protectrice des idées allemandes, la Prusse favorisait les prétentions des petits princes germaniques, alors immenses, extravagantes, sur les terres du Rhin. Quant à l'Autriche, se posant aussi comme protectrice de la Bavière, de la Suisse, du Piémont, elle devait demander pour chacune de ces puissances un agrandissement de territoire, en Alsace, du côté de Bâle et de la Savoie ; et par ce moyen, elle pouvait elle-même rectifier ses frontières de l'Inn, des Alpes et du Pô. Ainsi, l'Angleterre, la Prusse, l'Autriche, devaient se montrer très exigeantes après la conquête de la France. La Russie seule, presque complétement désintéressée dans la question française [1], n'avait rien à demander ni à exiger, car ses frontières étaient trop éloignées ; pour elle, tout se ré-

---

[1] Dans les négociations du traité de 1815, telles que je les ai rapportées, tome III de mon *Histoire de la Restauration*, on verra tout ce que la France dut à l'empereur Alexandre et à son intervention personnelle, si favorable au duc de Richelieu.

sumait en une question de prépondérance européenne et dans la réorganisation d'une Pologne russe, qui préoccupait le czar Alexandre.

Dans cette lutte d'intérêts et de prétentions diverses, les cabinets se hâtèrent de faire marcher leurs contingents vers le centre de la France, afin d'assurer à leur politique l'ascendant qui appartient aux grandes forces militaires; cette marche était d'autant plus facile que les alliés ne devaient rencontrer aucun obstacle sérieux dans les pays qu'ils avaient à traverser. Napoléon, en menant une belle armée sur le champ de bataille de Waterloo, avait presque épuisé les autres moyens de résistance; le mauvais état des places ne leur permettait pas de soutenir un siége; à peine pourraient-elles s'opposer au premier choc d'une armée victorieuse. On parlait bien des gardes nationales, des levées en masse, des corps francs; tout cela était beaucoup plus sur le papier que dans la réalité; il y avait beaucoup de bruit, et pas de vérité. Au fond, il ne restait d'armée organisée que celle du maréchal Grouchy et les corps dispersés sous les titres d'armées du Rhin, des Alpes, des Pyrénées, incapables d'une longue et forte résistance. Avec de l'audace, le maréchal Blücher pouvait attaquer en hussard les places fortes [1]; les Anglais le seconderaient dans un mouvement sur Paris; tout se déciderait là avant l'arrivée des Russes et des Autrichiens; le duc de Wellington voulait rester maître des affaires, résoudre la question française comme il l'entendrait. En 1814, Alexandre avait dominé l'occupation de Paris, et cette fois ce serait l'Angleterre. Blücher apportait moins d'idée politique; il avait promis de

---

[1] Il est à remarquer qu'aucune des places du Nord en seconde ligne ne fit de résistance pour arrêter la marche de l'ennemi.

saluer une fois encore Paris à la tête des bandes d'écoliers des universités de Prusse organisées en landwerhs; il fallait en finir avec le gouvernement de Bonaparte, et plus d'un élément de succès se trouvait dans l'audace en présence d'une nation découragée.

Au moment où Fouché faisait pressentir M. de Metternich sur le véritable sens des résolutions de l'Europe par rapport à Bonaparte et à la France, il envoyait aussi des émissaires intimes au duc de Wellington et au prince Blücher; il s'ouvrait à eux avec franchise. Fouché savait le duc de Wellington très éclairé, d'une modération extrême et très avancé dans les idées libérales; lié depuis longtemps avec la famille Wellesley, le ministre pouvait compter sur la bienveillance personnelle du duc de Wellington [1] : avec lui donc, il posait la question nettement : «Traiterait-on avec Bonaparte, oui ou non?» Ici la réponse fut absolue, il fut dit : «non, absolument non». «Traiterait-on avec une régence, sous l'influence de Marie-Louise?» A cela, il fut encore répondu : « que c'était le gouvernement impérial, moins la tête; et, en aucun cas, Napoléon ne pouvait être en seconde ligne dans une œuvre qui était sienne», et il fut encore répondu non. Une troisième question fut ainsi posée : «S'arrangerait-on d'un système qui, en unissant le principe monarchique avec les garanties révolutionnaires, donnerait à la France et à l'Europe une sécurité pour l'avenir?» Le duc de Wellington répondit « qu'il ne pouvait prendre sur lui-même de répondre à une question si complexe; mais en tant que particulier, il pouvait assurer que « l'Angleterre, sans imposer une forme de gouvernement quelconque à la

---

[1] J'en ai dit les motifs dans *l'Europe sous le Consulat et l'Empire*, t. VII et VIII. Les papiers de Fouché désignent M. G.... et le général T. ... comme ses émissaires auprès du duc de Wellington.

France, trouverait plus de garanties dans le rétablissement de la branche aînée des Bourbons, et qu'il était indubitable que les conditions pour la paix seraient plus faciles et meilleures si les Chambres françaises voulaient proclamer Louis XVIII. » Cette correspondance si curieuse de Fouché avec le duc de Wellington prit un caractère plus intime, plus resserré, après les désastres de Waterloo : le rétablissement de Louis XVIII en devint la base régulière.

Ce roi de France dont on stipulait les intérêts, Louis XVIII, tenait alors sa cour triste, exilée, à Gand; l'irruption subite de Bonaparte en dehors des frontières, l'agitation qu'un tel mouvement militaire jetait dans les esprits, avait rendu la cour de Gand très inquiète sur ses destinées d'avenir ; on croyait même être forcé d'abandonner la cité silencieuse pour courir de nouvelles fortunes. Mille versions les plus diverses circulaient sur les résultats des premières opérations militaires; Louis XVIII, conservant tout son espoir d'une prompte Restauration, avait résolu enfin de se séparer de M. de Blacas. L'influence de M. de Talleyrand grandissait, et avec cette influence [1] la pensée de composer un ministère sous une présidence qui lui serait confiée. L'autorité de M. de Blacas une fois brisée, M. de Talleyrand pouvait travailler à l'aise dans le but d'organiser une nouvelle administration. A ce moment, les émissaires de Paris accoururent en masse à Gand : on s'expliqua, on s'entendit sur l'esprit du gouvernement de la nouvelle Restauration. M. de Talleyrand voulait faire à la Charte quelques modifications indispensables que M. Guizot avait indiquées dans ses confé-

---

[1] La lettre d'adieu du roi à M. de Blacas est du 19 juin; la disgrâce et la séparation complète n'arrivèrent qu'à Mons.

rences avec le roi à Gand : la diminution d'âge pour les députés, l'augmentation de leur nombre, la pairie héréditaire, l'unité ministérielle sous la direction d'un président. Le nouveau ministère devait s'organiser sur ces bases, bien entendu que Fouché y aurait une place ; il avait la clef de la maison, il devait en ouvrir la porte ; et c'était sur ces bases que négociait aussi M. Gaillard à Gand au nom de Fouché. Ainsi, restauration de Louis XVIII, Charte plus libéralement concédée, et une position très élevée à l'homme qui était censé représenter plus spécialement le parti jacobin en France. Sur d'autres concessions on n'était pas précisément d'accord, et, par exemple, adopterait-on la cocarde tricolore? ou bien le roi préférait-il le panache blanc de Henri IV, son aïeul? Sur ce point, rien n'était encore décidé, il fallait étudier les circonstances et vaincre les répugnances personnelles du roi, et ce n'était pas peu de chose que de supprimer d'un seul coup, dans la lignée des Bourbons, les souvenirs de son drapeau et du blason de Louis XIV.

Après la bataille de Waterloo, dès qu'il n'y eut plus d'armée impériale, le roi demanda conseil à tous pour éviter à la France les malheurs d'une invasion étrangère ; un million d'ennemis étaient prêts à fondre sur elle, et quelles douleurs pour le roi ! car une fois maître des provinces, l'ennemi voudrait-il les restituer ? Le plan de Louis XVIII et de M. de Talleyrand reposait sur des bases rationnelles et nationales : il fallait hâter le rétablissement des Bourbons, et, par cette proclamation immédiate de Louis XVIII, empêcher une invasion imminente ; la coalition n'aurait plus de prétextes, de motifs pour passer les frontières ; si le Roi avait été spontanément reconnu en France, elle se serait arrêtée après Waterloo, car l'invasion eût été sans objet; que si, au contraire, on persistait à repousser la Restauration [1], une fois les alliés en France, quand leurs myriades camperaient dans nos plaines, que deviendrait le sort du pays? Cette pauvre patrie serait peut-être morcelée, partagée! Le comte Pozzo di Borgo, très dévoué à la famille des Bourbons, eut une conférence avec le roi, et il lui démontra la nécessité de marcher immédiatement à Paris, seul moyen d'empêcher mille intrigues qui se croisaient dans le dessein d'enlever le trône aux Bourbons [2]: Louis XVIII devait être dans sa capitale avant les alliés; une fois sur son trône, les étrangers n'auraient plus de prétexte pour envahir la France, et les armées coalisées s'arrêteraient aux frontières. Le conseil de M. de Talleyrand fut le même, et Louis XVIII, malgré la goutte et son âge avancé, hâta sa marche vers « les portes de son royaume », comme il le disait.

Sur la frontière, il tenta d'organiser un mouvement royaliste en France; s'il avait réussi, M. de Talleyrand avait ordre de notifier aux cabinets de l'Europe l'heureux rétablissement de Louis XVIII sur son trône, et de les convaincre dès lors qu'il était inutile de continuer la campagne, et la France était ainsi sauvée de l'invasion : n'y avait-il pas de quoi frémir à l'aspect d'un million de baïonnettes? ces étrangers n'allaient-ils pas dévorer la France comme les fourmis les grains de blé? Cette idée si patriotique d'une restauration volontaire par la Chambre, si elle s'était réalisée, aurait empêché les morcellements qu'on nous fit subir dans les traités de 1815. Mais les partis étaient encore

---

[1] J'ai entendu dire à M. de Talleyrand qu'il n'avait jamais éprouvé de si vives inquiétudes que pendant les quinze jours du voyage de Mons à Paris : « J'en vieillis de dix ans, » disait-il.

[2] Ce fut un billet du comte Pozzo di Borgo qui décida subitement ce voyage de Louis XVIII; « Sire, y disait-il, soyez à Paris sous huit jours, ou je ne réponds plus de rien. »

trop vivaces, le bonapartisme trop puissant, pour comprendre la nationalité de ce projet; les opinions hostiles préféraient l'étranger aux Bourbons, et l'invasion à la Restauration. Dans le noble but de voir rétablir son trône sans ennemis et par la France, Louis XVIII avait délégué des commissaires intimes chargés de préparer les esprits aux événements; un des hommes les plus dévoués, les plus hardis et les plus honorables, M. Hyde de Neuville, dut se rendre à Paris, porteur de pleins pouvoirs du roi, et chargé de s'entendre avec les agents même du gouvernement de Bonaparte pour hâter la Restauration. M. Hyde de Neuville devait remettre de semblables pouvoirs à des personnes spécialement désignées [1], telles que les maréchaux Macdonald, Oudinot, MM. de Chabrol, Dubouchage, de Crussol, qui tous devaient faire acte de bons Français en hâtant la restauration de Louis XVIII avant l'invasion de l'étranger.

Tel était le plan des hommes sages qui entouraient le roi de France sur la frontière; la faction de M. de Blacas s'effaçait peu à peu, il ne restait plus du dernier ministère que le général Clarke, maintenant avec ténacité un système de réaction militaire; le roi ne le gardait auprès de sa personne que pour contresigner ses actes dans le passage du ministère de M. de Blacas à celui de M. de Talleyrand. Le nouveau système se résumait par ces paroles : faire proclamer Louis XVIII par les deux Chambres, avec des garanties, sans effusion de sang, de manière à éviter l'occupation de l'ennemi; si ce prince était spontanément reconnu, la France serait sauvée comme influence terri-

---

[1] Les pouvoirs étaient en blanc; M. Hyde de Neuville devait les remplir à Paris; le roi dit à M. Hyde de Neuville : « Allons, mon cher Hyde, *macte animo*, je suis toujours sûr de vous retrouver pour les missions périlleuses; vous avez le cœur chaud; mais dans cette circonstance difficile, vous aurez aussi la tête froide. »

toriale; elle ne perdrait pas un pouce de terrain, le traité de 1814 serait confirmé. En ce cas M. de Talleyrand se faisait fort de tout finir avec une légère indemnité de guerre; Fouché travaillait aussi dans cette idée, avec quelques garanties de plus pour le drapeau tricolore. Mais pouvait-il compter sur la Chambre des pairs, dévouée aux bonapartistes, et sur la Chambre des représentants, que mille fractions diverses travaillaient, avec ses stupides répugnances pour Napoléon, l'homme de guerre, et pour Louis XVIII, le symbole de la paix?

Afin de hâter une solution, le roi franchit la frontière jusqu'à Cateau-Cambrésis, entre Arras et Cambrai; là, rétabli en France, il dut parler comme monarque; il avait beaucoup écrit à Gand, presque sans conséquence; mais dans la situation nouvelle tout devait être réfléchi. La première proclamation qu'il adressa aux Français [1], rédigée sous l'inspiration des anciennes idées, n'avait rien de sympathique au système nouveau, elle restait empreinte des pensées du général Clarke, qui luttait une dernière fois contre l'influence de M. de Talleyrand. Cette proclamation, fort courte, était une menace d'autant plus maladroite qu'elle restait vague et dans un cercle d'idées qu'on pouvait appliquer à toutes choses et à tous les hommes; il y avait spécialement des mots d'une portée indéfinie; le roi déclarait : « qu'il

---

Proclamation royale.

« Louis, etc. A tous nos fidèles sujets, salut.

« Dès l'époque où la plus criminelle des entreprises, secondée par la plus inconcevable défection, nous a contraint à quitter momentanément notre royaume, nous vous avons avertis des dangers qui vous menaçaient si vous ne vous hâtiez de secouer le joug d'un tyran usurpateur. Nous n'avons pas voulu unir nos bras ni ceux de notre famille aux instruments dont la providence s'est servie pour punir la trahison. Mais aujourd'hui, que les puissants efforts de nos alliés ont dissipé les satellites du tyran, nous nous hâtons de rentrer dans nos États pour y rétablir la constitution que nous avions donnée à la France; réparer, par tous les moyens qui sont en notre pouvoir, les maux de la révolte et de

allait mettre en exécution les lois existantes contre les coupables. » Le mot *coupable* était d'une signification si étendue, qu'il pouvait s'appliquer à tous ceux qui avaient pris parti pour Napoléon, et ce n'était pas là un moyen de pacifier la France et d'en ouvrir les portes. Aussi la proclamation de Cateau-Cambrésis fut-elle l'objet de plaintes amères de la part de M. de Talleyrand et des hommes modérés ; « la question était assez compliquée déjà, il ne fallait pas encore l'embarrasser. Que fallait-il ? un programme précis, une manière de rassurer les esprits, de ramener la confiance ; s'il y avait une catégorie de coupables, il fallait la préciser tellement que chacun pût la reconnaître ; on devait désavouer cette proclamation, quoique signée du général Clarke, et en rédiger une autre plus politique, plus indulgente. »

La démission du général Clarke fut acceptée ; on se mit à l'œuvre, et bientôt parut une nouvelle déclaration, signée par le roi à Cambrai et portant le contre-seing du prince de Talleyrand. Celle-ci, plus longue, mieux en rapport avec la situation, faisait moins des menaces que des promesses ; Louis XVIII ouvrait les bras à tous : « J'apprends, disait le roi [1], qu'une porte de mon royaume est ouverte, et j'accours. J'accours pour ramener mes sujets égarés, pour adoucir les maux que j'avais voulu prévenir, pour me placer une seconde fois entre les ar-

---

la guerre qui en a été la suite nécessaire ; récompenser les bons, mettre en exécution les lois existantes contre les coupables ; enfin pour appeler autour de notre trône paternel l'immense majorité des Français, dont la fidélité, le courage et le dévouement ont porté de si douces consolations dans notre cœur.

« Donné au Cateau-Cambrésis, le vingt-cinquième jour du mois de juin de l'an de grâce mil huit cent quinze, et de notre règne le vingt-unième.

Signé, Louis.
Par le roi, le ministre secrétaire d'État de la guerre,
Signé, duc de Feltre.

[1] La minute de la proclamation de Cambrai fut écrite de la main même de M. de Talleyrand et recopiée par le roi ; elle fut envoyée avec des blancs-seings à Fouché.

mées alliées et les Français, dans l'espoir que les égards dont je peux être l'objet tourneront à leur salut : c'est la seule manière dont j'ai voulu prendre part à la guerre; je n'ai pas permis qu'aucun prince de ma famille parût dans les rangs des étrangers, et j'ai enchaîné le courage de ceux de mes serviteurs qui avaient pu se ranger autour de moi. Revenu sur le sol de la patrie, je me plais à parler de confiance à mes peuples. Lorsque j'ai reparu au milieu d'eux, j'ai trouvé les esprits agités et emportés par des passions contraires : les regards ne rencontraient de toutes parts que des difficultés et des obstacles. Mon gouvernement devait faire des fautes; peut-être en a-t-il fait. Il est des temps où les intentions les plus pures ne suffisent pas pour diriger, où quelquefois même elles égarent : l'expérience seule pouvait avertir, elle ne sera pas perdue. Je veux tout ce qui sauvera la France; mes sujets ont appris par de cruelles épreuves que le principe de la légitimité des souverains est une des bases fondamentales de l'ordre social, la seule sur laquelle puisse s'établir, au milieu d'un grand peuple, une liberté sage et bien ordonnée. Cette doctrine vient d'être proclamée comme celle de l'Europe entière. Je l'avais consacrée d'avance par ma Charte, et je prétends ajouter à cette Charte toutes les garanties qui peuvent en assurer le bienfait. L'unité du ministère est la plus forte que je puisse offrir : j'entends qu'elle existe, et que la marche franche et assurée de mon conseil garantisse tous les intérêts et calme toutes les inquiétudes. On a parlé dans les derniers temps du rétablissement de la dîme et des droits féodaux. Cette fable, inventée par l'ennemi commun, n'a pas besoin d'être réfutée : on ne s'attendra pas que le roi de France s'abaisse jusqu'à repousser des calomnies et des mensonges dont les succès ont trop indiqué la source. Si les acquéreurs des domaines nationaux ont conçu des inquiétudes, la Charte aurait dû suffire pour les rassurer. N'ai-je pas moi-même proposé aux Chambres et fait exécuter des ventes de ces biens? Cette preuve de ma sincérité est sans réplique. J'ai reçu, dans ces derniers temps, de mes sujets de toutes les classes, des preuves égales d'amour et de fidélité. Je veux qu'ils sachent combien j'y ai été sensible, et c'est parmi tous les Français que j'aimerai à choisir ceux qui doivent approcher de ma personne et de ma famille. Je ne veux exclure de ma présence que ces hommes dont la renommée est un sujet de douleur pour la France, et d'effroi pour l'Europe. Dans la trame qu'ils ont ourdie j'aperçois beaucoup de mes sujets égarés, et quelques coupables. Je promets, moi qui n'ai jamais promis en vain, l'Europe entière le sait, de pardonner, à l'égard des Français égarés, tout ce qui s'est passé depuis le jour où j'ai quitté Lille au milieu de tant de larmes, jusqu'au jour où je suis rentré dans Cambrai, au milieu de tant d'acclamations. Cependant le sang de mes sujets a coulé, par une trahison dont les annales du monde n'offrent pas d'exemple. Cette trahison a appelé l'étranger dans le cœur de la France; chaque jour me révèle un désastre nouveau. Je dois donc, pour la dignité de mon trône, pour l'intérêt de mes peuples, pour le repos de l'Europe, excepter du pardon les instigateurs et les acteurs de cette trame horrible. Ils seront désignés à la vengeance des lois par les deux Chambres, que je me propose d'assembler incessamment. Français, tels sont les sentiments que je rapporte au milieu de vous; celui que le temps n'a pu changer, que le malheur n'a pu fatiguer, que l'injustice n'a pu abattre, le roi dont les pères règnent depuis huit siècles sur les vôtres, revient pour consacrer le reste de ses jours à vous défendre et à vous consoler[1]. »

Cette déclaration de Cambrai, véritablement politique, portait l'empreinte d'un programme et non plus d'une proscription; le roi disait ce qu'il voulait faire pour réparer le mal; des paroles de clémence étaient jetées aux partis; à l'exception de quelques coupables, tout le reste était pardonné; le gouvernement avouait même qu'il avait commis des fautes; le roi s'enorgueillissait de ce qu'aucun des membres de sa famille n'avait paru avec l'étranger. Quel sentiment profondément national dans ces paroles destinées aux Chambres, au peuple! on voulait arrêter l'invasion ennemie; quel résultat si l'on pouvait obtenir le rétablissement de la maison de Bourbon sans que le drapeau étranger se montrât à Paris! Vaine espérance! les partis agités ne permettaient pas la réalisation de tels projets; quand on a la haine au cœur, est-ce qu'on réfléchit sur les malheurs de la patrie! Au XVIe siècle, l'Europe se partageait en partis protestant et catholique; au XIXe siècle, il y avait des blancs et des bleus; et au milieu de ces divisions, qui songeait encore à la France?

Une fois Louis XVIII à Cambrai, toutes les négociations avec Paris prirent une activité remarquable. M. de Talleyrand, président le ministère, se réserva un blanc-seing pour négocier avec tous, et Fouché fut son représentant au centre même de l'action politique; maître des passe-ports, il put en délivrer à tous, et l'on se rendit en foule à Cambrai[2]; on ne peut dire alors

---

[1] La seconde proclamation porte la date de Cambrai, le 28 juin.

[2] Les généraux surtout se hâtèrent de faire leur soumission au roi; le général Clarke fit prendre le drapeau blanc à plusieurs places du Nord pour éviter qu'elles ne fussent livrées à l'étranger. Sans cela, évidemment les Anglais auraient gardé Dunkerque.

combien de soumissions vinrent au roi ; un nouveau régime était salué, on envoya secrètement son adhésion au gouvernement de Louis XVIII, pairs, généraux, magistrats, fonctionnaires. M. de Talleyrand accueillait ceux qui venaient à lui sans distinction ; comme toutes les intelligences éminentes, il n'avait point de préjugés et de préventions sur les noms propres ; il se servait de tous, parce qu'avant tout, en politique, il faut obtenir un résultat. Entre lui et Fouché, il y avait parfaite sympathie : Fouché visait au ministère de la police ; lui, M. de Talleyrand, garderait les affaires étrangères ; les autres positions étaient réservées à l'abbé Louis, à M. Pasquier, aux généraux Gouvion-Saint-Cyr, Dessoles, Maison, et à d'autres capacités qui s'étaient ralliées franchement au système national de Louis XVIII, système qui aurait évité tant de secousses à la patrie [1].

Le ministère fut préparé dès Cambrai ; ou, pour mieux dire, il n'y eut qu'un ministre de choisi, M. de Talleyrand, l'homme le plus capable pour négocier avec les partis. Sa tâche devint alors fort difficile ; il s'agissait de maintenir le duc de Wellington dans l'opinion profondément sentie : « qu'il n'y aurait pas de repos et d'ordre public en Europe sans les Bourbons » ; il avait à convaincre également la Russie, l'Autriche et la Prusse : « qu'il n'y avait plus nécessité d'une invasion qui accablerait la France sans objet, et pour un but de restauration désormais accompli » ; enfin il fallait éviter les folies du

---

[1] J'ai besoin de rectifier un fait que des biographies incorrectes et passionnées ont jeté sur M. Molé : on a dit qu'il avait pris prétexte de sa mauvaise santé pour prendre les eaux de Plombières et s'éloigner de Paris et du gouvernement des Cent Jours à sa décadence. M. Molé alla aux eaux de Plombières en mai 1815, après l'Acte additionnel, qu'il n'avait point approuvé ; il était revenu à Paris en juin, avait refusé de siéger à la Chambre des pairs. Il reçut la nouvelle du désastre de Waterloo à sa terre des Marais, et il vint sur-le-champ à son poste.

parti réactionnaire. Quand on aurait bien convaincu la France que le roi pardonnerait à beaucoup, parce que lui-même avait fait des fautes, les esprits mêmes les plus prévenus reviendraient aux Bourbons, et c'était un point immense. Fouché, qui partageait ces idées, voulut ajouter encore quelques concessions à ce programme, et les voici : 1° fortifier la Chambre des pairs par quelques choix de notabilités patriotes; 2° adopter la cocarde et le drapeau tricolores; 3° paraître au milieu des généraux dans une entrée solennelle à Paris, comme Henri IV précédé des ligueurs. Il fallait tendre la main à l'armée, unir les anciens souvenirs aux choses nouvelles, et lorsque Louis XVIII serait ainsi proclamé avec enthousiasme, les alliés pourraient-ils encore envahir la France?

Ici, on se faisait bien des illusions : les partis restent avec leurs haines, leurs passions, et je le répète, ils y sacrifient tout, même la patrie. Si vous aviez dit aux bonapartistes de proclamer Louis XVIII pour sauver une province, pour empêcher une invasion, ils vous auraient répondu : « qu'ils avaient pour ces princes d'indicibles répugnances! Vienne l'étranger! tombe la province! » Si vous aviez dit aux patriotes, à M. de Lafayette : « qu'avec les Bourbons on aurait un meilleur traité de paix, des avantages plus grands »; il vous aurait répondu : « J'ai méfiance des Bourbons, je n'en veux pas; vienne un plus mauvais traité! que nous importent des avantages plus grands? » Or, ces tristes passions des partis, en précipitant la marche de l'étranger sur le territoire, préparèrent ainsi les funestes traités de 1815.

CHAPITRE X.

LES PARTIS ET LES CHAMBRES APRÈS L'ABDICATION DE L'EMPEREUR.

Situation des esprits après l'abdication de Napoléon. — Parti de Napoléon II. — Pensée d'une révolution de 1688. — Royalistes absolus et constitutionnels. — L'assemblée des représentants sera-t-elle constituante? — Esprit de la Chambre des pairs. — Inquiétudes. — Union des deux Chambres. — Agitation et terreur de la pairie. — Le maréchal Ney à la Chambre des pairs. — Labédoyère. — Lucien. — Scènes orageuses. — Commission de gouvernement. — Députés pour traiter avec les alliés. — Opinion qui domine. — Séances des représentants. — Les députés au quartier-général des souverains. — Conférences d'Haguenau. — Situation de Bonaparte après l'abdication. — L'Élysée. — La Malmaison.

22 Juin au 3 Juillet 1815.

Napoléon venait d'abdiquer; sa déclaration au peuple français manifestait haut son désir de renoncer au gouvernement de la France; mais il n'abdiquait qu'au profit de son fils, en le proclamant sous le nom de Napoléon II; par cette condition, il voulait lier le pouvoir et les Chambres, continuer ainsi l'Empire, établir la succession des

Bonaparte[1]. Le gouvernement de Napoléon II, empereur des Français, permettrait peut-être de traiter avec l'Autriche, de détacher quelques puissances du grand cercle d'airain qui entourait la France. C'était mal connaître les résolutions des alliés et la situation des esprits ; il n'y avait qu'un bien petit nombre de personnes qui crussent encore aux Bonaparte ; le pays repoussait le roi de Rome, non seulement parce qu'il était à l'étranger, mais parce que l'avénement de Napoléon II ne terminait rien ; c'était la guerre continue, et à aucun prix les puissances alliées ne voulaient traiter avec une régence de bonapartistes et de patriotes ; le système impérial avait fait son temps, et en France, quand un pouvoir est à sa fin, rien ne peut le restaurer. Nul ne croyait donc à Napoléon II, si ce n'est quelques personnes dont l'Empire était le culte et Bonaparte l'idole ; cette idée était sans racines dans le pays, quoique ses partisans la soutinssent avec éclat. Souvent il arrive que l'on juge l'opinion d'un peuple par le bruit qui domine la tribune ou la presse ; malheur aux pays qui en sont là !

Rien de fort ni de durable n'entourait Napoléon II, rien donc ne favorisait son élévation. Il était un autre parti bien plus puissant, parce qu'il répondait à deux

---

[1] Aussi quand l'Empereur répond à la Chambre des représentants, qui le félicite sur son abdication, il parle sans cesse de son fils :

« Je vous remercie des sentiments que vous m'exprimez ; je désire que mon abdication puisse faire le bonheur de la France ; mais je ne l'espère point ; elle laisse l'État sans chef, sans existence politique. Le temps perdu à renverser la monarchie aurait pu être employé à mettre la France en état d'écraser l'ennemi. Je recommande à la Chambre de renforcer promptement les armées : qui veut la paix doit se préparer à la guerre. Ne mettez pas cette grande nation à la merci des étrangers ; craignez d'être déçus de vos espérances ! c'est là qu'est le danger ! Dans quelque position que je me trouve, je serai toujours bien si la France est heureuse. Je recommande mon fils à la France. J'espère qu'elle n'oubliera pas que je n'ai abdiqué que pour lui. Je l'ai fait aussi pour le bien de la nation ; ce n'est qu'avec ma dynastie qu'elle peut espérer d'être libre, heureuse et indépendante. »

idées, la paix avec l'Europe et les garanties données à la révolution française ; c'était celui des partisans de la branche cadette des Bourbons ; ce parti n'avait jamais perdu ses desseins d'avenir, et il les suivait avec persévérance. M. le duc d'Orléans appartenait à la race des Bourbons ; gentilhomme d'une tige aussi antique que les plus vieilles dynasties européennes, il pouvait traiter d'égal à égal avec les puissances de l'Europe. L'idée de 1688, si chère à l'Angleterre, n'était-ce pas la caresser que de proclamer M. le duc d'Orléans, en excluant la branche aînée, comme le roi Guillaume remplaça les Stuarts ? Cette opinion offrait des gages aux principes de 1789 ; c'était un changement radical dans la base même du pouvoir ; ce ne serait plus le droit héréditaire absolu, mais un pacte entre un pays et une dynastie. Par le fait de l'avénement du duc d'Orléans, une amnistie était jetée sur la Révolution ; il n'y avait plus deux sociétés, mais une seule ; le duc d'Orléans pourrait concilier l'Europe et la France, tâche immense dont ses partisans intimes ne voyaient pas toute l'étendue. Une révolution parlementaire était une idée logique, rationnelle, qui marchait en dehors de la volonté du prince, très loyalement rapproché de ses aînés ; c'était un de ces résultats indiqués pour qui les événements travaillent seuls ; comme ils représentent une idée, tout vient à eux par un mouvement naturel, irrésistible ; quand une pensée est dans une situation, il faut bien qu'elle se réalise.

Le parti de M. le duc d'Orléans, qui grandissait par la force puissante des choses, devait tôt ou tard réunir trois éléments distincts : 1° les patriotes, qui, reconnaissant l'impossibilité d'établir une république en France, devaient adopter le symbole de 1688, la souveraineté parlementaire exercée par les deux Chambres ;

2° les impérialistes rationnels, qui, n'ayant plus d'espoir d'entourer Napoléon, devaient se rattacher à un principe monarchique qui ne fût pas la légitimité absolue; Napoléon mort politiquement, ils venaient tout droit à M. le duc d'Orléans, comme au représentant de 1789; MM. Maret[1], de Caulaincourt, une fraction de la Chambre des pairs, dirigée par M. de Valence; des chefs militaires tels que les maréchaux Grouchy, Mortier, les généraux Drouet, Excelmans, Lefebvre-Desnouettes, devaient se rallier franchement à cette dynastie nouvelle avec le même zèle qu'ils apportaient à servir Napoléon; 3° Comme dernier élément de parti, la branche cadette pouvait compter sur une grande fraction de la bourgeoisie et des constitutionnels en France.

Louis XVIII représentait l'idée simple, logique, de la légitimité; on le savait modéré de principes, avec les sentiments un peu froids, un peu égoïstes, qui lui faisaient juger les hommes sans prévention aucune. C'était le prince essentiellement négociateur; il aimait à conquérir les esprits même les plus opposés à ses idées; il mettait pour ainsi dire de la coquetterie à vaincre les difficultés. On ne pouvait se dissimuler qu'il n'existât un grand parti royaliste en France, mais il était plus dans les mains du comte d'Artois que dans celles du roi; seulement, par respect pour le principe héréditaire, le comte d'Artois mettait son parti à la disposition de son aîné. C'était par l'élément royaliste que MONSIEUR voulait opérer la Restauration, franchement et sans mélange. Il avait des comités et des sociétés organisées, qui devaient arborer le drapeau blanc; Napoléon une fois renversé, M. le

---

[1] M. Maret avait conservé des rapports de haute intimité avec la famille de M. le duc d'Orléans; M. Maret, électeur de 1789, aimait à se rappeler que S. A. R. la princesse Adélaïde d'Orléans lui avait attaché le premier ruban tricolore.

comte d'Artois souhaitait que la France prît toutes les formes de la monarchie provinciale [1].

Le parti impérial et les patriotes de diverses nuances formaient l'unanimité dans les deux Chambres; à la Chambre des pairs, le parti impérial avait la majorité, car presque tous les pairs appartenaient à l'armée, essentiellement impérialiste; il y avait dans son sein des adeptes fervents de Napoléon II : « puisqu'ils ne pouvaient pas avoir le père, ils auraient le fils; l'Empereur avait proclamé Napoléon II, vive donc le nouvel empereur! Enfant ou captif, qu'importait? » Dans la Chambre des représentants, au contraire, Bonaparte avait peu d'amis; les patriotes dominaient et se laissaient diriger par les principes de MM. de Lafayette, Sébastiani, Dupin; Fouché leur faisait bien des concessions, mais sa sagacité lui montrait qu'une solution bourbonienne serait donnée nécessairement à la crise; il laissait croire aux patriotes qu'il était leur représentant; MM. Benjamin de Constant, Manuel, Jay, Scipion Mourgues et d'autres partisans des idées de 1789, venaient à chaque heure s'aboucher avec lui; Fouché leur répétait incessamment : « que l'idée de Napoléon II était une dérision. Les Bonaparte étaient finis, et bien enterrés; il ne fallait plus de Joseph, de Lucien, véritables embarras qui empêchaient une solution à la crise publique; la seule chose dont on devait s'occuper en ce moment, c'était d'éloigner Bonaparte; les alliés n'en voulaient pas, il était un obstacle à toute paix prochaine; l'Assemblée des représentants devait enfin sentir sa dignité et reprendre le pouvoir, elle était libre et souveraine; il fallait se hâter

---

[1] C'est ce que devint le pavillon Marsan en 1816. Voyez mon *Histoire de la Restauration*, t. III et IV.

de le proclamer afin de constituer un gouvernement en dehors des bonapartistes ; avec ce gouvernement on aurait la paix, l'indépendance du territoire; on pourrait faire une constitution, rétablir l'autorité politique dont l'absence fatiguait le pays; on pouvait choisir le duc d'Orléans, le roi de Saxe, un Brunswick, comme les Anglais après 1688, et obtenir enfin le repos dont les esprits étaient avides[1]. »

D'après les inspirations de Fouché, M. Dupin, un peu antipathique à tout pouvoir fort et dessiné, prit l'initiative contre les bonapartistes à la Chambre des représentants. Il vint à la tribune pour demander : « que la Chambre acceptât l'abdication pure et simple de l'Empereur. On devait se déclarer assemblée nationale; des députés partiraient pour stipuler au quartier général des alliés les droits nationaux ; une commission exécutive de gouvernement, nommée par les deux chambres, rédigerait une constitution (toujours une constitution !), et ses bases formeraient les conditions auxquelles le trône serait donné au prince choisi par le peuple. » Par cette proposition de M. Dupin, l'échafaudage de Napoléon II était renversé; on pourrait offrir cette couronne au plus digne, au plus patriote ; c'était une levée de boucliers contre l'hérédité des Bonaparte. Peut-être déjà M. Dupin avait-il la pensée d'une révolution de 1688; en attendant, il se contentait de détruire un gouvernement, puis reconstruirait qui pourrait avec ces ruines! Le représentant Scipion Mourgues modifia et étendit la proposition de M. Dupin : « les représentants n'étaient pas seulement une assemblée nationale, mais

---

[1] Je me suis trouvé quelque temps en rapport avec M. de Fabri, le spirituel chef de cabinet de Fouché; je lui dois de connaître parfaitement le caractère et les intentions de l'homme politique.

une chambre constituante[1]. » Il proposait en outre : « de désigner le maréchal Macdonald comme généralissime des armées de terre et de mer; M. de Lafayette, général en chef de la garde nationale, avec le maréchal Oudinot comme adjoint. Une commission formée de cinq membres devait prendre le gouvernement du pays. » Ainsi, après un long détour qui embrassait le Consulat et l'Empire, on en revenait aux cinq directeurs ; Napoléon, jeune et fort, avait fait le 18 brumaire contre le Directoire; maintenant, le nouveau Directoire allait se venger de Napoléon, accablé et vieilli ; on faisait un pas en arrière de dix-sept ans.

Les impérialistes et les jacobins purs virent la portée du mouvement et sa tendance vers la branche cadette des Bourbons ; on savait les ramifications qu'avait ce parti même dans l'armée, travaillée à ce point que le maréchal Soult écrivait à Napoléon, par le général Dejean : « Le nom de M. le duc d'Orléans est dans toutes les bouches des généraux en chef[2]. » Cette assemblée qui déclarait le trône vacant n'indiquait-elle pas le dessein de nommer un roi ? Or, les jacobins purs, qui voulaient la république, se hâtèrent de prendre leurs précautions pour comprimer cette idée dans son développement. Le représentant Garreau, avec une sorte d'affectation maligne, lut à haute voix l'article 67 de l'Acte additionnel, qui excluait du trône tous les Bourbons, sans distinguer la branche aînée de la branche cadette.

Le parti bonapartiste, par l'organe de M. Regnauld

---

[1] Séance du 22 juin 1815.

[2] Le maréchal Soult ajoute dans sa dépêche : « Cela m'a paru d'une trop grande importance pour différer d'en instruire Votre Majesté; aussi j'ai prié le général Dejean de venir lui en rendre compte directement, ainsi que des renseignements qu'il a recueillis. »

(*Dépêche du 22 juin.*)

(de Saint-Jean-d'Angély), combattit avec vigueur la proposition de M. Dupin qui appelait la constitution d'un gouvernement provisoire : « Je soutiens qu'on ne peut changer la nature même des pouvoirs de la Chambre. Représentants du peuple, continua M. Regnauld, il n'y a qu'un moment vous aviez à votre tête un homme que vous avez proclamé grand; cet homme, la postérité le jugera. Il était revêtu par le peuple du pouvoir souverain, il vient d'en faire la remise sans réserve, sans condition personnelle... Je pense que la Chambre à son égard doit se rendre l'interprète des sentiments qui lui sont dus, et que lui conservera la nation. Peut-être même est-ce ici le moment de vous révéler ce qui s'est passé dans le sein de son cabinet. Hier, quand je l'ai abordé, je lui ai déclaré que rien n'égalait la fidélité que je lui avais jurée, mais que, répondant à sa confiance, je devais lui dire qu'il ne pouvait plus défendre l'indépendance et les droits de la nation; je lui ai répété que, comme ministre, je mourrais autour de son trône pour le défendre, mais que, comme représentant du peuple, et plein des devoirs que ce titre m'impose, je devais à ma patrie de lui tenir le langage impérieusement commandé par le salut de l'État. Il m'appartient donc, après avoir rempli le devoir de l'homme d'État, de remplir celui que mon cœur m'impose. Je demande l'ordre du jour sur les propositions qui vous sont faites; je demande que la journée ne se passe pas sans que le conseil exécutif soit nommé, et je demande que le bureau soit chargé de se rendre auprès de l'Empereur pour lui exprimer la reconnaissance du peuple français pour le sacrifice qu'il a jugé nécessaire de faire à l'indépendance nationale. »

M. Regnault fut écouté avec froideur; les idées, les sympathies n'étaient plus pour Napoléon. Cependant on ne voulut pas enlever tout espoir au parti bonapartiste ; on ne vota qu'un fragment de la proposition de M. Dupin. Les députés ne s'arrêtèrent qu'à un point, le seul au reste qui fût important pour Fouché : ce fut l'institution d'une commission de gouvernement composée de cinq membres, deux pris dans la Chambre des pairs, trois parmi les représentants. A cette espèce de Directoire furent confiés tous les pouvoirs, les droits de paix et de guerre, et la faculté surtout de traiter avec les puissances alliées. C'était un ménagement de Fouché, un de ces provisoires qu'il aimait tant : la Chambre, en s'abstenant de proclamer sa souveraineté exclusive, n'absorbait pas tous les pouvoirs [1] ; elle respectait la Chambre des pairs ; si elle s'était déclarée constituante, elle eût été Chambre unique. Sans briser la pairie, on se contenta de la placer dans une position inférieure ; les représentants dominaient tout, les pairs n'étaient qu'un pouvoir secondaire, en minorité même dans la commission de gouvernement. C'est ce qui arrive toujours dans les constitutions tumultueuses qui viennent des révolutions : le désordre devient la règle ; la stabilité, l'exception ; la pairie n'est souvent alors qu'un rouage importun, qui blesse le principe pur de la souveraineté populaire, et qu'on voudrait briser à chaque opposition.

Cette résolution politique fut couronnée par un de ces décrets fastueux de patriotisme, qui marquent l'incandescence des idées : les représentants déclaraient « la guerre nationale ; tous les Français étaient appelés à la défense de la patrie, tous les militaires devaient rejoindre leurs drapeaux, les gardes nationaux leurs

---

[1] Séance du 22 juin 1815.

couleurs[1] ». Magnifiques paroles sans doute, beau programme de patriotisme ; mais la Chambre était-elle en harmonie avec l'esprit du pays ? Le découragement n'avait-il pas saisi toutes les âmes ? On voulait en finir en France avec l'anarchie des idées et le désordre du pouvoir ; on eût compris la dictature de Bonaparte, parce qu'elle offrait un centre d'action ; mais ce gouvernement d'une assemblée, c'était la ruine de toute idée forte, vraie, vigoureuse.

La seule opération qui présenta un résultat politique important, ce fut le choix de la commission provisoire. Carnot réunit les suffrages des jacobins et des impérialistes[1] ; Fouché, ceux des patriotes, des orléanistes, du petit nombre de bourboniens et des députés qui votaient avec le gouvernement ; le général Grenier eut à peu près les mêmes suffrages ; le maréchal Macdonald et le général Lafayette obtinrent le choix des anti-impérialistes et des patriotes. Les membres définitifs de la commission furent donc Carnot, Fouché et Grenier ; le scrutin eut lieu à minuit, sans désemparer, comme si ce drame avait besoin des ténèbres et de l'agitation d'une nuit sans sommeil ; vive et grande préoccupation pour

---

[1] « Art. 1er. La guerre est déclarée nationale. En conséquence, tous les Français en état de porter les armes sont appelés à la défense de la patrie.

2. « La Chambre des représentants déclare que tout militaire de terre ou de mer, quel que soit son grade, qui n'aurait pas rejoint, ou qui aurait abandonné son drapeau ou son pavillon, sera tenu de les rejoindre sans délai, sous peine d'infamie, et d'être puni suivant la rigueur des lois.

3. « La disposition de l'art. 2 est applicable aux officiers et soldats de la garde nationale formant les garnisons des places fortes ou des divisions de réserve. »

[2] Le nombre des votants fut de 511 ; majorité absolue, 256.

Au premier tour de scrutin, Carnot réunit 324 voix ; Fouché, 293 ; le général Grenier, 204 ; le maréchal Macdonald, 137 ; le général Lafayette, 142 ; Flaugergues, 46 ; Lambrechts, 32.

Le second scrutin donna au général Grenier 350 suffrages.

Carnot, Fouché et Grenier furent proclamés membres de la commission de gouvernement.

aboutir à un système épuisé déjà en naissant, à un Directoire sans crédit et sans durée.

Dans la Chambre des pairs, il se passait des scènes vraiment affligeantes, des discussions d'une nature plus violentes encore que parmi les représentants. La pairie s'était réunie à la nouvelle de la bataille de Waterloo ; le parti patriote, rattaché à M. le duc d'Orléans, y était représenté par MM. Boissy-d'Anglas, de Pontécoulant, de Valence, de Montesquiou, qui tous demandaient à se réunir à la Chambre des représentants pour le salut commun ; ils voulaient sur-le-champ s'associer aux résolutions qu'elle venait de prendre après la proposition de M. de Lafayette. Le parti impérialiste, très nombreux dans la pairie, MM. de Flahaut[1], de Labédoyère, Lucien surtout, se donnaient de grands mouvements pour faire proclamer Napoléon II comme continuation de la dynastie impériale. On était à discuter ces questions de royauté et de pouvoir, lorsqu'on vit arriver au milieu de cette assemblée le maréchal Ney ; ses traits étaient altérés, un sombre désespoir paraissait sur son front. Le maréchal Davoust achevait de lire un rapport sur la situation de l'armée, Carnot le commentait avec sa fermeté habituelle, lorsqu'on entendit une voix sourde retentir ; c'était celle du maréchal Ney, jetant ces seules paroles : « Cela n'est pas ; c'est faux ; on vous trompe. »

Après cette première apostrophe si extraordinaire, le maréchal se lève tout agité, et voici les étranges révélations qu'il fait à la pairie : « La nouvelle que vient de vous lire M. le ministre de l'intérieur est fausse, fausse

---

[1] M. de Flahaut se montra très honorablement dévoué à Napoléon dans la Chambre des pairs ; il était fort hostile à la Restauration, qui lui avait refusé le titre d'aide-camp de M. le comte d'Artois ou du duc de Berry, que M. de Talleyrand avait vivement sollicité pour M. de Flahaut.

sous tous les rapports! L'ennemi est vainqueur sur tous les points : j'ai vu le désordre, puisque je commandais sous les yeux de l'Empereur. D'après les résultats des désastreuses journées du 16 et du 18, on ose nous dire que l'on a achevé de battre l'ennemi le 18, qu'il nous reste encore sur la frontière 60,000 hommes! Le fait est faux ; c'est tout au plus si le maréchal Grouchy a pu rallier de 10 à 15,000 hommes, et on a été battu trop à plat pour qu'ils soient en état de résister à l'ennemi. Tous les généraux qui sont ici, et qui commandaient avec moi, peuvent l'attester. Au surplus, il suffit d'être un peu homme de guerre pour apercevoir que le rapport que vient de nous lire le ministre de l'intérieur se contredit sur tous les points. Il est certain que le maréchal Grouchy a été battu le 16 aussi bien que nous; si sa division eût été intacte, il eût pu couvrir la retraite de l'armée ; il eut pu aider l'Empereur à rallier les débris, et l'Empereur serait resté sur la frontière au lieu de se diriger sur Paris. Ce que je vous dis là est la vérité la plus positive, la vérité claire comme le jour. Ce que M. le ministre de l'intérieur nous a lu concernant la position du duc de Dalmatie est faux, bien faux ; il n'a pas été possible de rallier un seul homme de la garde. Voilà notre véritable position. L'ennemi est à Nivelle avec 80,000 hommes. Quand on nous dit que l'armée prussienne est détruite, cela n'est pas vrai ; la plus grande portion de cette armée ne s'est point battue. Dans six ou sept jours, l'ennemi peut être dans le sein de la capitale. Il n'y a plus d'autre moyen pour le salut public que de faire des propositions à l'ennemi [1]. »

Il fallait qu'il y eût alors dans l'âme du maréchal Ney quelque chose de l'indicible délire qui semble le

[1] Séance du 22 juin.

saisir depuis le 10 mars. Quoi! en séance publique, en présence de tous, le maréchal vient dire : « que l'ennemi est vainqueur sur tous les points; » il vient décourager les pouvoirs, il vient grandir la force de l'étranger et proposer même de traiter avec lui! Était-ce là Ney si brillant, si puissant sur un champ de bataille? Est-ce là le fier maréchal traversant d'outre en outre le champ de bataille d'Iéna? Carnot affirma la vérité du rapport du ministre de la guerre; M. de Flahaut, plus ferme, plus décidé, s'écrie : « Le maréchal se trompe; c'est moi qui ai donné les notes au ministre; elles sont vraies, et je l'affirme. » — « Vous dites que le corps du maréchal Grouchy est de 40,000 hommes, reprend Ney; il n'était pas de 10,000 d'infanterie, et en tous les cas il aurait dû savoir ce qui se passait à Waterloo. » Ici nouveaux murmures. — « Le maréchal Grouchy est mon parent, dit M. de Pontécoulant, il s'est conduit en bon Français; je m'étonne qu'on ose jeter du blâme sur sa conduite. » — « Je n'inculpe pas le maréchal Grouchy, répond Ney, mais j'atteste qu'il ne peut avoir 40,000 hommes en ce moment; s'il en a en tout 25,000, c'est beaucoup [1]. »

Qui avait pu motiver cette sortie du maréchal Ney?

---

[1] *Extrait du procès-verbal.*
Le comte de Latour-Maubourg. — « Il ne s'agit ici, en effet, ni d'un rapport d'un général en chef, ou d'un officier général de l'armée, ni d'une communication officielle du gouvernement; le papier qui vient d'être lu peut être assimilé aux journaux; ce n'est que le rapport particulier de deux officiers qui n'ont pu connaître l'ensemble des opérations subséquentes de l'armée. Pour que cette note fût officielle, il faudrait qu'elle fût signée par le ministre. »
Le général Carnot. — « La lettre est non seulement signée par le ministre de la guerre, mais écrite en entier de sa main. Il a puisé les faits dans les rapports; il a porté ces faits à la connaissance de l'Empereur, qui en a approuvé la communication. »
Le comte de Latour-Maubourg. — « Si les faits ne sont pas vrais, je demande que le ministre de la guerre soit mis en état d'accusation pour avoir voulu tromper la Chambre des pairs et celle des représentants. »

où voulait-il en venir, ce chef militaire demandant qu'on traitât directement avec l'ennemi? Cependant un peu de calme se rétablit; on allait passer au choix des membres de la commission du gouvernement, lorsque le jeune et fougueux Labédoyère s'agite avec vivacité; il veut défendre l'idée napoléonienne qui meurt. Que signifie cette commission de gouvernement? dans quel but est-elle formée? Napoléon n'a abdiqué que pour son fils. « Faudra-t-il que le sang français n'ait encore coulé que pour nous replacer sous le joug odieux de l'étranger, que pour nous faire courber la tête sous un gouvernement avili, que pour voir nos braves guerriers abreuvés d'humiliations et d'amertumes, et privés de l'existence due à leurs services, à leurs blessures, à la gloire de la nation? Il faut s'expliquer franchement sur la forme du gouvernement que l'on prétend adopter. L'Empereur s'est prononcé : son abdication est indivisible; elle est nulle si l'on ne reconnaît pas son fils. »

Labédoyère, loyal serviteur, agissait ici au nom de toute la dynastie impériale qui voulait porter un grand coup au sein de la pairie; car l'on vit entrer théâtralement dans la salle des délibérations les frères de l'Empereur, Joseph, Lucien et Jérôme, puis le cardinal Fesch, Cambacérès; et cette suite de 18 personnes costumées avec manteaux et plumes, vint s'asseoir au milieu de la pairie comme la pompe funèbre de la pensée impérialiste. Suspendant tout à coup le débat, Lucien, pour reconquérir l'ascendant qu'il avait perdu à la Chambre des représentants, se mit à crier de toute sa force : « *L'Empereur est mort politiquement, vive l'Empereur! l'Empereur a abdiqué, vive l'Empereur!* il faut reconnaître Napoléon II. » Et alors, avec un geste toujours dramatiquement italien, il s'écrie : « Je vais donner l'exemple;

je jure fidélité à Napoléon II. S'il est des traîtres autour de nous, s'il est des Français qui pensent nous livrer au mépris des autres peuples, à l'ignominie de ne savoir défendre ce que nous avons entouré de respect et d'amour; si une minorité factieuse voulait attenter à la dynastie et à la constitution, ce n'est pas dans la Chambre des pairs que l'on trouverait des traîtres; ce n'est pas dans la Chambre des pairs, qui a donné l'exemple du dévouement, que les factieux trouveraient un appui. »

Alors M. de Pontécoulant fit entendre ces paroles inattendues : « Je le demande au prince, à quel titre parle-t-il dans cette Chambre? Est-il Français? Je ne le reconnais pas comme tel. Sans doute, je le trouve Français par ses sentiments, ses talents, par les services qu'il a rendus à la liberté, à l'indépendance nationale; je veux bien l'adopter pour Français. Mais lui, qui invoque la Constitution, n'a pas de titre constitutionnel; il est prince romain de Canino, et Rome ne fait plus partie du territoire français... » — «Je suis aussi Français que vous, s'écria Lucien vivement animé. » — «Prenez garde, répondit M. Boissy-d'Anglas; n'est-ce pas assez de la guerre étrangère? voulez-encore la guerre civile? Que faut-il faire en ce moment? Un seul parti nous reste : il faut nommer un gouvernement provisoire; à moins que vous ne vouliez vous ôter les moyens de traiter avec les alliés. » A ces mots, Labédoyère prend encore la parole : «Je répèterai ce que j'ai dit ce matin. Napoléon a abdiqué en faveur de son fils; son abdication est nulle, de toute nullité, si l'on ne proclame pas à l'instant Napoléon II. Et qui s'oppose à cette résolution? Ce sont ces individus constants à adorer le pouvoir et qui savent s'en détacher avec autant d'habileté qu'ils en montrèrent à le flatter. Je les ai vus autour du trône, aux pieds du souverain heureux ; ils s'en éloignent quand il est dans le malheur! Ils repoussent aussi Napoléon II, parce qu'ils sont pressés de recevoir la loi des étrangers, à qui déjà ils donnent le titre d'alliés, d'amis peut-être. »

Une vive agitation se manifeste dans l'assemblée; Labédoyère, le feu au visage, continue : « Où sont donc ces serments, cette ivresse, ces milliers d'électeurs, organes de la volonté du peuple? Napoléon les retrouvera si, comme je le demande, on déclare que tout Français qui désertera ses drapeaux sera jugé selon la rigueur des lois; que son nom soit déclaré infâme, sa maison soit rasée, sa famille proscrite!... Alors plus de traîtres, plus de ces manœuvres qui ont occasionné les dernières catastrophes, et dont peut-être quelques auteurs siègent ici!... » En prononçant ces imprécations, Labédoyère porte les yeux sur le maréchal Ney; c'est une accusation publiquement lancée ; toute la pairie est debout, il faut une réparation éclatante. Labédoyère jette çà et là des regards de feu : « Écoutez-moi! écoutez-moi! » — « On ne doit plus vous écouter, s'écrie le comte de Valence, désavouez ce que vous avez dit! » — « Non, répond Labédoyère, ce n'est pas à vous que je m'adresse. » Masséna, se levant péniblement de son fauteuil, dit à Labédoyère : « Jeune homme, vous vous oubliez. » M. de Lameth ajoute : «Est-ce que vous vous croyez encore au corps-de-garde? » Labédoyère ne se tient plus, ses vêtements sont en désordre [1] : « Il est donc décidé, grand Dieu! s'écrie-t-il, qu'on n'entendra jamais dans cette enceinte que des

---

[1] J'ai recueilli cette séance non seulement dans les procès-verbaux, mais encore d'après les témoins oculaires.

voix basses! oui, depuis dix ans il ne s'est fait entendre ici que des voix basses ! » Puis il sort précipitamment de l'assemblée, comme s'il abdiquait son titre de pair. Enthousiaste et noble cœur, Labédoyère avait besoin de dire ce qui pesait sur son âme ; il ne croyait pas qu'il fût possible d'abandonner Napoléon ; son Empereur était pour lui l'honneur, la vie, l'existence, et il voulait relever l'énergie du parti bonapartiste. Dans cette agitation des esprits, M. Maret prit la parole pour formuler plus rationnellement une proposition favorable aux impérialistes, et dont la colère du jeune Labédoyère avait détruit l'effet : « N'était-il pas vrai que l'Acte additionnel appelait de plein droit Napoléon II à la couronne ? Il fallait se hâter dès lors d'adopter ce grand symbole de foi politique. » M. Maret fut vivement combattu par M. de Lameth : « Conserver la dynastie de Napoléon, c'était s'enlever les moyens de traiter avec l'étranger, et d'obtenir un gouvernement national. » Telle était la pensée dominante des opinions liées aux patriotes de 1789 et aux partisans du duc d'Orléans.

La pairie n'osait prendre un parti, lorsqu'un terme moyen fut proposé par Joseph : « Nommez si vous le voulez un gouvernement provisoire, mais qu'il gouverne au nom de Napoléon II. » — « Si l'Empereur avait été tué, ajouta M. de Flahaut, ne serait-ce pas son fils qui lui aurait succédé ? il a abdiqué, il est mort politiquement ; pourquoi dès lors son fils ne lui succèderait-il pas ? » — « Assez, assez, s'écria Decrès avec une énergie impatiente ; que la discussion soit fermée, que l'on sauve avant tout la patrie. » On adopta comme terme moyen le système de la commission de gouvernement, et dans un scrutin secret MM. de Caulaincourt et Quinette furent nommés membres de ce nouveau

Directoire. M. de Caulaincourt exprimait l'idée de régence et la possibilité d'un traité avec les alliés, à la manière de celui de Chatillon [1]; M. Quinette était un de ces noms insignifiants que les partis politiques mettent en avant sans motif et qu'ils grandissent on ne sait pourquoi; tous deux devenaient collègues de Fouché, de Carnot et de Grenier, et par ce moyen le gouvernement provisoire fut constitué en dehors des idées napoléoniennes. Cette commission devint le seul pouvoir, la seule unité; et toute la sollicitude de Fouché, après avoir, par le fait, détrôné Napoléon, ce fut de s'assurer pour lui la présidence de la commission, afin de négocier avec tous les partis et d'assurer la transition la plus facile, la plus prompte, vers un nouvel ordre de choses : lequel serait-il? on l'ignorait encore; ce qu'il y avait de certain, c'est qu'il n'y avait plus d'Empire et de dynastie bonapartiste.

Dans la fatale situation des affaires, deux partis restaient aux patriotes pour obtenir des conditions de paix : ou traiter avec les Bourbons de l'une ou de l'autre branche par un pacte solennel, en faisant des concessions réciproques; ou bien s'adresser à l'étranger, pour solliciter de lui une forme de gouvernement. En traitant avec les Bourbons, on pouvait sauver le territoire, faire la paix à de bonnes conditions; c'était ce que conseillaient en secret Fouché et M. de Talleyrand. Accourir devant l'étranger, solliciter un gouvernement de ses mains était plus qu'une faute pour les patriotes, c'était trahison; car évidemment les Prussiens et les Anglais imposeraient aux représentants des conditions humiliantes, l'abandon peut être d'une ou deux provinces, la réalisation d'un morcel-

---

[1] MM. de Caulaincourt et Quinette furent proclamés membres de la commission de gouvernement à la Chambre des Pairs. Sur 70 votants, le premier avait réuni 52 suffrages, et le second 48.

lement; mais en temps de partis, je le répète, les haines sont si vives, que l'on préfère souvent l'étranger à un pouvoir que l'on déteste : les ligueurs appelaient les Espagnols à leur aide, les huguenots invoquaient les Suisses et les Allemands, qu'ils plaçaient au-dessus d'un gouvernement opposé à leur principe. La Chambre des réprésentants était tellement exaltée contre les Bourbons, qu'elle aurait reçu des Prussiens ou des Anglais un prince de la maison de Brunswick, de Hanovre ou de Saxe, plutôt que de saluer Louis XVIII ou de constituer une forte dictature impériale; de sorte qu'on pouvait dire que le parti de l'étranger était moins alors parmi les royalistes que parmi les patriotes. Aussi le premier soin de la commission fut de désigner une députation chargée de se rendre au quartier-général des alliés pour traiter avec eux sur les bases d'une paix solide, et examiner avec le czar Alexandre, l'empereur d'Autriche et le roi de Prusse, quelle forme de gouvernement leur conviendrait le mieux par rapport à la France. Tous les membres de cette députation furent choisis dans le parti de 1791, MM. de Lafayette, Sébastiani, d'Argenson, de Pontécoulant, de Laforest; M. Benjamin de Constant devait tenir la plume comme secrétaire de la députation. Aucun de ces noms ne représentait le parti napoléonien, il n'en était plus question; le pouvoir était entièrement placé dans les mains de Fouché; Carnot s'absorbait dans la défense militaire.

La commission de gouvernement, délégation des deux chambres, réunissait en elle-même tous les pouvoirs; Paris était livré à une agitation sourde et profonde; le culte de Napoléon parmi les fédérés et dans les faubourgs avait pris un caractère d'énergie sombre, et quelque argent distribué par M. Réal, des ordres de police, avaient préparé des rassemblements tumultueux, demandant la dictature de Bonaparte. On entendait dans les rues les cris de *vive Napoléon II !* Il y avait des processions tumultueuses, et, comme dans les derniers jours de la Ligue, on tirait des coups d'armes à feu en pleine rue. Les représentants n'étaient pas en sûreté à la face des opinions agitées ; la garde nationale multipliait les patrouilles, sous la haute impulsion de son nouveau chef, Masséna. La vieille expérience du maréchal lui montrait déjà le retour des Bourbons comme inévitable; mais il voulait, lui, le drapeau tricolore, une sorte de république sous Louis XVIII : il ne pouvait se sauver de sa position équivoque depuis sa conduite en Provence, que par un gouvernement qui fût lui-même équivoque.

Installée aux Tuileries, la commission de gouvernement dut nommer son propre ministère ; Fouché n'y mit pas une grande importance, il voulait des commis pour lui qui conduisait secrètement les affaires dans une direction parfaitement arrêtée. M. de Caulaincourt faisant partie de la commission de gouvernement, on dut lui donner un successeur aux affaires étrangères, et l'on jeta les yeux sur M. Bignon, choix évidemment mal combiné : M. Bignon avait laissé de fâcheux souvenirs en Allemagne et à Wilna, et en tous les cas il n'avait pas assez d'importance pour traiter avec les ministres de la coalition. A l'intérieur, le général Carnot mit son frère, M. Carnot Feulins, nom tellement inconnu, qu'on ne vit là qu'une affaire de famille. A aucun prix. Cambacérès ne voulait du ministère de la justice: il avait peur, il désirait partir: tout tremblottant, il répétait sans cesse. « Ceci finira par une catastrophe : nous serons tous pendus. » Fouché lui donna pour successeur M. Boulay (de la Meurthe), qu'il fallait rallier à la commission de gouvernement. Pour la forme, Fouché se donna comme ministre de la police M. Pelet (de la Lozère), son commensal déjà, sorte de chef de bureau. Les autres ministres, Davoust, Gaudin, Mollien et Decrès, furent conservés; et quant à la secrétairerie d'État, comme on n'était pas sûr de M. Maret, on lui adjoignit M. Berlier pour l'expédition des affaires. Cette espèce de Directoire, ainsi installé, voulut parler aux Français dans une proclamation [1]; chaque pouvoir fait son manifeste; Bonaparte s'était adressé aux Français au 18 brumaire pour dénoncer le Directoire, un nouveau Directoire annonçait la chute de Napoléon. C'était encore de belles phrases! on faisait des promesses de constitution, œuvre naturellement sage, sublime; « on invitait la raison et le génie à se révéler; des plénipotentiaires partaient pour traiter avec l'étranger, on recommandait l'union et la concorde comme le premier gage de la sécurité de tous. »

Dans le fait, la question sérieuse était dans les négociations avec les alliés; les patriotes, fascinés par une étrange illusion, mettaient leur espérance dans le mandat de M. de Lafayette auprès des souverains. Ce fut Fouché

---

[1] *Proclamation de la commission de gouvernement, en date du 24 juin.*

« Français, dans l'espace de quelques jours, des succès glorieux et un revers affreux ont de nouveau agité vos destinées.

« Un grand sacrifice a paru nécessaire à votre paix et à celle du monde : Napoléon a abdiqué le pouvoir impérial. Son abdication a été le terme de sa vie politique ; son fils est proclamé.

« Votre constitution nouvelle, qui n'avait encore que de bons principes, va recevoir tous ses développements, et ses principes mêmes vont être épurés et agrandis.

« Il n'existe plus de pouvoirs jaloux l'un de l'autre ; l'espace est libre au patriotisme éclairé de vos représentants, et les pairs sentent, pensent et votent comme vos mandataires.

« Après vingt-cinq années de tempêtes politiques, voici le moment où tout ce qui a été conçu de sage, de sublime, sur les institutions sociales, peut être perfectionné encore dans les vôtres.

« Que la raison et le génie parlent, et, de quelque côté que se fasse entendre leur voix, elle sera écoutée.

« Des plénipotentiaires sont partis pour traiter au nom de la nation et négocier avec les puissances de l'Europe cette paix qu'elles ont promise à une condition qui est aujourd'hui remplie.

lui-même, de concert avec M. Bignon, qui rédigea les instructions des plénipotentiaires qui devaient se rendre à Haguenau. Ces instructions écrites ne disaient point le dernier mot de Fouché : « le but de cette grande mission devait être le salut de la patrie, l'indépendance nationale ; on invoquait la déclaration du 15 mars et le *memorandum* de l'Angleterre et de l'Autriche. Si les étrangers ne voulaient pas reconnaître la commission de gouvernement, les plénipotentiaires devaient rappeler l'exemple de l'Angleterre qui avait changé sa dynastie à la révolution de 1688 ; le seul fait de la possession du pouvoir était légitime. La dynastie de Napoléon pouvait être conservée sans danger de guerre ; les Bourbons étaient incompatibles avec le repos général de la France et de l'Europe ; » les plénipotentiaires devaient tenir fortement à les exclure. On devait soutenir l'intégralité du territoire. Si, comme dernier moyen de salut, les puissances faisaient d'autres propositions, les plénipotentiaires les transmettraient à la commission de gouvernement. Avant tout, on devait solliciter un armistice : « Comme les intérêts des puissances n'étaient pas les mêmes, il fallait chercher à les diviser ; l'Autriche pouvait n'être pas contente de voir la

---

« Le monde entier va être attentif comme vous à leur réponse ; leur réponse fera connaître si la justice et les promesses sont quelque chose sur la terre.

« Français, soyez unis ! ralliez-vous tous dans des circonstances si graves !

« Que les discordes civiles s'apaisent, que les dissensions mêmes se taisent en ce moment où vont se discuter les grands intérêts des nations.

« Soyez unis du nord de la France aux Pyrénées, de la Vendée à Marseille.

« Quel qu'ait été son parti, quels que soient ses dogmes politiques, quel homme né sur le sol de la France pourrait ne pas se ranger sous le drapeau national pour défendre l'indépendance de la patrie ?

« On peut détruire en partie des armées ; mais l'expérience de tous les siècles et de tous les peuples le prouve, on ne détruit pas, on ne soumet pas surtout une nation intrépide qui combat pour la justice et pour la liberté.

« L'Empereur s'est offert en sacrifice en abdiquant.

« Les membres du gouvernement se dévouent en acceptant de vos représentants les rênes de l'État. »

maison de Bourbon à Naples, en Espagne, en France; elle pouvait désirer la dynastie napoléonienne comme contre-poids à l'influence de la Russie et de la Prusse. L'Empereur de Russie était un prince libéral, qui avait à se plaindre des Bourbons; les plénipotentiaires trouveraient peu de sympathie dans le cabinet prussien, mais ses forces étaient épuisées à Waterloo, et la Prusse subirait l'influence de la Russie[1]. »

Ainsi furent les instructions publiques données par la commission. Mais les instructions secrètes étaient plus franches, plus décisives. Fouché, qui avait pris la haute place dans le directoire nouveau, vit avec la plus grande intimité MM. d'Argenson et de Lafayette. Entre eux, il fut bien entendu : « que si dans les instructions écrites il pouvait être question du prince impérial, on ne devait point y tenir; à la première parole, à une ouverture des alliés, il serait sacrifié. » M. de Lafayette même fut autorisé à ne pas en parler, en démontrant aux cabinets la possibilité d'un choix national pris dans la branche cadette, ou même parmi les princes étrangers, en harmonie d'opinion avec le pays; on devait dire à l'Angleterre : « Quel intérêt avez-vous à tenir aux Bourbons de la

---

[1] *Extrait des instructions pour MM. les plénipotentiaires de la commission de gouvernement auprès des puissances étrangères.*
Paris, le 23 juin 1815.
« L'objet de la mission de MM. les plénipotentiaires chargés de se rendre auprès des souverains alliés n'a plus besoin d'être développé; il est dans leur cœur comme dans tous les cœurs français : il s'agit de sauver la patrie.

« Le salut de la patrie est attaché à deux questions essentielles : l'indépendance nationale et l'intégralité de notre territoire.

« L'indépendance nationale ne peut être complète qu'autant que les principes constitutifs de l'organisation de la France soient à l'abri de toute atteinte étrangère. L'un des principes de cette organisation est l'hérédité du trône dans la famille impériale. L'Empereur ayant abdiqué, ses droits sont dévolus à son fils. Les puissances ne peuvent porter la moindre atteinte à ce principe d'hérédité, établi par nos constitutions, sans violer notre indépendance.

« La déclaration du 13 et le traité du 15 mars ont reçu une importante modification par l'article impératif que le cabinet britannique a joint à la ratification de ce traité, article par lequel ce cabinet annonce

branche aînée ? Mieux vaut un prince élu par un parlement. A la Prusse on devait répéter : « Donnez-nous le roi de Saxe pour monarque, et prenez la Saxe pour vous. » A la Russie, on devait opposer l'Angleterre et rappeler l'ingratitude des Bourbons pour Alexandre ; enfin, on pourrait caresser M. de Metternich par l'espérance d'une régence autrichienne. Toutes ces menées étaient ainsi concertées pour empêcher le retour de Louis XVIII, que les révolutionnaires craignaient comme une grande calamité. Il ne faut pas en vouloir à ce parti, il jouait en ce moment sa dernière carte ; quand on en est à savoir s'il faut vivre ou subir la mort, l'hésitation n'est pas longue, et l'on recourt souvent à de tristes moyens : les partis ont l'instinct de conservation comme les individus prêts à périr et se rattachant à tout ; MM. de Lafayette, Sébastiani, d'Argenson, tous ces noms qu'on appelait le parti national, ceux qui disaient avoir tant de répugnance pour les étrangers, allaient solliciter la plus grande intervention qui pût exister de la part de l'ennemi, c'est-à-dire faire décider par la coalition quel serait le roi ou le gouvernement qui conviendrait le mieux à la France. »

Les plénipotentiaires en effet partirent de Paris pour

qu'il n'entend point poursuivre la guerre dans l'intention d'imposer à la France un gouvernement particulier. Cette modification a été adoptée par les alliés ; elle a été consacrée par la lettre de lord Clancarty, du 6 mai, à la rédaction de laquelle tous les autres plénipotentiaires ont donné leur assentiment ; elle a été consacrée par une note du prince de Metternich en date du 9 mai, et enfin par la déclaration des puissances en date du 12 du même mois.

« C'est ce grand principe, reconnu par les puissances, que MM. les plénipotentiaires doivent surtout invoquer.

« On ne peut se dissimuler qu'il est fort à craindre que les puissances ne se croient plus liées aujourd'hui par les déclarations qu'elles ont faites avant le commencement des hostilités.

« Elles ne manqueront pas d'objecter :

« Que si avant la guerre elles ont établi une distinction entre la nation et l'Empereur, cette distinction n'existe plus lorsque la nation, en réunissant toutes ses forces dans les mains de ce prince, a uni de fait sa destinée à la sienne ;

« Que si avant la guerre elles étaient sincères dans l'intention de ne point se mêler des affaires intérieures de la France, elles sont forcées de s'en mêler aujourd'hui,

le quartier-général des souverains alliés ; Fouché, avec sa ruse accoutumée, ne les envoya pas auprès du duc de Wellington ou du prince Blücher ; il était aisé de se débarrasser de M. de Lafayette et de l'envoyer le plus loin possible; il se réservait, lui, une négociation active et directe. Comme les vainqueurs de Waterloo s'avançaient sur Paris et que leurs armées décideraient définitivement la question, il ne fallait point livrer à des commissaires de la capacité ingénue et embarrassante de M. de Lafayette les mystères et le maniement des transactions importantes et décisives. Seulement Fouché eut recours à Blücher pour obtenir des passe-ports. Dans leur conférence avec le chef d'état-major, M. de Zieten, les plénipotentiaires furent très heureux d'apprendre : « que la Prusse ne portait pas un très grand intérêt aux Bourbons ; » ils l'annonçaient avec enthousiasme dans une dépêche adressée à M. Bignon. Par contre, le prince Blücher demandait, en échange d'un armistice, les places de Maubeuge, de Thionville, de Metz, de Mézières et de Sarrebruck, la lisière que l'Allemagne et la Belgique convoitaient, et, avec ce petit sacrifice, la France pourrait choisir, si elle voulait, M. de Lafayette

---

précisément pour prévenir tout retour semblable de guerre, et assurer le repos de l'avenir.

« Il serait superflu d'indiquer à MM. les plénipotentiaires les réponses qui peuvent être faites à ces objections ; ils en puiseront la meilleure réfutation dans le sentiment d'honneur national qui, après que la nation entière s'était ralliée à l'Empereur, a dû combattre avec lui et pour lui, et qui ne pourrait s'en séparer qu'autant qu'un acte, tel que celui d'une abdication, viendrait rompre les liens de la nation et de son souverain. Il leur sera facile de démontrer que si ce devoir sacré de l'honneur a forcé la nation française à la guerre pour sa propre défense, jointe à celle du chef qu'on voulait lui enlever, l'abdication de ce chef replace la nation dans l'état de paix avec toutes les puissances, puisque c'était ce chef seul qu'elles voulaient renverser ; que si la déclaration faite par les puissances de ne pas prétendre imposer à la France un gouvernement particulier était franche et sincère, cette sincérité et cette franchise devraient se manifester aujourd'hui par leur respect pour l'indépendance nationale, lorsque les circonstances nouvelles ont fait disparaître le seul grief dont elles se crussent autorisées à se plaindre. »

même pour président de la République. Les plénipotentiaires avaient demandé un armistice de cinq jours; le duc de Wellington avait fait répondre : « qu'il recevrait sur ce point des commissaires spéciaux désignés par M. Fouché et par la commission de gouvernement; » ce qui signifiait que l'on ne voulait pas avoir de rapports directs avec les plénipotentiaires de la Chambre. C'était un peu humiliant, mais, pour se consoler, les plénipotentiaires répétèrent ces paroles qui les comblaient de joie : « Les alliés ne tiennent pas aux Bourbons [1]. » Là seulement leur paraissait le salut de la France. Le duc de Wellington et Blücher semblaient surtout insister sur le départ immédiat de Napoléon.

Munis d'un passe-port signé des généralissimes alliés, les plénipotentiaires de la Chambre des représentants arrivèrent à Haguenau le 1er juillet, et demandèrent immédiatement à être admis auprès des souverains. Ne pouvant obtenir cette audience, ils sollicitèrent l'honneur d'un entretien avec les ministres; ils ne l'obtinrent pas davantage; seulement, on leur fit savoir par les aides-de-camp : « que des commissaires seraient nommés pour causer avec eux sur l'objet de leur mission. »

---

[1] *Dépêche des plénipotentiaires au ministre des affaires étrangères, en date du 26 juin.*

« Monsieur le baron Bignon, nous avons reçu la lettre que vous nous avez fait l'honneur de nous écrire, hier 25, au sujet de l'intention où est l'Empereur de se rendre avec ses frères aux États-Unis d'Amérique.

« Nous venons enfin de recevoir nos passe-ports pour nous rendre au quartier-général des souverains alliés, qui doit se trouver à Heidelberg ou à Manheim. Le prince de Schœnburgh, aide-de-camp du maréchal Blücher, nous accompagne. La route de Metz est celle que nous allons suivre; notre départ aura lieu dans une heure. Le maréchal Blücher nous a fait déclarer par le prince de Schœnburgh et le comte de Noslit, plus spécialement chargé de ses pouvoirs, que la France ne serait en aucune manière gênée dans le choix de son gouvernement. Mais dans l'armistice qu'il proposait, il demandait pour sûreté de son armée les places de Thionville, de Maubeuge, de Sarrebourg et autres. Il part du principe qu'il doit être nanti contre les efforts que pourrait tenter le parti qu'il suppose à l'Empe-

Ces commissaires furent le comte de Walmoden pour l'Autriche, le comte Capo-d'Istria pour la Russie, le général Knesebeck pour la Prusse. Lord Stewart assista à cette conférence au nom de l'Angleterre; il ne prit que le rôle de spectateur, et tout ceci par forme; les alliés n'avaient nulle intention de traiter avec des plénipotentiaires dont ils ne reconnaissaient pas la qualité; on les mit en rapport avec des diplomates de second et de troisième ordre dans la hiérarchie, sauf lord Stewart qui devait écouter plutôt comme officier général que comme plénipotentiaire.

Il faut ajouter que les commissaires français à la façon de MM. de Lafayette et d'Argenson n'étaient pas capables de suivre et de comprendre une grave négociation diplomatique; la seule présence de M. de Lafayette était une insulte aux gouvernements monarchiques. Il y a des esprits qui s'imaginent que braver, c'est négocier; la parole habituellement polie de M. de Lafayette avait toute la morgue d'un gentilhomme mécontent, orgueilleux de ses principes. M. d'Argenson était raide, frondeur, sans liant. Le général Sébastiani, plus phraseur que tête positive, devait se tenir dans des généralités vagues.

---

reur. Nous avons combattu par des raisons victorieuses toute cette argumentation. Vous sentez, Monsieur, qu'il nous était impossible d'accéder à de pareilles demandes.

« Nous avons fait tout ce qui dépendait de nous pour obtenir l'armistice à des conditions modérées, et il nous a été impossible d'arriver à une conclusion, parce que, dit le prince, il n'est pas autorisé à en faire un, et que d'immenses avantages peuvent seuls l'y décider aussi longtemps que le but principal n'est pas atteint.

« Nous avons offert une suspension d'armes au moins pour cinq jours. Ce refus a été aussi positif, et par les mêmes motifs. Le comte de Noslitz a offert, au nom du prince Blücher, de recevoir à son quartier-général et à celui du duc de Wellington, les commissaires que vous leur enverrez, qui seraient exclusivement occupés des négociations nécessaires pour arrêter la marche des armées et empêcher l'effusion du sang. Il est urgent que ces commissaires partent demain même, et qu'ils prennent la route de Noyon, où des ordres seront donnés par le maréchal Blücher pour les recevoir. Noyon va devenir son quartier-général. Ils ne peuvent trop redire

M. de Constant était un secrétaire d'ambassade un peu gauche, il avait plus de littérature et d'esprit que de connaissance des hommes et des affaires. Parmi eux, le négociateur le plus fort, le plus capable, était incontestablement M. de Laforest, trop habile et trop habitué aux affaires pour ne pas reconnaître d'abord que tout ce qui se faisait était insignifiant. C'est ce que lui révéla la position où les plénipotentiaires furent placés dans les conférences.

Il n'y avait nul espoir d'une pacification; les commissaires des puissances, sans exprimer une opinion, se bornèrent à écouter ce que proposaient les plénipotentiaires français; seulement lord Stewart jetait de temps à autre quelques paroles en termes cavaliers ou railleurs. Les phrases que l'on pouvait obtenir de MM. de Walmoden, de Capo d'Istria et du général Knesebeck se résumaient ainsi: « Il vaudrait mieux ne pas demander cela, il faudrait remettre ceci à un autre moment; je vous prie de me permettre de faire cette question », et il faut remarquer que ces phrases insignifiantes étaient dites à la suite des ouvertures les plus sérieuses, les plus importantes, les plus graves, et, par exemple, la possibilité de faire proclamer par la Chambre la dynastie de la branche

que l'Empereur n'a pas un grand parti en France; qu'il a profité des fautes des Bourbons plutôt que des dispositions existantes en sa faveur, et qu'il ne pourrait fixer l'attention nationale qu'autant que les alliés manqueraient à leur déclaration.

« Nous avons l'espérance de voir prendre un cours heureux à nos négociations, dont nous ne dissimulons point la difficulté. Le seul moyen d'empêcher que les événements de la guerre ne le fassent échouer est de parvenir à une trêve de quelques jours. Le choix des négociateurs pourrait y influer; et nous le répétons, il n'y a pas un moment à perdre pour les diriger sur les armées anglaise et prussienne.

« Les deux aides-de-camp du prince Blücher ont déclaré itérativement que les alliés ne tenaient en aucune manière au rétablissement des Bourbons; mais il nous est démontré qu'ils tendent à se rapprocher le plus possible de Paris, et ils pourraient alors user de prétexte pour changer de langage.

« Tout cela ne doit que presser davantage les mesures pour la réorganisation de l'armée, et surtout pour la défense de Paris, objet qui paraît les occuper essentiellement.

cadette, ou bien même de faire élire un prince étranger, tel que le roi de Saxe, un duc de Brunswick ou un des fils de la maison d'Orange. A la fin, lord Stewart s'expliqua catégoriquement : « Votre Chambre des représentants n'a aucun droit de faire ou de déposer les rois ; d'où lui vient son mandat ? qui l'a élue ? » Et M. de Lafayette, avec ce ton froidement poli qu'il savait prendre, répondit : « Mylord, je vous demande pardon, je m'étonne qu'un Anglais me fasse cette question : c'est le même droit que celui que le Parlement avait de choisir Guillaume III ». Désormais la conversation se continua historique sur la révolution de 1688 ; les plénipotentiaires français répétèrent à plusieurs reprises « que toute forme de gouvernement, toute dynastie conviendrait mieux à la France que les Bourbons de la branche aînée. » Sur ce point si grave, aucune réponse ne fut faite, aucun engagement pris ; on écouta et on congédia les envoyés.

Au reste, les plénipotentiaires au quartier-général furent traités avec politesse, par égard pour leur personne : M. de Lafayette était bien né ; M. d'Argenson, le fils d'une des grandes races parlementaires ; le général Sébastiani,

« Des conversations que nous avons eues avec les aides-de-camp, il résulte en définitive, et nous avons le regret de le répéter, qu'une des grandes difficultés sera la personne de l'Empereur. Ils pensent que les puissances exigeront des garanties et des précautions afin qu'il ne puisse jamais reparaître sur la scène du monde. Ils prétendent que leurs peuples demandent sûreté contre ses entreprises. Il est de notre devoir d'observer que son évasion avant l'issue des négociations serait regardée comme une mauvaise foi de notre part, et pourrait compromettre essentiellement le salut de la France. Nous avons d'ailleurs l'espérance que cette affaire pourra se terminer aussi à la satisfaction de l'Empereur, puisqu'ils ont fait peu d'objections à son séjour et à celui de ses frères en Angleterre, ce qu'ils ont paru préférer au projet de retraite en Amérique.

« Il n'a été question dans aucune conversation du prince impérial. Nous ne devions pas aborder cette question.

« *Signé*, Sébastiani, Pontécoulant, Lafayette, d'Argenson, Laforest, Benjamin Constant. »

un militaire de distinction, et allié aux Coigny par les femmes; M. de Laforest, un remarquable diplomate, mêlé aux grandes affaires de l'Empire; enfin, M. de Constant, d'une vieille famille, alliée au prince de Hardenberg; et quelle que soit la cause que l'on défende, entre gens de politesse et de naissance, il y a des formes qui ne s'oublient pas. En résultat, nul ne put se dissimuler que la négociation avait complétement échoué; on écouta les plénipotentiaires sans leur faire de réponse; on sonda les opinions sans prendre de parti ; les passeports furent délivrés pour Bâle, car on ne voulut même pas garder plus longtemps les plénipotentiaires au quartier-général [1].

Une fatale idée avait paru dominer dans toutes les causeries des plénipotentiaires avec les alliés, et même dans leur passage rapide à travers les quartiers-généraux du duc de Wellington et du prince Blücher : c'est qu'il n'y aurait ni paix ni trêve tant que Bonaparte ne serait pas livré à l'Europe, comme gage et garantie de la paix; ceci paraissait une pensée fixe; les alliés disaient pour la justifier : « que Napoléon avait été frappé d'un décret de proscription par le congrès de Vienne; l'arrêt devait être exécuté [2], le lieu de l'exil était fixé (l'île de Sainte-Hélène);

---

[1] Voici au reste la réponse officielle des cabinets :

Haguenau, 1er juillet.

« D'après la stipulation du traité d'alliance qui porte qu'aucune des parties contractantes ne pourra traiter de paix ou d'armistice que d'un commun accord, les trois cours qui se trouvent réunies, l'Autriche, la Russie et la Prusse, déclarent ne pouvoir entrer présentement dans aucune négociation Les cabinets se réuniront aussitôt qu'il sera possible.

« Les trois puissances regarderont comme condition essentielle de la paix et d'une véritable tranquillité que Napoléon Bonaparte soit hors d'état de troubler le repos de la France et de l'Europe ; et d'après les événements survenus au mois de mars dernier, les puissances doivent exiger que Napoléon Bonaparte soit mis à leur garde. »

Signé, Walmoden, Capo d'Istria, Knesebeck.

[2] « Les plénipotentiaires de Haguenau ayant déclaré qu'il n'y avait rien de préjugé concernant le chef que la nation française se donnerait, lord Stewart fit observer, le *journal officiel* à la main, que cette assertion n'était pas conforme à vérité, puisqu'une

il n'y aurait pas de repos pour l'Europe, et de traité possible pour la France, tant qu'il serait sur le continent. Cette idée devait plaire à M. de Lafayette, qui avait des haines contre Bonaparte, parce qu'il ne pouvait comprendre la ferme dictature d'un pouvoir organisateur; il écrivit sous toutes les formes à Paris : « Débarrassez-nous de Bonaparte, c'est l'obstacle à tout! » Fouché, qui voulait aussi l'éloigner, propageait dans les salons de Paris, dans l'armée, parmi le peuple, cette pensée : « que le seul embarras pour la paix, c'était Bonaparte; il fallait le livrer aux cabinets pour sauver la patrie et l'intégralité du territoire. » On ne parlait plus de Napoléon qu'avec la rage au cœur dans quelques salons patriotes; il semblait pour certains représentants, tels que MM. Manuel, Scipion Mourgues, Lanjuinais, qu'une fois débarrassée de l'homme puissant et national, la France obtiendrait une paix large et honorable. Singulières gens, qui ne voulaient rien de ce qui était une solution réelle de la difficulté! Ou Napoléon avec la guerre, ou les Bourbons avec la paix!

Aux prises avec ces grands coups de la fortune, Napoléon suivait attentif la fatale tournure des événements.

---

proclamation de la commission de gouvernement indiquait « que le roi de Rome était à la tête de l'Empire. » Interpellés en vertu de quel droit la nation française prétendait expulser son roi légitime et s'en donner un autre, les plénipotentiaires citent l'Angleterre elle-même. Ils déclarent aussi et répètent qu'à défaut du fils de Bonaparte, la nation française pourrait accepter le roi de Saxe, et ensuite un duc français. Ces réponses ayant été rapportées aux monarques alliés, les généraux Walmoden, de Knesebeck, et le comte Capo-d'Istria transmettent aux plénipotentiaires une note, laquelle portait que l'Autriche, la Prusse et la Russie ne pouvaient présentement entrer dans aucune négociation, et que les cabinets se réuniraient aussitôt qu'il serait possible ; mais que ces trois puissances regardaient comme condition essentielle de la paix et d'une véritable tranquillité que Napoléon Bonaparte fût mis hors d'état de troubler à l'avenir le repos de la France et de l'Europe ; que même, d'après les événements survenus au mois de mars dernier, les puissances exigeaient que Bonaparte fût remis à leur garde. »

(*Résumé de la négociation.*)

Après son abdication, il continua d'habiter l'Élysée, le beau palais dont les fenêtres donnent sur les vastes champs plantés par Louis XV, le roi des grands travaux publics. L'Empereur était resté l'homme d'énergie et du peuple; la police de M. Réal avait conservé fidélité à Napoléon, et plus d'une fois elle avait fait rassembler dans les Champs-Élysées les fédérés des faubourgs; ils criaient *vive l'Empereur!* ces hommes du peuple, et demandant des armes, ils semblaient lui dire : « Empereur, reviens te mettre à notre tête, reprends la dictature que tu as abandonnée; ces gens-là te perdent et nous perdent! »

Napoléon n'était que trop disposé à ressaisir le pouvoir; ce qu'il voyait lui faisait mal [1]; mais on l'entourait, on le surveillait, on le démoralisait. Si quelques amis fermes le poussaient à reprendre les armes, MM. Maret, Regnauld, et d'autres confidents plus faibles, entourés par Fouché, pressaient son départ. Dans ces longues nuits, Bonaparte eut quelques conférences avec les chefs et les meneurs du parti jacobin; on lui parla de dictature à des conditions révolutionnaires; il en eut peur; la démocratie lui paraissait une trop forte et trop hautaine alliée; il préféra s'en séparer, et sur les exhortations de ses amis, il quitta l'Élysée le 25 juin et vint habiter la Malmaison, ce brillant ermitage de sa jeunesse et de sa gloire. Que le temps avait marché vite! que d'années déjà séparaient les époques du Consulat des tristesses du temps actuel! Ces fleurs, il les avait plantées de la main qui gagnait les batailles; comme le grand Condé dans le parterre de Chantilly; cette serre contenait des

---

[1] M. Tissot m'a dit la curieuse et triste impression qu'il rapporta d'une dernière conférence avec l'Empereur à l'Élysée, à la suite de ces manifestations des fédérés. « Ce peuple, voyez-vous, s'écria-t-il, ne connaît que moi, ne veut que moi. »

plantes recueillies en Égypte par le vainqueur des Pyramides; ces platanes qui balançaient leurs larges feuillées sur sa tête, avaient ombragé le front du premier Consul, lorsqu'il traçait la victoire de Marengo. Aujourd'hui, Empereur vieilli, il revoyait la Malmaison, la Malmaison dépouillée de prestiges; il y était accueilli par Hortense de Beauharnais, jeune fille du Consulat, lorsqu'elle embellissait de sa grâce les soirées du palais : alors l'énergie, maintenant la décadence; alors la vie, maintenant la mort. Et cependant Napoléon ne s'était point abdiqué tout entier; le feu lui montait souvent au cerveau; après les grandes irruptions du Vésuve, la montagne jette çà et là des gerbes enflammées, des ruisseaux de lave bouillonnante.

Fouché, fort inquiet, était prévenu que quelques amis de Napoléon lui conseillaient de se présenter à l'armée, de prendre la dictature et de replacer ainsi la France dans une position belliqueuse; ce projet déjouait tous les plans des partis qui voyaient le salut de la patrie dans l'exil de Bonaparte, idée fixe et fatale. Dans ces circonstances, la commission provisoire de gouvernement crut indispensable de faire étroitement surveiller Bonaparte à la Malmaison et de hâter son départ; elle désigna le général Becker à cet effet : il devait se rendre à la Malmaison comme sauvegarde; sa mission secrète était, comme le disait Fouché, d'empêcher quelques-uns de ces coups de folie conseillés par les mauvaises têtes. Le général Becker remplit son devoir avec dignité; il avait peu à se louer personnellement de Bonaparte dans sa vie militaire; c'était un officier mécontent, comme Macdonald; plein de respect pour la gloire et l'infortune de Napoléon, il lui servit à la Malmaison plutôt d'aide-de-camp que de gardien; ses rapports fréquents à Fouché constatent sa respectueuse déférence pour l'Empereur; on était informé chaque jour de ce que faisait Napoléon; il y avait un parti agité qui tourbillonnait autour de lui; on voulait lui faire ressaisir l'épée, et voilà pourquoi Fouché hâtait le départ si désiré par la Chambre des représentants.

Bonaparte se cachait peu; à chaque progrès des alliés, il sentait mille pointes de feu dans ses entrailles; il menaçait de ressaisir le glaive [1] : « Ces gens-là veulent donc perdre la France! » s'écriait-il. Et cette activité bouillonnait en lui à tel point qu'il écrivit à la commission de gouvernement pour lui offrir de prendre le commandement de l'armée comme simple général; une fois l'ennemi battu, il se retirerait sous la tente, comme le dernier des citoyens. Le général Becker porta cette lettre lui-même à la commission de gouvernement;

---

[1] « En ce moment, un coup de canon se fit entendre au loin. Napoléon tressaillit. — « Quoi! s'écria-t-il, être condamné à rester loin du champ de bataille! » Puis s'adressant au général Becker, et prenant tour à tour l'accent du désespoir et l'attitude du commandement, il ajouta : « L'ennemi est à Compiègne, à Senlis; il sera demain aux portes de Paris!... Je ne conçois rien à l'aveuglement du gouvernement! Il faut être insensé ou traître à la patrie pour révoquer en doute la mauvaise foi de l'étranger. Ces gens-là n'entendent rien à leur affaire!.. Tout est perdu, n'est-ce pas?... Dans ce cas, qu'on me fasse général, je commanderai l'armée : je vais en faire la demande. Général, vous me porterez ma lettre... Partez de suite; une voiture vous attend... Expliquez-leur que mon intention n'est point de ressaisir le pouvoir; que je veux battre l'ennemi, l'écraser, le forcer par la victoire à donner un cours favorable aux négociations; qu'ensuite, ce grand point obtenu, je poursuivrai ma route.. Allez, général, je compte sur vous. Vous ne me quitterez plus. » — Le général Becker, commis à la garde de l'illustre prisonnier, devint aide-de-camp docile de l'Empereur.

« Dans sa lettre à la commission de gouvernement, Napoléon disait : — « En abdiquant le pouvoir, je n'ai point renoncé au plus noble droit du citoyen, au droit de défendre mon pays L'approche des ennemis de la capitale ne laisse plus de doute sur leurs intentions, sur leur mauvaise foi. Dans ces graves circonstances, j'offre mes services comme général, me regardant encore comme le premier soldat de la patrie. »

(*Récit d'un témoin oculaire.*)

DERNIER SÉJOUR A LA MALMAISON (25-29 JUIN 1815). 291

quand Fouché l'eut parcourue, il la jeta négligemment à terre, et s'écria : « Mais cet homme-là est donc fou? il veut tout compromettre; il nous prend pour des imbéciles. Retournez à la Malmaison et dites-lui qu'il parte bien vite; je ne réponds plus de rien. » A ce moment, on fit circuler mille bruits sur Napoléon; « Blücher avait juré, disait-on, de le pendre à la tête de ses colonnes; les Prussiens se livraient à mille injures, et des corps de cavalerie légère étaient destinés à l'enlever. »

Cette haine, excusable peut-être au cœur des Prussiens, autrefois tant abaissés, devait-elle se rencontrer parmi les généraux français comblés de bienfaits de l'Empereur? Faut-il le dire! le plus violent, le plus impitoyable pour son ancien maître, fut le ministre de la guerre, Davoust. S'il faut en croire le récit d'un ancien secrétaire de Napoléon, quand il apprit que Bonaprte retardait son départ, avec la volonté de reprendre un commandement, Davoust alla jusqu'à dire ces dures paroles à M. de Flahaut : « Eh bien ! s'il ne part pas, j'irai le saisir moi-même au collet [1], et il faudra bien qu'il se

---

[1] Je donne le témoignage de M. Fleury de Chaboulon:

« Votre Bonaparte ne veut pas partir, dit le maréchal Davoust au général Flahaut avec le ton de la colère et du mépris. Mais il faudra bien qu'il nous débarrasse de lui; sa présence nous gêne, nous importune; elle nuit au succès de nos négociations. S'il espère que nous le reprendrons, il se trompe; nous ne voulons plus de lui! Dites-lui de ma part qu'il faut qu'il s'en aille, et que s'il ne part à l'instant, je le ferai arrêter, je l'arrêterai moi-même!... » —«Jamais, répondit M. de Flahaut enflammé d'indignation, jamais je n'aurais pu croire, Monsieur le maréchal, qu'un homme qui, il y a huit jours, était aux genoux de Napoléon, pût tenir aujourd'hui un pareil langage! Je me respecte trop, je respecte trop la personne et l'infortune de l'Empereur pour lui reporter vos paroles; allez-y vous-même, monsieur le maréchal, cela vous convient mieux à vous qu'à moi. » — Le prince d'Eckmühl irrité lui rappela qu'il parlait au ministre de la guerre, au général en chef de l'armée, et lui prescrivit de se rendre à Fontainebleau où il recevrait ses ordres. — « Non, Monsieur, reprit vivement le comte de Flahaut, je n'irai point; je n'abandonnerai point l'Empereur; je lui garderai jusqu'au dernier moment la fidélité que tant d'autres lui ont jurée!» —«Je vous ferai punir de votre désobéissance. » — «Vous n'en avez plus le droit; dès ce

décide. » Triste propos même dans cette époque si étrange d'oubli de devoir et de serment! Les Cent Jours furent ainsi comme la dégradation du cœur humain, et la mort de cette noble fidélité inhérente autrefois au caractère national. Il y eut des scènes plus déplorables à la Malmaison ; chose honteuse à dire ! des généraux forcèrent les portes et vinrent demander de l'argent à Bonaparte ; on rançonna le proscrit, on le menaçait de le pendre, de le tuer, que sais-je encore ! Et ce fut lorsque toute espérance fut perdue, lorsqu'il ne put plus rien pour la patrie, qu'il se prépara, pour la seconde fois, au grand sacrifice de l'exil.

C'était le 29 juin, onze jours après Waterloo, dans une de ces chaudes journées si belles sous les ombrages de la Malmaison. Tout se disposait au départ; Napoléon, environné de quelques officiers restés fidèles ou compromis avec lui, causa paisiblement sur les affaires : « Tout était perdu ; ces chambres d'avocats avaient renouvelé le Bas-Empire, la France était dans une position telle qu'elle pourrait difficilement se sauver. » Il était là à côté d'Hortense, se penchant vers elle comme un père affectueux, et recommandant l'union à tous. La journée se passa dans ces causeries ; à cinq heures du soir les voitures furent prêtes ; il crut nécessaire de prendre quelques précautions ; le général Gourgaud et ses officiers montèrent dans la voiture qui lui était destinée ; lui, ne prit qu'une

---

moment je donne ma démission : je ne pourrais plus servir sous vos ordres sans déshonorer mes épaulettes. » — Napoléon, en revoyant M. de Flahaut, s'aperçut qu'il avait l'âme blessée ; il le pressa de lui en avouer le motif, et ne témoigna aucune surprise au récit des insultes de son ancien ministre. — « Qu'il vienne, dit-il froidement, je suis prêt, s'il le veut, à lui tendre la gorge! Votre conduite, mon cher Flahaut, me touche ; mais la patrie a besoin de vous : restez à l'armée, et oubliez comme moi le prince d'Eckmühl et ses lâches menaces. »

modeste calèche de suite, et jetant un regard sur la Malmaison, le manoir de sa jeune gloire, des chevaux fougueux emportèrent sa voiture; elle roula enveloppée d'un nuage de poussière sur la route de Compiègne.

CHAPITRE XI.

CAPITULATION DE PARIS. RESTAURATION DE LOUIS XVIII.

Marche des alliés sur Paris. — Le duc de Wellington et le prince Blücher. — Esprit des deux armées. — Débris de Waterloo. — Le corps du maréchal Grouchy. — Terreur militaire à Paris. — Propositions d'un armistice. — Commissaires députés. — Réponse des Prussiens. — Pourparlers avec les Anglais. — Correspondance de Fouché. — Préparatifs de défense à Paris. — Les maréchaux présents. — Projet des royalistes pour éviter l'occupation de Paris. — Fouché. — M. de Vitrolles. — Le maréchal Davoust. — Questions posées pour la capitulation. — Puérilité des travaux de la Chambre des représentants. — Ses haines forcenées. — Conseil de guerre et de défense. — Entrevue pour la capitulation. — Rédaction et signature. — Entrée des Anglais et des Prussiens à Paris. — Les exigences. — Louis XVIII à Arnouville. — Négociations. — Plan des royalistes. — Situation morale de Paris. — L'armée. — Les fédérés. — La bourgeoisie. — Louis XVIII à Saint-Denis. — Traité et convention. — Entrée du Roi. — Tristesse de l'occupation militaire.

25 Juin au 8 Juillet 1815.

La connaissance profonde que le duc de Wellington et le prince Blücher avaient acquise de l'état de démoralisation de l'armée française, brisée à Waterloo, les avait encouragés à poursuivre vigoureusement leur marche, en refoulant devant eux ces forces dispersées ; non seulement la frontière était franchie, mais encore les places du premier et du second ordre étaient ou cernées, ou réduites par la force des armes; les Prussiens étaient maîtres de Guise, les Anglais de Cambrai. Le 26 juin déjà, Péronne s'était rendue aux alliés; ils marchaient sur Saint-Quentin et Laon, ne rencontrant devant eux aucune résistance; quelques troupes éparses, des fuyards en masse, pas une seule place qui se résignât à un siége; on aurait dit que la France se livrait toute seule, et qu'après les grandes funérailles de Waterloo, il n'y avait plus dans le pays aucune force matérielle, aucune puissance morale pour résister aux étrangers.

Le caractère et l'esprit des deux généraux en chef qui dirigeaient les armées envahissantes, différaient de beaucoup: le duc de Wellington, bien que ferme dans ses résolutions militaires, n'osait rien avec impétuosité; chacune de ses marches était refléchie, chacun de ses plans raisonné; il n'en était pas ainsi de Blücher, hardi, impétueux comme un chef de partisans. Les troupes anglaises étaient froides, solides sous les armes, mais sans enthousiasme; les Prussiens étaient animés d'un esprit ardent, impétueux; presque tous enfants de la patrie allemande, formés dans les universités au nom de la liberté, ils venaient en France avec un sentiment de haine contre Bonaparte; peu satisfaits des résultats de la campagne de 1814 et des avantages obtenus par les traités, ils étaient impatients de reconquérir ce que la diplomatie ne leur avait pas donné l'année précédente. Dans le nouveau plan d'invasion convenu à Avesnes, la direction des Anglais et des Prussiens n'était pas la même; l'armée anglaise se portait par Cambrai sur Péronne et le Beauvaisis, parce que le duc de Wellington avait souvenir des temps où l'Angleterre possédait la Normandie et la Picardie. Blücher, au contraire, s'étendait vers Laon et

Reims, parce qu'il voulait agrandir les possessions allemandes vers la Belgique et la Lorraine; non seulement on avait un dessein d'invasion rapide et absolue, mais encore la volonté d'en profiter par une rectification de frontières; et c'est en quoi la Chambre des représentants avait commis une faute immense en ne proclamant pas Louis XVIII, seul moyen d'enlever tout motif à la marche de l'étranger.

Le seul corps un peu considérable que la France pût opposer à la double invasion anglaise et prussienne, était celui du maréchal Grouchy; tout le reste n'était plus que débris. La garde impériale elle-même, oubliant son ancienne réputation de discipline et de constance militaire, avait quitté ses rangs; la désertion, cette maladie incurable des armées, avait fait des progrès alarmants; la contagion s'étendait du haut en bas. Le maréchal Grouchy, seul, conservait intactes les divisions qui ne s'étaient point engagées à Waterloo; il avait pour lieutenants des hommes d'une fermeté incontestable, les généraux Excelmans et Gérard, Reille, Pajol, Vandamme et Kellermann, qui maintenaient la discipline dans les rangs pressés. Le corps du maréchal Grouchy comptait près de 32,000 hommes, dont 6,000 de cavalerie[1]; beau noyau de troupes sur lequel devait s'appuyer sa retraite. Seulement il était à craindre que la vue de tous ces débris de Waterloo n'influât sur l'esprit des soldats, et ne les démoralisât complétement. Le maréchal Grouchy eut quelques légers engagements avec les Prussiens, mais sans aucune importance; on exagéra les succès remportés par son corps, afin de relever un peu

---

Le 26 juin le maréchal Grouchy comptait 32,000 hommes, dont 6,500 de cavalerie et cent huit pièces de canon.

l'esprit de l'armée ; évidemment le résultat le plus efficace de cette marche rétrograde fut d'avoir conservé intact un corps de 32,000 hommes en face du duc de Wellington et du prince Blücher.

Lorsque la fatale nouvelle de Waterloo se répandit comme un coup de foudre à Paris, le premier sentiment du ministre de la guerre, le maréchal Davoust, des Chambres et de la commission de gouvernement, fut une sombre inquiétude sur le sort de l'armée du maréchal Grouchy. Qu'était-elle devenue? Dans quelle direction avait-elle marché? Avait-elle subi le sort fatal des corps engagés par Napoléon? On l'ignorait. Cependant le ministre s'empressa d'adresser une dépêche au maréchal[1] : « Il venait d'apprendre que son corps d'armée était à Dinan et à Namur; il l'en félicitait pour la patrie ; le maréchal devait se porter sur Laon : si l'ennemi y était déjà en force, il fallait marcher en se détournant sur

---

[1] Voici la curieuse correspondance de Davoust avec le maréchal Grouchy ; elle constate que dès le 22 juin, ce corps s'était placé sous les ordres de la Chambre des représentants.

« Monsieur le Maréchal,

« Je viens d'apprendre, par une lettre du général Bonnemain au général Dumonceau, que vous étiez à Dinan et à Namur avec votre cavalerie, et les 3e et 4e corps des généraux Gérard et Vandamme. C'est un événement d'une très grande importance pour notre patrie ; car, après les événements malheureux des 1er, 2e et 6e corps et de la garde près de Jemmapes, on était dans les plus vives inquiétudes ; la certitude que votre corps est conservé est d'un avantage incalculable dans les circonstances actuelles. J'ignore les ordres que le duc de Dalmatie a pu vous donner ; mais voici ceux auxquels vous devez vous attacher maintenant.

« Il faut vous porter avec les 3e et 4e corps, cavalerie et artillerie, sur Laon, en passant par Mézières.

« Si vous appreniez d'une manière positive que l'ennemi fût entre vous et Laon, avec des forces majeures, vous vous porteriez sur Reims, et de là sur Soissons. Vous me donnerez fréquemment de vos nouvelles. Prenez toutes les dispositions pour bien maintenir l'ordre dans vos troupes. Vous leur donnerez connaissance des derniers événements de Paris. L'Empereur vient d'abdiquer, voulant ôter tout prétexte aux puissances étrangères de continuer la guerre contre nous, puisque, par toutes leurs déclarations, elles ont annoncé que ce n'était qu'à lui qu'elles faisaient la guerre.

« Les Chambres viennent de nommer un gouvernement provisoire ; des commissaires vont être envoyés à toutes les puissances alliées pour annoncer cet événe-

Reims et sur Soissons; la discipline devait être maintenue dans les troupes, on leur donnerait connaissance des derniers événements de Paris : l'Empereur avait abdiqué; les Chambres avaient nommé un gouvernement provisoire. Dans toute hypothèse, il importait d'empêcher la désorganisation des troupes. Le maréchal était autorisé à faire connaître ces événements aux alliés pour ralentir leur marche, et il devait écrire aux préfets pour éviter toute fausse mesure. »

A cette dépêche, le maréchal Grouchy répond par un bon état de la situation des troupes. Le maréchal Davoust l'en félicite, « mais il faut empêcher la contagion du désordre que le contact des autres corps peut répandre parmi les soldats restés sous le drapeau; il doit occuper les portes de Compiègne et de Pontoise. Il faut ranimer le courage des garnisons de La Fère, de Laon, de Ham. » Le ministre annonce des récompenses pour l'armée du maréchal.

ment, qui doit ôter tout prétexte à la guerre.

« Si les puissances alliées, comme on doit l'espérer, ont été de bonne foi dans leurs déclarations, dans peu de jours la paix sera rendue au monde.

« Vous sentez, Monsieur le Maréchal, que dans l'hypothèse où cette déclaration ne serait qu'un leurre, il importe, pour le salut de notre patrie, de prendre toutes les mesures pour empêcher les malveillants de mettre de la désorganisation et la désertion dans les troupes.

« Vous pouvez et vous devez même envoyer connaissance de ces événements aux généraux alliés dans votre voisinage, en les invitant à suspendre toute hostilité jusqu'à ce qu'ils aient reçu des ordres de leurs souverains.

« Écrivez à tous les préfets et à tous les généraux commandants de place pour leur annoncer ces événements; invitez-les à prendre des mesures énergiques pour arrêter les déserteurs, faire rejoindre ceux qui auraient abandonné leur poste, soit soldats de ligne, soit gardes nationales.

« Faites connaître ces événements à tous les généraux, et conjurez-les, au nom de la patrie, de prendre toutes les mesures pour maintenir dans l'ordre toutes les troupes, et leur rappeler tous les devoirs du soldat français.

« La France compte sur vous, sur le général Vandamme et sur le général Gérard, et sur tous les généraux et officiers, dans cette circonstance importante.

« Je vous le répète, l'arrivée de vos corps a fait la plus grande impression à Paris.

« Recevez, Monsieur le Maréchal, l'assurance de ma plus haute considération. »

Signé, prince d'Eckmühl.

Dans le fait, M. de Grouchy, tout en maintenant l'ordre et la discipline, s'était mis en pourparlers avec les généraux alliés, et particulièrement avec les Prussiens. On parlait d'armistice ; on avait vu un colonel ennemi en calèche avec un des aides-de-camp du maréchal Grouchy : c'était évidemment par ordre du gouvernement provisoire. Mais cela faisait naître mille conjectures, mille soupçons ; les partis politiques pénétraient sous la tente ; le nom de M. le duc d'Orléans, prononcé dans l'armée du maréchal Soult, l'était également dans le corps de M. de Grouchy, comme un refuge pour le parti militaire ; ce nom était sympathique aux deux chefs de division, les généraux Excelmans et Gérard ; lui-même, le maréchal Grouchy, avait des relations avec M. de Pontécoulant et M. de Valence ; il pouvait voir dans le triomphe de l'idée de 1688 une puissante garantie pour la patrie. En résumé, jusqu'alors tout se bornait sous la tente à des pourparlers d'armistice.

Cet armistice en effet devenait l'objet des préoccupa-

Ministère de la guerre.
Au même.
Paris, le 25 juin 1815, à minuit.
« Monsieur le Maréchal,

« Je reçois à l'instant votre lettre du 24, et je m'empresse d'en communiquer le contenu à la commission de gouvernement, qui sans doute sera l'interprète de toute la France, en proclamant que vous, les généraux et les troupes ont bien mérité de la patrie. Les témoignages de reconnaissance de la nation, j'aime à le croire, ne peuvent être mieux décernés que dans cette circonstance.

« Vous allez vous trouver avec des troupes qui, malheureusement, ont été dans ce grand revers du 18, et qui, selon tous les rapports, s'en ressentent encore. Prenez toutes les mesures nécessaires pour empêcher que la contagion ne gagne votre belle armée. Il faut la faire appuyer sur votre gauche, la mettre du côté de Compiègne, et lui faire occuper, y compris Pontoise, tous les ponts sur l'Oise, en y faisant faire des ouvrages de circonstance et établir des batteries derrière. Il y a à Compiègne une manutention qui servirait à cette armée. Jusqu'à ce que vos services soient bien organisés, tirez vos subsistances de Reims.

« Un grand désordre règne dans les 1er, 2e et 6e corps. Prenez, ainsi que je vous l'ai mandé hier au soir, de fortes mesures, et faites écrire circulairement dans toutes les communes pour que l'on arrête tous les maraudeurs et qu'on les conduise à votre quartier-général. J'ai l'expérience qu'un exemple fait à propos suffit pour ramener l'ordre.

« Veuillez, Monsieur le Maréchal, m'envoyer la relation détaillée de vos affaires,

tions à Paris ; les plénipotentiaires partis pour Haguenau, MM. de Lafayette, d'Argenson, Sébastiani, de Laforest, Benjamin Constant, n'avaient pas l'ordre dans leurs instructions de traiter des points militaires; leur mission était toute politique et d'information; ils ne devaient stipuler une suspension d'armes que comme une conséquence de plus hautes délibérations ; organes des représentants, ils allaient demander aux quatre puissances la paix sous un roi agréé par elles, avec un gouvernement de leur choix. Une telle mission purement diplomatique ne suspendait pas les hostilités, et c'est cependant ces hostilités qu'il fallait arrêter au moment où les Prussiens et les Anglais débordaient sur le territoire. Les terreurs étaient grandes à Paris, non seulement par la crainte que pouvait inspirer l'approche des armées alliées, mais encore par suite de l'agitation que la défaite de Waterloo avait jetée parmi les faubourgs. La Chambre des représentants venait de déclarer la ville en état de siége ; toutes les autorités civiles étaient suspendues, et la commission de gouvernement appelait les fédérés à un service actif. Les jacobins pouvaient renouveler quelques-unes de leurs grandes journées révolution-

---

pour que toute la France puisse la connaître, et désignez-moi les officiers et soldats pour lesquels vous demandez des récompenses.

« J'ai fait un ordre du jour pour faire rejoindre les généraux, officiers et soldats qui avaient abandonné leur poste.

« Cherchez à communiquer avec la garnison de Laon pour remonter son moral. Vous enverrez des détachements de cavalerie commandés par de bons officiers, pour communiquer avec La Fère, Ham, et avoir des nouvelles positives des colonnes ennemies qui se trouvent dans cette direction.

« Il y a un assez mauvais esprit parmi les habitants de Soissons et du territoire. Prévenez-en les généraux et officiers pour que ce mauvais esprit n'influe pas sur le soldat, et qu'on se mette toujours en garde contre les perfides suggestions de nos ennemis intérieurs.

« Mettez des gendarmes en sauvegarde chez les maîtres de poste.

« Recevez, mon cher maréchal, l'assurance de mon estime et de ma haute considération. »

Le maréchal, ministre de la guerre,
Signé, prince d'Eckmühl.

naires contre les propriétés et les personnes[1]. Aux temps d'invasion, l'ennemi souvent est moins à craindre que les dissensions intérieures ; les meneurs d'un peuple qui se voue à la mort sont exigeants; ils offrent leur vie, mais ils veulent les profits de leur cause : de là ces pillages organisés et ces accusations de trahison qui, semées dans la multitude, la portent à tout tenter contre les riches.

Voilà le véritable péril pour une capitale pressée par l'ennemi; ses fortifications peuvent-elles la préserver de l'anarchie qui gronde ? Paris avait tout à craindre ; les fédérés organisés en bandes parcouraient les rues en poussant des clameurs; des hommes du peuple ivres, déguenillés, se réunissaient pour dénoncer les parjures et effrayer la bourgeoisie. A Paris donc, tout ce qui possédait avait peur, on appelait à grands cris la fin de la guerre; l'ennemi était encore loin, et l'on parlait déjà de capitulation et d'armistice. Or, dans le but de mettre un terme à cette crise, la commission de gouvernement résolut d'envoyer d'autres députés auprès du duc de Wellington et du prince Blücher pour solliciter un accord qui arrêterait la marche de l'ennemi. Leur mission, d'après Fouché, était simple : ils devaient dire aux deux généralissimes des alliés : « Vous avez annoncé que vous ne faisiez la guerre à la nation française qu'à

---

[1] *Arrêté du 28 juin.*

« La Commission de gouvernement, vu la délibération des Chambres portant que a ville de Paris est en état de siége, arrête ce qui suit :

« Art. 1er. Les approches de la capitale seront seules défendues ; elles le seront par les troupes de ligne, lesquelles resteront campées hors des murs.

« 2. La tranquillité sera maintenue dans l'intérieur par la garde nationale ordinaire, laquelle ne sera employée extérieurement que sur les demandes qu'en pourraient faire les légions ou bataillons de cette garde.

« 3. Les tirailleurs de la garde nationale serviront, conformément à l'offre qu'ils en ont faite, comme auxiliaires avec les troupes, à la défense des postes les plus rapprochés de la place.

« 4. Les habitants de la campagne se hâteront de faire entrer dans la place la plus grande quantité possible de subsistances, et

cause de Bonaparte; eh bien ! il va partir pour Rochefort ; il n'est plus à craindre, nous vous le livrons ; quel motif avez-vous désormais de continuer votre marche sur Paris ? Arrêtez-vous ; nous voulons conclure un armistice.

« A la mission militaire se joignait une pensée politique, car alors on essayait tout. Les députés désignés par la commission étaient : le général Andréossy, MM. de Valence, de Boissy-d'Anglais, Flaugergues; M. de la Besnardière, un des commis les plus travailleurs des affaires étrangères sous M. de Talleyrand, leur était adjoint, comme M. Benjamin Constant l'avait été aux premiers députés partis pour Haguenau. Les mystères de cette mission embrassaient une série de points très vastes ; les députés devaient aborder franchement la question d'une nouvelle dynastie en même temps que la difficulté militaire ; ils s'étaient entendus dans des conférences particulières sous la direction de M. de Valence. M. de Valence, depuis longues années, était l'ami, le confident dévoué de la maison d'Orléans; il savait l'incontestable habileté, l'expérience du chef de cette branche ; il agissait sans l'aveu du prince, loyalement attaché à Louis XVIII; mais une fois le point entendu avec les alliés, M. de Valence ne doutait pas que la Chambre des représentants ne résolût affirmativement cette question et ne proclamât le duc d'Orléans comme la solution la plus na-

travailleront aux retranchements qui doivent couvrir les troupes.

« 5. L'armée du Nord se rendra sans délai sous les murs de Paris.

« 6. Les anciens militaires en état de porter les armes, et tous ceux qui sont absents de leurs drapeaux se rallieront à cette armée, et seront incorporés dans les cadres.

« 7. Les troupes qui sont sur le Rhin et sur les frontières de la Suisse maintiendront leurs positions et défendront les places fortes.

« 8. Les troupes qui sont sur la rive gauche de la Loire formeront à Orléans une armée de réserve.

« 9. Les hostilités n'empêcheront point de continuer les négociations qu'il sera possible d'entretenir pour obtenir la paix à des conditions honorables. »

turelle, la plus politique. Fouché, qui caressait toutes les idées réalisables sans prendre aucun engagement, avait adjoint à M. de Valence des hommes qui tous agissaient dans le même sens : MM. Flaugergues, Boissy-d'Anglas et Andréossy; le parti militaire viendrait à M. le duc d'Orléans; les vieux de l'armée de Sambre-et-Meuse, les amis de Moreau, les impérialistes déçus se rattacheraient tout naturellement à son système.

Fouché n'avait pas hésité à s'adresser personnellement au généralissime anglais. Dans une lettre pleine de flatterie, il exaltait non seulement les talents militaires du duc de Wellington, mais encore sa justice et sa politique[1] : « Il trouverait les demandes qu'on lui adressait pleines de l'équité la plus rigoureuse ; la constitution anglaise serait la base de la constitution de France, on n'en voulait pas d'autre ; un traité mutuel devait lier le peuple et le sou-

---

[1] *A S. S. lord Wellington, général en chef de l'armée anglaise.*

« Mylord, vous venez d'agrandir votre nom par de nouvelles victoires remportées sur les Français ; c'est donc par vous surtout que les Français sont connus et appréciés. Vous voterez pour leurs droits au milieu des puissances de l'Europe.

« Dans ce conseil de souverains, votre crédit et votre influence ne peuvent pas être moindres que votre gloire.

« Les vœux des nations, qui ne calomnient ni ne flattent, ont fait connaître votre caractère. Dans toutes vos conquêtes, votre droit des gens a été la justice, et votre politique a paru la voix de votre conscience.

« Vous trouverez les demandes que nous faisons par nos plénipotentiaires, conformes à la justice la plus rigoureuse.

« La nation française veut vivre sous un monarque ; elle veut aussi que ce monarque règne sous l'empire des lois.

« La République nous a fait connaître tout ce qu'ont de funeste les excès de la liberté ; l'Empire, tout ce qu'a de funeste l'excès du pouvoir. Notre vœu, et il est immuable, est de trouver, à égale distance de ces excès, l'indépendance, l'ordre et la paix de l'Europe.

« Tous les regards, en France, sont fixés sur la constitution de l'Angleterre ; nous ne prétendons pas être plus libres qu'elle, nous ne consentirons pas à l'être moins.

« Les représentants du peuple français travaillent à son pacte social. Les pouvoirs seront séparés, mais non divisés. C'est de leur séparation même qu'on veut faire naître leur harmonie.

« Dès que ce traité aura reçu la signature du souverain qui sera appelé à gouverner la France, ce souverain recevra le sceptre et la couronne des mains de la nation.

« Je prie Votre Seigneurie d'agréer l'assurance de ma plus haute considération. »
Paris, le 27 juin 1815.
Le président du gouvernement provisoire.
Signé, duc d'Otrante.

verain. Dans l'état actuel des lumières de l'Europe, ajoutait Fouché, un des plus grands malheurs du genre humain, ce sont les divisions de la France et de l'Angleterre; unissons-nous pour le bonheur du monde. Mylord, nul homme en ce moment ne peut, aussi puissant que vous, concourir à mettre l'humanité tout entière sous un meilleur génie et dans une meilleure condition. » Les patriotes s'adressaient ainsi officiellement à l'étranger, et cette lettre était la pensée tout entière de la commission de gouvernement et des Chambres; ce parti préférait traiter avec le duc de Wellington qu'avec Louis XVIII, avec l'ennemi qu'avec les Bourbons; la constitution anglaise était préférée à la Charte.

Munis de pleins-pouvoirs, les commissaires se rendirent au quartier-général du duc de Wellington et du prince Blücher, à travers mille difficultés, et la plus grande fut surtout de passer au milieu des fédérés avinés aux barrières. Leurs instructions écrites portaient sur des points essentiellement militaires [1]; on se souvient que le prince Blücher avait demandé la possession de six

---

[1] *Extrait des instructions pour MM. les commissaires chargés de traiter d'un armistice.*

Paris, le 27 juin 1815.

« Les premières ouvertures faites à nos plénipotentiaires sur les conditions au prix desquelles le commandant en chef de l'une des armées ennemies consentirait à un armistice, sont de nature à effrayer sur celles que pourraient aussi demander les commandants des armées des autres puissances, et à rendre fort problématique la possibilité d'un arrangement.

« Il est évident que le motif sur lequel le prince Blücher fonde la demande qu'il a faite de six de nos places de guerre que l'on nomme, et de quelques autres encore que l'on ne nomme pas; que ce motif (la sûreté de son armée) est une de ces allégations mises en avant par la force, pour porter aussi loin qu'il est possible le bénéfice du moment. Cette allégation est des plus faciles à réfuter, puisqu'il est pour ainsi dire dérisoire de demander des gages pour la sûreté d'une armée déjà maîtresse d'une assez grande partie de notre territoire, et qui marche presque seule, sans obstacle, au cœur de la France. Il est encore une autre déclaration faite de la part du prince Blücher, et celle-ci est encore plus inquiétante; c'est que pour prendre sur lui de conclure un armistice auquel il n'est pas autorisé, il ne peut y être décidé que par d'immenses avantages. Il y a dans cette déclaration une franchise d'exigence qui présente beaucoup de difficultés pour un accommo-

places fortes avant toute cessation d'hostilités. Les instructions des commissaires devaient faire réduire ces exigences à une ou deux villes de guerre, pour amener un armistice jusqu'à la conclusion de la paix. On devait obtenir la ligne de la Somme, pour éloigner les étrangers de vingt lieues de Paris. Fouché prévoyait le cas possible où, dans les conférences avec les généraux alliés, il serait question de la forme du gouvernement en France; les instructions publiques portaient : « que l'on se bornerait en ce cas à écouter tout ce qui serait dit, sans prendre d'engagement. » Or, cette mission purement passive ne pouvait ni ne devait convenir aux commissaires; ils étaient autorisés secrètement à développer leurs vues sur les meilleurs moyens de pacifier la France, et, en ce cas, M. de Valence devait hardiment proposer, au duc de Wellington surtout, un rôle actif, influent, pour accomplir une révolution à la manière de Guillaume III, M. le duc d'Orléans paraissant convenir pour la réalisation de cette idée. Auprès du général Blücher, la mission des plénipotentiaires devait se modifier; il était ur-

dement. Cependant, quoique la commission de gouvernement soit bien éloignée de vouloir favoriser les cessions qu'on exige, elle ne se retrancherait pas dans un refus absolu d'entrer en discussion sur un arrangement dont les conditions ne dépasseraient pas les bornes tracées par le véritable intérêt public. Si, pour arriver à un résultat, il fallait se résoudre à la cession d'une place, il est bien entendu que cette cession ne devrait avoir lieu qu'autant qu'elle garantirait un armistice qui se prolongerait jusqu'à la conclusion de la paix. On se dispense d'ajouter que la remise de cette place ne devrait s'effectuer qu'après la ratification de l'armistice par les gouvernements respectifs.

« L'un des points qui réclament tout le zèle de MM. les commissaires est la fixation de la ligne où s'arrêtera l'occupation du territoire français par les armées ennemies.

« Il serait d'une grande importance d'obtenir la ligne de la Somme, ce qui placerait les troupes étrangères à plus de trente lieues de Paris. MM. les commissaires devront fortement insister pour se tenir au moins à cette distance.

« Si l'ennemi était plus exigeant encore, et qu'enfin on fût condamné à plus de condescendance, il faudrait que la ligne qu'était tracée entre la Somme et l'Oise ne le laissât point approcher de Paris à plus de vingt lieues. On pourrait prendre la ligne qui sépare le département de la Somme du département de l'Aisne, et de là une ligne droite à travers le département des Ardennes, qui irait joindre la Meuse auprès de Mézières. »

gent de le séparer d'opinion avec le généralissime anglais : on devait citer parmi les noms des prétendants à la couronne de France, le roi Frédéric-Auguste ; ce qui permettrait à la Prusse de s'arrondir par la Saxe, but ardent de ses désirs.

La seule tête politique que l'on voulait faire agir pour une solution à la crise, c'était, au reste, le duc de Wellington ; Fouché avait pris une haute opinion de lui, il le croyait appelé à un grand rôle, et plus capable qu'aucun de comprendre la situation réelle des affaires. M. Bignon surtout, qui avait provisoirement le portefeuille des affaires étrangères, était dans une confiance indicible ; il croyait que tout allait se finir par cette députation au quartier-général des alliés. L'illusion fut bientôt dissipée : on échoua pour l'armistice auprès du quartier-général des Anglais et des Prussiens, comme M. de Lafayette et ses collègues avaient échoué près des souverains à Haguenau. Le duc de Wellington accueillit les commissaires avec une politesse grave ; et dans les causeries générales, on se borna à poser certains principes ; il fut entendu : « qu'il ne pouvait y avoir d'armistice qu'avec un gouvernement régulier ; dans l'état des choses, l'Europe ne pouvait jouir d'aucune sécurité que par une paix stable ; les puissances ne voulaient s'opposer en aucune manière au choix d'un gouvernement ou d'un prince que feraient les Français ; mais selon quel serait le choix, on prendrait des mesures pour garantir les intérêts de l'avenir. » En terminant, le duc de Wellington prit une carte et montra de larges échancrures qui seraient peut-être nécessaires dans l'éventualité d'un choix qui inquiéterait l'Europe, et il désigna la Lorraine, l'Alsace, la Flandre, la Savoie ; puis il ajouta : « que si on lui faisait l'honneur de le consulter personnellement, il conseillerait, comme homme privé, le choix de Louis XVIII, parce qu'il semblait réunir les meilleures conditions pour assurer la paix de l'Europe. » Avec lui la France perdrait moins en territoire et en influence. « Ce n'est pas, ajouta-t-il, que ce prince n'ait commis des fautes, consenti des actes contraires à la liberté et à la sécurité de tous; mais on prendrait des engagements publics, on ferait des concessions qui montreraient le véritable désir d'assurer les intérêts et la paix en France; » et pour confirmer ce qu'il annonçait, le duc de Wellington remit aux commissaires les proclamations de Louis XVIII de Cateau-Cambrésis et de Cambrai. « Voilà, messieurs, ce que Louis XVIII promet; voyez si cela vous convient; dès ce moment, tout pourra s'arranger. » Quant à la branche cadette, le duc de Wellington déclara : « qu'il estimait haut le duc d'Orléans; il l'avait connu en Espagne; le général Dumouriez lui avait parlé de ses lumières, de son bon esprit; mais il croyait pouvoir affirmer que S. A. R. n'accepterait pas la couronne, et que s'il l'acceptait un moment, ce serait pour la rendre à Louis XVIII. Prenez garde, messieurs, continua le duc de Wellington, d'aller plus loin que ne le veut S. A. R., je crois que vous seriez désavoués; cherchez à faire prévaloir le droit de Louis XVIII, c'est le meilleur et le plus sûr moyen d'assurer la paix. » Quant à l'armistice, le duc de Wellington prit un prétexte pour le refuser[1]. Les commissaires quit-

---

[1] Au quartier général du prince Blücher, le 29 juin 1815, onze heures et demie de la nuit.

« Messieurs,

« J'ai l'honneur de vous faire savoir qu'ayant consulté le maréchal prince Blücher sur votre proposition pour un armistice, Son Altesse est convenue avec moi que, dans les circonstances actuelles, aucun armistice ne peut se faire tant que Napoléon Bonaparte est à Paris et en liberté, et que les opérations sont en tel état qu'il ne peut pas les arrêter. »

Wellington.

tèrent le quartier-général et parvinrent avec peine jusqu'aux barrières de Paris, alors aux mains des fédérés.

Ainsi les propositions d'armistice, comme celles d'un traité politique, étaient repoussées par les souverains alliés à Haguenau et par les deux généraux en chef qui dirigeaient l'invasion en France ; il fallait se résoudre à défendre Paris ou à capituler à de bonnes conditions, car les Prussiens et les Anglais s'avançaient à marches forcées[1]. La commission provisoire dut prendre quelques résolutions énergiques, mais, hélas! sur le papier seulement : les abords de la capitale durent être défendus par la troupe de ligne ; la garde nationale maintiendrait l'ordre public dans la ville ; les fédérés, désignés sous le nom de tirailleurs de la garde nationale, devaient soutenir la troupe de ligne ; les habitants de la campagne devaient faire entrer le plus de subsistances possible ; tous devaient travailler aux retranchements qui couvriraient les troupes ; l'armée du Nord serait rappelée sur-le-champ, et les anciens militaires incorporés dans ses cadres ; les places fortes du Rhin seraient défendues jusqu'à la dernière extrémité, et on formerait à Orléans l'armée de réserve ; toutes ces mesures, la commission le déclarait hautement, n'étaient destinées qu'à protéger les négociations actives pour la paix imminente.

Paris offrait en ce moment un aspect toujours plus

---

[1] *Lettre de Fouché, président de la commission de gouvernement, à MM. les plénipotentiaires.*
Paris, le 28 juin 1815, deux heures du matin.
« Messieurs,
« D'après les nouvelles que me communique M. le ministre de la guerre, il paraît que l'ennemi s'avance à marche forcée sur Paris, et que rien ne lui résiste. Je vous invite à conclure sur-le-champ un armistice avec M. le maréchal prince Blücher. Il vaut mieux sacrifier quelques places, s'il est nécessaire, que de sacrifier Paris. Vous rendrez compte au gouvernement de ce que vous aurez pu faire à cet égard. »
Signé, duc d'Otrante.

triste : on avait élevé des fortifications sur toutes les hauteurs, on remuait comme toujours beaucoup de terre et par tous les côtés; les fédérés faisaient entendre des cris patriotiques dans les cabarets, la garde nationale plus modérée se bornait à maintenir l'ordre avec une difficulté extrême; une certaine crainte se manifestait; plus de 25,000 paysans étaient dans Paris avec leurs charrettes, leurs bestiaux, sur les places publiques et sous les portes cochères; la plupart des boutiques étaient fermées; le Théâtre-Français, l'Opéra, l'Opéra-Comique, avaient suspendu leurs représentations; les petits théâtres jouaient à vide. En dehors des barrières, et sur de vastes lignes, les troupes françaises se déployaient en bon ordre sous le commandement des généraux qui recevaient directement leurs instructions de la commission provisoire et de la Chambre.

Pour singer la Convention nationale, cette chambre avait envoyé auprès de l'armée des représentants, qui parcouraient les rangs avec l'écharpe tricolore [1]; les soldats ne répondaient à leurs harangues que par des cris bien rares, et celui de *vive Napoléon II!* dominait tous les autres; car pour eux la France se résumait en

---

[1] Le colonel Bory Saint-Vincent disait, dans un rapport qu'il fit à la Chambre au nom des représentants du peuple à l'armée :

« Ne vous le dissimulez pas, Messieurs, voici quelle serait la situation de la France si l'on parvenait à vous imposer le chef de la famille des Bourbons.

« Le chef de cette famille, voulût-il franchement le bien, il ne pourrait le faire; la multitude des créatures qui l'accompagnent lui forcerait nécessairement la main. On vous accorderait quelques promesses, mais on y manquerait dès qu'on en aurait le pouvoir. Tous ceux qui ont combattu depuis vingt-cinq ans pour la liberté, et ceux qui ont particulièrement combattu dans ces dernières circonstances, seraient considérés comme des rebelles; leurs succès, leur infortune seraient des titres de proscription; on leur refuserait peut-être, dans les hôpitaux mêmes, des places qu'on donnerait à ceux qui les auraient blessés, et leurs nobles blessures seraient aux yeux du maître des stigmates ignominieux.

« Les acquéreurs de biens nationaux, qui forment dans la nation une masse si considérable, seraient dépouillés violemment de leurs biens; les paysans seraient opprimés par les petits seigneurs; de nouvelles jacqueries seraient le résultat des atteintes

un seul homme, et ce seul homme avait un fils. En dehors de ces déclamations d'assemblées, ils saluaient du nom de César l'enfant de leur Empereur proscrit. Le colonel Bory Saint-Vincent fut le chef ou le pontife de cette promenade des représentants en écharpe tricolore aux barrières ; avec cinq autres députés, ils visitèrent les camps : « on travaillait aux retranchements sur les buttes, on formait des abatis sur toutes les grandes routes, on creusait des fossés; ils avaient vu des intrépides Parisiens qui tiraillaient avec les avant-postes au cri de *vive la liberté!*

Tout cela était fort bien; ces rapports pouvaient rassurer un moment; mais en examinant de près la situation respective des armées, la défense de Paris était-elle possible ? C'était là une question stratégique bien plus importante que toutes ces forfanteries tricolores des représentants. Le maréchal Davoust venait de prendre le commandement de l'armée devant Paris; ministre de la guerre, il donnait tous les ordres, et en touchant de près tous les moyens, il voyait parfaitement la situation désespérée des affaires ; l'armée combinée du duc de Wellington et de Blücher ne s'élevait pas au-delà de 90,000 hommes; on pouvait livrer bataille, obtenir la

portées à l'égalité proclamée depuis vingt-cinq ans.

« Nos ennemis supposent donc que les hommes de la révolution sont bien lâches ! Ils ont placé leurs espérances dans les Vendées royales, et ils ne songent pas qu'il y aurait des Vendées patriotiques. Croiraient-ils contenir ces Vendées par la présence des troupes étrangères ? Ah ! Messieurs, ceux qui par état ont été, comme nous, les garnisaires de l'Espagne, savent que la présence des meilleures garnisons est insuffisante pour asservir un peuple.

« Je demanderais donc qu'on s'expliquât catégoriquement dans l'adresse qu'on vous a proposée hier, et que sur-le-champ on l'envoyât à l'armée et au peuple français.

« Je demanderais encore que les gardes nationales de bonne volonté fussent appelées à l'honneur de partager, sur les hauteurs de Paris, les dangers de leurs frères de la ligne, et que leur élan ne fût pas paralysé.

« Je demanderais enfin qu'il y eût constamment cinq représentants aux armées, non pour se mêler des mouvements et de ce qui s'y passe, mais pour que l'univers apprît que vous ne connaissez rien de plus beau que de mourir pour la patrie. »

(*Séance du 1er juillet.*)

victoire ; mais à quoi servirait-elle ? 60,000 Bavarois et Allemands étaient arrivés sur la Marne; dans six jours, ils seraient à Paris ; » les Russes passaient le Rhin, et un événement imprévu qui jetait plus encore le trouble dans les combinaisons de défense, c'est qu'on venait d'apprendre que le maréchal Suchet avait conclu de son chef un armistice avec le général autrichien de Frimont, comme le maréchal Marmont, en 1814, avec le prince de Schwartzenberg. Le maréchal Davoust, tout démoralisé, écrivit alors presque sur le ton de la prière au duc de Wellington pour demander un armistice[1] : « il ne refusait pas une bataille, mais on venait d'apprendre que le maréchal Suchet avait conclu une suspension d'armes avec le général autrichien de Frimont; pourquoi le refuserait-on sur la ligne de Paris ? » Le maréchal demandait donc positivement un armistice comme préliminaire d'un traité de paix.

Dans cette vive agitation des esprits, les agents de Louis XVIII s'étaient répandus à Paris ; M. Hyde de Neuville, parvenu dans la capitale sous un déguisement, s'était abouché avec le maréchal Macdonald, qui avait offert sa maison pour siége de toutes les négociations royalistes ; chacun venait offrir son adhésion, on accourait en foule

---

[1] *Lettre du maréchal Davoust au duc de Wellington.*

« Milord, vos mouvements hostiles continuent, quoique, suivant leurs déclarations, les motifs de la guerre que nous font les souverains alliés n'existent plus, puisque l'empereur Napoléon a abdiqué. Au moment où le sang est de nouveau sur le point de couler, je reçois de M. le duc d'Albuféra la dépêche télégraphique dont je vous transmets copie. Milord, je garantis sur mon honneur cet armistice. Toutes les raisons que vous auriez de continuer les hostilités sont détruites, puisque vous ne pouvez pas avoir d'autres instructions de votre gouvernement que celles que les généraux autrichiens tenaient du leur. Je fais à Votre Seigneurie la demande formelle de cesser immédiatement toute espèce d'hostilité, et que l'on s'occupe d'un armistice en attendant la décision du congrès. Je ne puis croire, Milord, que ma demande restera sans effet; vous prendriez sur vous une grande responsabilité aux yeux de vos compatriotes. Au reste, nul autre motif que celui de faire cesser l'effusion du sang, et l'intérêt de ma patrie, ne m'ont dicté cette lettre. Si je me présente sur le champ de bataille avec l'idée de vos talents, j'y porterai aussi la conviction d'y combattre pour

pour solliciter son pardon de Louis XVIII ; on voyait que le vent tournait là. Les maréchaux Macdonald et Oudinot, M. de Chabrol de Crussol, et plusieurs autres personnages initiés par M. Hyde de Neuville dans les secrets de la Restauration, s'étaient mis en rapport avec les généraux en chef de l'armée. Louis XVIII leur avait donné des pleins pouvoirs; tous offraient garantie pour les personnes et les propriétés : « on était encore à temps de sauver la capitale ; si Louis XVIII était proclamé, ni les Prussiens, ni les Anglais n'entreraient à Paris ; ce qu'on avait espéré sur les frontières du Nord pour éviter l'invasion de la France, on pouvait l'espérer encore pour épargner la capitulation de Paris. »

C'est à ce moment que commencent des négociations de la plus haute importance, qui se rattachent à la seconde restauration; on se rappelle que M. de Vitrolles, chef du gouvernement royaliste à Toulouse, violemment arrêté, avait été militairement conduit à Vincennes ; il s'attendait à une de ces exécutions sanglantes et rapides, et le souvenir du duc d'Enghien n'était pas capable de le rassurer. Au départ de l'Empereur pour l'armée, quelques soulagements furent donnés à M. de Vitrolles : on le trans-

---

la plus sainte des causes, celle de la défense et de l'indépendance de ma patrie, et, quel qu'en soit le résultat, je mériterai, Milord, votre estime.

« Agréez, Milord, l'assurance de ma très haute considération. »

Signé, prince d'Eckmühl

La même lettre fut envoyée au prince Blücher, qui répondit sur-le-champ au maréchal Davoust :

« Si le maréchal de Frimont s'est cru autorisé à conclure un armistice, ce n'est point pour nous un motif d'en faire autant ; nous poursuivrons notre victoire ; Dieu nous en a donné les moyens et la volonté.

« Voyez ce que vous avez à faire : ne précipitez pas de nouveau une ville dans le malheur, car vous savez ce que le soldat irrité se permettrait si votre capitale était prise d'assaut. Voudriez-vous attirer sur votre tête les malédictions de Paris comme celles de Hambourg ?

« Nous voulons pénétrer à Paris pour y mettre les honnêtes gens à l'abri du pillage qui les menace de la part de la populace. Ce n'est qu'à Paris que l'on peut conclure un armistice assuré. »

Blücher.

féra à l'Abbaye, et dès ce moment Fouché se mit en communication avec lui; il l'avait connu en 1814, lors du gouvernement provisoire, car, chose curieuse! ce fut Fouché qui donna l'idée au Sénat de déférer la lieutenance générale du royaume à M. le comte d'Artois.

Dès que Napoléon eut abdiqué pour la seconde fois, ordre fut donné par Fouché de mettre en liberté M. de Vitrolles; le soir même il le vit : «Ah! vous voilà! lui dit-il; j'en suis aise; voi maintenant votre tour de puissance : il faut partir de suite pour aller auprès de Louis XVIII. Vous savez ce qui se passe : ils sont entichés de leur roi de Rome, et ce béat de Carnot l'est comme tous les autres. Aussi je lui ai joué un bon tour : il voulait intituler les actes du gouvernement au nom de *Napoléon II*, je lui ai répondu que cela ne convenait pas à des patriotes comme nous. » Puis, Fouché, contrefaisant une grosse voix, continua : « Je lui ai dit : «Carnot, nous ne devons parler qu'au nom du peuple français; » et vous sentez qu'avec ce mot je suis venu à bout de lui. Au reste, pour parler affaires sérieuses, dites au roi que tout se finira. » Et reprenant son ton léger : «Je crois qu'avant tout il faudra passer par le duc d'Orléans. » M. de Vitrolles répondit : « qu'il avait fait assez de voyages comme cela, et que l'état des affaires exigeait qu'il restât à Paris. Il ne demandait seulement que deux conditions : la première, de garder sa tête sur ses épaules; la seconde, de correspondre directement avec le roi. » — « Votre tête, répondit Fouché, je la mets au niveau de la mienne, je ne réponds pas qu'elles ne tombent point simultanément; car, voyez-vous ? dit-il en montrant la porte de l'antichambre, tout ce salon est plein de bonapartistes enragés, qui veulent me faire un mauvais parti; mais enfin à chacun son jeu. Quant à votre correspondance avec le roi, loin de m'y opposer, je vous y autorise; et voici des passe-ports que vous pourrez distribuer à vos amis. » Alors, M. de Vitrolles exposa la nécessité d'éviter l'invasion de l'étranger et les progrès de l'ennemi sur Paris. « Eh! que voulez-vous! dit Fouché, ce sont des fous, je le sens aussi profondément que vous! Que faire? J'ai bien l'idée d'un message aux Chambres, mais je serai mis en accusation; on ne veut des Bourbons à aucun prix. En cette situation, l'armée peut tout; si vous pouvez gagner Davoust, l'entraîner, ce serait la meilleure combinaison; si Davoust m'appuie, je ferai le message; tâtez le terrain, je vous y autorise. »

La situation de M. de Vitrolles à Paris l'avait mis en rapports intimes avec le maréchal Oudinot, demeuré loyalement fidèle aux Bourbons; le maréchal, qui avait conçu le même projet d'éviter l'occupation de Paris par l'ennemi, au moyen d'une restauration constitutionnelle, offrit à M. de Vitrolles de sonder le maréchal Davoust, son ancien camarade, sur le projet conçu par des hommes sages et habiles. Davoust refusa d'abord toutes les offres, puis il consentit à voir M. de Vitrolles; des négociations sérieuses s'engagèrent; elles portaient toutes sur des stipulations relatives à l'armée; et il faut dire à l'honneur du maréchal qu'il ne demandait rien pour lui-même; il ne faisait pas comme le duc de Brissac et les ligueurs qui livrèrent Paris à Henri IV. On se vit plusieurs fois la nuit à trois personnes, M. de Vitrolles, les maréchaux Oudinot et Davoust; des rendez-vous avaient lieu en l'hôtel du maréchal, qui les recevait couché sur un matelas et presque en chemise. Enfin, il fut convenu qu'on en parlerait encore à Fouché.

Le ministre avait rédigé un message aux représentants dans des termes tellement vagues, qu'il ne s'engageait en rien. Le matin il avait longuement causé avec

M. de Grouchy sur l'esprit de son corps d'armée ; je crois pouvoir affirmer que le maréchal avait dit : « que son armée pourrait bien proclamer le duc d'Orléans ; mais quant à Louis XVIII et au drapeau blanc, c'était impossible. » M. de Vitrolles, accompagné du maréchal Oudinot, se rendit en plein jour, dans un cabriolet de Fouché, au quartier-général de la Villette ; le maréchal Davoust était là dans une mauvaise masure ; il accueillit M. de Vitrolles, et entama avec lui une causerie politique, lorsque, par un hasard surprenant, un aide-de-camp vint annoncer qu'une députation de la Chambre des pairs et de la Chambre des représentants arrivait avec l'écharpe tricolore pour féliciter l'armée sur son dévouement à la patrie.

Jugez de la position de M. de Vitrolles ! Il voulait se retirer dans une pièce à côté ; mais le maréchal lui dit : « Restez, vous n'êtes pas de trop. » Or, quand la grande harangue fut faite, lorsqu'on eut échangé beaucoup de belles phrases, Davoust, par une imprudence indicible, finit par ces mots : « Messieurs, voici M. de Vitrolles, envoyé du roi Louis XVIII, et qui vient traiter avec nous. » Alors, il se fit un frémissement parmi tous les avocats et les parleurs ; il faut le dire aussi, parmi les militaires dévoués à Napoléon. M. de Vitrolles ! M. de Vitrolles ! c'était la tête de Méduse ! Il se passa ici une scène des plus violentes ; il y eut des accents de colère, et le maréchal dit, pour simplifier la question, que c'était Fouché, le chef du gouvernement, qui avait envoyé M. de Vitrolles. Alors rumeurs plus violentes encore : « Fouché, s'écrie-t-on avec fureur, est un traître ! » et M. de Vitrolles a quelque peine à s'esquiver pour revenir à Paris. Son premier soin fut d'accourir vers Fouché ; il ne put le joindre que le soir à onze heures ; il le croyait très agité, il fut très surpris de lui trouver un calme admirable et son sourire moqueur. « Ah! vous voilà; c'est bien. Vous avez rompu la glace, il le fallait. Je viens d'avoir une scène avec Quinette, Carnot et de Caulaincourt; n'ont-ils pas parlé de trahison, de me dénoncer? Voici ce que je leur ai dit : « Ah! vous m'en apprenez de belles! vous me dites que M. de Vitrolles est un royaliste, il y a longtemps que je le sais; vous me dites que Davoust est prêt à trahir, eh bien! allez le faire arrêter si vous voulez, au milieu de son armée, je ne m'en charge pas. Et quant à moi, écoute, Carnot, monte à la tribune et viens m'accuser; je suis habitué à ces jeux depuis la Convention. Allons, pas de courage à demi, monte à la tribune, Carnot, et je t'y attends. »

On ne peut dire l'indicible légèreté avec laquelle Fouché prononça ces mots; il y avait encore là l'homme de la Convention nationale et des comités; il parlait de sa tête comme d'une chose indifférente. Cependant, dans la nuit, la commission de gouvernement donna ordre d'arrêter M. de Vitrolles. Fouché le fit prévenir le matin par son secrétaire, M. de Fabry, et l'agent royaliste se cacha; mais il ne continua pas moins d'avoir des rapports avec Fouché, avec M. Hyde de Neuville, commissaire du roi. Une circonstance curieuse, c'est que M. Hyde de Neuville, l'agent le plus loyal, le plus actif, se dissimulait complétement à la police de Paris, déguisé d'une manière étrange; il vint voir M. de Vitrolles dans sa cachette, et l'on continua des rapports avec Fouché et le roi Louis XVIII.

Cependant, ces tentatives pour la maison de Bourbon ne furent point entièrement perdues. On se rap-

---

[1] M. de Vitrolles m'a dit que M. Hyde de Neuville était déguisé en marchand de parfumerie, et parcourait ainsi les rues pour se dérober à la police.

pelle que le maréchal Soult avait écrit que le nom du duc d'Orléans était prononcé par toute l'armée; le maréchal Grouchy persistait à dire que son corps proclamerait volontiers la branche cadette des Bourbons, en gardant la cocarde tricolore. Les maréchaux Macdonald et Oudinot travaillaient au contraire directement pour la branche aînée des Bourbons; et quant à Davoust, il déclara sans déguisement qu'il se prononçait pour Louis XVIII; il écrivit dans ce sens à la commission provisoire de gouvernement[1], et déclarait « qu'il avait vaincu ses préjugés; Louis XVIII seul lui paraissait appelé à réaliser l'œuvre de la paix et de la liberté. » Davoust conseillait donc de traiter avec le roi de France. Je n'ose l'affirmer, mais j'ai quelques raisons de croire que le maréchal Grouchy ne fut pas étranger à ces négociations, il était trop important à la tête d'une armée pour qu'on le négligeât dans un arrangement définitif. Ainsi, les questions d'armistice se mêlaient alors à la Restauration, et il était difficile de séparer le point militaire du point politique, et d'isoler la paix du rétablissement des Bourbons de l'une ou de l'autre branche.

Le plan des royalistes était alors d'éviter l'occupation de Paris par les étrangers, en faisant proclamer Louis XVIII par l'armée. Le maréchal Macdonald était à la tête de ce mouvement; il voulait, il désirait la cocarde tricolore; c'était un sacrifice exigé des Bourbons, comme

---

[1] *Le maréchal Davoust à Fouché.*
Paris, 27 juin 1815.
« J'envoie à Votre Excellence la nouvelle que j'ai reçue ce soir sur l'état des choses et des troupes. Il n'y a pas de temps à perdre pour adopter la proposition que j'ai faite hier : nous devons proclamer Louis XVIII; nous devons le prier de faire son entrée dans la capitale sans les troupes étrangères. Louis XVIII doit régner avec l'appui de la nation; j'ai vaincu mes préjugés, mes idées; la plus irrésistible nécessité et la plus intime conviction m'ont déterminé à croire qu'il n'y a pas d'autre moyen de sauver notre patrie. »

la messe pour Henri IV. Le maréchal Oudinot entrait également dans les mêmes idées; mais il ne faisait pas une si grave question du drapeau. Masséna promettait la garde nationale si on lui laissait sa cocarde. Le maréchal Soult, alors présent à Paris, avait un esprit d'ordre trop puissant pour ne pas vouloir que l'anarchie cessât devant un gouvernement régulier. Davoust avait son plan aussi : Louis XVIII devait faire son entrée à Paris, entouré de Français, des maréchaux et des chefs de l'armée ; et tout cela se négociait à Paris, chez le maréchal Macdonald, avec MM. de Vitrolles et Hyde de Neuville.

De telles négociations avaient rendu suspects à l'armée les maréchaux Davoust et Grouchy ; officiers et soldats n'étaient nullement pour Louis XVIII ; le cri de *vive Napoléon II!* était le seul ralliement. Cette armée, bien disposée pour livrer bataille, attendait, pleine d'impatience, l'ordre du combat. Tout calcul fait, voici quelles étaient les chances : si la bataille était gagnée, les Anglais et les Prussiens faisaient retraite sur les Bavarois, les Autrichiens et les Russes entraient en ligne et marchaient encore sur Paris ; si la bataille était perdue, Paris avait à craindre deux pillages : d'abord, le désordre des troupes vaincues et des fédérés qui se croiraient trahis, puis les violences des vainqueurs dans une ville prise d'assaut. Les fous seuls pouvaient exposer une cité comme Paris à ces fatales éventualités ; jamais position plus difficile. On fit retentir comme une grande victoire un léger avantage remporté par le général Excelmans à Versailles; on avait surpris quelques régiments prussiens, et de braves colonels, parmi lesquels M. de Briqueville, les avaient fait sabrer. Le maréchal Blücher avait agi avec sa hardiesse habituelle. Cet avantage n'était pas assez considérable pour changer la position des alliés.

A chaque moment les périls grandissaient; les Anglais et les Prussiens avaient passé la Seine et s'étaient rendus maîtres de la rive gauche, des hauteurs de Meudon, de Saint-Germain, de Versailles. Les Bavarois s'avançaient vers Melun. Il fallait immédiatement se décider ou à une résistance désespérée ou à une capitulation, il n'y avait pas de milieu. On s'était privé de la tête militaire en proscrivant Napoléon, et maintenant qui prendrait le commandement de l'armée? Les maréchaux Davoust et Grouchy étaient suspects, je le répète, et on les croyait liés d'avance, à tort ou à raison, au parti Fouché. Masséna était souffrant, et d'ailleurs il ne voulait pas se compromettre. Le vieux Jourdan était à l'armée du Rhin, incapable de servir; Macdonald engageait aux Bourbons sa loyale épée; Oudinot avait refusé de servir, et s'était fait simple grenadier de la garde nationale pour rester fidèle à Louis XVIII; le maréchal Soult, prévoyant le dénouement de la question politique, avait refusé de prendre le commandement de l'armée; le maréchal Mortier se disait encore malade! Il y avait une sorte d'abdication générale des têtes de l'armée; les uns traitaient déjà, les autres espéraient se faire oublier et pardonner par la Restauration : comment réveiller un peu d'énergie dans toutes ces âmes? Il aurait fallu recourir aux violences de la Convention, proclamer une dictature; et aux époques de mollesse les partis violents réussissent mal, ils tuent[1].

Le mot de capitulation commençait à circuler déjà; ce n'était au fond que l'idée d'un armistice appliqué à Paris comme on l'avait tenté au quartier-général; les hauteurs de Meudon se couvraient des armées prussienne et anglaise concentrées, et s'étendant vers Melun

---

[1] Les représentants singeaient la Convention et multipliaient les adresses.

pour donner la main aux Bavarois, elles tenaient toute la plaine de Montrouge, tandis que les troupes françaises étaient campées au Champ-de-Mars, aux Invalides, aux barrières et jusque dans les rues de Paris. Il n'y avait eu jusqu'ici que des combats d'avant-postes; dans cinq jours 60,000 Bavarois entreraient en ligne, et dans deux semaines 200,000 Russes et 185,000 Autrichiens, et ce fut alors que la commission provisoire crut indispensable de convoquer un conseil de défense pour savoir si Paris était dans le cas de résister, en soutenant un siége régulier ou une attaque de vive force[1]. Ce conseil de guerre, formé des maréchaux présents à Paris, des généraux chefs de corps, des commandants de division, sous la présidence du maréchal Davoust, recueillit toutes les opinions avec une certaine impartialité; le maréchal Soult aborda franchement le côté politique de la question : « Défendre Paris, c'était l'exposer au désordre d'un assaut; » et avec une loyauté nécessaire dans les circonstances, le maréchal conclut que, pour éviter un si grand malheur, on devait proclamer Louis XVIII sous des garanties qui pourraient permettre au pays et à l'armée de seconder le nouveau gouvernement; une fois le roi sur son trône, l'ennemi se retirerait nécessairement sans entrer même dans Paris. C'était voir la question de haut. Telle fut aussi l'opinion du maréchal Davoust. Masséna n'envisagea que le point militaire : la résistance lui paraissait impossible; une bataille perdue, et Paris était livré au désordre d'une cité prise de vive force.

Cette première solution donnée par le conseil était grave, et Fouché, qui ne voulait mêler personne au mouvement politique qui se préparait, crut indispen-

[1] Ce premier conseil de guerre est du 30 juin 1815.

sable d'écrire à Davoust de se limiter dans la question militaire : « rien ne devait se faire précipitamment ; s'il fallait reconnaître Louis XVIII, ce devait être avec des conditions directes et respectivement consenties. » La tendance que prenaient les négociations devait démontrer à tous que le seul moyen d'éviter une capitulation avec l'ennemi, c'était un arrangement politique avec Louis XVIII et les Bourbons, résultat tardif déjà ; la restauration immédiate pouvait seule préserver la capitale de la présence de l'étranger ; à la frontière, ce parti spontanément pris aurait évité l'invasion ; en face de Paris, il pouvait le sauver d'une capitulation. Le maréchal Davoust l'avait écrit à Fouché[1] ; pour cela, il fallait le concours de l'armée et de la Chambre des représentants. L'armée était trop profondément compromise dans les Cent Jours pour adhérer à une restauration bourbonienne ; il y avait moins de trois mois qu'elle avait déserté le drapeau blanc ; quitterait-elle encore aujourd'hui la cause qu'elle avait naguère adoptée, pour revenir aux Bourbons ? c'était difficile à croire et à espérer ; mieux valait pour elle combattre, essayer la fortune, et mourir les armes à la main.

Restaient les deux Chambres, et pouvait-on attendre d'elles une résistance énergique ou un arrangement de

---

[1] *Réponse de Fouché à Davoust.*
« Je suis persuadé comme vous, M. le maréchal, qu'il n'y a rien de mieux à faire que de traiter promptement d'un armistice ; mais il faut savoir ce que veut l'ennemi. Une conduite mal calculée produirait trois maux : 1º d'avoir reconnu Louis XVIII avant tout engagement de sa part ; 2º de n'en être pas moins forcé de recevoir l'ennemi dans Paris ; 3º de n'obtenir aucune condition de Louis XVIII. Je prends sur moi de vous autoriser à envoyer aux avant-postes de l'ennemi et de conclure un armistice, en faisant tous les sacrifices qui seront compatibles avec nos devoirs et notre dignité. Il vaudrait mieux céder des places fortes que de sacrifier Paris. »

« La commission, à qui Fouché soumit cette lettre, y fit expressément ajouter : « Il est inutile de vous dire, M. le maréchal, que votre armistice doit être purement militaire, et qu'il ne doit contenir aucune question politique. Il serait convenable que cette demande d'armistice fût portée par un général de la ligne et un maréchal-de-camp de la garde nationale. »

quelque intelligence et de quelque portée? Les pairs étaient compromis et presque tous dévoués au parti napoléonien; les représentants étaient tombés si bas par leurs puérilités, leurs haines, leurs discussions, qu'on ne pouvait pas espérer d'eux une résolution un peu haute, un peu politique. Au moment où il fallait organiser fortement la résistance nationale, à quoi s'amusait la Chambre des représentants? A examiner philosophiquement si les Antonin, les Trajan, les Marc-Aurèle, avaient aboli la confiscation; on considérait comme une grande mesure de salut public d'avoir remplacé la médaille des députés par l'écharpe tricolore, « signe de ralliement chéri de tous les Français. » On avait brisé l'épée du grand dictateur, et l'on se délectait à badigeonner une constitution; M. Gamon (de l'Ardèche) voulait qu'on proclamât celle de 1791. On faisait des adresses à l'armée; un député du nom de Durbach déclarait avec des expressions de fureur : « que les Bourbons étaient devenus les ennemis du peuple français, et que la nation combattrait jusqu'à la mort pour s'affranchir de leur joug humiliant. » « Vous jurerez, disait-il, de mourir comme de dignes représentants d'un grand peuple, en allant vous placer, désarmés et parés des couleurs nationales, entre le canon de l'ennemi et celui des redoutes des braves qui doivent défendre les approches de la capitale, où siége la représentation nationale! »

Ces déclamations ridicules quand elles ne sont pas suivies d'une holocauste de la vie, comme sous la Convention nationale, obtenaient les applaudissements de l'assemblée [1]; on ne demandait de toutes parts qu'à faire des constitutions; il y a des esprits, je le répète,

---

[1] Voyez les ridicules procès-verbaux de la Chambre des représentants du 28 juin au 8 juillet.

qui ont cette manie : qu'importe qu'un peuple s'abîme, qu'une nationalité périsse, que les intérêts soient froissés, méconnus? Qu'importe? il faut faire des constitutions, écrire sur le balancement des pouvoirs et la pondération des garanties. S'il y avait eu dans cette Chambre une idée politique, elle aurait jugé qu'il n'y avait que deux solutions possibles à la crise, Napoléon ou Louis XVIII : avec Napoléon, une résistance forte, qui mettrait haut la nation et l'exposerait à périr en conservant l'honneur; avec Louis XVIII, un traité qui aurait évité l'invasion du territoire, ou bien, une fois le territoire envahi, ce traité aurait épargné à Paris une seconde occupation. Un tel résultat était l'objet de la plus vive sollicitude de M. de Talleyrand et de tous les hommes de portée qui voyaient le péril de la France; mais les représentants n'étaient pas capables de comprendre de telles idées; ils aimaient mieux façonner des garanties, des libertés, pour un pays, hélas! menacé d'un partage; ils livraient Napoléon à l'Europe, et proclamaient comme un acte de folie la proposition publiquement faite de rappeler les Bourbons, sans prendre garde que la baïonnette ennemie allait balayer le gouvernement et les Chambres.

La grandeur du péril, les avis des hommes de guerre avaient fait prédominer l'idée d'une capitulation immédiate aux meilleures conditions possibles. Le parti qui se disait national s'était adressé deux fois déjà aux étrangers : 1° par l'envoi des plénipotentiaires sous M. de Lafayette à Haguenau; 2° par la députation destinée à obtenir un armistice du duc de Wellington et de Blücher. Les commissaires pour l'armistice, le général Andréossy, MM. de Valence, Boissy-d'Anglas, Flaugergues, de la Besnardière, avaient toujours trouvé le duc de Wellington très poli, mais ils ne dissimulaient pas que rien ne se terminait. Leur dernier rapport, daté de Louvres, 1ᵉʳ juillet, et adressé à M. Bignon, était très alarmant [1] : « le duc de Wellington leur avait montré des dépêches de M. de Nesselrode et du prince de Metternich, l'invitant à pousser avec activité le mouvement militaire sur Paris ; il avait fait observer que quand même il conclurait un armistice, cette circonstance n'empêcherait pas la marche des alliés, entourant bientôt la capitale par tous les points; les commissaires annonçaient que le comte d'Artois venait d'arriver au quartier général du duc de Wellington à Louvres, et tout faisait présumer que la seule solution possible serait la restauration de Louis XVIII. »

A ce mot de restauration qui faisait sur les têtes une impression de haine, les représentants résolurent de s'adresser à Blücher, le moins dessiné pour Louis XVIII : plutôt capituler dix fois que de proclamer les Bourbons ! Carnot lui-même commençait à avouer que la défense de Paris était impossible ; il avait visité tous les en-

---

[1] Louvres, 1ʳᵉ juillet, à huit heures et demie du soir.

« Lord Wellington nous a donné connaissance d'une lettre de Manheim, écrite au nom des empereurs de Russie et d'Autriche, par MM. de Nesselrode et de Metternich. Cette lettre presse vivement la poursuite des opérations, et déclare que s'il était adopté quelque armistice par les généraux qui, dans ce moment, sont près de Paris, Leurs Majestés ne le regarderaient point comme devant arrêter leur marche, et qu'elles ordonneraient à leurs troupes de s'approcher de Paris.

« M. le comte d'Artois venait d'arriver au quartier général du duc de Wellington, qui nous a reçus seul dans son salon. Nous n'avons pas aperçu le prince, il était dans un appartement séparé.

« Nous avons insisté pour l'exécution de la promesse qui nous avait été faite. Le duc de Wellington nous a répondu qu'il nous avait toujours annoncé ne pouvoir prendre d'engagement définitif avant qu'il se fût entendu avec le maréchal prince Blücher ; qu'il allait le joindre pour le porter à s'unir avec lui pour convenir d'un armistice.

« Il a ajouté qu'il ne nous dissimulait pas que le feld-maréchal avait un extrême éloignement pour tout ce qui arrêtera ses opérations, qui s'étendaient déjà sur la rive gauche de la Seine ; et qu'il ne pouvait cesser d'appuyer ses mouvements, s'il ne pouvait l'amener à partager son opinion.

« Il nous a communiqué une proposition d'armistice faite par le prince d'Eckmühl, qu'il venait de recevoir.

virons avec le général Grenier, et le résultat ne fut point favorable à la résistance militaire. Carnot exposa : « que les fortifications élevées sur la rive droite de la Seine paraissaient suffisantes pour mettre Paris, de ce côté, à l'abri de toute insulte ; mais que la rive gauche se trouvait entièrement à découvert, et offrait un vaste champ aux entreprises de l'ennemi ; que les généraux anglais et prussiens avaient porté impunément sur le point vulnérable la majeure partie de leurs armées ; qu'ils paraissaient disposés à tenter une attaque de vive force ; que s'ils échouaient une première fois, ils pourraient revenir à la charge une seconde, et renouveler leurs tentatives jusqu'à ce qu'ils fussent parvenus à se rendre maîtres de la capitale ; qu'ils auraient sans cesse à nous opposer des troupes fraîches, tandis que les nôtres, forcées d'être constamment sur leurs gardes, seraient bientôt excédées de fatigue ; que l'arrivage des subsistances devenait difficile, et qu'un corps de 60,000 Bavarois paraissait devoir achever sous peu de jours le blocus entre la Seine et la Marne ; que les ennemis, déjà maîtres des hauteurs de Meudon et des meilleures positions environnantes, pourraient s'y retrancher, nous fermer la retraite, et réduire Paris et l'armée à se rendre à discrétion. » Ce rapport fut soumis à la commission spéciale de défense, composée des généraux chefs des corps, et Davoust, qui la présidait,

« Il nous a assuré qu'aussitôt qu'il aurait vu le prince Blücher, il reviendrait nous joindre à Louvres, et nous enverrait prier de nous rendre à Gonesse.

« En causant des conditions possibles d'armistice, il a insinué qu'il demanderait que l'armée sortît de Paris ; ce que nous avons rejeté, en opposant qu'il serait au contraire convenable que ce fût l'armée des alliés qui prît des positions éloignées, pour qu'il fût possible de délibérer en liberté sur les grands intérêts de la patrie, dont il paraissait reconnaître l'influence sur ceux de l'Europe.

« La conférence s'est ainsi terminée. Nous avons tout lieu de croire que lord Wellington fera connaître à M. le comte d'Artois qu'il doit se placer à une distance beaucoup plus considérable de Paris. »

M. Bignon répondit sur-le-champ à cette dépêche des plénipotentiaires :

« Vous devez, Messieurs, bien répéter

invita chacun des membres à émettre son opinion impartiale ; il fut répondu : « qu'avant toute chose il paraissait nécessaire de faire connaître préalablement l'état actuel des négociations avec l'ennemi. » Fouché ne s'y refusa point ; mais cette communication ayant amené des discussions sur les Bourbons, la commission rappela : « qu'on devait se renfermer dans le point militaire, et qu'il ne s'agissait purement et simplement que de décider s'il était convenable et possible de défendre Paris. » Le maréchal Masséna, interpellé, dit : « que cette ville serait imprenable si les habitants voulaient en faire une seconde Saragosse ; mais qu'il n'y avait point assez d'harmonie dans les volontés pour songer à une résistance soutenue, et que le parti le plus sage était d'obtenir, à tout prix, une suspension d'armes. » Le maréchal Lefebvre déclara : « qu'il ne croyait pas impossible de prolonger la défense en activant rapidement les travaux commencés dans la plaine de Montrouge. » Le maréchal Soult soutint : « que la rive gauche de la Seine n'était point tenable ; qu'il était même très hasardeux, depuis l'occupation d'Aubervilliers, de tenir sur la rive droite ; que si la ligne du canal qui joint Saint-Denis à la Villette venait à être forcée, l'ennemi pourrait entrer pêle-mêle avec nos troupes par la barrière Saint-Denis. »

A la suite de cette conférence militaire, et pour mieux couvrir encore sa responsabilité, la commission convoqua un véritable conseil de guerre au quartier général au duc de Wellington et au prince Blücher, que si le gouvernement français insiste avec chaleur sur un armistice, c'est qu'il y voit la possibilité de s'entendre sur des points à l'égard desquels les opinions paraissent le plus divisées, c'est que les communications et les rapports qui s'établiront entre leurs quartiers généraux et nous les mettront en état de bien apprécier le véritable esprit de la France. Nous pensons particulièrement que le noble caractère du duc de Wellington et la sagesse des souverains alliés ne pourront les porter à vouloir forcer la nation française à se soumettre à un gouvernement que repousse le vœu bien réel de la grande majorité de la population. »

de la Villette dans la nuit du 1ᵉʳ au 2 juillet, pour décider si Paris se défendrait ou si la capitulation serait proposée; on y posa et on y résolut les questions suivantes : « 1° Quel est l'état des retranchements élevés pour la défense de Paris? Le conseil de guerre répondit que l'état des retranchements et de leur armement sur la rive droite de la Seine, quoique incomplet, était en général assez satisfaisant; sur la rive gauche, les retranchements pouvaient être considérés comme nuls. — 2° L'armée pourrait-elle couvrir et défendre Paris ? — Elle le peut, mais non pas indéfiniment. Elle ne doit pas s'exposer à manquer de vivres et de retraite. — 3° Si l'armée était attaquée sur tous les points, pourrait-elle empêcher l'ennemi de pénétrer dans Paris d'un côté ou d'un autre?—Il est difficile que l'armée soit attaquée sur tous les points à la fois; mais, si cela arrivait, il y aurait peu d'espoir de résistance. — 4° En cas de revers, le général en chef pourrait-il réserver ou recueillir assez de moyens pour s'opposer à l'entrée de vive force?—Aucun général ne peut répondre des suites d'une bataille perdue. —5° Existe-t-il des munitions suffisantes pour plusieurs combats?—Oui. —6° Enfin, peut-on répondre du sort de la capitale, et pour combien de temps? — Il n'y a aucune garantie à cet égard. »

Cet avis du conseil de défense de Paris fut signé à la Villette le 2 juillet, à trois heures du matin, et le système de la capitulation parut ainsi prévaloir parmi les généraux; dans cet abaissement de toutes les âmes on ne pouvait rien oser d'énergique; la commission de gouvernement déclara : « qu'en conséquence de cet avis, une proposition officielle de capitulation serait adressée directement au prince Blücher, parce que le duc de Wellington paraissait trop lié au parti des Bourbons. » Le maréchal Davoust écrivit au général Zieten, alors aux avant-postes; le général Zieten, militaire fort distingué, plein des idées réactionnaires et des vengeances allemandes, répondit d'une manière laconique et hautaine : « qu'il n'osait même point annoncer la demande d'une capitulation au prince Blücher; mais que si la ville et l'armée voulaient se rendre, il accepterait une suspension d'armes [1]. » Quelle humiliation pour notre noble pays! Voilà la position que les Cent Jours lui avaient faite : sa capitale et son armée devaient se rendre avant d'obtenir un armistice!

Il était dans les habitudes de Fouché de ne pas se préoccuper de ces formes hautaines, qu'il savait être inhérentes au caractère militaire. Dès qu'il fut autorisé à capituler, il envoya des hommes de confiance au duc de Wellington et au prince Blücher; il leur fit bien remarquer : « qu'il ne fallait point irriter la nation; tout se ferait spontanément si on ne blessait personne; pourquoi insulter au malheur d'un peuple grand et fort? ce n'était ni habile, ni généreux; Paris se défendrait jusqu'à la dernière extrémité, si l'on heurtait la fierté nationale. » Les agents secrets de Fouché étaient porteurs d'une note conçue en termes fort réfléchis, pour appeler les généraux alliés à des sentiments de modération [2] : « L'armée est mécon-

---

[1] *Au maréchal Davoust.*
2 juillet.

« Monsieur le maréchal, le général Revest m'a communiqué verbalement que vous demandiez un armistice pour traiter de la reddition de la ville de Paris. Je n'ose même point annoncer cette demande à S. A. le maréchal prince Blücher; mais cependant si les députés du gouvernement déclarent à mon aide-de-camp, le comte Westphalen, qu'ils veulent rendre la ville, et que l'armée veut se rendre aussi, j'accepterai une suspension d'armes.

« J'en ferai part alors à S. A. le prince Blücher, pour traiter sur les autres articles. »

Signé, Zieten.

[2] Les négociateurs secrets de Fouché auprès du duc de Wellington et de Blücher furent M. Macérone et le général Tromelin: ils allaient journellement au quartier général.

tente, parce qu'elle est malheureuse : rassurez-la, elle deviendra fidèle et dévouée. Les Chambres sont indociles par la même raison ; rassurez tout le monde, et tout le monde sera pour vous. Qu'on éloigne l'armée, les Chambres y consentiront en promettant d'ajouter à la Charte les garanties spécifiées par le roi. Pour se bien entendre, il est nécessaire de s'expliquer ; n'entrez donc pas à Paris avant trois jours : dans cet intervalle tout sera d'accord. On gagnera les Chambres, elles se croiront indépendantes, et sanctionneront tout : ce n'est point la force qu'il faut employer auprès d'elles, c'est la persuasion. » Fouché voulait faire sentir au duc de Wellington et à Blücher qu'ils demandaient trop pour que les Bourbons pussent tenir dans cette situation humiliée. D'après lui, ce n'était pas la France qu'on avait vaincue, mais le seul parti bonapartiste ; il invitait les deux généralissimes à bien réfléchir sur les conditions qu'ils voulaient imposer à Paris ; il semblait leur dire : « Soyez larges, généreux, votre victoire sera durable, et ne rendez pas impossible le gouvernement de Louis XVIII. »

Paris était ainsi dans une vive inquiétude pour sa sûreté, quand on apprit le départ de MM. Bignon, de Bondy et du général Guilleminot pour les avant-postes du prince Blücher, avec la mission de capituler. M. Bignon, principal négociateur, devait déplaire aux Prussiens dont il avait blessé le caractère par ses légèretés diplomatiques sous l'Empire ; M. de Bondy, préfet de la Seine, allait remplir un devoir purement municipal ; le général Guilleminot, de l'école de Moreau et de Gouvion-Saint-Cyr, traiterait la question militaire. Les députés passèrent avec difficulté à travers les postes des fédérés et les védettes prussiennes. Le quartier général de Blücher et du duc de

Wellington était à Neuilly, Saint-Cloud et Meudon. Blücher reçut assez brusquement les trois envoyés; comme ils étaient porteurs de simples pouvoirs de la commission de gouvernement, le général prussien déclara « qu'il ne reconnaissait pas ses pouvoirs, et qu'il ne traiterait qu'avec les envoyés du général en chef de l'armée française, le maréchal Davoust. »

C'était nier l'existence des Chambres et la légitime autorité de la commission de gouvernement; ce point fut régularisé : le maréchal Davoust signa les pouvoirs ; conduits ensuite à Saint-Cloud, les négociateurs exposèrent l'objet de leur mission en présence du duc de Wellington et de Blücher, qui les écoutèrent avec soin, en limitant incessamment la question politique pour n'en faire plus qu'une difficulté municipale. Toutes les fois que M. Bignon voulait toucher à un point diplomatique, le duc de Wellington lui répondait : « Mais, monsieur, ce n'est pas cela ; nous ne pouvons entendre qu'une capitulation militaire et municipale; nous sommes disposés à parfaitement traiter Paris. » Réduite à ces proportions, la difficulté fut pleinement levée ; le duc de Wellington suivit les conseils de Fouché, et il se montra fort large sur toutes les clauses qui pourraient assurer la sécurité de la ville. Fouché avait donné parole de préparer législativement la restauration de Louis XVIII, et d'amener les Chambres à ce point de conciliation ; il se trompait évidemment, mais le duc de Wellington désirait surtout en finir avant l'arrivée des Russes et des Autrichiens ; il était impatient de donner une impulsion anglaise au nouveau gouvernement de la France, et de succéder à l'influence morale d'Alexandre en 1814. Le point municipal largement stipulé fut discuté avec M. de Bondy; le point militaire, avec le général

Guilleminot; M. Bignon se trouva, par le fait, complétement annulé.

La capitulation fut signée le 3 juillet dans la nuit. Fouché, à qui le projet fut immédiatement porté, substitua le mot *convention* à celui de capitulation, qui présentait un sens plus humiliant pour le peuple. Il faut éviter aux nations ces mots qui les blessent, et restent sur leur cœur jusqu'au jour de la vengeance ; et c'est ce que Fouché comprenait bien. Les signataires de cet acte, discuté toute une nuit, furent le baron Muffling pour le prince Blücher, le colonel Hervey pour le duc de Wellington, et les commissaires français. La convention ou capitulation se résumait en quelques dispositions clairement exprimées : d'abord, suspension d'armes ; l'armée française se mettrait en marche pour se retirer derrière la Loire, emmenant tout son matériel de campagne ; les blessés restaient sous la protection des généraux anglais et prussiens ; tous les employés attachés à l'administration militaire du camp quitteraient Paris, leurs femmes et leurs enfants pourraient les suivre ; du 4 au 6, toutes les positions et les barrières devaient

---

[1] Voici l'extrait de la capitulation de Paris.

Convention.

« Aujourd'hui, trois juillet mil huit cent quinze, les commissaires nommés par les commandants en chef des armées respectives, savoir :

« M. le baron Bignon, chargé du portefeuille des affaires étrangères ; M. le comte Guilleminot, chef de l'état-major général de l'armée française ; M. le comte de Boudy, préfet du département de la Seine, munis des pleins pouvoirs de S. E. M. le maréchal prince d'Eckmühl, commandant en chef l'armée française, d'une part ;

« M. le général baron Muffling, muni des pleins pouvoirs de S. A. M. le maréchal prince Blücher, commandant en chef l'armée prussienne ; M. le colonel Hervey, muni des pleins pouvoirs de S. E. le duc de Wellington, commandant en chef l'armée anglaise, de l'autre ;

« Sont convenus des articles suivants :

« Art. 1er. Il y aura une suspension d'armes entre les armées alliées, commandées par S. A. le prince Blücher et S. E. le duc de Wellington, et l'armée française sous les murs de Paris.

« 2. Demain, l'armée française commencera à se mettre en marche pour se porter derrière la Loire.

« 3. L'armée française emmènera avec elle tout son matériel, artillerie de campagne, convois militaires, chevaux et propriétés des régiments, sans aucune exception. Il en sera de même pour le personnel

être remises, le service intérieur de Paris serait fait par la garde nationale concurremment avec la gendarmerie de la Seine. Les articles 11 et 12 présentaient des clauses d'une grande importance pour les propriétés et les personnes : il y était dit : « Les propriétés publiques, à l'exception de celles qui ont rapport à la guerre, soit qu'elles appartiennent au gouvernement, soit qu'elles dépendent de l'autorité municipale, seront respectées, et les puissances alliées n'interviendront en aucune manière dans leur administration ou dans leur gestion. Seront pareillement respectées les personnes et les propriétés particulières. Les habitants, et en général tous les individus qui se trouvent dans la capitale, continueront à jouir de leurs droits et libertés, sans pouvoir être inquiétés ni recherchés en rien relativement aux fonctions qu'ils occupent ou auraient occupées, à leur conduite et à leurs opinions politiques. » Quel sens pouvait-on donner à ces clauses ? Engageaient-elles le gouvernement de Louis XVIII ? La capitulation pouvait-elle protéger les hommes politiquement compromis dans les Cent

des dépôts et pour le personnel des diverses branches d'administration qui appartiennent à l'armée.

« 4. Les malades et les blessés, ainsi que les officiers de santé qu'il serait nécessaire de laisser près d'eux, sont sous la protection spéciale de MM les commandants en chef des armées anglaise et prussienne.

« 5. Les militaires et employés dont il est question dans l'article précédent pourront, aussitôt après leur rétablissement, rejoindre le corps auquel ils appartiennent.

« 6. Les femmes et les enfants de tous les individus qui appartiennent à l'armée française, auront la faculté de rester à Paris.

« 7. Les officiers de ligne employés avec les fédérés ou avec les tirailleurs de la garde nationale, pourront ou se réunir à l'armée, ou retourner dans leur domicile, ou dans le lieu de leur naissance.

« 8. Demain, 4 juillet, à midi, on remettra Saint-Denis, Saint-Ouen, Clichy et Neuilly. Après-demain, 5 juillet, à la même heure, on remettra Montmartre. Le troisième jour, 6 juillet, toutes les barrières seront remises.

« 9. Le service intérieur de Paris continuera à être fait par la garde nationale et par le corps de gendarmerie municipale.

« 10 Les commandants en chef des armées anglaise et prussienne s'engagent à respecter et à faire respecter par leurs subordonnés les autorités actuelles, tant qu'elles existeront.

« 13. Les troupes étrangères n'apporte-

jours? et la Prusse et l'Angleterre accordaient-elles impunité à tous, sans tenir compte des autres cabinets et des exceptions même établies par la déclaration de Cambrai? Les autres articles de la convention, relatifs aux approvisionnements des armées, prévoyaient la possibilité d'une rupture de l'armistice. Enfin, au cas de doute, l'interprétation du traité devait être faite en faveur de l'armée française et de la ville de Paris.

En parcourant ces articles de la capitulation, ratifiés au pont de Neuilly, on ne pouvait espérer mieux dans la triste situation des affaires ; ce qui avait déterminé le duc de Wellington et le prince Blücher à ratifier ces clauses si favorables, c'est que Fouché leur avait donné parole que tout serait fini par cet acte, et que Louis XVIII serait spontanément proclamé par les Chambres ; il fallait aller vite, car ce qui plaisait surtout aux cabinets anglais et prussien, c'est que les affaires de France seraient entièrement terminées avant l'arrivée des Russes et des Autrichiens ; de cette manière, le duc de Wellington devait assurer à son gouvernement une grande influence d'avenir sur les affaires de France ; les Russes et les Au-

ront aucun obstacle à l'approvisionnement de la capitale, et protégeront au contraire l'arrivage et la libre circulation des objets qui y sont destinés.

« 14. La présente convention sera observée et servira de règle pour les rapports mutuels jusqu'à la conclusion de la paix.

« 15. S'il survient des difficultés sur l'exécution de quelqu'un des articles de la présente convention, l'interprétation en sera faite en faveur de l'armée française et de la ville de Paris.

« 16. La présente convention est déclarée commune à toutes les armées alliées, sauf la ratification des puissances dont ces armées dépendent.

« 17. Les ratifications en seront échangées demain, 4 juillet, à six heures du matin, au pont de Neuilly.

« 18. Il sera nommé des commissaires par les parties respectives pour veiller à l'exécution de la présente convention.

« Fait et signé à Saint-Cloud, en triple expédition, par les commissaires sus-nommés, les jour et an ci-dessus. »

Signé : le baron Bignon, le comte Guilleminot, le comte de Bondy ; le baron de Muffling, T. B. Hervey, colonel.

« Approuvé et ratifié la présente suspension d'armes, à Paris, le 3 juillet 1815. »

Signé, le maréchal prince d'Eckmühl.

« Approuvé et ratifié. »

Signé, Wellington, Blücher.

trichiens en seraient exclus. Avertis de cette résolution, les empereurs Alexandre et François II précipitaient leur marche sur Paris. Le prince de Metternich et le comte de Nesselrode déclaraient : « que rien ne devait se finir sans la participation des puissances signataires au congrès de Vienne ; toutes avaient commencé la guerre, toutes devaient finir par un traité simultané ; les efforts qu'avaient faits les alliés dans cette campagne devaient trouver compensation dans des indemnités pécuniaires et territoriales. » Les deux Chambres ayant refusé obstinément de proclamer Louis XVIII, de fatales et impératives conditions furent résolues dans les cabinets de l'Europe ; la France menaçant la paix publique par l'esprit révolutionnaire, on jeta déjà contre elle les bases suivantes : 1° contribution de guerre ; 2° occupation militaire ; 3° rectification des frontières ; 4° ligne de places fortes élevées aux dépens de la France et pour la contenir du côté de la Belgique. Avec ces tristes et déplorables idées, les ennemis venaient occuper Paris ; ils ne respectaient plus le traité de 1814.

Louis XVIII, qui savait ces fatales résolutions de morcellement, accourait en toute hâte pour s'interposer entre l'Europe et la France menacée ; il était informé heure par heure de toutes les intrigues, de toutes les négociations qui se suivaient à Paris ou dans le camp des alliés. Le comte Pozzo di Borgo, très dévoué aux Bourbons, lui conseillait d'entrer le plus vite possible dans sa capitale ; si Louis XVIII ne se dépêchait pas, toutes les combinaisons pouvaient trouver chance, et l'appui de la Russie paraissait indispensable pour balancer l'influence du duc de Wellington, trop lié à Fouché. Le roi quitta donc Cambrai et s'acheminant en toute hâte vers Paris, il arriva dans le hameau d'Arnouville, où devait se placer le siége provisoire de son gouvernement; Arnouville, petit village, devait voir se préparer les destinées d'un nouveau gouvernement. Placé tout près de Saint-Denis, le roi pouvait contempler la basilique où ses aïeux dormaient dans la poussière, et s'inspirer de leur grandeur. Arnouville fut bientôt visité par les hommes politiques les plus actifs et les plus avancés; on négociait nuit et jour sur les conditions et le caractère de la nouvelle Restauration : d'une part on soutenait la nécessité pour le roi de prendre le drapeau et la cocarde tricolores; le maréchal Macdonald et une fraction des patriotes le poussaient à cette concession, qui était pour Louis XVIII ce que la messe avait été pour Henri IV. Les royalistes purs, au contraire, déployaient la bannière blanche sur la tour de la basilique de Saint-Denis; l'important était que le roi hâtât son entrée à Paris, et, pour empêcher cette résolution, on lui faisait peur de l'effervescence des fédérés et des faubourgs; l'étranger était aise d'occuper la capitale avant le roi.

Dans les conférences d'Arnouville fut définitivement formé en présence de M. de Talleyrand le ministère, dans lequel se trouvait Fouché, comme garantie donnée au parti révolutionnaire : chacun venait faire ses conditions; il y avait des partis, des opinions, des nuances; les royalistes étaient indignés de rencontrer Fouché à côté de Louis XVIII, un régicide auprès du fauteuil du frère de Louis XVI ! M. de Talleyrand s'était posé comme l'arbitre souverain, le pacificateur; il avait tant vu de gouvernements, qu'il pouvait bien ne se passionner pour aucun. Le roi le laissait faire, avec carte blanche pour tous les arrangements politiques. Dans ce nouveau cabinet, sous la présidence effective de M. de Talleyrand, Fouché garda la police, c'était une promesse et une exigence du duc de Wellington ; M. Pasquier eut les sceaux ; M. l'abbé Louis, les finances ; le maréchal Gouvion-Saint-Cyr, la guerre ; M. de Jaucourt, la marine ; pour plaire à l'empereur Alexandre, M. de Talleyrand réserva au comte Pozzo di Borgo le ministère de l'intérieur, provisoirement confié à M. Pasquier, et l'on espéra que le duc de Richelieu, si intime avec le Czar, accepterait le portefeuille de la maison du roi à la place de M. de Blacas. M. de Talleyrand savait bien toutes les difficultés que rencontrerait la signature d'un traité ; il voulait s'assurer des amis dans tous les cabinets ; il n'aimait pas la Russie, mais l'influence d'Alexandre pouvait préparer les bonnes conditions d'un traité [1].

Depuis l'arrivée du roi à Arnouville, une question d'un grand intérêt s'agitait incessamment : Louis XVIII ferait-il son entrée à Paris avant les étrangers, pour empêcher la fatale occupation de la capitale, fixée du 6 au 7 juillet ? les opinions étaient-elles assez calmes pour cela ? ou bien fallait-il recourir à la triste nécessité d'arriver après l'étranger, et de subir ses conditions ? Les royalistes les plus ardents soutenaient que si le

---

[1] Voyez pour tous ces détails les tomes II et III de mon *Histoire de la Restauration*. Le 6 juillet, à son retour de la dernière conférence avec Louis XVIII, alors à Saint-Denis, Fouché exposa à la commission : « que Wellington s'était fortement prononcé en faveur de Louis XVIII, et avait déclaré que ce souverain ferait son entrée à Paris le 8 juillet ; que le général Pozzo di Borgo avait répété la même déclaration au nom de l'empereur de Russie, et lui avait communiqué une lettre du prince de Metternich et du comte de Nesselrode exprimant la volonté de ne recevoir que Louis XVIII, et de n'admettre aucune proposition contraire ; que le duc de Wellington l'avait conduit chez le roi ; qu'il y avait été pour son compte ; qu'il ne lui avait laissé rien ignorer sur la situation de la France sur la disposition des esprits contre le retour de sa famille ; que le roi l'avait écouté avec attention et avec approbation ; qu'il avait manifesté la volonté d'ajouter à la Charte de nouvelles garanties, et d'éloigner toute idée de réaction ; que, quant aux expressions des proclamations, elles seraient moins des moyens de sévérité que des occasions de clémence. » Fouché ajouta « qu'il avait parlé de la cocarde tricolore, mais que toute explication avait été rejetée ; que l'opposition lui avait paru moins venir du roi que de ses entours et de M. de Talleyrand. »

roi se présentait aux barrières, elles lui seraient ouvertes; il n'avait qu'à dire un mot à la Henri IV, et tout tomberait devant lui, et par là on rendrait inutile la capitulation; ce résultat était fort douteux, car le parti révolutionnaire était parvenu à semer bien des haines et des méfiances contre les Bourbons. Louis XVIII à la barrière, se présentant même comme pacificateur, aurait peut-être été tué par les fédérés; les patriotes, qui craignaient une réaction royaliste, aimaient mieux se placer sous la protection militaire de Blücher et de Wellington, signataires de la capitulation de Paris, que de subir les amnisties de Louis XVIII. La Chambre des représentants craignait plus les royalistes que les Anglais, le roi plus que le duc de Wellington, et le comte d'Artois plus que Blücher; c'était moins une question nationale qu'un point de sûreté personnelle; avec la capitulation de Paris, ils sauvaient leur vie, ils se mettaient à l'abri sous le drapeau étranger; avec la Restauration, ils s'exposaient à un mouvement réactionnaire. Il y a cela de triste dans cette déplorable époque des Cent Jours, que cette Chambre des représentants, sans s'arrêter à rien de national et de fort, se consumait à faire des proclamations et des adresses; elle parlait au nom du peuple français qui était occupé de bien d'autres intérêts, de bien plus graves affaires; il n'était pas un seul représentant qui ne voulût mourir sur sa chaise curule; mourir, bien entendu, en phrases, en paroles, en discours! Mais quant à l'action du gouvernement, elle était nulle, la Chambre l'avait confiée à un directoire, et dans ce directoire il n'y avait que Fouché qui connût la situation réelle des affaires; la Chambre était descendue à ce point de croire que les étrangers respecteraient sa souveraineté.

Ce fut les 6 et 7 juillet, dates fatales, que les troupes prussiennes et anglaises prirent position aux barrières de la capitale ; que de précautions n'avait-il pas fallu prendre pour éviter une bataille de rues et satisfaire le soldat irrité! L'armée française, en quittant ses positions, avait montré un esprit de désordre et d'insubordination indicible ; elle traversa Paris inquiète, tourmentée ; officiers et soldats, le regard sinistre, avaient exigé le paiement intégral de leur solde. L'armée qui se retirait vers la Loire menaçait de se payer de ses mains sur les fonds déposés à la Banque de France ; le calme ne fut rétabli que par l'honorable intervention de M. Laffitte, qui vint à l'aide du trésor au moyen d'un prêt de deux millions pour solder ces 40 ou 50,000 hommes. De son côté, la garde nationale réprimait avec peine les tentatives des fédérés, qui remplissaient Paris de troubles ; ils tiraient au hasard des coups de fusil dans les rues ; toujours un peu avinés, ils tenaient des propos presque sauvages contre les boutiques et les propriétés. La garde nationale fut admirable de prudence et de dévouement, le maréchal Masséna maintint le bon ordre par une grande sévérité de discipline. Tous ces spectacles affectaient l'âme.

Le danger du désordre était à peine apaisé, qu'on subit la triste occupation de la capitale ; on vit entrer par les barrières les longues files des colonnes prussiennes, anglaises, qui toutes défilaient d'un air sévère et menaçant ; les canonniers portaient les mèches allumées, le roulement de l'artillerie retentissait sur les pavés. Paris fut divisé en gouvernements militaires ; les étrangers campèrent sur les places publiques et se gardèrent comme dans une ville prise d'assaut. Rien ne ressemblait moins à la première entrée des alliés que cette marche lugubre des ennemis qui traversaient en vainqueurs nos rues, nos boulevards silencieux; il y avait quelque chose de sinistre qui se ressentait de l'esprit de réaction et de vengeance. Paris fut occupé militairement; les Anglais allèrent prendre position au bois de Boulogne, dans une sorte de camp retranché; les Prussiens bivouaquèrent sur les ponts, les quais, les places publiques. La tristesse était peinte sur tous les fronts; les royalistes eux-mêmes eurent le cœur flétri.

Le sacrifice était ainsi consommé; Paris, qui n'avait pas osé ou n'avait pas voulu proclamer Louis XVIII, comme un moyen de transaction, restait sans chef couronné qui pût répondre aux exigences insolentes de la victoire, c'était une ville capitulée. Blücher ne voulut reconnaître aucune des autorités établies, leur source lui paraissait illégitime; il ne vint qu'une seule fois à la commission de gouvernement[1], et ce fut pour lui intimer l'ordre de fournir les logements militaires, et de lever sur-le-champ une contribution de guerre de cent millions. La Chambre des représentants voulut en vain parodier l'Assemblée

---

[1] Presque aussitôt la commission du gouvernement annonça sa dissolution par le message suivant, adressé au président des représentants par Fouché :

« Monsieur le président, jusqu'ici nous avions dû croire que les souverains alliés n'étaient point unanimes sur le choix du prince qui doit régner en France. Nos plénipotentiaires nous ont donné les mêmes assurances à leur retour.

« Cependant les ministres et les généraux des puissances alliées ont déclaré hier, dans les conférences qu'ils ont eues avec le président de la commission, que tous les souverains s'étaient engagés à replacer Louis XVIII sur le trône, et qu'il doit faire ce soir ou demain son entrée dans la capitale.

« Les troupes étrangères viennent d'occuper les Tuileries où siége le gouvernement.

« Dans cet état de choses nous ne pouvons plus que faire des vœux pour la patrie ; nos délibérations n'étant plus libres, nous croyons devoir nous séparer.

« Le maréchal prince d'Essling et le préfet de la Seine ont été chargés de veiller au maintien de l'ordre, de la sûreté et de la tranquillité publique. »

Voici un extrait de la séance pitoyable des représentants, le 7 juillet.

« A six heures, le président déclare que la séance est levée, et ajourne la Chambre au lendemain matin, huit heures. De vives acclamations éclatent de toutes parts : — Nous sommes en permanence ! La séance

nationale et siéger au milieu des baïonnettes, elle reçut l'ordre immédiat de se dissoudre ; et les volontaires royalistes, conduits par M. Decazes, secrètement nommé préfet de police, vinrent faire évacuer l'assemblée. En vain on protesta, on se réunit, on fit encore une constitution (toujours des constitutions!), on déclara les droits du peuple, la liberté, l'égalité, la fraternité, la souveraineté ; toutes ces belles phrases restèrent sans écho, et M. Decazes put emporter dans sa poche les clefs de la représentation nationale avec une remarquable facilité. Cette Chambre en tombant sous le ridicule portait la peine d'avoir détruit la grande épée de Napoléon[1] ; misérable dans ses pensées et dans ses actes, elle était révolutionnaire sans courage, haineuse sans grandeur ; elle mérita de finir par une petite violence à la Cromwell ; seulement le Cromwell fut ici un préfet de police.

Lorsque les choses furent ainsi préparées sous la double occupation étrangère, Fouché vint déclarer à la commission de gouvernement : « qu'elle ne pouvait plus délibérer, car elle n'était plus libre ; le maréchal Blücher et le duc de Wellington avaient déclaré qu'ils n'en

---

ne peut être que suspendue ! — Il faut achever la constitution ! — Continuons de délibérer ! — Restons ! — Oui, restons ! — Attendons l'ennemi. »

[1] *Procès-verbal du 8 juillet.*

« Dans la séance du jour d'hier, sur le message par lequel la commission de gouvernement annonçait qu'elle cessait ses fonctions, la Chambre des représentants passa à l'ordre du jour ; elle continua ses délibérations sur les dispositions du projet d'acte constitutionnel, dont la rédaction lui fut expressément recommandée par le peuple français ; et, lorsqu'elle suspendit sa séance, elle s'ajourna à ce jour, 8 juillet, à huit heures du matin.

« En conséquence de cet ajournement, les membres de la Chambre des représentants se sont rendus au lieu ordinaire de leurs séances ; mais les portes du palais étaient fermées, les avenues gardées par la force armée, et les officiers qui la commandaient ayant annoncé qu'ils avaient l'ordre formel de refuser l'entrée du palais.

« Les soussignés, membres de la Chambre, se sont réunis chez M. Lanjuinais, président, et là ils ont dressé et signé individuellement le présent procès-verbal pour constater les faits ci-dessus. »

reconnaissaient pas l'autorité; » on allait faire préparer les appartements des Tuileries pour le roi Louis XVIII, qui ferait son entrée le lendemain. La commission fut très surprise de cette communication; l'esprit candide de Carnot n'avait rien compris aux négociations qui se faisaient autour de lui; il avait cru à une résistance nationale, à une négociation sérieuse, tandis que dans l'état de morcellement des partis et avec la puissance des intérêts, il n'y avait plus qu'un vœu, qu'une opinion unanime, c'était le rétablissement de la paix et de l'ordre. Quand une civilisation est arrivée à sa plus haute période, avec ses désirs cupides, ses ambitions ardentes, ses faiblesses de luxe, n'espérez pas une résistance héroïque, à la manière de Saragosse ou de Moscou. Tout se finit par des transactions et des capitulations [1].

Elle fut bien triste l'entrée de Louis XVIII à Paris! elle coûta profondément à son cœur! Le roi avait voulu éviter l'invasion de son royaume et l'occupation de la capitale; les hommes politiques qui l'entouraient savaient bien que dans l'état où les Cent Jours avaient mis le pays, bientôt

---

[1] Voici comment tout ce drame finit :
Le 8 juillet, M. de Vitrolles fit insérer dans le *Moniteur* l'article officiel suivant :

« *Paris, ce 7 juillet.* — La commission de gouvernement a fait connaître au roi, par l'organe de son président, qu'elle venait de se dissoudre.

Ayant lu cet article, les membres de la commission écrivirent à Fouché:

« Monsieur le duc,

« La commission de gouvernement n'ayant pu ni dû charger Votre Excellence d'aucune mission en se retirant, nous la prions de faire désavouer l'article inséré au *Moniteur* de ce jour, 8 juillet, et d'obtenir l'insertion de notre dernier message aux deux Chambres. »

Signé, Caulaincourt, Carnot, Quinette, Grenier.

Fouché répondit à cette lettre par la déclaration que voici :

« Messieurs,

« La commission de gouvernement s'étant dissoute le 8 juillet, tout acte émané d'elle postérieurement à son message aux deux Chambres est nul, et doit être regardé comme non avenu.

« Votre réclamation contre l'article inséré dans le *Moniteur* du 8 juillet est juste; je le désavoue comme nullement fondé, et publié sans mon autorisation. »

envahi par onze cent mille baïonnettes, la position du roi serait difficile! que de plaies à fermer! que de vengeances à servir! Et puis ces étrangers, que n'allaient-ils pas demander pour prix de la victoire! Nul n'ignorait les exigences allemandes sur l'Alsace et la Lorraine, les réclamations des Belges et des Anglais; le Piémont demandait la Savoie; la Prusse, Metz et Thionville, puis des contributions de toutes espèces, une occupation militaire; et c'est dans cet état que la coupable Chambre des représentants, après avoir brisé l'épée de Napoléon, laissait la France au gouvernement de Louis XVIII!

CHAPITRE XII.

RÉSOLUTIONS DE L'EUROPE SUR NAPOLÉON.

Principe posé par le congrès de Vienne. — Mesures prises contre Bonaparte. — Itinéraire de la Malmaison à Rochefort. — Instructions du ministre de la marine. — Napoléon veut se mettre à la tête de l'armée de la Loire. — Séjour à l'île d'Aix. — Ses projets de résistance ou d'évasion. — Ordres de l'amirauté anglaise à lord Keith. — Instructions du capitaine Maitland. — Négociations à bord. — Lettre de Bonaparte au prince régent. — Les généraux qui entourent Bonaparte. — Dépêche des amiraux. — Bonaparte sur les côtes d'Angleterre. — Le parti tory. — Les whigs. — Les radicaux. — Projets pour faire débarquer Bonaparte en Angleterre. — Mauvais conseils des avocats. — Résolutions diplomatiques de l'Europe. — Protestation. — Traversée du *Northumberland* à l'île Sainte-Hélène.

29 Juin au 18 Octobre 1815.

Les actes de la diplomatie européenne ont leur unité ; il faut chercher leur explication dans les antécédents ; rien ne s'improvise dans les transactions des gouvernements et des peuples ; le passé se lie au présent, il se liera plus tard à l'avenir ; et cette ignorance de ce qui fut constitue surtout la faiblesse des rapports d'État à État ; les hommes à traditions conservent toujours une incontestable supériorité, parce que l'histoire d'un peuple est un grand tout qui se développe au milieu des siècles; un acte diplomatique a sa génération, je dirai presque sa généalogie. C'est à Vienne déjà, après la déclaration du 13 mars, que l'Europe avait pris ses premières mesures contre Napoléon Bonaparte. Une annexe secrète du congrès avait déclaré : « que dans le cas où le sort des armes ferait tomber Bonaparte dans les mains d'une des armées de la coalition, il serait considéré comme prisonnier d'État et transporté dans un lieu ultérieurement désigné par les cabinets. » L'île de Sainte-Hélène avait jusque-là obtenu la préférence sur Tabago et Sainte-Lucie, proposée par M. de Palmela ; on croyait cette île assez séparée de tous rapports avec le continent pour n'avoir rien à craindre d'un second retour, capable de troubler la sécurité européenne, comme cela s'était vu à l'île d'Elbe. Il fut également entendu que le titre impérial, assuré à Napoléon par le traité de Fontainebleau, serait complétement perdu pour lui et sa dynastie ; il ne devait plus être dans ses rapports avec l'Europe que *le général Bonaparte* [1], titre si glorieusement acquis et qui jetterait un si vif éclat dans l'histoire. Les dispositions du congrès étaient déjà prises au moment où Napoléon saisissait pour la seconde fois la couronne ; la défaite de Waterloo, les événements de Paris, n'avaient fait que confirmer cette volonté unanime des cabinets arrêtée aux conférences de Vienne.

Il est étonnant que la police de Napoléon, les hommes et les amis qui entouraient sa personne, n'aient pas connu ces résolutions inflexibles de l'Europe à son égard ; s'ils voulaient ne pas le livrer captif aux mains

---

[1] C'était la conséquence de la déclaration du 13 mars.

de la coalition, ils devaient éviter cette marche bruyante, solennelle, publique, de la Malmaison à Rochefort. Napoléon devait se dérober sous un déguisement, car tous ses pas étaient comptés par l'Europe irritée. Fouché et les représentants étaient-ils d'accord pour sacrifier l'homme que l'Europe déclarait perturbateur de l'ordre public et un obstacle à la paix [1]? c'est là une de ces questions qu'on n'ose résoudre. La vérité est que le parti patriote était tellement haineux contre Napoléon qu'il l'aurait livré comme captif, en échange d'une constitution représentative.

Cependant, la commission de gouvernement mit à tout cela une apparence de loyauté et de franchise; les instructions que dicta le ministre Decrès pour assurer le passage de Napoléon en Amérique paraissent empreintes d'une vive sollicitude. Ces instructions secrètes étaient adressées aux capitaines Philibert et Poncé, commandant

---

[1] La Chambre des représentants s'inquiétait de voir l'Empereur à la Malmaison; elle précipitait son exil.
Lettre de Fouché au maréchal Davoust.
Paris, le 27 juin 1815.
« M. le maréchal, les circonstances sont telles qu'il est indispensable que Napoléon se décide à partir pour se rendre à l'île d'Aix. S'il ne s'y résout pas à la notification que vous lui ferez faire de l'arrêté ci-joint, vous devrez le faire surveiller à la Malmaison, de manière à ce qu'il ne puisse s'en évader. En conséquence, vous mettrez à la disposition du général Becker la gendarmerie et les troupes nécessaires pour garder les avenues qui aboutissent de toutes parts vers la Malmaison. Vous donnerez à cet effet des ordres au premier inspecteur général de la gendarmerie. Ces mesures doivent demeurer secrètes autant qu'il sera possible.
« Cette lettre, M. le maréchal, est pour vous; mais le général Becker, qui sera chargé de remettre l'arrêté à Napoléon, recevra de Votre Excellence des instructions particulières, et lui fera sentir qu'il a été pris dans l'intérêt de l'État et pour la sûreté de sa personne; que sa prompte exécution est indispensable; enfin, que l'intérêt de Napoléon pour son sort futur le commande impérieusement. »
Signé, le duc d'Otrante.
Malmaison, 29 juin 1815.
« Monseigneur,
« J'ai l'honneur d'annoncer à la commission de gouvernement que l'Empereur monte en voiture pour se rendre à sa destination, en témoignant ses souhaits pour le rétablissement de la paix et pour la prospérité de la France.
« Daignez, Monseigneur, recevoir l'hommage du profond respect avec lequel j'ai l'honneur d'être, etc. »
Signé, le général Becker.

la Saale et *la Méduse*, destinées, disaient-elles, à porter celui « qui naguère était encore notre Empereur ». Napoléon devait s'embarquer sur *la Saale* avec les personnes qu'il désignerait; si *la Méduse* était meilleure marcheuse, elle serait préférée; tout devait se faire en secret; Napoléon voyagerait *incognito* et ferait connaître lui-même le titre et le nom sous lesquels il voudrait être appelé; à bord, il serait traité avec les plus grands honneurs, il disposerait de tout pour son service; dans les vingt-quatre heures, les frégates devaient mettre à la voile, et se porter rapidement sur les États-Unis [1]. Il fallait éviter tout bâtiment de guerre ennemi; et si l'on était forcé de combattre des forces supérieures, la frégate sur laquelle ne serait

---

[1] *Instructions pour les capitaines Philibert, commandant* LA SAALE, *et Poncé, commandant* LA MÉDUSE (*très secrètes*).

« Les deux frégates sont destinées à porter celui qui naguère était notre Empereur aux États-Unis d'Amérique.

« Il s'embarquera sur *la Saale*, avec telles personnes de sa suite qu'il désignera. Les autres seront embarquées sur *la Méduse*.

« Les bagages seront répartis sur les deux frégates, ainsi qu'il l'ordonnera.

« Si, soit avant le départ, soit pendant la traversée, *la Méduse* était reconnue meilleure marcheuse que *la Saale*, il s'embarquera sur *la Méduse*, et les capitaines Philibert et Poncé changeraient de commandement.

« Le plus grand secret doit être gardé sur l'embarquement, qui doit se faire par les soins du préfet maritime, ainsi que sur la personne à bord.

« Napoléon voyage *incognito*, et il fera connaître lui-même le titre et le nom sous lesquels il veut être appelé.

« Aussitôt après son embarquement, toute communication doit cesser avec la terre.

« Les commandants des frégates, les officiers et les équipages trouveront dans leur cœur qu'ils doivent traiter sa personne avec tous les égards et le respect dus à sa situation et à la couronne qu'il a portée.

« A bord, les plus grands honneurs lui seront rendus, à moins qu'il ne s'y refuse. Il disposera de l'intérieur des frégates pour ses logements selon la plus grande commodité, sans nuire aux moyens de leur défense. Sa table et son service personnel auront lieu comme il l'ordonnera.

« On disposera, et le préfet en a reçu l'ordre, autant d'approvisionnements pour lui et sa suite que le comporte le secret impénétrable à observer sur son séjour et sur son embarquement à bord.

« Napoléon étant embarqué, les frégates devront appareiller dans les vingt-quatre heures au plus tard, si les vents le permettent, et si les croisières ennemies ne s'opposent pas au départ.

« On ne resterait vingt-quatre heures en rade après l'embarquement de Napoléon qu'autant qu'il le désirerait, car il est important de partir le plus tôt possible.

« Les frégates se porteront le plus rapidement possible aux États-Unis d'Améri-

pas Napoléon se sacrifierait pour donner à l'autre le temps de s'échapper. »

Ce n'était pas sans motif que la commission de gouvernement et le ministre de la marine recommandaient le plus profond secret sur tout ce qui touchait à la personne de Napoléon ; l'Europe attentive surveillait les moindres mouvements de celui qu'elle considérait comme son prisonnier, et ce fut une des fautes de Napoléon que cet itinéraire solennel de la Malmaison à Rochefort. Bonaparte faisait partout l'Empereur, il commandait les autorités, passait des revues ; il parlait aux soldats, leur disait de ces mots de gloire et d'énergie qui pouvaient faire croire qu'il reviendrait encore à leur tête ; il avait si peu perdu l'espoir de ressaisir l'autorité militaire, qu'il

que, et elles débarqueront Napoléon et sa suite, soit à Philadelphie, soit à Boston, soit dans tel autre port des États-Unis qu'il serait plus prompt et plus facile d'atteindre.

« Il est défendu aux commandants des deux frégates de s'engager dans des rades dont leur sortie deviendrait lente et difficile. Ils ne seront autorisés à le faire qu'autant que cela serait nécessaire pour le salut du bâtiment.

« On évitera tous les bâtiments de guerre qu'on pourra rencontrer, et, si l'on est obligé de combattre des forces supérieures, la frégate sur laquelle ne sera pas embarqué Napoléon se sacrifiera pour retenir l'ennemi, et pour donner à celle sur laquelle il se trouvera le temps de s'échapper.

« Je n'ai pas besoin de rappeler que les Chambres et le gouvernement ont mis la personne de Napoléon sous la sauvegarde de la loyauté française.

« Une fois arrivé aux États-Unis, le débarquement devra se faire avec toute la célérité possible, et sous quelque prétexte que ce soit, à moins que les frégates n'en soient empêchées par des forces supérieu-

res, elles ne pourront y rester plus de vingt-quatre heures, et elles devront immédiatement faire leur retour en France.

« Les lois et règlements sur la police des vaisseaux à la mer, et sur la subordination militaire des personnes embarquées comme passagers à l'égard des commandants de ces bâtiments, seront observées dans toute leur rigueur.

« Je recommande aux sentiments que les capitaines ont de leurs devoirs, ainsi qu'à leur délicatesse, tous les objets qui pourraient n'être pas prévus par les présentes.

« Je n'ai rien à ajouter à ce que j'ai dit précédemment, que la personne de Napoléon est mise sous la sauvegarde de la loyauté du peuple français, et ce dépôt est confié spécialement dans cette circonstance aux capitaines de *la Saale* et de *la Méduse*, et aux officiers et aux équipages de ces deux bâtiments.

« Tels sont les ordres que la commission de gouvernement m'a chargé de transmettre aux capitaines Philibert et Poncé. »

Le ministre de la marine.
Signé, duc Decrès.

écrivit au gouvernement provisoire, aux généraux, aux officiers, « pour leur offrir encore de servir comme simple soldat. « Or, un soldat à la taille de Napoléon, c'était le Consul, l'Empereur, le dictateur suprême. Dès-lors tous ses pas durent être suivis; on sut, poste par poste, ce qu'il disait, ses actes, ses paroles. Est-ce ainsi qu'il prétendait échapper à la surveillance des cabinets européens? Toujours vaniteux à la manière des souverains nouveaux, Napoléon désire que l'embarquement se fasse avec pompe; il charge les navires de provisions, il fait demander des meubles pour douze appartements de maîtres, une portion des bibliothèques de Trianon et de Compiègne[1]; il dispose des palais impériaux, et quand il a bien rendu publique son autorité, il cingle vers l'île d'Aix; là il s'arrête encore, négocie, prend mille résolutions diverses; tantôt il veut s'échapper sur deux petits avisos que des aspirants de marine offrent de conduire; puis il fait marché avec un navire américain qui est à l'embouchure de la Gironde; on en est instruit à vingt lieues : est-ce donc là le secret que la commission provisoire a tant recommandé de garder?

A l'île d'Aix même, il ne cesse d'être en communication avec les débris de l'armée de la Loire qui s'organise à

---

[1] « M. le président, l'ex-bibliothécaire de l'empereur Napoléon croit devoir vous prévenir que Sa Majesté, quelques jours après son abdication, lui a témoigné le désir d'emporter dans sa retraite la bibliothèque du palais de Trianon, composée d'environ deux mille deux cents volumes, avec les grandes descriptions de l'Égypte et l'iconographie grecque de M. Visconti. L'impression de ces deux derniers ouvrages est due à la munificence de l'Empereur, il est bien naturel qu'il désire en conserver un exemplaire. Quant à la bibliothèque de Trianon, ce n'est qu'une très petite partie des livres rassemblés par ses ordres dans les palais impériaux. Ceux qui resteront pourront encore s'élever à plus de soixante mille volumes.

« J'ai l'honneur de vous prier de me faire donner les autorisations convenables pour expédier les objets mentionnés dans cette lettre.

« Je suis très respectueusement, Monsieur, etc. »

Signé, Barbier.

Paris, 1er juillet 1815.

quelque distance de lui ; cette armée n'a pas fait encore sa soumission au roi, elle compte 40,000 hommes de bonnes troupes ; les divisions Lamarque et Travot s'y joindront, on peut rappeler les armées du Midi, et tenter ainsi une grande résistance. Quels prodiges n'a pas fait l'Empereur en 1814 avec une poignée de soldats? On peut prolonger la guerre civile. Or, toutes ces négociations ne sont pas tellement mystérieuses qu'on n'en soit informé partout, jusqu'à Paris et à Londres. La surveillance redouble donc, et tout se prépare pour assurer une fatale captivité !

En conséquence des résolutions prises à Vienne, les ordres les plus précis avaient été donnés pour que Napoléon, déclaré le prisonnier de l'Europe, lui fût livré même par des moyens militaires. Dès la bataille de Waterloo, on prévit que la lutte ne serait pas longue, et que dans un temps donné Napoléon chercherait à s'évader, et à prendre position dans une partie de l'Europe ou de l'Amérique. L'état d'effervescence qui existait parmi les peuples, la supériorité du talent de Bonaparte, l'activité de son ambition, l'incontestable prestige qu'il exerçait sur toutes les âmes, le rendaient un danger permanent pour le repos du monde. L'Europe jugea qu'elle devait prendre ses mesures contre lui ; des ordres pressants furent envoyés par lord Castlereagh à l'amirauté « pour qu'on eût à exercer une grande surveillance sur les côtes de France, depuis le Pas-de-Calais jusqu'à Bayonne. » Il est très essentiel de lire les ordres donnés par l'amirauté à lord Keith et transmis par l'amiral Otham au capitaine Maitland, pour comprendre que ce capitaine « ne put, ne dut rien promettre, en recevant Napoléon à son bord. » Les lords-commissaires de l'amirauté ayant quelque raison de croire que Napoléon Bonaparte médite son évasion avec sa famille de la France pour l'Amérique, des ordres ont été signifiés par le très honorable vicomte Keith, afin d'intercepter sa marche; et si vous êtes assez heureux pour réussir, vous le tiendrez dans la garde la plus attentive sur le bâtiment soumis à vos ordres; vous le transporterez à Torbay de préférence à Plymouth, avec toute diligence possible. Le secret vous est recommandé. Si vous arrivez à un port où se trouve un officier de la flotte, vous enverrez une dépêche à l'amirauté et une autre à lord Keith[1]. »

Telles étaient les instructions données par le chef de la flotte au capitaine Maitland. On sait la sévérité des ordres de la marine anglaise, et comme ils sont exécutés ponctuellement; pas un mot de plus, pas un de moins. Or, lord Castlereagh avait recommandé à l'amiral Keith d'exercer une grande surveillance, spécialement destinée à empêcher Napoléon de s'évader; d'où il suit que le capitaine Maitland ne pouvait s'en-

---

[1] Voici l'ordre, extrait sur l'original anglais, donné par l'amiral Otham au capitaine Maitland. On ne peut le révoquer en doute.
8th july 1815

« The lords commissioners of the admiralty having every reason to believe that Napoleon Bonaparte meditates his escape, with his family, from France to America, you are hereby required and directed, in pursuance of orders from their lordships, signified to me by Admiral the Right Honourable Viscount Keith, to keep the most vigilant look-out, for the purpose of intercepting him; and to make the strictest search of any vessel you may fall in with; and if you should be so fortunate as to intercept him, you are to transfer him and his family to the ship you command, and there keeping him in careful custody, return to the nearest port in England (going into Torbay in preference to Plymouth), with all possible expedition; and, on your arrival, you are not to permit any communication whatever with the shore, except as herein after directed; and you will be held responsible for keeping the whole transaction a profound secret, until you receive their lordships further orders.

« In case you should arrive at a port where there is a flag-officer, you are to send to acquaint him with the circumstances, strictly charging the officer; sent on shore with your letter, not to divulge its contents; and if there should be no flag-officer at the port where you arrive, you are to send one letter express to the secretary of the admiralty, and another to Admiral Lord Keith, with strict injunctions of secrecy to each officer who may be the bearer of them. »

gager à conduire Napoléon en Angleterre autrement que pour le mettre à la disposition de l'amirauté. Tout ce qu'on a dit des négociations et des pourparlers à bord du *Bellérophon* est complétement inexact. Le capitaine Maitland n'avait aucun caractère diplomatique, il ne pouvait négocier, et l'amiral Keith pas plus que lui; leurs instructions portaient « de surveiller toute la côte de la France »; si Napoléon demeurait à l'île d'Aix, les ordres secrets de l'amirauté étaient même de forcer l'île militairement pour s'en emparer. Une dépêche de lord Castlereagh est formelle sur ce point : « Vous écrirez au commandant de l'île de vous livrer Napoléon Bonaparte; sinon vous attaquerez l'île, en laissant toute responsabilité des événements sur le commandant militaire. »

L'Europe avait fait la guerre à cause de Napoléon, elle ne croyait aucune sécurité pour le continent tant qu'il serait libre; si on le tenait, il n'échapperait pas. A l'île d'Aix, il était surveillé, traqué, si bien qu'il n'osa se confier ni aux aspirants ni au navire américain; il était pressé de toutes parts par les escadres anglaises; que pouvait-il pour son salut? S'il vint donc à bord du capitaine Maitland, ce ne fut pas par un sentiment volontaire, spontané, mais par la nécessité impérative de sa position. Le capitaine Maitland l'accueillit avec le respect dû à sa destinée et au malheur; ses instructions étaient précises; capitaine d'un navire de guerre du premier rang, il dut faire connaître à son amiral les événements qui s'étaient passés, et l'amiral lui transmit les ordres de son gouvernement. Napoléon lui-même était trop sévère sur les services publics pour blâmer une pareille conduite. Voici donc le véritable état des choses : l'Europe avait déclaré pour la sécurité de tous « que le général Bonaparte serait captif »; l'Angleterre avait dit à l'amirauté : « Saisissez-vous de lui. » Bonaparte était cerné à l'île d'Aix, il ne se confia à l'escadre anglaise que parce qu'il ne put faire autrement.

A bord du *Bellérophon*, au milieu de ces officiers et de ces matelots qui le contemplaient dans une curieuse admiration, Bonaparte résolut d'écrire au prince-régent pour invoquer la générosité du plus ancien et du plus constant de ses ennemis ; il retrouva sous sa plume les phrases antiques et pompeuses de son grand style[1] ; s'adresser au prince-régent, dans la constitution anglaise, était une démarche qui ne s'expliquait pas ; sa lettre allait droit à lord Castlereagh. Premier Consul, Empereur, il avait écrit au roi d'Angleterre, et les secrétaires d'État seuls répondirent, parce qu'il s'agissait d'une affaire de gouvernement sous le contre-seing et la responsabilité des ministres. Après son entrée à Paris, dans les Cent Jours, il avait encore écrit au prince-régent, et lord Castlereagh répondit à M. de Caulaincourt quelques phrases sèches et laconiques. Dans cette circonstance, Napoléon conserve sa manie impériale ; il aime à traiter de frère à frère, d'égal à égal avec des souverains ; ces correspondances lui plaisent, il a une joie enfantine de fraterniser avec les couronnes ; sa lettre envoyée à lord Castlereagh par l'amiral Keith, fut sur-le-champ expédiée à Paris, où se trouvaient réunis les souverains et les ministres de la coalition dans un nouveau congrès.

Une des premières résolutions des cabinets réunis à Paris avait spécialement porté sur le sort réservé à Napoléon Bonaparte ; il était déclaré par tous : « que pour assurer le repos du monde, Bonaparte serait

---

[1] « Altesse Royale, en butte aux factions qui divisent mon pays et à l'inimitié des plus grandes puissances de l'Europe, j'ai terminé ma carrière politique. Je viens, comme Thémistocle, m'asseoir aux foyers du peuple britannique. Je me mets sous la protection de ses lois, que je réclame de Votre Altesse Royale, comme du plus puissant, du plus constant, du plus généreux de mes ennemis. »

Signé, Napoléon.

considéré comme le prisonnier de l'Europe (du roi de la Grande-Bretagne, des empereurs d'Autriche et de Russie et du roi de Prusse). Sa garde serait confiée au gouvernement britannique qui proposerait le lieu et le mode de détention ; les cours d'Autriche, de Russie et de Prusse auraient des commissaires qui surveilleraient sa présence ; le roi de France serait lui-même invité à désigner un commissaire pour résider auprès de la personne de Bonaparte. » En conséquence de ce traité, lord Castlereagh transmit ses instructions à lord Melville, secrétaire d'État de l'amirauté; la réponse à la lettre de Napoléon fut considérée comme un acte purement ministériel, et l'amirauté décida que l'île de Sainte-Hélène serait destinée définitivement comme un lieu de captivité; Bonaparte y serait transporté sur un vaisseau de la marine royale [1].

Cependant, le *Bellérophon*, beau navire de guerre, entrait dans la rade de Plymouth, portant dans ses flancs la grande proie de l'Europe ; Napoléon n'avait point seul quitté la France, il était suivi de quelques personnages historiques mêlés à sa vie du Consulat et de l'Empire : le général Savary d'abord, l'exécuteur inflexible, aveugle, des ordres de Bonaparte; le général Lallemand, dont le nom s'était jeté fatalement dans la révolte des Cent Jours, et avec eux MM. de Montholon et de Las-Cases, que la fidélité rattachait à cette cause. Toutes les grandes infortunes ont leurs serviteurs, et le moyen âge avait personnifié cette loyauté dans la légende de Blondel, le barde et le trouvère du roi Richard. Il faut bien remarquer que l'Angleterre était alors agitée par les deux grands partis qui divisent toujours sa population

---

[1] *Annual register*, juillet 1815.

politique. Les tories, aux affaires avec les lords Castlereagh, Liverpool et Melville, le fidèle ami de Pitt, composaient le parti implacable, si dessiné contre la Révolution française et Napoléon ; ce parti exprimait les opinions et les haines de l'armée et de la marine contre la France; et là des traditions fâcheuses existaient sur le gouvernement de Napoléon ; le meurtre du duc d'Enghien était jeté comme un sanglant reproche. Il y avait un grief intime et personnel à la nation anglaise, la mort du capitaine Wright, qu'on disait l'œuvre du gouvernement impérial sous la police du général Savary; c'était peut-être une calomnie, mais enfin l'opinion du peuple anglais était arrêtée sur cette triste et fatale exécution ; il se croyait solidaire de la mort d'un seul de ses citoyens, car tel est l'esprit public dans ce pays. Les tories voyaient donc plutôt comme un acte d'indulgence que comme une mesure rigoureuse l'exil de Napoléon à Sainte-Hélène, et la présence du général Savary à côté de l'Empereur n'était pas capable de lui assurer la sympathie des hommes qui gouvernaient l'Angleterre.

Les wighs au contraire, sous les lords Russell et Holland, soutenus par les Brougham, les Hobhouse, s'étaient montrés les partisans très prononcés de Bonaparte; Fox, leur maître à tous, n'avait-il pas visité le premier Consul ? et ministre depuis, n'avait-il pas cherché à se rapprocher de l'Empereur ? Mais le parti wigh était alors dans l'opposition, et plus il protégeait une idée et une cause, plus les tories se trouvaient disposés à prendre des mesures de rigueur. Ensuite l'esprit procédurier de M. Brougham ne pouvait s'élever jusqu'à la cause noble et poétique de l'Empereur : il lui fit conseiller de tout petits actes de procureur afin de le retenir légalement en

Angleterre. On voulut le faire citer comme témoin dans une cour de justice. En général, les esprits étroits ne comprennent pas les vastes destinées; il n'appartient pas à tous de regarder fixement les grandes physionomies historiques.

Les tories ne s'arrêtèrent point devant les expédients de lord Brougham, et les ordres contre Bonaparte n'en furent que plus sévères et plus inflexibles, car le parti radical s'agitait dans les places publiques; la présence de Bonaparte était le sujet d'un tumulte, le *Bellérophon* était entouré de mille barques qui venaient voir et contempler cet homme qui avait remué le monde et menacé la puissance britannique [1]. Au reste, pour les Anglais toute chose célèbre devient l'objet d'un culte de curiosité universelle; on faisait un voyage autour du *Bellérophon* comme un tour sur le continent. Le cabinet de Londres résolut d'éloigner immédiatement Bonaparte des côtes de l'Angleterre; en ces circonstances lord Melville donna mission à sir Henri Bunbury, secrétaire de l'amirauté, de se rendre à bord du *Bellérophon* pour signifier les volontés de l'Angleterre à celui qui s'était confié à la loyauté nationale.

La lettre de lord Melville était courte et simple : « Le lord de l'amirauté se voyait obligé d'annoncer au général Bonaparte les résolutions de son gouvernement; il était du devoir des ministres britanniques et des souverains étrangers de placer le général Bonaparte de manière à ne plus troubler la paix de l'Europe par ses tentatives ou sa présence; on avait en conséquence choisi l'île Sainte-Hélène, comme la situation la plus propre à lui laisser la plus grande liberté possible sans qu'il

---

[1] Les récits des témoins oculaires ne manquent pas.

pût menacer la sécurité de tous par de nouvelles entreprises ; à l'exception des généraux Savary et Lallemand, Bonaparte pourrait choisir dans sa suite trois officiers-généraux, un chirurgien pour l'accompagner à Sainte-Hélène, et avec eux douze domestiques, qui ne devraient plus quitter l'île sans la permission du ministère britannique. L'amiral sir Georges Cokburn, nommé au gouvernement du Cap de Bonne-Espérance, était chargé de conduire le général Bonaparte à Sainte-Hélène [1]. » Cet ordre de l'amirauté était formel, définitif, et toute opposition était désormais inutile : l'exception faite pour les généraux Savary et Lallemand résultait de la secrète méfiance qu'ils soulevaient en Angleterre, et Savary surtout à cause des bruits sur la mort du capitaine Wright ; d'ailleurs, portés en France sur une liste de proscription, l'Angleterre ne pouvait favoriser la fuite de deux généraux dont l'Europe réclamait la punition exemplaire.

Sir Henri Bunbury, secrétaire de l'amirauté, vint à bord du *Bellérophon* pour lire au général Bonaparte la volonté inflexible de son gouvernement ; cette lecture, faite en français, fut écoutée sans impatience,

---

[1] Voici l'ordre textuel de l'amirauté :

« It would be inconsistent with the duty of the british ministers to their sovereign and his allies, to leave *general Bonaparte* the means or opportunity of again disturbing the peace of Europe, announced that the island of St.-Helena was selected for his future residence, and selected as such, because its local situation would permit his enjoying more freedom than could be compatible with adequate security elsewhere that, with the exception of generals Savary and Lallemand, the general might select three officers, together with his surgeon, to attend him to St. Helena, that twelve domestics would also be allowed. That the persons who might attend upon him would be liable to a certain degree of restraint, and could not be permitted to leave the island without the sanction of the british government. Lastly, it was announced that rear admiral sir George Cockburn, appointed to the chief command of the cape of Good Hope, would be presently ready to sail for the purpose of conveying general Bonaparte to St.-Helena, and therefore it was desirable that he should without delay make choice of the persons who were to form his suite. »

avec douceur et dignité, par celui qui naguère commandait au monde. Une fois achevée, Napoléon répondit : « qu'il était venu lui-même se placer sous la loyauté du gouvernement britannique. Je ne suis point un prisonnier de guerre, je dois être traité d'après la loi des nations; j'étais comme passager sur un navire; à bord de ce navire, je suis comme dans une cité; me déporter à Sainte-Hélène, c'est ma sentence de mort. » Il parla de l'Amérique, rappelant que lui-même avait consenti à ce que Moreau, son plus fier compétiteur, pût résider au-delà des mers. Puis reprenant : « Combien faut-il de temps pour devenir citoyen anglais? quel nombre d'années est nécessaire pour être domicilié? » Sir Henri répondit : « Je crois quatre ans. » — « Eh bien! répliqua Napoléon, veuillez dire au prince-régent qu'il me place au milieu de l'Angleterre sous sa surveillance; s'il exige ma parole d'honneur, je la lui donne; je ne veux de liberté que celle qu'il faut à un littérateur studieux; à Sainte-Hélène, je n'aurai pas trois mois à vivre; j'ai besoin de faire dix lieues par jour, comment ferais-je sur ce petit roc au bout du monde? Je ne suis plus un souverain; quel danger peut-il y avoir à me laisser au milieu de l'Angleterre [1]? »

L'idée d'un long séjour à l'île Sainte-Hélène lui fai-

---

[1] Sir Henri Bunbury a recueilli lui-même mot à mot toute cette conversation, et ce fut à la suite de cette entrevue que Bonaparte rédigea sa protestation, adressée à lord Keith :

« Je proteste solennellement ici, à la face du ciel et des hommes, contre la violence qui m'est faite, contre la violence de mes droits les plus sacrés, en disposant par la force de ma personne et de ma liberté. Je suis venu librement à bord du *Bellérophon*; je ne suis pas prisonnier, je suis l'hôte de l'Angleterre. J'y suis venu à l'instigation même du capitaine, qui a dit avoir des ordres du gouvernement de me recevoir, et de me conduire en Angleterre avec ma suite, si cela m'était agréable. Je me suis présenté de bonne foi pour venir me mettre sous la protection des lois de l'Angleterre. Aussitôt assis à bord du *Bellérophon*, je fus sur le foyer du peuple britannique. Si le gouvernement, en donnant des ordres

sait peur; il étoufferait sur ce rocher que l'Océan baigne sur tous les points. Sainte-Hélène se liait à quelque chose de fatal dans sa destinée! C'était cette île dont on trouvait de si belles descriptions dans le *Moniteur* à l'époque du Consulat, et dont Bonaparte voulait alors s'emparer; hélas! cette île de Calypso, comme le disait alors le rapport de la marine, lui était aujourd'hui fixée pour lieu d'exil. Les observations faites au thermomètre de Réaumur indiquaient que le climat de l'île de Sainte-Hélène était le plus sain, le plus régulier de toutes les îles du tropique[1]; le vent sud-est y soufflait habituellement; la garnison y perdait, comparativement à l'Inde et aux autres établissements anglais, un tiers de monde de moins; cette île paraissait le lieu le plus convenable pour un prisonnier d'État de distinction. Lord Castlereagh ne fut poussé par aucune cause de haine particulière; tout fut discuté par avance, il ne fit qu'exécuter les engagements convenus à Paris, les résolutions communes des souverains. Les cabinets ne prennent jamais une mesure légèrement; ils la méditent, la raisonnent; mais quand elle est une fois prise, ils la suivent jusqu'au bout, ils marchent à son exécution avec fermeté.

L'amirauté persista donc dans l'ordre précis que le

au capitaine du *Bellérophon* de me recevoir ainsi que ma suite, n'a voulu que tendre une embûche, il a forfait à l'honneur et flétri son pavillon. Si cet acte se consommait, ce serait en vain que les Anglais voudraient parler désormais de leur loyauté, de leurs lois et de leur liberté. La foi britannique se trouvera perdue dans l'hospitalité du *Bellérophon*.

« J'en appelle à l'histoire : elle dira qu'un ennemi qui fit vingt ans la guerre au peuple anglais, vint librement, dans son infortune, chercher un asile sous ses lois. Quelle plus éclatante preuve pouvait-il lui donner de son estime et de sa confiance? Mais comment répondit-on en Angleterre à une telle magnanimité? On feignit de tendre une main hospitalière à cet ennemi, et quand il se fut livré de bonne foi, on l'immola.

« A bord du *Bellérophon*, à la mer. »

Signé, Napoléon.

[1] L'amirauté a fait publier depuis les observations météorologiques sur l'île Sainte-Hélène; l'état de la température a été relevé avec exactitude pendant tout le séjour de Napoléon.

général Bonaparte serait conduit à l'île de Sainte-Hélène, pour y être gardé en prisonnier d'État, avec l'île pour demeure. Rien ne pourrait être changé à cette résolution ; on aurait tous les égards possibles pour lui, mais la liberté ne pourrait lui être rendue, car il était une cause permanente de perturbation : où le placerait-on d'ailleurs ? en Angleterre, en Irlande, pour vivre en simple citoyen ?... Mais ce génie puissant eût été un danger pour le continent de l'Europe; qui sait? il aurait peut-être soulevé l'Irlande et mis la harpe nationale sous l'abri de ses aigles. Le laisserait-on aller en Amérique ? Mais avec cette imagination ardente, sous un soleil plus ardent encore, il se serait fait roi, empereur des États insurgés. En vain Napoléon adressa à l'Angleterre et au monde sa protestation en termes solennels; paroles impuissantes ! car la décision était prise. Sur quoi protestait-il ? à Vienne, on avait proclamé qu'il n'était plus Empereur; le 13 mars une déclaration solennelle l'avait mis au ban de l'Europe; il avait joué sa fortune sur la grande carte du champ de bataille, elle avait tourné contre lui ; vaincu, il tombait, et ce colosse était si menaçant encore dans sa chute, que partout où il se serait reposé, il aurait fait craquer les ossements de la terre. Il fallait donc le jeter au-delà de l'Europe, le placer sous une sauvegarde, lui créer un olympe sur l'Océan, lui baigner les pieds dans l'Océan, le crâne dans l'Océan ! Les cabinets le jetèrent à Sainte-Hélène, c'était le droit inflexible de la victoire : dure nécessité de repos pour le continent, trop ému pour soutenir l'aspect de cette grande image !

Napoléon proteste donc en vain, le voilà maintenant à bord du *Northumberland,* beau navire à trois ponts, commandé par un brave officier qui a pour lui d'abord le respect dû à une grande infortune. Ici, un premier débat s'engage : Napoléon qui a été si glorieux sous le simple nom de Bonaparte, qui s'est tant illustré sous le titre de général, s'offense de ce qu'on ne l'appelle plus Empereur ni majesté ; il devient bien petit en cela, il semble ne pas voir que la grandeur est en lui et non pas dans un vain titre. Cette susceptibilité ne se conçoit pas ; des souverains eux-mêmes prenaient souvent un titre de convention pour s'éviter des cérémonies, des étiquettes, et surtout quand ils étaient proscrits ; l'Empereur lui-même n'avait-il pas donné le titre de comte de Lille à Louis XVIII [1]? Pourquoi, tout en conservant le sentiment intime de sa propre dignité, n'acceptait-il pas le nom de général Bonaparte, ce qui aurait tant facilité ses rapports avec les officiers qui, ayant des instructions supérieures, ne pouvaient les violer?

C'est dans cette longue traversée du *Northumberland* que Napoléon jette des mots pleins de grandeur et des jugements d'une immense portée ; il est aimable, flatteur pour tout l'équipage ; il se prête aux plaisanteries du bord, aux dissipations des matelots ; il subit en joyeux compagnon le passage du Tropique ; ses journées se divisent entre le jeu et les hautes causeries avec ses officiers, qui tous n'en comprennent pas la portée. Des querelles de préséance continuent à jeter de la froideur dans les rapports de l'amiral Cockburn et de Napoléon, on dirait des taquineries d'enfants qui boudent ; toujours souverain, il veut indiquer les officiers qui se placeront à table avec lui ; l'amiral doit maintenir la hiérarchie du bord ; sir Georges Cockburn, qui a eu des

---

[1] Dans les Cent Jours même, Napoléon ne lui avait donné que le titre de comte de Lille, et Louis XVIII avait le bon goût de ne pas s'en fâcher.

rois sur son tillac, se dit plus maître qu'eux dans son navire; c'est la coutume de la mer. Il faut détourner les yeux de ces petites querelles qui occupent la longue traversée du *Northumberland*. Le 16 octobre, on aperçoit Sainte-Hélène, Sainte-Hélène qui semble un point au milieu des eaux, une de ces îles volcaniques, nées dans le cataclisme. Là Napoléon trouvera-t-il le repos ? Sa tête appesantie par l'infortune résistera-t-elle à une si rude épreuve ? Il lui faudra plus de force qu'à Dioclétien, plus de résignation qu'à Charles-Quint, car ces deux grands empereurs n'avaient ni garde pour les surveiller, ni des geôliers qui fissent retentir le bruit de leurs chaînes. La volonté peut se condamner elle-même à la retraite et à la solitude; mais quand c'est la violence qui vous impose la captivité et l'exil, elle vous tue; c'est un rocher que l'Europe avait jeté sur la poitrine d'un géant !

CHAPITRE XIII.

EXIGENCES DE L'EUROPE VICTORIEUSE, TRAITÉS DE 1815.

Influence politique du duc de Wellington à Paris. — Dureté du système prussien. — Le maréchal Blücher. — Contributions de guerre. — Insultes aux monuments. — Marches forcées des Russes et des Autrichiens. — Inquiétude de l'empereur Alexandre. — Campement à la plaine des Vertus. — Premières conférences à Paris. — Les objets d'arts pris au Musée — Conditions contre le parti militaire. — Le parti jacobin. Influence de l'Europe sur le gouvernement. — Listes de proscription. — Garanties exigées. — Paiement à l'étranger. — Les deux systèmes en présence : 1° germanique et anglais, 2° russe. — Chute de la politique anglaise de M. de Talleyrand. — Triomphe de la politique russe sous M. de Richelieu. — Débats et conclusion des traités de 1815. — Situation diplomatique que les Cent Jours font aux Bourbons jusqu'au congrès d'Aix-la-Chapelle.

Juillet à Novembre 1815.

Dès que les troupes anglaises et prussiennes eurent pris possession de Paris, en vertu de la capitulation du 3 juillet, le gouvernement par le fait tomba aux mains de l'étranger ; il est difficile qu'un pouvoir, quel qu'il soit, s'exerce librement à la face d'une occupation militaire. Louis XVIII était sans doute aux Tuileries, mais partout où se portaient ses yeux et sa sollicitude, il ne rencontrait que l'autorité des généraux anglais et prussiens; des batteries d'artillerie se déployaient dans la cour des Tuileries, sans respect pour la majesté royale; les canonniers prussiens, mèches allumées, surveillaient attentivement les mouvements du peuple : Louis XVIII était de sa nature fier, et aucun spectacle ne le frappa plus péniblement; toutefois il fallut se résigner, et les exigences de l'étranger devinrent de plus en plus douloureuses [1].

Le caractère des deux chefs qui commandaient les armées alliées à Paris, je l'ai dit, était d'une nature bien différente : le duc de Wellington, froid, méthodique, élevé à l'école des tories, jouait un rôle plus politique que militaire; il avait exercé la plus grande influence sur la formation du ministère Talleyrand et Fouché; c'était à lui que les patriotes s'étaient adressés pour demander des garanties, comme en 1814 ils avaient invoqué l'appui de l'empereur Alexandre pour obtenir la Charte; Fouché était homme de son choix; M. de Talleyrand, son expression politique par ses vieilles sympathies anglaises. Le duc de Wellington avait des instructions précises de son gouvernement, et il les exécutait : les dépêches de lord Castlereagh [2] mettaient une grande importance à placer la France dans une position qui la réduisît au rôle d'auxiliaire de la Grande-Bretagne dans toutes les luttes d'avenir, et avec la Russie surtout, parce que cette lutte paraissait tôt ou tard inévitable.

Le prince Blücher avait un caractère tout opposé : vif,

---

[1] Lorsque Louis XVIII en porta la plainte au duc de Wellington et à Blücher, ils répondirent que les suites de l'occupation militaire d'une ville de 800,000 âmes exigeaient ces précautions.

[2] Voyez ces dépêches dans mon *Histoire de la Restauration*.

emporté, vindicatif comme toute la vieille école allemande, il s'occupait peu de politique ; il avait quelque chose du Suwaroff russe ; il était raide de paroles, impérieux de commandement, et, comme tous les hommes à passions vives, il n'avait ni tenue ni soin de sa propre personne ; il gardait les habitudes allemandes des bords du Rhin et de l'Elbe : il aimait le jeu, les tabagies, et il ne conservait pas toujours cette paix de la tête, si nécessaire dans un vaste commandement comme celui de Paris[1] ; expression d'ailleurs des sociétés secrètes, il avait bien des vengeances à exercer contre Bonaparte et ses partisans.

L'esprit des deux armées se ressentait de leurs chefs : les Anglais, régis par une discipline sévère, remplissaient froidement leurs devoirs ; ces troupes, exigeantes pour la viande et les liqueurs fortes[2], n'avaient rien d'oppressif et d'irrégulier dans leurs rapports avec les habitants. L'officier anglais était poli, sans passion de pillage ou de désordre. Le duc de Wellington avait fait camper ses troupes au bois de Boulogne ; de manière qu'on les voyait très peu à Paris. Il n'en était pas de même des Prussiens : bivouaqués sur les places publiques, soldats des universités et de la landwerh, ils se montraient insolents. Le prince Blücher avait placé au gouvernement de Paris le baron de Muffling, officier d'instruction et de convenance ; mais comment arrêter ces impétueuses réactions qui marquent le triomphe des armées? Dès les premiers jours de l'occupation, Paris put comprendre qu'il avait des vainqueurs dans son sein, et que

---

[1] Le maréchal Blücher se montrait souvent sans habit, il étouffait de chaleur ; il perdit des sommes immenses dans les maisons de jeu.

[2] C'était un des objets les plus habituels de querelle entre les commandants militaires et les préfets. M. de Chabrol, préfet de la Seine, fut menacé d'être destitué et jeté dans une forteresse pour s'être refusé à quelques exigences.

Louis XVIII n'était pas maître de son gouvernement.

Je dois rappeler que le jour même de l'entrée des Prussiens à Paris, Blücher s'était rendu à la commission de gouvernement pour demander une contribution de guerre immédiate de 100 millions, destinée à la solde de ses troupes [1]. Quand on voulut faire la moindre observation, il répondit : « que Bonaparte en avait usé ainsi à Berlin, avec des formes même plus militaires. » Bientôt les exigences devinrent plus actives : les officiers prussiens, en passant devant la colonne de la place Vendôme, avaient demandé quelle était la signification de ce monument, et on leur avait répondu qu'il racontait pour la postérité les victoires de l'Empereur ; ce bronze provenait des canons pris à Iéna. Aussitôt des cris se font entendre dans la landwehr : « Il faut détruire ce bronze monumental, comme les Français ont abattu la colonne de Rosbach, en passant à travers l'Allemagne ! » Ce fut l'objet de longues négociations, et ici il faut rendre justice au duc de Wellington : il fit comprendre au général prussien que ces vengeances ne serviraient qu'à exciter les esprits sans profit pour la cause commune. Il en fut de même quand on voulut faire sauter le pont d'Iéna ; ce monument attestait une défaite des armées prussiennes, et le duc de Wellington intervint encore en plaçant une sentinelle anglaise sur le pont même : une sentinelle, c'était la nation britannique, et si Blücher avait fait sauter le pont d'Iéna, c'était une rupture avec la Grande-Bretagne [2].

---

[1] Cette contribution fut levée par voie de répartition, et depuis elle a été convertie en rentes, avec cette probité qui fit le crédit de la Restauration.

[2] M. de Talleyrand dit avec son esprit ordinaire : « qu'il y avait un moyen de tout finir : c'était de changer le nom de pont d'Iéna, et de l'appeler le pont de l'École-Militaire. » Personne n'avait songé à cela.

Par le fait, le gouvernement de Paris et de la France était donc aux mains du duc de Wellington. Louis XVIII, qui montrait des sentiments tout français, défendait avec une fermeté digne son autorité méconnue; il ordonnait même à ses préfets de résister, jusqu'à se faire jeter dans les forteresses prussiennes. La réaction de l'Europe était profonde, et nul n'avait la main assez ferme pour la retenir. Les dépêches du comte Pozzo di Borgo à l'empereur Alexandre lui annonçaient l'état réel des affaires de France, et le caractère surtout que prenait l'occupation de Paris : « Le Czar devait se hâter de faire marcher les Russes, s'il voulait peser encore dans la balance d'un traité définitif; les Prussiens et les Anglais s'emparaient de tout le gouvernement à Paris. » Sur ces dépêches, l'ordre fut donné d'accélérer les mouvements, et 250,000 baïonnettes russes vinrent se réunir dans la plaine des Vertus [1]. 200,000 Autrichiens se déployèrent depuis les Alpes, les Cévennes, jusqu'à la Bourgogne [2], et ainsi appuyés sur ces masses, les empereurs de Russie et d'Autriche vinrent prendre part aux négociations et balancer l'influence absorbante du duc de Wellington et de Blücher. Tous les souverains furent réunis à Paris vers le milieu de juillet [3], et Louis XVIII se trouva plus à l'aise quand il eut à traiter des affaires

---

[1] Le jour de la fête du Czar, on compta 275,000 baïonnettes russes dans la plaine des Vertus.

[2] Les Allemands prêtèrent appui aux protestants des Cévennes, victimes de la réaction.

[3] Les armées alliées étaient ainsi partagées à la fin de juillet 1815 :

Le quartier général de l'armée prussienne était à Caen ; cette armée devait occuper le Finistère, le Morbihan, les Côtes-du-Nord, la Manche, l'Ille-et-Vilaine, le Calvados, l'Orne, la Mayenne, la Sarthe, l'Eure-et-Loir, la Seine-Inférieure, l'Eure, Loir-et-Cher, Indre-et-Loire, Maine-et-Loire, la Loire-Inférieure jusqu'à la rive droite de la Loire ; elle faisait sa jonction avec l'armée anglaise dans le département de Seine-et-Oise.

Le quartier général du duc de Wellington était à Paris; l'armée anglo-batave occupait une portion de la Seine-Inférieure, sur la rive droite de la Seine, Seine-et-Marne, l'Oise, le Nord, la Somme, le Pas-de-Calais.

La grande armée russe, sous les ordres du feld-maréchal comte Barclay de Tolly,

de son gouvernement et des relations avec l'Europe avec les princes assis comme lui sur le trône. La question de Bonaparte venait d'être résolue ; et telle était l'irritation de tous, peuples et rois, que pas une plainte ne s'éleva parmi ceux qui avaient fraternisé avec le grand Empereur pendant les entrevues du Niémen, d'Erfurth, ou de Dresde ; on le considérait comme un homme dont la vie publique était finie ; on n'avait plus qu'à s'occuper de la France dans la triste position où les Cent Jours l'avaient placée.

Une première protestation fut faite par les souverains réunis à Paris ; ni l'Autriche, ni l'Allemagne ne voulurent accéder complétement aux clauses de la capitulation du 5 juillet ; on la considéra comme une œuvre personnelle du prince Blücher et du duc de Wellington, et qui n'obligeait pas les autres cabinets. Cette protestation des souverains contre la capitulation de Paris motiva une triste et humiliante mesure, la restitution des objets d'arts enlevés à l'étranger aux jours de bonheur et de conquêtes, et que contenait le *Musée impérial*. Par le traité de 1814, ces nobles trophées avaient été respectés ; on voyait briller au Musée, et les belles Vierges de Raphaël, et la Madeleine du Corrège, et la

---

avait son quartier général à Melun ; elle devait occuper Seine-et-Marne pour se joindre à l'armée anglaise, et de plus l'Aisne, les Ardennes, la Marne, la Meuse, la Moselle, la Moselle, la Haute-Marne et l'Aube.

Auxerre était le quartier général du prince de Wrède ; l'armée bavaroise occupait le Loiret, l'Yonne, la Nièvre, les Vosges, et se réunissait, par la Haute-Marne, aux Russes de Barclay de Tolly.

Les Wurtembergeois devaient s'étendre dans le Puy-de-Dôme.

Le prince de Schwartzenberg avait établi son quartier général à Fontainebleau. Les deux nombreuses armées étaient ainsi divisées : celle du Haut-Rhin devait occuper le Cantal, la Lozère, le Gard, la Loire, la Haute-Loire, les Bouches-du-Rhône, le Vaucluse, les Basses-Alpes et le Var ; l'armée d'Italie, les départements de la Côte-d'Or, Haute-Saône, Saône-et-Loire, Jura, Doubs, Rhône, Ain, Mont-Blanc, Isère, Ardèche, Drôme, Hautes-Alpes. Enfin, pour compléter cette vaste occupation, les Saxons et les Badois prenaient possession du Haut et du Bas-Rhin.

Descente de Croix de Rubens, le Laocoon du Vatican, et la Vénus de Médicis, palpitante sous le marbre; le Musée était encore celui du vaste Empire, les conquêtes des arts nous étaient restées après avoir perdu la souveraineté des territoires.

Cependant, des réclamations étaient venues de tous côtés[1]; les princes d'Italie, les peuples d'Allemagne ou de Belgique réclamaient les chefs-d'œuvre de leurs maîtres; le ciel brumeux de la Belgique allait si bien aux teintes de Rubens, le beau soleil d'Espagne aux physionomies fortement empreintes de Murillo! L'Italie revendiquait son Raphaël, et Canova vint de Rome pour réclamer les chefs-d'œuvre du Vatican; Canova, si profondément italien, si religieusement antique, fut le grand promoteur de ce pillage du musée de l'Empire; il visita tous les objets d'arts les uns après les autres avec une sorte de rage artistique. Il y eut quelque chose de lugubre dans cet as-

---

[1] Louis XVIII avait en vain défendu le Musée contre les étrangers.

Réponse de M. de Talleyrand à une note de lord Castlereagh.

« Le ministre du roi a reçu la note que S. Exc. milord vicomte de Castlereagh lui a fait l'honneur de lui adresser touchant les objets d'arts qui appartiennent à la France. Sa Majesté, à qui cette note a été soumise, lui a ordonné d'y faire la réponse suivante : S. Ex. lord Castlereagh semble croire que les deux guerres de 1814 et 1815 sont de même nature, et que la seconde, comme la première, doit être terminée par un traité de paix. Ces deux guerres sont de nature bien différente : la première était faite véritablement à la nation française, puisqu'elle était faite à un homme reconnu son chef par toute l'Europe, et qui disposait légalement de toutes les ressources de la France. La guerre étant faite à la nation, un traité de paix était nécessaire. En 1815, au contraire, ce même homme, à qui l'Europe a fait la guerre, n'était reconnu par aucune puissance; s'il disposait des ressources de la France, il n'en disposait pas légalement, et la soumission était loin d'être complète. C'est à lui seul et à la faction qui l'a appelé, et non à la nation, que, d'après ses propres déclarations, l'Europe a fait la guerre. La guerre s'est donc trouvée terminée et l'état de paix rétabli par le seul fait du renversement de l'usurpateur, de la dispersion de ses adhérents et de la punition de leurs chefs. On ne voit donc point comment la guerre de 1815 pourrait être un motif valable pour changer l'état des choses établi par la paix de 1814. S. Exc. le vicomte de Castlereagh a, d'un autre côté, posé en fait que des objets d'arts ne pouvait pas s'acquérir par la conquête; le ministère du roi est bien loin de vouloir faire l'apologie d'aucune sorte de conquête. Plût à Dieu que le nom ni la chose n'eussent ja-

pect des soldats qui envahissaient le Louvre pour toucher de leurs mains calleuses les chefs-d'œuvre des arts. Musée, bibliothèque, tout fut fouillé, ravagé. Leçon morale donnée par Dieu aux peuples conquérants! dans leurs jours de victoire, ils doivent respecter ce que la nature et les arts ont réparti à chaque climat. Les armées républicaines avaient tristement abusé de leur supériorité; hélas! les jours de réaction arrivaient avec leur conséquence funeste; chaque peuple venait reprendre son bien, car la force ne peut jamais sanctifier l'injustice.

Les souverains et les hommes d'État se réunissaient à Paris sous l'impression de certaines idées défavorables à la France qui, dans l'espace d'une année à peine, avait élevé, renversé deux gouvernements. La légèreté française était proverbiale en Europe; mais aujourd'hui elle dépassait toutes bornes, et l'exemple d'ailleurs qu'un tel désordre avait donné pouvait être d'un déplorable effet s'il n'était pas suivi d'une répression prompte

mais existé! Mais enfin, puisque c'est pour les nations une manière d'acquérir admise par le droit des gens, le ministère du roi n'hésite pas à dire avec conviction que la conquête d'objets inanimés, dont le seul avantage est de procurer des jouissances physiques, ou, si l'on veut, intellectuelles, est bien moins odieuse que celle par laquelle des peuples sont séparés de la société dont ils sont membres. Il y a à faire, relativement aux objets qui ont été successivement apportés en France, une distinction que l'on paraît n'avoir pas faite. Parmi les pays auxquels la France a renoncé en 1814, plusieurs appartenaient bien légitimement à elle ou au chef qu'elle avait, et parce qu'ils lui avaient été cédés; elle a donc pu disposer des objets d'art qui s'y trouvaient. Lorsqu'elle a renoncé à ces pays, elle les a restitués tels qu'ils étaient au moment de la restitution, et l'on ne voit pas d'après quel droit les puissances voudraient aujourd'hui réclamer des choses qui n'ont pas été comprises dans l'abandon que la France en a fait. »

[1] Les ordres de Blücher pour l'enlèvement des tableaux furent donnés avec toute la brutalité militaire; voici comment ils étaient conçus : « Le lieutenant-général de Groot est chargé par moi de l'enlèvement de toutes les propriétés allemandes volées par les Français. » Quelques-uns de ces officiers lui ayant demandé la permission d'emporter quelques volumes de la Bibliothèque Royale, comme souvenirs de la campagne de 1815 : « Tous les livres, dit-il, sont prisonniers de guerre, ils sont en rangs et en files; prenez, emportez tout ce que vous voudrez. »

et solennelle. Le caractère particulier de chaque souverain et des hommes d'État, chefs de leur cabinet, devait encore fortifier cette tendance de répression ; à travers ses manières froides, l'empereur Alexandre était impressionnable et passionné ; il tenait cela de la famille Romanoff, et de l'empereur Paul surtout ; il passait d'une opinion à une autre avec enthousiasme : libéral jusqu'à l'excès en 1814, maintenant il était plus que jamais décidé à la répression. Le roi de Prusse était entraîné par l'esprit de réaction allemande, et l'empereur d'Autriche, plus calme, subissait les impressions de M. de Metternich, qui, dans sa logique d'homme d'État, concluait avec assez de raison qu'il n'y avait plus de paix possible en Europe si les armées pouvaient défaire un gouvernement en quelques jours.

L'unanimité des souverains était donc pour un système repressif, qui donnerait aux cabinets les garanties d'une paix durable ; et comme dans ces maximes générales, l'intérêt personnel ne s'oublie pas, on chercherait dans un remaniement des frontières françaises des moyens d'indemnités pour la Belgique, l'Allemagne et la Sardaigne ; la France avait trop de vie dans son organisation morale et matérielle ; il fallait lui enlever, comme une palette de sang, les frontières offensives dues aux conquêtes de Louis XIV ; et pour arriver là, il fallait méconnaître la déclaration faite par les alliés de respecter les frontières. Voici comment les hommes d'État raisonnèrent : Les puissances avaient sans doute déclaré qu'elles respecteraient les limites de la France, mais c'était avant l'ouverture de la campagne. Les Chambres des Cent Jours n'avaient point proclamé Louis XVIII; les Français étant restés inflexibles sans aller au-devant de leur roi légitime, les alliés pouvaient légitimement partir d'un point terrible et fatal dans ses conséquences diplomatiques : c'est que la France était légitimement envahie et conquise ; la Restauration n'était plus qu'un accident. Raisonnant sur cette base, ils déclarèrent que les traités de 1814, par ce seul fait, pouvaient être modifiés ; l'intégralité du territoire devait être rectifiée de manière à donner de nouvelles garanties aux peuples qui avaient pris les armes. La France avait troublé l'ordre établi, elle en portait la peine ; il fallait protéger les territoires voisins, gouvernements et peuples, contre tout nouveau projet d'invasion et de perturbation : ainsi, meilleure ligne sur la frontière de Belgique pour empêcher une surprise ; meilleure ligne du côté du grand-duché du Rhin ; meilleures limitations sur les Alpes et la Savoie ; contributions de guerre, indemnité destinée à élever des forteresses sur toutes les frontières, de manière à former comme une ceinture de pierre autour de la France : occupation des places fortes sur une très large base pendant un temps déterminé ; enfin, certaines conditions de gouvernement et des mesures de sûreté générale qu'il fallait concerter avec les ministres de S. M. chrétienne, afin d'empêcher à tout jamais le triomphe du parti jacobin et des bonapartistes.

Dans des conférences secrètes qui eurent lieu entre les plénipotentiaires des alliés et les ministres du roi de France, des notes fort dures, fort impératives, furent remises par les cabinets de l'Europe, sur la nécessité de mesures repressives : « Puisqu'il était constant que les Chambres ni le pays n'avaient protesté contre les Cent Jours, il fallait bien admettre que ce pays était sous la domination réelle de deux factions menaçantes, le parti militaire et le parti jacobin révolutionnaire ; ces deux partis avaient troublé la sécurité de l'Europe, on devait prendre des mesures contre eux; la clémence avait des bornes : Louis XVIII, dans sa déclaration de Cambrai, avait fait des exceptions, il fallait des exemples. » L'empereur Alexandre, qui s'était montré si indulgent en 1814, fut inflexible; il voyait un manque de foi très condamnable dans tous les hommes qui du jour au lendemain avaient changé de drapeau.

Les notes des cabinets se résumaient en des conditions impératives, les voici : Napoléon Bonaparte, prisonnier de l'Europe à Sainte-Hélène, serait sans doute dans l'impuissance de nuire; mais cela ne suffisait pas; il y avait un parti militaire turbulent qui était accouru autour de son drapeau; et, pour le rendre tout à fait incapable de troubler la paix, l'armée française devait être dissoute; on réorganiserait un état militaire dans un meilleur esprit, et dans des conditions plus rassurantes. Il serait pris des mesures contre les auteurs et fauteurs de la révolution des Cent Jours; les chefs du parti jacobin seraient désignés et inscrits sur une liste; on les condamnerait à l'exil dans les forteresses ou au bannissement; enfin, comme quelques chefs militaires avaient donné l'exemple d'une trahison odieuse, ils seraient traduits devant des commissions pour être jugés selon la rigueur des lois. L'Europe exigeait ces articles comme garantie de repos et avant tout traité de paix définitif[1].

M. de Talleyrand répondit : « que sur le premier point aucune difficulté ne pouvait s'élever; ce n'était pas une question française; Napoléon Bonaparte était prisonnier de l'Europe, elle en disposerait à son gré. Quant à l'armée, nulle difficulté; elle était alors en pleine dissolution, les débris retirés sur la Loire avaient

---

[1] Notes de MM. de Nesselrode, Castlereagh, Hardenberg, Metternich.

fait leur soumission au roi, on pourrait facilement la licencier avec de la prudence, des soins, des précautions; on renverrait les officiers dans leurs foyers, sous des surveillances de police qui ne leur permettraient pas de conspirer. » Sur le troisième point, c'est-à-dire, en ce qui touchait les mesures contre les personnes, de longues observations furent faites ; les ministres de Louis XVIII exposèrent : « que sans doute il fallait des exemples, et que les hommes dangereux devaient être surveillés ; mais ne devait-on pas craindre de donner trop d'extension au système de réaction politique ? »

Les cabinets répliquèrent : « que la sûreté et la continuité des bons rapports européens exigeaient que les auteurs et les complices des Cent Jours fussent exemplairement punis, c'était le seul moyen d'éviter le retour de la révolution et d'une guerre européenne. » On fournit alors une liste de 200 personnes parfaitement désignées, contre lesquelles des mesures exceptionnelles paraissaient indispensables, comme exemples donnés au peuple, à l'armée, à l'Europe; il fallait constater qu'on ne se révoltait pas impunément contre les souverains. « Sans doute le roi de France était maître de faire ce qu'il lui plaisait dans son royaume, d'user de clémence pour une affaire privée; mais comme les derniers événements venaient d'ébranler l'Europe jusque dans ses dernières entrailles, les cabinets devaient prendre eux-mêmes les moyens d'empêcher le retour d'un pareil malheur. Les Cent Jours n'étaient pas seulement une affaire française, ils avaient forcé les souverains à armer, et des torrents de sang étaient répandus. Pour réparer tout cela, il fallait donc des mesures sévères, coërcitives, concertées entre tous les cabinets, comme l'était la captivité de Bonaparte ; le délit était européen, la répression devait l'être également; si on ne livrait pas les coupables, si on ne les mettait pas dans le cas de ne plus troubler le monde, l'Europe était forcée d'exiger de plus fortes garanties territoriales; elle comptait onze cent mille baïonnettes en France, et pouvait facilement organiser une occupation permanente pour sa sûreté, demander deux lignes de forteresses au lieu d'une, des contributions spécialement frappées sur les perturbateurs. Ainsi les conditions d'ordre qu'elle proposait étaient dans l'intérêt même d'un meilleur traité de paix pour la nation française. » Telles étaient en résumé les réclamations que les cabinets adressaient à M. de Talleyrand. J'ai dit, dans un autre livre [1], comment les ministres de Louis XVIII combattirent ces doctrines; la liste de proscription fut réduite à 57 personnes.

Ainsi quel legs funeste n'avaient pas laissé les Cent Jours à la Restauration! des contributions de guerre [2], une occupation permanente, de nouveaux et funestes traités, la diplomatie allemande qui exigeait l'Alsace et la Lorraine, les Belges qui voulaient envahir nos frontières de Flandres, l'Angleterre réclamant la Martinique, le Piémont redemandant la Savoie; il fallut réparer

---

[1] *Histoire de la restauration*, tome III.
[2] *Relevé des sommes réclamées par les puissances, indépendamment des 700 millions de contributions de guerre.*

Autriche.	189 millions.	Hesse-Darmstadt, Oldenbourg, Mecklembourg-Strelitz, Saxe-Weimar.	20
Prusse.	106	Mecklembourg-Schwerin.	1
Pays-Bas.	88	Danemarck.	17
Sardaigne.	73	Rome.	29
Hambourg.	71	Bavière.	72
Toscane.	4 1|2	Francfort	3
Parme.	2	Suisse.	5
Ville de Brême.	3	Saxe seule.	15
Ville de Lubeck.	4	Saxe avec la Prusse.	5
Bade.	1 1|2		
Hanovre.	25	Total.	735 1|2
Hesse-Cassel.	1 1|2		

le désordre des idées et des intérêts au milieu de l'Europe armée; plus de crédit, plus de commerce, et tout cela qui l'avait fait?

Ici les partis ne peuvent faire mentir l'histoire! Dans les Cent Jours, Napoléon est rétabli; toutes les forces révolutionnaires du pays viennent à lui, elles le soutiennent un moment, puis elles se mettent en lutte; les représentants, par de petites et basses jalousies, proscrivent l'Empereur et se refusent à proclamer Louis XVIII ; ils crient à tue tête : « Point de Bourbons! » Ils laissent en fuyant un mauvais chiffon constitutionnel devant lequel ils s'agenouillent, et ils disent en cela avoir sauvé la patrie ; ils préfèrent traiter avec les Anglais et les Prussiens qu'avec le roi de France ! Après qu'ils ont attiré l'Europe sur nos bras, après que 1,100,000 hommes occupent nos provinces, ils laissent à M. de Talleyrand et après lui à M. de Richelieu le poids immense de réparer tant de désastres ; et par un mensonge odieux ils imputeront aux hommes d'État d'alors les traités de 1815! Ces traités, qui les a nécessités ? Qu'auraient-ils obtenu sans les Bourbons? Auraient-ils sauvé l'Alsace et la Lorraine? Ils parleront pourtant de trahison, lorsque la plus grande de toutes fut celle des lâches politiques qui délaissèrent Napoléon, et des imbéciles haineux qui ne virent pas que puisqu'ils avaient brisé l'homme de guerre, il fallait venir à l'homme de la paix, Louis XVIII.

Profondément affectés de la situation, les hommes d'État chargés du gouvernement du pays avaient devant les yeux le plus déplorable tableau ! Jamais des exigences plus grandes ne s'étaient manifestées ; Fouché avait fait bon marché des hommes dont on exigeait la proscription ; on lui avait demandé une liste d'exil, il l'avait dressée avec insouciance : il connaissait le parti jacobin dans son personnel le plus intime; il avait sacrifié les noms qui pouvaient lui nuire, même les plus insignifiants. Comme toutes les listes de proscription, il y eut un arbitraire irréfléchi dans ce travail [1]; les petits payèrent pour les grands qui furent épargnés. On vit des inconnus qui furent bien étonnés de se trouver sur des listes européennes : quand ils vinrent s'en plaindre à Fouché, il leur dit : « qu'ils étaient bien heureux de partir, car du train que les choses allaient, il n'y en avait pas pour quinze jours. » En effet, les réactions commençaient sanglantes, le Midi était en feu, le ministère de M. de Talleyrand n'était plus à la hauteur des circonstances passionnées; on avait convoqué une Chambre, elle arrivait ardente, royaliste, réactionnaire; elle ne parlait que de reconstruire quelque chose de fort, une monarchie provinciale, une armée vendéenne, une noblesse, un clergé, une éducation religieuse et corporée.

Les négociations diplomatiques prenaient une tournure fatale; on n'aboutissait à rien : les Allemands ne cessaient de revendiquer l'Alsace et la Lorraine comme une portion de leur patrimoine; la Hollande voulait s'agrandir des provinces flamandes. Tous réclamaient : la Suisse,

---

[1] La liste arrêtée contenait cinquante-sept noms. Dix-neuf personnes, savoir : le maréchal Ney, Labédoyère, les deux frères Lallemand, Drouet, Laborde, Lefebvre-Desnouettes, Ameille, Brayer, Gilly, Mouton-Duvernet, Grouchy, Clauzel, Debelle, Bertrand, Drouot, Cambronne, Lavallette, Savary, compris dans une première liste, devaient être traduits devant des conseils de guerre compétents. Trente-huit, savoir : le maréchal Soult, les généraux Alix, Excelmans, Vandamme, Marbot, Lamarque, Lobau, Péré, Dejean fils, Hullin, Arrighi; MM. Félix Lepelletier, Boulay (de la Meurthe), Méhée-Latouche, Fressinet, Thibaudeau, Carnot, Harel, Barrère, Arnault, Pommereuil, Regnauld de Saint-Jean-d'Angély, Réal, Garreau, Bouvier-Dumolard, Merlin (de Douai), Durbach, Dirat, Defermont, Bory de Saint-Vincent, Félix Desportes, Garnier (de Saintes), Mellinet, Cluys, Courtin, Forbin-Janson fils aîné, Lelorgne d'Ideville, devaient quitter Paris dans les trois jours et se rendre dans les lieux désignés par le ministre de la police. Ceux de ces individus qui étaient condamnés à quitter le royaume par suite de l'ordonnance, devaient vendre leurs biens et en transporter le prix hors de France. On déclarait close à tout jamais la liste des proscriptions.

le Wurtemberg, le Piémont ; les vieilles dettes se réveillaient, à ce point qu'une puissance de l'Allemagne, du troisième ordre, vint demander une créance de lansquenets pris au service de France par Henri IV.

M. de Talleyrand était au désespoir, rien n'avançait ; les conférences diplomatiques faisaient naître d'insurmontables difficultés. Les traités les plus durs auraient été imposés à la France, sous prétexte qu'elle était un danger permanent, lorsque Louis XVIII, de sa personne, crut indispensable de s'adresser à l'empereur Alexandre. Il avait aperçu avec son instinct que la Russie seule était désintéressée dans ce jeu fatal qui se jouait contre sa monarchie ; elle n'avait rien à gagner dans un remaniement des frontières ; l'Allemagne, l'Angleterre, la Prusse, l'Autriche, les Pays-Bas, le Piémont et jusqu'à la Suisse, pouvaient prétendre à quelque chose dans un morcellement ; mais la Russie, qu'avait-elle à y gagner ? Elle avait besoin, au contraire, dans le Midi, d'un appui contre l'Autriche et l'Angleterre, et cet appui, qui pouvait le lui offrir plus fort, plus désintéressé que la France ? Pourquoi donc anéantir sa puissance morale et matérielle ? Alexandre écouta le vieillard couronné avec intérêt ; la fierté de Louis XVIII, qui l'avait tant blessé en 1814, l'intéressait maintenant ; et d'ailleurs le Czar, dans ses desseins sur la Pologne et l'Orient, était content de trouver au Midi une puissance amie, qu'il avait cherchée même en Espagne avec les Cortès ; dans ses méfiances contre lord Castlereagh, le duc de Wellington, et les temporisations continuelles de M. de Metternich, il avait hâté la marche de ses troupes ; le Czar les avait passées en revue avec solennité dans la plaine des Vertus : ces forces étaient la base, l'élite des armées alliées.

Dans cette situation des affaires, Alexandre écouta très favorablement les paroles de Louis XVIII; il lui répondit avec franchise : « que le ministère de M. de Talleyrand ne pouvait lui convenir, parce qu'il avait des engagements trop sérieux avec l'Angleterre et des sympathies trop vives pour l'Autriche : il demandait donc, comme premier gage de tout rapprochement, une modification très large dans le cabinet français et le sacrifice de M. de Talleyrand. Le ministère n'était-il pas déjà très ébranlé? » Fouché était sorti du cabinet, comme un sacrifice à la réaction royaliste ; il porta la peine de sa conduite équivoque pendant les Cent Jours; lui qui avait signé tant d'exils, subissait un exil doré sous le titre d'ambassade à Dresde ; il avait voulu se sauver par un mariage presque de jeune homme, avec une grande demoiselle du faubourg Saint-Germain, née de Castellane : aux époques de réaction, les partis vont trop vite pour s'en tenir aux petits gages.

Le ministère préparé sous l'influence du duc de Wellington fut donc disloqué; Alexandre exigea que M. de Talleyrand lui-même se retirât des affaires, il ne voulait pas entendre parler d'une négociation avec le diplomate qui l'avait blessé à Vienne. Un nouveau ministère lui fut soumis dans des opinions mieux en harmonie avec l'alliance russe, la seule désormais qui pût être favorable à la France. Le nom de M. de Richelieu se rencontra tout naturellement; le noble duc avait refusé de prendre place comme ministre de la maison du roi dans le ministère de M. de Talleyrand, pour ne point siéger à côté de Fouché. Ses premières années s'étaient passées en Russie ; il avait suivi cette jeune noblesse qui, sous la grande Catherine, s'était distinguée au siège d'Ismaïl, chanté par lord Byron; les Saint-Priest, les Langeron, les Damas, les Fronsac (Richelieu), avaient salué comme de braves officiers les bannières russes se déployant sur le Danube.

Ce fut le désespoir au cœur que le duc de Richelieu accepta la direction des affaires dans des circonstances si graves[1]. Quand on porte un de ces grands noms historiques, on frémit de se trouver en contact avec de fatales circonstances : un Richelieu avait construit la monarchie de France, serait-ce un Richelieu qui servirait à la démolir? L'Europe allait-elle se venger du grand cardinal? Pour rassurer les craintes du duc de Richelieu, l'empereur Alexandre engagea sa parole d'honneur d'appuyer de toute sa force les justes réclamations de la France pour maintenir ses frontières dans les proportions du traité de 1814. Si l'on faisait quelques sacrifices, ils seraient tellement imperceptibles en présence des prétentions élevées par l'Allemagne et les Pays-Bas, que la patrie devrait encore reconnaissance au nom de Richelieu. Deux ou trois conversations avec l'empereur Alexandre déterminèrent le noble duc à prendre la direction des affaires pour réparer le mal produit par le fatal épisode des Cent Jours. M. le duc de Richelieu se mit à l'œuvre; il a fallu vivre dans l'intimité de cette âme élevée pour connaître tous les soucis que lui donnèrent les négociations du traité de Paris signé en novembre 1815 : à chaque incident des difficultés nouvelles, et des difficultés soutenues par un million de baïonnettes : avait-on à négocier avec les ministres de la Confédération germanique, soutenus par

---

[1] *Ministère du duc de Richelieu.*
Le duc de Richelieu, ministre des affaires étrangères et président du conseil ;
Le général Clarke, ministre de la guerre ;
Le vicomte Dubouchage, de la marine et des colonies ;
Le comte de Vaublanc, de l'intérieur ;
M. Decazes, de la police générale,
M. Barbé-Marbois, de la justice et garde des sceaux ;
M. Corvetto, des finances ;
M. Anglès, préfet de police ;
Le marquis d'Herbouville, directeur général des postes.

la Prusse, c'était l'Alsace et la Lorraine que l'on disputait; se trouvait-on avec les ministres des Pays-Bas, appuyés par l'Angleterre, c'était la ligne de Dunkerque jusqu'à Lille qu'il fallait enlever presque de vive force ; la Suisse voulait une partie du Jura ; le Piémont étendait ses frontières jusqu'à Grenoble; le cabinet espagnol réclamait la Gascogne et le Roussillon ; la carte de la France restreinte fut dressée par les géographes de l'Europe, et une copie en resta comme un triste et noble dépôt dans les mains de M. de Richelieu, qui aimait à la montrer pour expliquer ses travaux et ses douleurs pour le traité de Paris [1].

Le ministre défendit tout avec une honorable résistance ; il fut soutenu par l'empereur Alexandre, qui se fâcha plusieurs fois contre les Allemands et les Anglais ; il menaça même de quitter la France avec ses 250,000 Russes, en laissant ainsi les Prussiens se débattre

---

[1] Voici comment furent amoindries les frontières de France par les traités signés à Paris le 20 novembre 1815.

« Les frontières de la France seront telles qu'elles étaient en 1790, sauf les modifications indiquées dans l'article présent : 1° sur les frontières du Nord, la ligne de démarcation restera telle que le traité de Paris l'avait fixée, jusque vis-à-vis de Quiévrain ; de là elle suivra les anciennes limites des provinces belgiques, du ci-devant évêché de Liége et du duché de Bouillon, telles qu'elles étaient en 1790, en laissant les territoires enclavés de Philippeville et de Marienbourg, avec les places de ce nom, ainsi que tout le duché de Bouillon, hors des frontières de la France. Depuis Villers, près d'Orval (sur les confins des départements des Ardennes et du grand duché de Luxembourg), jusqu'à Perle, sur la chaussée qui conduit de Thionville à Trèves, la ligne restera telle qu'elle avait été désignée par le traité de Paris. De Perle, elle passera par Launsdorf, Walwich, Schardorf, Niederweiling, Pellweiler, tous ces endroits restant avec leurs banlieues à la France, jusqu'à Houvre, et suivra de là les anciennes limites du pays de Sarrebruck, en laissant Sarrelouis et le cours de la Sarre, avec les endroits situés à la droite de la ligne ci-dessus désignée, et leurs banlieues, hors des limites françaises. Des limites du pays de Sarrebruck, la ligne de démarcation sera la même qui sépare actuellement de l'Allemagne les départements de la Moselle et du Bas-Rhin, jusqu'à la Lauter, qui servira ensuite de frontière jusqu'à son embouchure dans le Rhin. Tout le territoire sur la rive gauche de la Lauter, y compris la place de Landau, fera partie de l'Allemagne ; cependant la ville de Weissembourg, traversée par cette rivière, restera tout entière à la France, avec un rayon sur la rive gauche n'excédant pas mille toises, et qui sera plus particulière-

comme ils l'entendraient en face d'une nation forte et frémissante qu'on insultait dans ses traditions, dans son honneur et dans son influence en Europe. L'étranger commençait à être odieux à tous, les Vendéens comme les soldats de l'armée de la Loire demandaient à courir contre les Prussiens, les Autrichiens et les Anglais.

Enfin, le traité de Paris fut signé, il modifiait la convention de 1814 sur plusieurs points ; il reposait sur la triple base d'une indemnité pécuniaire, d'une rectification territoriale et de grandes précautions pour l'avenir. Le plus fatal résultat de cet acte fut cette occupation militaire qui jetait la France en dehors de toute alliance et de toutes relations politiques ; l'Europe nous gardait, elle avait garnison dans les places fortes que Louis XIV avait conquises, elle vivait à notre solde. Aussi quelle noble joie n'eut pas le duc de Richelieu, lorsqu'à Aix-la-Chapelle il secoua cette occupation de l'étranger ; quand il put ap-

---

ment déterminé par les commissaires que l'on chargera de la délimitation prochaine. 2° A partir de l'embouchure de la Lauter, le long des départements du Bas-Rhin, du Haut-Rhin, du Doubs et du Jura, jusqu'au canton de Vaux, les frontières resteront comme elles ont été fixées par le traité de Paris. Le thalweg du Rhin formera la démarcation entre la France et les états de l'Allemagne ; mais la propriété des îles, telle qu'elle sera fixée à la suite d'une nouvelle reconnaissance du cours de ce fleuve, restera immuable, quelques changements que subisse ce cours par la suite du temps. La moitié du pont entre Strasbourg et Kehl appartiendra à la France, et l'autre moitié au grand-duché de Bade. 3° Pour établir une communication directe entre le canton de Genève et la Suisse, la partie du pays de Gex bornée à l'Est par le lac Léman, au Midi par le territoire du canton de Genève, au Nord par celui du canton de Vaux, à l'Ouest par celui de la Versoix et par une ligne qui renferme les communes de Collex-Bossy et Meyrin, en laissant la commune de Ferney à la France, sera cédée à la Confédération helvétique pour être réunie au canton de Genève. La ligne des douanes françaises sera placée à l'Ouest du Jura, de manière que tout le pays de Gex se trouve hors de cette ligne. 4° Des frontières du canton de Genève jusqu'à la Méditerranée, la ligne de démarcation sera celle qui, en 1790, séparait la France de la Savoie et du canton de Nice. Les rapports que le traité de Paris de 1814 avait rétablis entre la France et la principauté de Monaco, cesseront à perpétuité entre cette principauté et S. M. le roi de Sardaigne. 5° Tous les territoires et districts enclavés dans les limites du territoire français, telles qu'elles ont été déterminées par le présent article, resteront réunis à la France. »

poser sa signature à la hauteur de toutes les puissances de l'Europe ; il fallut trois ans de peines et d'efforts pour réparer quelques-unes des funestes conséquences de l'époque des Cent Jours [1]; la France reprit alors sa grande place parmi les peuples comme nation de 30 millions d'hommes agglomérés, assise sur deux mers, avec un triple rang de forteresses, une armée qui se recrute à volonté, une administration qui agit comme un seul homme, des finances qui versent sans effort un revenu de plus d'un milliard. Une telle nation doit toujours avoir sa haute place marquée dans le mouvement européen, il peut y avoir des éclipses passagères, mais la force, en définitive, reste toujours la force !

[1] J'aime à le dire, le duc de Richelieu pouvait s'enorgueillir d'avoir délivré le territoire : Alexandre, à Aix-la-Chapelle, se confia dans sa seule parole d'honneur. En 1815, le duc de Richelieu avait éprouvé de poignantes douleurs. Je ne sache rien de plus beau que la lettre écrite par le duc de Richelieu, le soir même de la signature des traités de Paris ; j'ai eu l'original dans les mains.

Ce 21 novembre 1815.

« Tout est consommé ; j'ai apposé hier, plus mort que vif, mon nom à ce fatal traité. J'avais juré de ne pas le faire, et je l'avais dit au roi. Ce malheureux prince m'a conjuré, en fondant en larmes, de ne pas l'abandonner, et de ce moment je n'ai plus hésité. J'ai la confiance de croire que sur ce point personne n'aurait fait mieux que moi ; et la France, expirante sous le poids qui l'accable, réclamait impérieusement une prompte délivrance ; elle commencera dès demain, au moins à ce qu'on m'assure, et s'opérera successivement et promptement. »

Richelieu.

CHAPITRE XIV.

DESTINÉE DES PARTIS ET DES CABINETS JUSQU'A LA MORT DE L'EMPEREUR NAPOLÉON.

Le parti bonapartiste après les Cent Jours. — Souvenir de Napoléon. — Les officiers et le drapeau. — Le soldat-laboureur. — Le Champ-d'Asile. — Tentative de conspiration militaire. — Le parti patriote. — Associations. — Commencement du carbonarisme. — Rapprochement avec les bonapartistes. — Divisions. — Opposition constitutionnelle. — Les cabinets. — L'empereur Alexandre. — François II. — Le roi de Prusse. — Esprit des congrès jusqu'à Troppau et Laybach. — Agitation de l'Angleterre. — Mouvement militaire en Europe. — Napoléon à Sainte-Hélène. — Ses jugements. — Les légendes. — Sa mort. — Fusion du parti bonapartiste dans le parti constitutionnel.

1816 à 1821.

Deux partis politiques s'étaient particulièrement montrés dans le gouvernement des Cent Jours: le bonapartisme d'abord, exclusivement dévoué à la grande destinée de l'Empereur; les patriotes ensuite, qui, par leur méfiance et leur haine, avaient brisé la dictature qui seule pouvait organiser l'énergie du pays; Napoléon l'avait bien prévu. Ces deux partis qui avaient gouverné ensemble dans les Cent Jours tombaient aussi simultanément par la Restauration ; la ruine de l'un entraînait la catastrophe de l'autre ; l'aigle qui s'envolait laissait sans défense les couleurs tricolores ; la Révolution et l'Empire étaient également frappés.

Jamais chute plus profonde n'avait atteint une opinion politique. En 1814, les bonapartistes avaient gardé quelque espérance, une certaine confiance en eux-mêmes ; la Restauration avait fait tant de fautes et les éléments de l'Empire étaient si vivaces qu'ils pouvaient se croire destinés pour l'avenir à des succès nouveaux et considérables. Mais après la défaite de Waterloo, la réaction fut si active qu'on ne pouvait concevoir l'espérance de se relever de cette catastrophe ; des listes de proscription avaient atteint les chefs du parti impérial ; il y en avait de traduits devant des commissions militaires ; ceux que la balle n'atteignait pas étaient obligés d'errer de solitude en solitude[1] ; ici, un général parcourait de ses pieds meurtris les Cévennes[2] ; là, ils trouvaient à peine un exil à l'étranger ; d'autres, plus heureux, cherchaient un refuge en Amérique ; des hommes civils, des administrateurs aussi, dérobaient leur tête à cette réaction contre le bonapartisme. Dans les rangs inférieurs, la proscription atteignait tout le parti militaire ; les officiers de l'armée de la Loire, désignés par de misérables épithètes, ne pouvaient habiter dans les cités populeuses ; presque partout on leur assignait des lieux de résidences[3] ; s'ils manifestaient quelques souvenirs pour les gloires du passé, on les trai-

---

[1] Les cours prévôtales et les conseils de guerre agirent particulièrement sur les impérialistes du mois de novembre 1815 au mois d'août 1816.

[2] Le général Gilly dut s'abriter dans les rochers des Cévennes, sous l'abri des arquebuses protestantes.

[3] Le général Despinois, commandant de Paris, manifestait une fermeté et une rigueur indicibles.

tait avec des cruautés et des surveillances raffinées ; le nom de bonapartiste suffisait pour faire gronder sur leur tête des exils qui venaient moins du gouvernement que des populations animées. Les cours prévôtales étaient rétablies ; et ce fut alors que l'on vit presque toute une armée licenciée s'occuper des soins de l'agriculture et s'absorber dans la retraite silencieuse ; les généraux qui avaient conservé quelque fortune vivaient dans leurs terres ; les soldats cultivaient les champs, et cette situation nouvelle du parti militaire se manifesta par les images du *Soldat laboureur* répandues avec de lamentables légendes. Il y eut de l'exagération et du ridicule dans cette recrudescence des couplets de *gloire* et de *victoire* après l'irréparable revers de Waterloo, mais c'était encore une manière de soulever des haines contre la Restauration, et telle fut à peu près la situation de l'opinion bonapartiste dans les trois années qui suivirent ses désastres en Belgique. Le Champ-d'Asile devint le symbole de l'exil, le *Soldat laboureur* reproduisit l'armée malheureuse dans le travail et la solitude, la croix sur la poitrine et la charrue en main. Toutes ces choses avaient bien leur côté puéril ; les exploitations de la crédulité publique ne manquent pas dans l'histoire des partis [1], ils se font hypocrites, pleureurs ; ils se rattachent à un tombeau, à une proscription. Les trois années d'abaissement du parti bonapartiste finirent par le mouvement qui le rapprocha des patriotes constitutionnels.

Le parti de 1789, qui, secondant d'abord les Cent Jours dans leur esprit, avait ensuite abandonné Napoléon, éprouvait à son tour, sinon une ruine aussi

---

[1] On sait ce que devint le Champ-d'Asile ; les augures ne peuvent plus aujourd'hui se regarder sans sourire.

complète, du moins une éclipse passagère; il était moins saisissable parce qu'il ne se personnifiait pas dans Bonaparte. Fouché, qui s'était fait son appui dans le premier ministère de M. de Talleyrand, n'avait pu résister à la réaction royaliste ; il subissait l'exil de son ambassade de Dresde[1] ; beaucoup de patriotes étaient portés sur les listes de proscription du 24 juillet; la loi d'amnistie exila les régicides qui avaient pris part aux Cent Jours ; des mesures impitoyables jetèrent dans les prisons ou hors de France les débris du parti jacobin. Toutefois, comme les patriotes ne se résumaient pas en un homme, comme ils se fondaient sur ce qu'on appelait les principes constitutionnels, ils ne perdirent pas aussi complétement leurs positions; appuyés sur la dispositions de la Charte, ils reprirent seuls la lutte que les bonapartistes purs étaient obligés d'abandonner.

On voit naître ce parti de patriotes constitutionnels dès la seconde restauration ; il agit sourdement et avec beaucoup d'habileté; timide d'abord, courtisan même envers Louis XVIII, il cherche à s'établir, à fonder des journaux, à donner des organes à sa pensée; il caresse l'amour-propre du roi, toujours plein de méfiance pour *Monsieur;* il profite de tout, des meurtrissures royalistes qu'éprouve M. Decazes, et de quelques souvenirs libéraux qui germent encore dans la tête des hommes d'État de l'Europe ; ils exploitent l'ordonnance du 5 septembre, les élections nouvelles ; ils ont la presse pour arme, et bientôt ils auront la tribune pour écho [2].

En dehors de cette opinion calme, je dirai presque

---

[1] Fouché fut révoqué de fait par la loi contre les régicides ; il se retira à Prague, asile que lui offrit M. de Metternich.

[2] Ce fut sur une autorisation du duc de Richelieu, obtenue par M. Rousselin Saint-Albin, que *l'Indépendant* put reparaître sous le titre du *Constitutionnel* à la fin de 1815.

hypocrite, qui se sert des armes mêmes de la Restauration, il se formait une faction de patriotes démocratiques conservant plus de franchise et une volonté plus ardente de renversement. Les Cent Jours avaient laissé des traces profondes, le peuple n'avait pas en vain été mis en fermentation, aussi quelque temps après la seconde restauration, les complots surgirent ; les premiers symptômes de carbonarisme se montrèrent en France, les sociétés secrètes s'organisèrent, et ces ferments de jacobinisme éclatent dans la conspiration des patriotes de 1816, expression des idées des fédérés ; car ce furent des ouvriers, des gens de métiers presque inconnus, qui préparèrent un mouvement sous la cocarde tricolore [1]. A Grenoble aussi, le parti patriote tenta une révolte armée ; on crut le moment arrivé de reconstituer un gouvernement patriote à la façon des Cent Jours. Quel sera-t-il ? Quel chef la nation élèvera-t-elle sur le trône ? Ici je n'ai pas la prétention des partis qui veulent remuer les ossements et les tombes, pour y chercher le secret de leurs haines ou de leurs ambitions.

Ces conspirations prenaient peu garde à l'occupation militaire par les étrangers ; et les cabinets, à leur tour, ne voyaient pas sans quelque joie secrète les manœuvres qui pouvaient amener de tristes divisions au milieu de cette France, si forte encore dans ses abaissements. Les Cent Jours avaient fait beaucoup gagner aux étrangers ; une révolution nouvelle, avec le triomphe des idées patriotes, leur ferait acquérir encore en territoire et en argent : démolir l'œuvre de Louis XIV était le but de l'Europe ; tant que les rois n'étaient pas

---

[1] Carboneau était un corroyeur ; il y avait des écrivains et de pauvres ouvriers dans ce complot.

atteints dans le principe même de leur existence, les gouvernements étrangers voyaient avec plaisir tous ces troubles, qui épuisaient les forces de la monarchie et leur permettaient de réaliser les idées de partage et de répartition pour leurs conquêtes. Cependant, comme parti légalement organisé, les patriotes n'eurent une véritable existence qu'après l'ordonnance du 5 septembre [1]; dès ce moment, ils eurent encore espoir de ressaisir le gouvernement du pays, par le mouvement légitime des institutions; le système électoral leur permit d'agir sur l'esprit public, la presse obtint sa liberté; on vit reparaître successivement dans la Chambre des noms bruyants aux Cent Jours; MM. de Lafayette, Manuel siégèrent à côté de M. Sébastiani et de Benjamin Constant.

Cependant les froideurs de M. Decazes pour les royalistes favorisent le développement des influences patriotiques, elles deviennent chaque jour plus fortes, plus actives; le parti bonapartiste, qui est actuellement sans aucune chance, voit bien qu'il a besoin de se mettre à l'abri d'un mouvement plus fort; il se place à la remorque de M. de Lafayette; on voit les généraux les plus fougueux, les plus despotiques, faire de la liberté, se proclamer les organes des idées constitutionnelles [2]; la fusion s'opère comme dans les Cent Jours, avec cette différence que le parti bonapartiste n'ose pas ouvertement lever son drapeau; s'il se sert de l'image de l'Empereur pour parler aux soldats, pour

---

[1] Il y avait un certain instinct d'avenir dans l'opposition royaliste que souleva l'ordonnance du 5 septembre. (Voir mon *Histoire de la Restauration*, t. III.)

[2] Sous ce point de vue, les sessions de 1817 et de 1818 ont une véritable curiosité; plus d'un candidat libéral appartenait aux aides-de-camp de Bonaparte, aux traîneurs de sabre du 18 brumaire.

trouver des auxiliaires et des forces dans le souvenir, c'est à l'aide des idées constitutionnelles que ce mouvement se fait. Les partis ont si bien l'instinct des moyens qui peuvent servir leur triomphe! Veulent-ils la république? ils n'en prononceront pas le nom, mais ils en feront naître la nécessité: veulent-ils la restauration d'un principe? ils ne le diront pas; mais ils se mettront à l'abri sous certaines idées qui le produisent inévitablement. Ainsi firent alors les partisans de Bonaparte; si quelques-uns conservent en secret l'image de l'Empereur, s'ils récitent les couplets de M. de Béranger « sur le vieux drapeau, sur les habits usés par la victoire, sur ces petits enfants qui demandent à la grand'mère de parler de *lui* »; s'ils contemplent les tableaux d'Horace Vernet sur les grandes ou funèbres journées; s'ils courent au spectacle pour applaudir le *Sylla* de M. de Jouy, et retrouver dans les traits de Talma la figure de l'Empereur, au fond ils ne manifestent en public que les principes les plus éminemment constitutionnels; à la tribune, dans les journaux [1], la Charte est leur drapeau, c'est un cri de ralliement, qu'ils sauront bien briser après la victoire.

Les deux partis impérialiste et patriote réunis se répandent dans les corps-de-garde, se propagent parmi l'armée; ils rêvent une conspiration militaire, ils n'ont point renoncé à ce mouvement que les généraux Drouet et Lallemand avaient préparé en 1815; ils espèrent encore une révolution de Bas-Empire. Les bannis sont presque tous rentrés, l'amnistie a été généreuse; en 1819, il n'existe plus à l'étranger que quelques proscrits volon-

[1] Il n'est jamais question de Bonaparte dans *la Minerve*, qui est l'œuvre politique du parti patriote jusqu'en 1819. Les lettres sur Paris, de M. Étienne, sont infiniment remarquables, mais elles reposent tout entières sur le principe constitutionnel.

taires; le maréchal Gouvion-Saint-Cyr a rappelé dans l'armée une multitude d'officiers. Eh bien ! ces hommes rêvent des mouvements, des complots; les Cent Jours n'ont pas assez coûté à la France, ils l'exposent de nouveau à une invasion que l'Allemagne espère et désire pour ressaisir ses provinces. Le duc de Richelieu vient à peine de délivrer le territoire de l'occupation étrangère, et déjà l'on veut imiter en France les révoltes turbulentes et soldatesques de l'île de Léon, du Piémont et de Naples; des insurrections éclatent sur les places publiques, des masses d'argent sont distribuées, et le trésor laissé par Napoléon sert peut-être à aider des complots qui, en définitive, peuvent aboutir au rétablissement du drapeau tricolore [1].

Lorsqu'ainsi tout s'agite, l'Europe ne cesse d'avoir les yeux fixés sur la situation intérieure de la France. Les princes contemporains de Napoléon, ceux qui lui ont pressé la main à Tilsitt ou à Erfurth vivent encore; Alexandre vient de réaliser sa pensée sur la Pologne, constituée en un royaume sous la vice-royauté du czarewitch Constantin; les projets de Catherine II sont accomplis; le Czar veut grandir l'œuvre de sa prépondérance dans le midi de l'Europe; la Grèce fait des efforts pour son émancipation, et cette idée, la Russie la favorise, parce qu'elle est ou sera le principe d'une puissante liberté chrétienne en Orient sous la protection de la croix de Moscou et de Saint-Pétersbourg. Alexandre est le premier signataire de la Sainte-Alliance, sorte de contrat de mutuelle garantie qui protège les couron-

---

[1] Les ministres d'alors, MM. de Serre, Pasquier, qui soutinrent une si belle et si grande discussion, m'ont affirmé plus d'une fois qu'ils avaient la preuve que l'argent bonapartiste payait l'émeute des places publiques en 1820; on ne voulut point arrêter les grands coupables.

nes et les gouvernements contre les émotions révolutionnaires. L'esprit énervé du Czar a besoin de ces grandes œuvres pour se distraire; en lui, la vie est épuisée avant la mort; plus jeune que Napoléon, il le suivra dans la tombe à quelques années près.

François II, le beau-père de l'Empereur, s'est jeté tout entier dans la cause européenne; depuis 1815, l'influence de M. de Metternich n'a plus de rivale; il avait rendu tant de services à la monarchie autrichienne, que nul homme d'État ne pouvait lui disputer la suprématie; esprit sage et modéré, M. de Metternich part désormais de cette base invariable : «que pour donner une impulsion régulière à la diplomatie, il faut réprimer d'abord tous les faits perturbateurs qui troublaient l'harmonie européenne». C'est ce qui l'avait si vigoureusement entraîné dans les actes répressifs arrêtés aux congrès de Troppau et de Laybach; les Autrichiens avaient paru à Naples, dans le Piémont et à Rome : il y avait cela de curieux à remarquer que chaque fait révolutionnaire donnait un surcroît de puissance aux grands cabinets; l'Orient s'ouvrait aux conquêtes de la Russie par l'esprit des révolutions; l'Italie venait à l'Autriche par une même cause; l'agrandissement de l'influence anglaise sur les colonies espagnoles et l'Espagne elle-même n'était-il pas aussi le résultat des mouvements révolutionnaires ? Si la conspiration de Grenoble en 1816 avait réussi, qui sait ? peut-être le Piémont se serait étendu jusqu'à Grenoble, et l'Allemagne aurait gagné l'Alsace et la Lorraine. On doit remarquer ce fait immense : toute révolution qui n'a pas assez de force pour se faire conquérante, ou qui n'a pas assez de modération pour se faire gouvernement régulier, tue nécessairement un pays dans ses relations extérieures; elle n'est ni une nouveauté redoutable ni une tradition admise : que voulez-vous dès lors que le monde fasse d'elle?

Frédéric-Guillaume, le roi de Prusse, cherchait à organiser de son côté sa monarchie que la fortune avait agrandie d'une manière si merveilleuse dans les deux campagnes de 1813 et de 1814 ; la formation irrégulière du territoire prussien exigeait une sollicitude administrative de tous les instants. Le mouvement qui avait poussé l'Allemagne contre Napoléon, éminemment libéral, reposait sur les principes populaires ; Blücher, Gneisenau, avaient remué les universités avec les images de la patrie allemande; la victoire obtenue, il fallait donner une issue à ces principes; le prince de Hardenberg était trop habile pour n'avoir point compris l'embarras de sa monarchie ; le gouvernement prussien s'occupa dès lors de deux objets, établir une bonne administration provinciale et un système économique pour les sujets, de manière à obtenir une armée formidable avec les ressources financières les plus modérées. La fermentation de l'Allemagne fut énergiquement réprimée par la double intervention de la Prusse et de l'Autriche; la révolte des esprits n'aboutit qu'à quelques assassinats vulgaires, et l'Allemagne se reposa paisible dans sa constitution [1].

On peut dire que l'année 1820, qui précède la mort de Napoléon, fut toute répressive ; les gouvernements se décidèrent à sévir avec vigueur contre les tumultes; ils se prêtèrent un mutuel appui dans les congrès, et c'est à ce moment que l'école de M. Canning commence à se séparer du vigoureux système de lord Castlereagh

---

[1] Le gouvernement représentatif ne fut maintenu que pour quelques États de second ordre.

pour se jeter dans les théories de l'insurrection. La politique de l'Angleterre a quelque chose de matériel, d'égoïste; elle n'a qu'un point sur lequel elle soit d'accord, c'est sa force et sa domination universelle; pour les moyens, elle s'en occupe peu : aujourd'hui elle sera avec la France si cette alliance lui donne des avantages; demain elle marchera de concert avec la Russie pour fixer les bases d'un grand partage; elle ne s'inquiète ni des principes, ni des formes de gouvernement; elle émancipera les colonies espagnoles et opprimera l'Inde. Depuis 1816, l'Angleterre était violemment agitée par les partis; les radicaux secouaient la robe adultère d'une vieille reine pour s'en faire un étendard; des scènes tumultueuses avaient lieu à Londres, ou dans les districts manufacturiers; le sang coulait à flots; mais au sein de cette grande et forte aristocratie, les troubles intérieurs n'ont jamais affaibli l'esprit national. Il faut rendre cette justice au patriotisme britannique : plus l'Angleterre est agitée, plus elle déborde par son énergie à l'extérieur. Sous Cromwell elle assura la suprématie des mers; lors de la révolte de la flotte, elle s'emparait de toutes les colonies françaises; et quand Manchester voyait les coups de sabre rebondir sur les membres nerveux de l'ouvrier, l'Angleterre se rendait maîtresse de tout le commerce des colonies espagnoles; elle remuait encore le monde quand elle-même était sur un volcan.

Dans toutes ces agitations qui inquiétaient si vivement les hommes d'État, les souvenirs de l'Empire venaient toujours se mêler; en France, quel était le vœu secret du parti militaire? quelles étaient ses espérances intimes? restaurer le pouvoir de son Empereur. Les paysans, le bas peuple, gardaient souvenir de cette grande image; voulait-on remuer les sympathies? on annonçait que Bonaparte était débarqué sur une côte de la Bretagne ou de la Normandie; énergique et ardente espérance qu'on faisait vivre au cœur du vieux soldat! Napoléon, toujours Napoléon! Ainsi dans le moyen âge, les pastoureaux naïfs disaient qu'ils avaient vu leur suzerain mort dans les croisades, errer malheureux dans les châteaux de la contrée. L'Empereur, comme Sylla, avait distribué des largesses à ses prétoriens; les têtes du parti bonapartiste étaient riches; les généraux, les administrateurs de l'Empire conservaient de beaux domaines; la Restauration avait même respecté les sommes que Bonaparte avait déposées chez M. Laffitte; tel dignitaire gardait deux ou trois cent mille francs de rente, tel général ployait sous le poids des dépouilles opimes, et ces moyens servaient d'auxiliaires à la cause de Napoléon; son souvenir était puissant partout, en Italie et en France; et c'est peut-être cette attitude du parti bonapartiste qui fit repousser par les congrès les réclamations venues de Sainte-Hélène pour adoucir la captivité de l'Empereur.

Que faisait-il là dans les longues journées de l'exil, sous le soleil brûlant du tropique, dévoré par la double étreinte de la maladie et de la grandeur abaissée? Sur son rocher, Napoléon reste fier, intraitable. Dès qu'il débarque à Sainte-Hélène, cette même hauteur de caractère le poursuit; son premier débat porte encore sur son titre de Majesté impériale; il veut qu'on le lui donne, on ne peut l'aborder sans cela. Les officiers anglais ont des instructions précises de leur gouvernement, ils ne peuvent ni les oublier, ni les méconnaître; Napoléon préfère ne point les recevoir, briser des rapports essentiels plutôt que d'être salué du beau titre de *général Bonaparte*, le seul que la postérité peut-être lui laissera.

Je n'aime pas les geôliers ; le bruit des chaînes va mal à un homme qui a porté loyalement l'épée; et encore lorsque la nécessité de la hiérarchie oblige un militaire à se constituer garde d'un prisonnier, il doit montrer une déférence, un respect au malheur; plus une infortune a été haute, plus il faut la saluer; la vieille monarchie avait un si grand respect pour les rangs que plus d'un prisonnier d'État fut servi à genoux. Ainsi, rien n'excuse sir Hudson Lowe dans sa triste mission de Sainte-Hélène : qu'il surveillât Napoléon, c'était son devoir, il en avait accepté la garde [1], il fallait subir les conséquences de sa mission. Et l'Océan n'était-il pas une barrière suffisante? gouverneur de l'île, il n'avait qu'à veiller sur les côtes; à quoi pouvaient servir ces petites persécutions, ces étroites vengeances, ces minuties de concierge? Qui n'a contemplé en gémissant ce dernier portrait de l'Empereur à Sainte-Hélène, le teint plombé, un chapeau de colon sur la tête, une large veste d'étoffe de l'Inde qui peut à peine couvrir un ventre démesurément grossi? ses jambes sont enflées, le visage est bouffi, la douleur est dans son regard, et il contemple de loin les flots de la mer qui bruissent sous les feux du tropique. Telle était pourtant la triste victime de sir Hudson Lowe! Sans doute c'était un prisonnier difficile à contenir que Napoléon; chaque jour on faisait courir les bruits de son enlèvement, une flotte devait partir du Champ-d'Asile, des navires étaient frétés aux États-

---

[1] Voici la dernière instruction de l'amirauté sur Napoléon.

Downing street, 21th september 1816.

« You will observe that the desire of his Majesty's government is, to allow every indulgence to general Bonaparte which may be compatible with the entire security of his person. That he should not by any means escape, or hold communication with any person walhsoever, excepting through your agency, must be your unremitted care ; and those points being made sure, every resource and amusement, which may serve to reconcile Bonaparte to his confinement, may be permitted. »

Unis, mille projets passaient par la tête des bonapartistes, et tout cela jetait de l'inquiétude dans l'esprit du commandant. Enfin, les amis de sir Hudson-Lowe l'ont écrit, il y avait là une vengeance atroce; la marine croyait que le capitaine Wright était tombé victime de Napoléon, et Sainte-Hélène reflétait les mystères de la tour du Temple.

Dans les loisirs de sa captivité Napoléon parle sur toutes choses, il juge les hommes et les événements du présent et du passé; mais à cause même du culte que je porte à cette grandeur, à cette majesté abaissée, j'aime à croire que tout ce qu'on lui a prêté à Sainte-Hélène n'est point de lui. Des hommes ont été là ses compagnons d'infortune; intelligences plus ou moins larges, plus ou moins impartiales, ils ont apporté avec eux-mêmes leurs préjugés, leurs passions contemporaines; ils avaient devant eux une si grande idole! n'ont-ils pas pu arbitrairement lui attribuer des jugements et des oracles? Aux longues journées de Sainte-Hélène, Napoléon a dû beaucoup parler sans doute, et il le faisait avec ce charme attachant, cette supériorité merveilleuse qui tint plus d'une fois l'Europe suspendue à ses paroles; mais tous ces *Mémoriaux,* tous ces récits, ne sont et ne peuvent être, sous le rapport de l'authenticité au tribunal de l'histoire, que les œuvres personnelles de certains témoins; ils ont beaucoup écouté, ils ont redit quelques phrases de leur maître, c'est probable; mais que l'on prenne tous ces jugements pour l'œuvre personnelle de Napoléon, que l'on vienne dire que ces flétrissures jetées sur quelques noms élevés, ces louanges complaisantes de tant de médiocrités oubliées, sont émanées de Napoléon, c'est là ce qui n'est pas admissible. Et pourtant, ces petits préjugés ont égaré étrangement la génération actuelle : souvent des pensées secondaires, d'étroites vues sont placées sous le patronage de Napoléon ; toute une dynastie d'écrivains et de politiques a vécu de cette vie apocryphe, et ces hommes lui ont fait plus de tort que ses plus puissants ennemis ; ils lui ont fait dire des non-sens, flétrir ce qui était haut, élever ce qui était bas. Napoléon a laissé assez d'œuvres en France, des jalons assez brillants de sa puissance, pour que nul ne se place entre sa pensée et la postérité.

Il y a dans la providence de terribles talions ! Napoléon, qui avait créé tant de prisons d'État, lui qui, en 1810, avait institué le régime du silence dans les donjons, lui qui indiqua les îles du château d'If et de Porquerolle comme prisons perpétuelles, eut le temps de méditer à Sainte-Hélène sur la douleur des prisonniers ! Quand on ne lui permettait pas de longues promenades à cheval sans un officier à sa suite, il put se rappeler les princes d'Espagne suivis à Valençay par la gendarmerie ; le général Savary faisant stigmatiser les pieds de leurs chevaux, pour qu'ils ne pussent point aller au-delà d'une demi-lieue. Quand il se plaignait des précautions prises pour décacheter les lettres, des surveillances exercées sur ses rapports avec sa famille, ne devait-il pas aussi se souvenir de sa police inquisitoriale qui, ne respectant rien, pénétrait jusqu'aux secrets de famille ? Exemple tristement imité! quand il disait que l'Europe le tuait à petit feu, il devait se rappeler que lui aussi avait tué à petit feu bien des victimes, et à grand feu le malheureux rejeton des Condé dans le fossé de Vincennes. Ces terribles réparations viennent quelquefois toucher les hautes têtes, pour rappeler les lois de l'humanité ; s'il n'y avait pas de ces sortes de coups de la providence, le pouvoir suprême se permettrait tout, il serait par trop dur à l'humanité.

La postérité doit sans doute flétrir la conduite de sir Hudson Lowe, elle fut infâme; mais il faut avouer aussi que Napoléon était un terrible prisonnier à garder; son seul nom remuait l'Europe, sa tête faisait frissonner; comme le Vieux de la Montagne, il jetait la terreur partout. Il souffrait beaucoup sans doute; mais la plaie profonde qu'il portait au cœur était plus une maladie morale qu'une douleur matérielle; quand on a une imagination à sa manière, un cœur haut, la disgrâce vous tue, l'infortune vous brise, le cancer saigne et vous dévore. L'aspect de la ruine de l'œuvre immense qu'il avait rêvé, avança bien plus sa mort que le climat de Sainte-Hélène; si ce climat était si meurtrier, d'où vient qu'aucun de ceux qui l'accompagnèrent, femmes, enfants, vieillards, ne mourut comme lui? Si ce fut un poison, il dut agir sur tous. Le véritable poison, c'est la douleur pour l'homme, c'est l'amertume des souvenirs, le déchirement d'entrailles qui vient après les grandes déceptions de la vie[1].

Il y eut dans la dernière partie de l'existence de Napoléon beaucoup de grandeur, beaucoup de petitesse: de la grandeur, quand il parle de ses campagnes d'Italie, de ses compagnons de gloire, de ses fortes pensées de

[1] « The British government had determined Napoleon's table should be provided for at the rate of a general of the first rank, together with his military family. The expense of such an establishment was, by the regulations furnished to sir Hudson Lowe, dated 15th april, and 22 november 1816, supposed to reach to 8,000 l. a year, with permission however, to extend it as far as 12,000 l., should he think it necessary. The expenses could not, in sir Hudson Lowe's opinion, be kept within 8,000 l.; and indeed they were instantly extended by him to 12,000 l. paid in monthly instalments to the purveyor, Mr Balcombe, by whom it was expended in support of the establishment at Longwood. »

gouvernement, de ses théories sociales que son imagination grandit encore ; beaucoup de petitesse quand il exprime ses haines corses, ses ressentiments des montagnes ; et ce caractère, il le soutient jusqu'au bout ; même dans son testament, alors qu'il n'a plus devant lui que Dieu et la postérité, il laisse un legs au sous-officier du nom de Cantillon[1], pour avoir tenté d'assassiner le duc de Wellington. J'aime à croire qu'à cette époque ses nobles facultés étaient affaiblies ; ou peut-être s'était-il rapetissé par le contact des haines et des passions qui l'entouraient. Souvent on s'empreint des caractères qui vous pressent et vous dominent, on devient étroit par son voisinage : qu'avait donc fait le duc de Wellington à Bonaparte, pour que celui-ci récompensât une mauvaise action ? Ils s'étaient rencontrés sur un champ de bataille, ils avaient croisé le fer en loyaux capitaines ; y a-t-il de quoi récompenser l'assassin d'un adversaire ? Il faut le dire, Napoléon, à travers ses grandeurs, avait avant tout le caractère corse ; lorsqu'il fit fusiller le duc d'Enghien, il était Corse ; lorsqu'il exila Moreau, il était Corse ; quand il blessait maladroitement Bernadotte, il était Corse ; il ne supportait pas une gloire militaire rivale de la sienne, et il jetait un trait de cette jalousie sur le duc de Wellington.

[1] Cette étrange disposition est en effet dans le codicille de l'Empereur.

« Je lègue 10,000 francs au sous-officier Cantillon qui a essuyé un procès comme prévenu d'avoir voulu assassiner lord Wellington, ce dont il a été déclaré innocent. Cantillon avait autant de droit d'assassiner cet oligarque, que celui-ci de m'envoyer pour périr sur le rocher de Sainte-Hélène. Wellington, qui a proposé cet attentat, cherchait à le justifier par l'intérêt de la Grande-Bretagne. Cantillon, si vraiment il eût assassiné le lord, se serait couvert, et aurait été justifié par les mêmes motifs, l'intérêt de France de se défaire d'un général qui d'ailleurs avait violé la capitulation de Paris, et par là s'était rendu responsable du sang des martyrs Ney, Labédoyère, etc., etc., et du crime d'avoir dépouillé les musées, contre le texte des traités. »

Les légendes de Sainte-Hélène ont passé dans le cœur du peuple; cette lamentable fin de la vie de Napoléon, cette mort isolée sur un rocher, tout cela est devenu une chronique que les vieux disent aux jeunes, et que la postérité recueillera comme la vérité. Ainsi, à côté de l'histoire de Charlemagne, le héros germanique, se trouve une foule de pieuses légendes et de poëmes chevaleresques; les uns disent que l'Empereur fut saint, ainsi qu'on le voit en l'église d'Aix-la-Chapelle; les autres racontent qu'il fut fort à briser le fer et l'acier; les autres, encore, qu'il fit le pélerinage en Palestine et vécut en pénitence à la fin de ses jours; prouesses, grands travaux, monuments de tous les âges, sont attribués à Charlemagne. Il en sera de même de Napoléon : il n'y a plus de critique pour ce qui éblouit, nul examen pour ce qui est si magnifique; on le fera saint, grand comme un géant de la fable. Cet homme qui commence dans une école d'artillerie, puis à Toulon, grandit avec cette puissance que savait imprimer à tout le génie de la République; cette république qui l'a créé, il l'étouffe; Empereur, il enjambe le monde, il refoule les peuples, et les peuples le refoulent; il tombe, reparaît dans la plus merveilleuse des marches héroïques, balaie une vieille dynastie en vingt jours; il se fait de nouveau Empereur, il organise vigoureusement les forces du pays; il s'élance; il est vaincu; les lâches l'abandonnent, et pour compléter le martyre, une assemblée stupide le sacrifie à des idées sans but, à des projets sans portée.

Quand Napoléon eut touché le tombeau, quand ce front superbe fut déposé dans la tombe de Sainte-Hélène, « cette Saint-Denis des tempêtes », comme l'a si bien nommée un grand écrivain, il se fit en France une large séparation dans le parti purement bonapartiste ; une fraction se rallia sincèrement à la branche aînée des Bourbons; elle lui prêta loyalement son épée : témoin la guerre d'Espagne. Les idées impérialistes commencèrent ainsi à pénétrer dans le gouvernement de la Restauration ; les gentilshommes tendirent la main à la nouvelle génération de noblesse qui siégeait dans la Chambre des pairs; les fils de Bessières, de Lannes, fraternisèrent avec les Fitz-James, les Luxembourg, les Duras, les Crillon, pour défendre cette puissante nationalité française que Louis XIV avait fondée et que Napoléon avait comprise. Il se fit une fusion des noms illustres du passé et des grandeurs du présent. Les fils des gentilshommes qui avaient leur blason dans les héroïques temps de la monarchie pouvaient presser la main de ceux qui avaient mêlé leurs couleurs aux drapeaux de l'Empire.

Une autre fraction du bonapartisme se fondit, au contraire, dans la vieille école libérale ; elle abdiqua les idées de force du 18 brumaire, l'énergie gouvernementale de Napoléon, pour se mêler à ce vieux libéralisme qui est la négation de toute autorité. On vit les généraux se mettre à la suite des légistes ; l'absurde *Cedant arma togæ* devint un axiome ; on démolit une à une toutes les garanties de l'ordre social : ici un avocat proclamait que la loi était athée, là tel autre jurait haine à la royauté sur un poignard ; un plaidoyer suffisait pour heurter de face les forces du gouvernement; on affaiblissait ainsi la société, pour la léguer à l'avenir dans sa désorganisation et dans sa ruine. Ce fut une fatale trahison que celle de la vieille école libérale, livrant la monarchie de Louis XIV et de Napoléon à tous les décousus des idées, à toutes les folles doctrines. Que deviendrait désormais cette noble France à la face de l'Europe et des intérêts immenses qui allaient s'agiter? Comment les hommes d'état pourraient-ils continuer ce système d'habileté et d'unité qui, depuis le xvi° siècle, avait donné sept provinces à la France et constitué sa puissance?

CHAPITRE XV.

L'IDÉE NAPOLÉONIENNE ET LA FAMILLE BONAPARTE.

Causes qui empêchent Napoléon de fonder une dynastie. — Sa famille.— Le duc de Reichstadt. — Marie-Louise. — Madame Lætitia. — Le cardinal Fesch. — Joseph. — Lucien. — Louis. — Jérôme. — Elisa et Pauline. — Murat. — Caroline. — Eugène. — Hortense. — Les prétendants. — L'idée impérialiste. — Tentative pour la faire renaître. — Prestige historique du nom de l'Empereur. — Personnalité de cette cause. — Caractère et décrépitude du parti impérialiste. — Ce que sa force est devenue. — Grandeur de l'image. — Petitesse de la cause. — Drame de l'Empereur et de l'Empire. — Les funérailles.

1816-1840.

Vingt-cinq ans se sont écoulés depuis que la funeste bataille de Waterloo mit fin à la puissance militaire de Napoléon; dans cet espace d'un quart de siècle, que d'événements accomplis ! que de catastrophes arrivées dans les pouvoirs et les sociétés ! La rapidité des faits se presse et se précipite tellement que les esprits sérieux peuvent à peine entrevoir la marche des idées; le lendemain dévore la veille; il y a une chaleur, une fièvre qui consume la génération. Au milieu de ce tourbillon d'hommes et de choses, me sera-t-il permis de suivre les derniers reflets de l'idée napoléonienne depuis sa chute comme gouvernement? Les idées, les systèmes survivent encore à la décadence des formes politiques; souvent une cause tombée comme pouvoir survit comme parti : il en fut ainsi de l'idée impériale; quel germe a-t-elle laissé? quelle force pouvait-elle invoquer dans les crises publiques pour le triomphe de son principe? Questions immenses, que je ne touche qu'avec circonspection et doute.

Les dynasties ne se fondent que par deux causes : lorsque le principe qu'elles représentent se trouve en harmonie avec l'esprit et les besoins de la société, et lorsqu'elles offrent dans leur filiation une succession d'hommes remarquables qui garantissent leur force et leur avenir. Ainsi les Carlovingiens s'établirent en France comme l'expression de la race austrasienne victorieuse, s'appuyant sur les idées pontificales et la force du clergé; quels hommes que Charles-Martel, Pépin et Charlemagne! quels services n'avaient-ils pas rendus! quelle énergie militaire [1]! Les Capétiens arrivent comme un symbole féodal, c'est le pouvoir des comtes et des barons qui s'établit et se régularise. Hugues-Capet aboutit à Philippe-Auguste, Philippe-Auguste à saint Louis, et cette trilogie est quelque chose dans l'histoire. Les Bourbons, que l'on peut considérer moins comme une branche collatérale que comme une dynastie nouvelle, avaient pour source Henri IV, et pour gran-

---

[1] Cette idée préside au travail que je prépare sur Charlemagne.

deur Louis XIV en passant à travers Richelieu ; leur mission était d'élever haut la nationalité française en abaissant la maison d'Autriche, en plaçant derrière leur char l'Espagne, qui avait si longtemps menacé la monarchie française par la Ligue. Après, vint la rivalité avec l'Angleterre, hautement poursuivie par Louis XVI ; cette triple mission fut remplie, et le plus funeste résultat de la Révolution française, c'est d'avoir détruit ou au moins interrompu ce grand œuvre.

L'idée impérialiste était certes bien haute ; la formation d'un vaste empire était une de ces créations gigantesques que les siècles saluent comme un glorieux événement dans l'histoire ; mais ce système, par cela même qu'il était né vite et qu'il s'était étendu plus vite encore, n'avait aucune chance d'avenir ; sa destinée était de vivre et de mourir avec un seul homme et par un seul homme ; il était disproportionné, comme une création merveilleuse que la tempête avait fait naître et que la tempête ferait tomber ; comme il était sans passé, il devait être sans avenir, semblable en ceci à la personne de Napoléon, dont la grandeur n'avait ni ancêtres ni descendance. La personnalité et l'œuvre sont jetés dans le même moule, l'immense, le gigantesque ; et voilà pourquoi si l'enthousiasme du peuple se porte avec une si entraînante énergie vers les images et les souvenirs de l'Empire et de l'Empereur, il n'a jamais pu croire à la reconstruction d'un système qui avait besoin de la moitié du monde pour se réaliser, et d'une main semblable à celle de Charlemagne ou de Napoléon.

Indépendamment de cette impossibilité de réveiller une œuvre morte, il y avait une cause non moins grande d'impuissance dynastique : c'était la propre famille dont l'empereur Napoléon était entouré ; je l'ai prise, cette fa mille, à son origine, lorsque les jeunes filles corses jouaient sur les bords du rivage avec le corail de la roche ; je l'ai vue brillante autour du grand astre qui répandait sa chaleur et sa lumière ; maintenant il faut la suivre dans la décadence et le tombeau ; cet inventaire de la mort jette une indicible mélancolie sur l'histoire de l'humanité : ces beaux et larges fronts que couvraient les boucles de la jeunesse et de l'amour, il faut les voir décharnés, prêts à descendre dans la tombe. Ici la fleur s'est flétrie avant le soir ; le jeune homme est tombé à vingt ans, la jeune femme à l'âge mûr à peine, et je me souviens de la cruelle impression que me fit éprouver une dernière visite faite à Rome à madame Lætitia Bonaparte, étendue sur un lit de douleur et m'offrant encore ses traits réguliers, comme un camée antique de Popéa ou d'Agrippine[1].

Napoléon avait laissé un fils, objet de son amour et de ses espérances ; on le lui avait enlevé en 1814, à Blois, lorsque les commissaires autrichiens vinrent accompagner Marie-Louise ; en vain il l'avait réclamé à l'île d'Elbe et dans la crise des Cent Jours comme un gage de paix. Quand les cabinets eurent décidé que le général Bonaparte serait relégué à l'île Sainte-Hélène, l'enfant que l'Europe avait salué du nom de roi de Rome reçut le titre de duc de Reichtasdt avec une dotation princière, comme archiduc et petit-fils de l'empereur François II. Il fut élevé avec soin dans les principes de l'éducation allemande, les fortes études, la science, la politesse, un respect absolu de la hiérarchie. M. de Metternich était un homme trop considérable, François II un souverain

---

[1] Je visitai en effet madame Lætitia Ramolini à Rome en 1834 ; elle venait de se briser la cuisse ; elle conservait quelque fraîcheur d'idées et surtout son accent parfaitement italien. Elle me parla de Napoléon ; elle avait devant son lit le portrait de l'Empereur fait par David.

trop honnête pour jamais permettre qu'on restreignît ou qu'on persécutât cette jeune intelligence [1]; il fut destiné au service militaire. L'Autriche avait dans ses rangs déjà des princes déchus, et les petits-fils de Gustave-Adolphe ne commandaient-ils pas un régiment de cavalerie en Bohême? A mesure que le duc de Reichstadt se développait, il devenait un prince accompli; il avait quelques-uns des traits de son père, modifiés dans les contours doux et si moelleux de l'enfance, transmission mystérieuse de la chair et du sang; puis la bouche autrichienne, cette lèvre avancée et fière que la maison d'Autriche tenait de Charles-Quint, qu'on retrouve en Espagne jusqu'à l'avénement des Bourbons, et que Marie-Thérèse portait si haut à la face des magnats.

Le duc de Reichstadt pouvait-il être une espérance pour une dynastie impériale? Sans doute, il était fils d'Empereur, c'était un grand et beau titre; mais qu'aurait-il exprimé sur le trône? L'aurait-on fait roi de France? ce titre restreint allait-il à celui qui représentait Napoléon? Aurait-il été empereur des Français? mais un empereur avec des terres limitées n'était-il pas un peu ridicule? que pouvait être l'Empire français, sans avoir même les limites du Rhin? Le gouvernement du duc de Reichstadt n'eût donc offert qu'un pouvoir sans action et sans nationalité; de mélancoliques pensées se rattachaient à lui; devenu prince autrichien, qu'aurait-il offert comme garantie à la France? Le parti napoléonien pouvait bien vaguement se rattacher à cette jeune tête; mais la France n'était plus à l'idée d'un empire militaire; elle admirait l'image de ces temps glorieux, mais elle se gardait de les rappeler avec

[1] Tous les contes qu'on a faits sur la persécution autrichienne contre le duc de Reichstadt sont absurdes : pour le croire il ne faut pas connaître la famille allemande, et le caractère moral de François II.

les fléaux qu'ils entraînent. Les époques de poésie pour un peuple ne sont pas les plus heureuses ; les grands drames agitent, mais ils donnent la fièvre ; on aime à les voir de loin par l'optique sur un théâtre, en se tâtant soi-même pour reconnaître qu'on n'y est pas acteur.

Ensuite le duc de Reichstadt supposait une régence, et elle ne pouvait être confiée qu'à sa mère Marie-Louise, qu'une bien faible popularité aurait entourée en France : sa conduite froide envers Napoléon n'avait pas réveillé des sympathies populaires. Marie-Louise s'était unie par obéissance et sans amour à l'empereur Napoléon ; jeune fille allemande, elle avait peut-être rêvé un fiancé aux blonds cheveux des bords de l'Elbe, et on lui donna un homme de 44 ans déjà, glorieux sans doute, mais presque de l'âge de son père. Elle respecta Napoléon avec cette soumission hiérarchique que la maison d'Autriche impose à la femme ; elle quitta la cour de France sans regret et revint habiter Schœnbrunn[1], témoin de ses premiers jeux d'enfance ; elle y vécut fort retirée, et un nouveau sentiment se manifesta chez elle pour un de ces officiers généraux qui avaient fait la guerre de la coalition. Le fief de Parme lui fut donné par le congrès de Vienne, comme archiduchesse d'Autriche ; elle y résida en souveraine, en se rappelant à peine Paris et les jours qu'elle y avait passés, dans cette cour où elle demeura presque toujours étrangère. Oublieuse pour Napoléon captif, elle le délaissa dans le malheur : il faut une âme d'élite pour comprendre la haute intelligence qui se manifeste souvent par des formes difficiles à supporter ; pour parler au

---

[1] On fut obligé de prendre quelques précautions vis-à-vis de l'archiduchesse, qui consentait à venir à Paris dans les Cent Jours ; il m'a été dit par une dame d'honneur que Marie-Louise avait prêté la main à son enlèvement pour le Champ-de-Mai : je crois ceci douteux.

cœur d'une jeune femme, le génie ne suffit pas; une âme exaltée aurait couru à Sainte-Hélène pour partager cette captivité sur un rocher que l'Océan baigne; mais la fierté et la froideur de l'archiduchesse la retinrent dans son fief de Parme, où elle partageait sa vie entre les plaisirs des bals, le spectacle, et quelques souvenirs des modes de Paris, les seuls qu'elle eût conservés [1].

La mère de l'Empereur, madame Lætitia Ramolini, s'était abritée à Rome après la chute et l'exil de son fils; maîtresse d'une fortune considérable, acquise par ses économies et ses prévoyances, dégagée d'illusion, elle habitait un riche palais aux somptueuses galeries, avec le cardinal Fesch, revêtu de la pourpre romaine. Quelles puissantes institutions que celles du catholicisme! les royautés passent, les couronnes se brisent, et la pourpre de cardinal reste indélébile sur celui qui en est une fois revêtu; que sa race tombe ou s'élève, que les révolutions fassent mouvoir le sol, qu'importe? riche, misérable, puissant ou proscrit, il demeure avec sa dignité inhérente à son corps, à son âme. Ainsi, dans la chute de sa famille, le cardinal Fesch conservait l'archevêché de Lyon et la pourpre; son palais, vaste musée, rivalisait avec la villa Borghèse [2]; le pape Pie VII le traitait comme un ami, il ne l'appelait que son plus tendre fils; et l'histoire doit le dire, les plus pressantes réclamations pour obtenir la liberté de Napoléon ou des soulagements à son malheur, vinrent de Rome; à chaque congrès, Pie VII écrivait une lettre de sa main aux souverains pour les inviter à un peu

---

[1] Je passais à Parme en 1837 en revenant de Milan à Florence; l'archiduchesse n'y était pas, mais je visitai son palais où l'on me montra le berceau, au reste fort disgracieux, du roi de Rome.

[2] Le cardinal Fesch possédait la plus belle collection de camées antiques; il en était fort prodigue envers les Français qui le visitaient.

d'indulgence pour son cher fils *Napoleone;* aux yeux de l'Église il était toujours Empereur, car le souverain pontife avait gravé sur son front un caractère indélébile.

Le frère aîné de Napoléon, Joseph, conservait les habitudes les plus curieusement vaniteuses depuis la chute de l'Empire [1]. De tous les Bonaparte, Joseph fut celui qui fut le plus enclin à la faiblesse et à la peur; son incapacité s'était révélée en Espagne, et la bataille de Vittoria avait servi de dénouement à cette vie ridiculement royale; on l'avait vu à Paris, en 1814, hâter la capitulation, et dans les Cent Jours la nullité de son caractère s'était montrée au complet. Eh bien, dans la décadence de la fortune impérialiste, lorsque son glorieux frère expirait sur un rocher, Joseph n'en continuait pas moins de prendre avec ses familiers le titre de S. M. le roi d'Espagne et des Indes; ces puérilités, à peine excusables dans la grande personnalité de Napoléon, devenaient insupportables dans sa famille : que dire de ces rois de théâtre qui voulaient survivre à l'œuvre de l'Empire? Homme doux et honorable, Joseph eût mieux fait de jouir de son immense fortune, sans se fatiguer l'esprit à proclamer sa dignité royale et sans s'écraser le front sous la couronne de Charles-Quint.

Lucien Bonaparte, après sa courte et ferme apparition des Cent Jours, venait reprendre son exil de Rome, où il portait le titre de prince de Canino. Pie VII lui avait voué la même amitié qu'à Napoléon son frère [2]; désormais le prince de Canino put habiter la ville éternelle, et s'y livrer à ses goûts littéraires; amateur passionné du Tasse, de l'Arioste, il les récitait sans cesse, et ce fut peut-être

---

[1] En public cependant, S. M. le roi d'Espagne daignait prendre le titre de comte de Survilliers.

[2] Le pape avait pris Lucien sous sa plus intime protection comme prince romain.

la pensée de son frère qui lui inspira le poëme de *Charlemagne*. Lucien acquit de belles propriétés dans les États romains pour se livrer à l'agriculture. Ainsi, toujours Rome ! toujours Rome ! lorsque la persécution grondait partout contre les Bonaparte, ils trouvaient un asile sous la basilique de Saint-Pierre, sainte et pieuse oasis au milieu des tempêtes publiques qui emportent les gouvernements et les dynasties.

Le troisième des frères de l'Empereur, qui avait philosophiquement abdiqué une couronne, Louis Bonaparte, vivait paisiblement dans les provinces autrichiennes du midi, et puis en Suisse; il n'avait pas eu le ridicule de croire trop longtemps à sa royauté et de se mirer dans son diadème; tout occupé des querelles avec sa femme, qui blessait son honneur, le comte de Saint-Leu faisait consister son ambition à réclamer ses enfants. Louis Bonaparte, dans une situation exceptionnelle, n'avait nulle idée de grandeur, nulle envie de célébrité, pas même la manie poétique de Lucien, et il ne voulait pas plus faire de poëmes épiques qu'en devenir le sujet. Son caractère se distinguait ainsi de tous les Bonaparte. Louis avait laissé de bons souvenirs en Hollande [1]. La diplomatie pouvait prendre en moquerie les curieuses prétentions de celui qui s'appelait du titre de S. M. le roi des Espagnes et des Indes; mais le comte de Saint-Leu était l'objet des égards de toute l'Europe, parce qu'il s'était comporté avec une convenance parfaite et un sentiment de lui-même très délicat.

Si Marie-Louise avait donné un mauvais spectacle de froideur et d'oubli à l'égard de Napoléon, la terre d'Alle-

---

[1] Louis avait néanmoins écrit un roman.
[2] Les mémoires de Louis Bonaparte constatent sa sollicitude administrative en Hollande.

magne voyait un exemple de dévouement domestique digne des plus nobles temps. A l'époque de sa puissance, lorsque Napoléon avait créé le royaume de Westphalie, il imposa, comme garantie à la Confédération du Rhin, le mariage de la fille du roi de Wurtemberg avec Jérôme, le plus jeune de ses frères. Cette union, toute politique, avait suscité de la répugnance au cœur de la jeune princesse, car sa race était fière; mais il fallait obéir, et elle épousa Jérôme Bonaparte. Une fois unie, Catherine de Wurtemberg éprouva, de la part de son mari, ces légèretés scandaleuses qui retentissaient alors à la cour de Cassel; elle vit dans son palais des maîtresses publiques, des courtisanes couronnées de fleurs, au milieu des débauches nocturnes; et dans cet oubli de toutes convenances, Catherine de Wurtemberg se conserva chaste et pudique épouse. Quand les malheurs vinrent accabler les Bonaparte, le roi de Wurtemberg exigea une séparation ou un divorce; la noble princesse, la fierté de son mari écrite au front, ne voulut point le délaisser [1], et dans la plus généreuse des démarches, elle écrivit à son père : « que celui qu'on avait fait son époux dans les temps de bonheur, ne cesse-

---

[1] Voici l'admirable lettre qu'écrivit la princesse de Wurtemberg.

« Sire, mon père,

« Votre Majesté m'a prié ce matin de descendre dans son appartement; pour la première fois de ma vie j'ai refusé le bonheur de vous voir. Je connaissais le motif de cette entrevue, et, craignant que mon esprit ne fût point suffisamment rassis, j'ai osé prendre la liberté de faire mon appel à votre affection paternelle.

« Votre Majesté connaît toute la vérité. Oui, Sire, le prince Jérôme, votre gendre, mon époux et le père de mon enfant, est avec moi. Oui, Sire, j'ai quitté un instant le palais de mon roi pour secourir l'époux auquel ma vie est attachée. Mes vœux l'ont accompagné dans les guerres, mes soins l'ont conservé dans un long et pénible voyage pendant lequel son existence a souvent été menacée. Mes bras l'ont embrassé dans son malheur avec plus de tendresse qu'au temps même de notre prospérité.

« Le prince Jérôme n'est point l'époux de mon choix. Je l'ai reçu de votre main, lorsque sa maison régnait sur de grands royaumes, lorsque sa tête portait une couronne. Bientôt les sentiments de mon cœur ont chéri et confirmé les nœuds que votre politique avait commandés.

« Le mariage et la nature imposent des

rait pas de l'être parce que l'infortune était venue à lui. » Jérôme vint habiter Florence, douce et somptueuse retraite pour lui, sous la protection de ses grands-ducs, pacifiques souverains des plus belles contrées du monde.

A Rome s'étaient encore abritées les deux sœurs de l'Empereur Élisa et Pauline : Élisa qui avait pris au sérieux son grand-duché de Toscane, femme fière et hautaine, voulait refléter l'image de l'Empereur; on la voyait en amazone dans le jardin du palais Pitti, à Florence, passer des revues sur un cheval fougueux. La guerre de 1814 avait abattu son pouvoir; elle s'en consolait avec peine au milieu des arts qu'elle avait aimés. Pauline, princesse de Borghèse, tenait le premier rang à Rome, tant il est utile d'appuyer sa vie sur ce qui est solide et ancien; les blasons d'un jour peuvent disparaître, mais les antiques races ne meurent pas si vite. Pauline habitait donc la villa Borghèse avec ses riches promenades, son musée magnifique encore malgré ses pertes; mollement couchée sur un palanquin, elle parcourait les allées sablées de la belle villa qui domine la place du Peuple à Rome. Seule peut-être de la race de Bonaparte, elle avait

devoirs qui ne sont point soumis aux vicissitudes de la fortune ; je connais l'étendue de ces obligations, et je sais aussi comment les remplir. J'étais reine, je suis encore épouse et mère ! le changement de la politique des princes en renversant l'Empire français a aussi détruit le trône sur lequel votre bonté et le prince mon époux m'avaient placée. Nous avons obéi à la force des circonstances. L'auguste Marie-Louise m'a donné un grand exemple de résignation, mais nos situations ne sont point semblables. Les intérêts publics peuvent souvent commander des sacrifices permanents.

« Quoique le hasard nous ait élevés audessus de la race du genre humain, nous sommes beaucoup plus à plaindre. Une volonté variable dirige notre destinée ; mais ici son pouvoir cesse, il est vain contre les obligations que son pouvoir nous impose.

« L'époux que Dieu et vous m'avez donné, l'enfant que j'ai porté dans mon sein, comprennent toute mon existence ; j'ai partagé un trône avec cet époux, je partagerai avec lui l'exil et l'infortune; la violence seule pourra me séparer de lui. Mais, ô mon roi ! ô mon père ! je connais votre cœur, votre justice et l'excellence de vos principes; je sais ce que, dans tous les temps, ces principes ont été relativement aux devoirs domestiques que doivent

conservé son caractère aimant, enthousiaste pour Napoléon. C'était un cœur chaud et entraîné que celui de Pauline; pénétrée d'énergie et de dévouement, elle se fût donnée tout entière pour racheter son frère ; ses entrailles, son sang, elle les eût livrés ; cependant ses mœurs étaient molles ; celle que le pli d'une rose aurait blessée, cette femme aux formes divines que Canova avait reproduite dans le groupe de ses trois Grâces, aurait parcouru de ses pieds meurtris les rochers et les précipices pour obtenir un peu de soulagement à Napoléon, sa fierté à elle, sa gloire et son amour.

Caroline, la plus jeune des sœurs de Napoléon, la plus froide peut-être envers lui, avait perdu la destinée de Murat par ses folles ambitions et ses capricieuses fantaisies. Sa conduite en 1813 et 1814 était inexplicable ; n'avait-elle pas déterminé Murat à traiter avec les Anglais et les Autrichiens ? Depuis la fatale exécution de son mari, tombé sur les rochers de Calabre, Caroline avait pris le titre de comtesse de Lipona, anagramme de Napoli, et la douce protection de M. de Metternich l'avait sauvée des secousses de l'infortune. Elle portait son existence un peu aventureuse en Autriche, en Bohème, et un moment

---

respecter les princes de votre maison.

« Je ne demande point à Votre Majesté par affection pour moi de faire aucun changement dans ce système de conduite qui a été adopté en conformité avec les résolutions des plus puissants princes de l'Europe ; mais je me jette à vos pieds pour implorer la permission de rester auprès de vous avec mon époux ; mais, ô mon père ! s'il n'en peut pas être ainsi, rendez-nous au moins votre faveur avant que nous partions pour un pays étranger. Ce ne sera qu'après avoir reçu quelque preuve de votre amour paternel que je ne sentirai assez de force pour paraître devant vous. Si nous sommes obligés de partir ce soir, faites que ce soit avec l'assurance de votre affection et de votre protection dans un temps plus heureux. Nos malheurs doivent avoir une fin ; la politique ne commandera pas toujours envers nous tant d'humiliations ; plusieurs membres de cette famille sont alliés aux maisons les plus anciennes et les plus illustres de l'Europe ; leur sang n'est-il pas mêlé au vôtre ? Pardonnez-moi, mon père et mon souverain, de m'être exprimée ainsi ; mais ayez la bonté de me faire connaître, par un seul mot, que cette lettre n'a point été reçue avec déplaisir. »

en Suisse, où se trouvait alors cette Hortense de Beauharnais, si jeune, si pleine d'espérance à l'époque du Consulat; Hortense symbolisait, pour ainsi dire, l'époque de jeunesse et d'avenir dans l'œuvre de Bonaparte.

Les Beauharnais aussi avaient survécu à la mort de Napoléon; Eugène, un peu froidement traité à Munich, n'en conservait pas moins son titre dans la royale famille de Bavière : il s'était fait complétement Allemand pour plaire à l'armée et au peuple qui l'avait adopté; sa famille était nombreuse et ne songeait plus à la France; lui, souvent il y pensait avec cette triste douleur qui fait que l'on se rattache à la vie qui s'en va; son imagination dans cet exil aimait à se rappeler les temps du Consulat, lorsqu'à la tête des guides, il caracolait en présence du général en chef, avec Murat, Bessières et les soldats d'Italie et d'Égypte. Ces souvenirs amers et lointains, ces larmes de sang que l'on verse sur les temps d'une jeunesse flétrie, quand tout ce qu'on a aimé s'en va, hâtèrent sa fin ; un coup d'apoplexie l'enleva jeune encore, car la mort vient vite à qui éprouve vivement.

Hortense de Beauharnais vivait au-delà de cette courte carrière d'Eugène son frère. Dans son manoir des bords du lac de Constance, elle conservait fièrement la dignité de reine que la fortune lui avait enlevée ; femme d'esprit et d'exaltation, ardente amie, bonne mère, elle dévora sa vie en résistances, en négociations de famille; elle avait en elle quelque chose d'incommode, de fatigué et d'un peu taquin, qui devait la rendre souvent insupportable; les mémoires la font ainsi connaître, alors même qu'on veut colorer sa vie ; ce devait être une société importune à beaucoup. Tant qu'on ne voyait en elle que l'artiste, la musicienne, enthousiaste et féconde, Hortense de Beauharnais devait être charmante; mais dans ses rapports d'affaires ou de fa mille, que de prétentions, de caprices! Un peu gâtée, toute jeune fille qu'elle était, sous le Consulat, par les idées d'ambition, elle ne sut pas accepter du malheur la patience et la résignation qui l'honorent; elle souffrit et mourut avec le sentiment d'une personnalité qui ne s'abdiqua jamais que pour s'identifier avec ses enfants qu'elle adorait en mère tendre.

La prétention puérile de tous les Bonaparte, à quelque degré qu'ils pussent se rattacher à la grande ligne, fut de former une dynastie; parce qu'ils avaient sur leur enseigne un nom glorieux, ils se croyaient appelés par la naissance à régner sur la France. La Révolution, qui avait brisé la légitimité de la race antique des Bourbons, vit naître une autre espèce de légitimité, un peu ridicule dans ses prétentions croissantes en dehors du duc de Reichstadt, noble enfant qui ne songea jamais à réclamer autre chose que l'épée et les cendres de son père. Il se forma une dynastie napoléonienne par primogéniture; le roi des Espagnes et des Indes, Joseph, l'aîné, était empereur de plein droit; s'il ne réclamait pas son titre, c'est qu'il avait abdiqué; les cadets vinrent après lui dans l'ordre le plus strict, comme Louis XIV était le petit-fils de Henri IV. Dès lors il naquit des prétendants qui couvrirent l'Europe de leurs manifestes; la France fut revendiquée comme un patrimoine par le fils ou petit-fils de madame Lætitia; de jeunes hommes, avec plus ou moins de mérite, vinrent troubler l'ordre établi et se poser comme souverains. Celui qui se croyait appelé à recueillir ce tout petit lot de la couronne se jeta comme un fou dans les aventures; on exploita le souvenir immense de Napoléon pour accomplir des enfantillages, et tout cela aboutit à une captivité qui ne peut être autre chose qu'un moyen d'éviter un tapage, une nouvelle turbulence d'écolier.

Rien sans doute ne peut se comparer à l'éclat de l'Empire comme souvenir ; il est populaire dans les masses, l'image de l'Empereur est gravée en caractères indélébiles dans la mémoire de tout ce qui porte le cœur haut et la nature fière. Mais il y a une bien grande différence entre le souvenir de l'Empire et l'idée napoléonienne ! de Napoléon à sa race, il y a l'abîme ! Qu'est-il devenu cet Empire ? Représente-t-il notre nationalité ? Il ne peut y avoir de prétendants, là où il n'y pas de dynastie. Que vient-on demander à la France ! Où est votre titre ? Aînés ou cadets, fils ou petit-fils ! qu'importe ; Napoléon seul vous communiquait un peu de vie ; l'astre est disparu. Longtemps encore le drapeau et l'aigle frapperont l'armée; le soldat pourra bien se dire, dans ses longues veilles, où est Napoléon ? Mais nul ne s'inquiétera de ce que fait sa race ; nul ne voudra savoir si sa famille est digne d'un trône ; l'Empire c'est le passé ; le gouvernement politique d'un peuple, c'est le présent et l'avenir.

La gloire si magnifique de Napoléon fait partie de notre force nationale; elle est devenue le patrimoine public, car nous l'avons payée bien cher ; toutes les fois qu'on la blesse, la patrie en souffre. Cessez donc de la profaner en la faisant servir à vos étroites nécessités politiques ; assez de ces honneurs de théâtre ! Assez de ces funérailles aux grotesques douleurs ; ces faux honneurs ont fait plus de mal à la mémoire de Napoléon que l'Europe ne lui en a fait aux derniers temps de sa vie ! A mesure que les âges s'éloigneront de nous, ce ne seront pas les conquêtes, immense débordement de gloire, qui feront vivre Napoléon dans la postérité, car ces conquêtes ont eu leurs revers ; ce sera surtout cette énergie de commandement qui a reconstitué une société démolie par le xviiie siècle et par les idées de 1789. Bonaparte a pris cette génération abimée sous le désordre des assemblées, sans règles, sans autorité; il lui a donné la force et la vie gouvernementale, il lui a imprimé l'unité ; il a chassé à coups de fouet les mauvais principes de l'Assemblée constituante, il a assoupli les intelligences ; il a fait servir tous les éléments de la société à la constitution du pouvoir, œuvre immense ; l'Hercule des anciens avait épuré les écuries d'Augias avec moins de peine.

Bonaparte prit de la vieille monarchie tout ce qu'il y avait de traditions, d'idées grandes et européennes; il emprunta au Comité de salut public l'unité révolutionnaire; puis il se plaça au-dessus de tout ce chaos, et en fit sortir l'ordre moral et politique. Et si aujourd'hui le système parleur qui nous dévore n'a pas tout brisé, il faut en garder reconnaissance à cette vigoureuse administration que l'Empereur jeta partout. Nous vivons encore à l'abri de quelques-unes de ses lois, et Dieu veuille que le décousu de nos idées politiques ne nous fasse pas briser ce dernier frein, comme nous avons foulé aux pieds les traditions diplomatiques de Henri IV, de Richelieu et de Louis XIV.

FIN DU DEUXIÈME ET DERNIER VOLUME.

M. le lieutenant général baron de Jomini a publié une lettre sur *l'Europe pendant le Consulat et l'Empire de Napoléon*, qu'il m'a fait l'honneur de m'adresser.

Cette lettre est flatteuse pour mon œuvre, car elle vient de l'intelligence la plus avancée dans la stratégie, d'après l'opinion de l'Empereur lui-même.

M. de Jomini explique deux faits qui lui sont personnels dans sa vie militaire; Suisse d'origine, il ne quitta le service de l'Empereur pour celui de la Russie qu'à la suite des injustices et des persécutions que lui firent subir les capacités étroites et subalternes qui souvent entouraient et absorbaient Napoléon; il était étranger, il passa librement au service d'une autre puissance pour seconder le mouvement européen d'indépendance et de nationalité.

Le second fait touche plus spécialement la Suisse; M. de Jomini contribua autant au moins que M. de La Harpe à faire maintenir l'indépendance et la neutralité de la Suisse dans sa constitution fédérative.

Je suis heureux de rendre ce témoignage sur les pièces que M. de Jomini a bien voulu me communiquer. Tout homme dont les œuvres appartiennent à l'histoire met une juste et grande sollicitude à expliquer tous les faits de sa vie publique.

TABLE

DES CHAPITRES

DU SECOND VOLUME.

Pages.

CHAPITRE I. DIPLOMATIE DES CABINETS JUSQU'AU COMMENCEMENT DE LA CAMPAGNE DE 1815. — Disposition d'esprit des souverains et des ministres à Vienne. — L'empereur Alexandre. — Lord Castlereagh. — Le prince de Metternich.— Unanimité des volontés contre Bonaparte. — Traité de subsides. — *Memorandum* anglais, — autrichien. — Habileté pour séparer la cause de Bonaparte de celle de la France. — Esprit germanique. — Publication des écoles allemandes. — Haine contre la France. — Levée de boucliers de Murat. — Marche rapide des Autrichiens. — Chute de Joachim. — Restauration de la maison de Bourbon à Naples. — Travail de M. de Gentz sur la déclaration du conseil d'État. — Adhésion de tous les cabinets à un vaste plan militaire. — Commencement de négociations secrètes avec les partis en France. — Intelligences de Fouché avec le prince de Metternich sur les bases du *Memorandum*. — Question posée de la régence. — Rapports de M. de Caulaincourt. — Tristesse et découragement dans le corps diplomatique français (15 Avril au 10 Juin 1815.)   1

CHAPITRE II. LA COUR DE LOUIS XVIII A GAND. — Louis XVIII à Gand. — Les habitudes du roi. — Son ministère. — Diverses nuances des royalistes. — Le parti Blacas. — Le parti constitutionnel. — Le corps diplomatique accrédité. — Actes et proclamations de Louis XVIII à Gand. — Le *Journal de Gand*. — Exposé de M. de Châteaubriand sur la situation. — Rédaction du journal. — M. Bertin l'aîné. — M. de Lally. — M. d'Eckstein. — La cour militaire de Gand. — Le duc de Berry. — Les maréchaux Victor et Marmont. — M. le comte d'Artois. — Ses amis et son parti. — Rapports de Gand avec Paris. — Envoi de M. Gaillard par Fouché. — Correspondance avec Louis XVIII. — But politique du voyage de M. Guizot. — Correspondance de M. Royer-Collard avec le roi à Gand. — Dernier rapport de M. de Châteaubriand sur la situation de la France. — Lettres de M. de Talleyrand. — Le roi et M. de Blacas (Avril et Mai 1815). 39

CHAPITRE III. SOULÈVEMENT DE LA VENDÉE. ORGANISATION ROYALISTE DES PROVINCES DU MIDI. — Les paroisses. — Ordre d'armée. — Les chefs. — MM. d'Autichamp, — de Suzannet, — de Sapineau, — les La Rochejaquelein. — Parti provincial. — Parti anglais. — Rivalités. — Les pouvoirs du roi Louis XVIII. — La Vendée en armes. — Les différents corps. — Premières opérations. — Les généraux Travot et Lamarque. — Négociations de Fouché. — Mission de MM. de Malartic et de la Béraudière. — Propositions de Fouché. — Division parmi les chefs. — Refus du parti anglais sous M. de La Rochejaquelein. — Combat de la Croix-du-Vic. — Pacification de la Vendée. — Convention avec les chefs. — Correspondance de Fouché. — Exaltation du Midi. — Les compagnies franches. — Préparatifs d'un soulèvement. — Les chefs et les paysans. — Réfractaires. — Marseille en état de siége. — Esprit de vengeance. — Première tentative de soulèvement (15 Mai au 6 Juin 1815). 68

CHAPITRE IV. LE CHAMP-DE-MAI. PREMIÈRES OPÉRATIONS DES DEUX CHAMBRES. — Préparatifs du Champ-de-Mai. — Curiosité publique. — Pompes et salles de spectacle. — Les électeurs. — Les représentants à Paris. — La cérémonie du Champ-de-Mai. — Dépouillement du scrutin. — Résultat improvisé. — Adresse de M. Dubois (d'Angers). — Harangue de Napoléon. — Distribution des drapeaux. — Mauvais effet du Champ-de-Mai. — Persiflage. — Formation de la liste des pairs. — Refus. — Hésitation. — On ne publie pas la liste. — Premières séances des représentants. — Esprit de l'assemblée. — Démarche pour porter Lucien à la présidence. — Opposition. — Choix d'un président hostile. — Motion de M. Sibuet contre les nobles, — de M. Dupin, contre le serment à l'Empereur. — La liste définitive des pairs. — Discours de Napoléon. — Discussion de l'adresse. — Sentiments haineux et hostiles. — Influence de Fouché. — La Chambre des représentants en dehors de Napoléon (1er au 12 Juin 1815). 90

CHAPITRE V. ACTES DE L'EMPEREUR JUSQU'AU COMMENCEMENT DE LA CAMPAGNE DE WATERLOO. — Nouveaux prodiges d'organisation. — Travail de nuit. — Plan de campagne. — Les deux systèmes, — offensif ou défensif. — Idée de Carnot. — Idée de Bonaparte. — Défense des places fortes. — Manque de temps et de moyens. — Division de l'armée en corps. — Maréchaux. — Généraux. — Troupes de ligne. — La garde impériale. — Corps francs. — Fédérés. — Affaiblissement du moral dans l'armée. — Le maréchal Soult. — Manque de confiance. — Système général. — Conférences de l'Empereur avec ses ministres. — Formation du gouvernement. — Joseph. — Lucien. — Lutte entre la pensée de dictature et l'idée représentative. — Travail particulier avant le départ de l'Empereur. — Exposés de Fouché, de Carnot, et de M. de Caulaincourt. — Napoléon quitte Paris. — Visite des places fortes. — Proclamation d'Avesne. — Entrée en campagne (1er au 14 Juin 1815). 116

CHAPITRE VI. LES CABINETS ET LES ARMÉES COALISÉS JUSQU'A L'ENTRÉE EN CAMPAGNE. — Derniers actes des conférences de Vienne. — Constitution germanique — La Suisse. — Traité entre la Saxe et la Prusse. — Actes contre la personne de Napoléon Bonaparte. — Lieu fixé pour son exil. — Titre que désormais on lui donnera. — Notes allemandes et belges contre le traité de Paris. — Vaste plan de campagne. — Les cinq armées. — Ordre des souverains pour hâter le mouvement. — Terme fixé pour le commencement des hostilités. — Plan de campagne arrêté à Vienne. — Opinion du duc de Wellington. — L'aile droite de la coalition. — 1° Armée anglo-belge. — 2° Armée prussienne. — Centre. — Armées russe et allemande. — Aile gauche. — Armée autrichienne par Bâle. — Austro-Piémontais par le midi de l'Italie. — Espagnols aux Pyrénées. — Forces immenses. — Notes sur les premières opérations de Bonaparte. — Les villes belges. — Les armées du duc de Wellington et du prince Blücher (1er au 14 Juin 1815). 139

CHAPITRE VII. CAMPAGNE DE 1815. BATAILLE DE WATERLOO. — Question politique. — Comment une bataille perdue a-t-elle pu renverser l'œuvre de Napoléon? — Esprit de l'armée. — Crainte et hésitation des chefs. — M. de Bourmont et plusieurs officiers passent sur le territoire belge. — Cet accident change-t-il le plan de Napoléon? — La sciatique du maréchal Mortier. — L'armée débouche. — Premier combat. — Acharnement des deux camps. — Point de quartier. — Mouvement sur les Prussiens. — Avis réciproque du duc de Wellington et du prince Blücher. — Position prise par les Prussiens. — Disposition de la bataille. — Question historique. — Le maréchal Ney a-t-il pu, a-t-il dû s'emparer de la position des Quatre-Bas? — Échec. — Contenance des Anglais. — Bataille de Ligny. — Fausse idée que les Prussiens sont détruits. — Retraite du duc de Wellington pour se mettre en communication avec Blücher. — Position prise au Mont-Saint-Jean. — Situation des armées. — La nuit du 17 au 18 juin. — Première période de la bataille du Mont-Saint-Jean. — Arrivée de Bulow. — Caractère de la dernière période de la bataille de Waterloo. — Défaut d'organisation. — Le maréchal Grouchy a-t-il contribué à la perte de la bataille de Waterloo? — Désordre du soir. — A quoi l'attribuer? — Conduite de Napoléon à la fin de la journée. — Vérités et légendes sur Waterloo (12 au 19 Juin). 165

CHAPITRE VIII. LA CHAMBRE DES REPRÉSENTANTS JUSQU'A LA SECONDE ABDICATION DE L'EMPEREUR. — Esprit de la Chambre après le départ de l'Empereur. — Nullité de la pairie. — Puériles propositions des représentants. — Communication du gouvernement. — Rapports avec les ministres. — Projet de loi sur la presse et sur les cris séditieux. — Barrère à la tribune. — Aucune énergie. — Nouvelle de la bataille de Ligny. — Bruit du désastre de Waterloo. — M. de Lafayette à la tribune. — Agitation dans la chambre. — Napoléon à Paris. — Son trajet de Waterloo. — Conseil des ministres à l'Élysée-Bourbon. — La chambre mande les ministres. — Comité secret. — Acharnement de M. de Lafayette contre l'Empereur. — Commission mixte pour le salut de la patrie. — Intrigues pour obtenir l'abdication de l'Empereur. — Insistance des ministres. — Menace de demander la déchéance. — Seconde abdication de l'Empereur. — Tumulte et anarchie dans la Chambre des représentants (14 au 22 Juin 1815). 203

Pages.

CHAPITRE IX. LES CABINETS ET LA COUR DE GAND APRÈS LA BATAILLE DE WATERLOO. — Le duc de Wellington et le prince Blücher. — Les armées anglaise et prussienne. — Effet produit par la victoire de Waterloo. — Dépêche du comte Pozzo di Borgo à l'empereur Alexandre. — Situation des Russes et des Autrichiens. — Motifs qui font hâter la marche des alliés. — Système anglais. — Système russe. — Système autrichien. — Faible résistance des places fortes. — Correspondance de Fouché avec le duc de Wellington et Blücher. — Le roi de France à Gand. — Causes qui le déterminent à venir aux frontières. — Tentatives pour un mouvement royaliste. — Relations de M. de Talleyrand avec les cabinets. — Commissaires du roi en France. — Marche précipitée de Louis XVIII. — Idée libérale qu'on veut faire prévaloir dans la nouvelle restauration (18 Juin au 1er Juillet 1815). 237

CHAPITRE X. LES PARTIS ET LES CHAMBRES APRÈS L'ABDICATION DE L'EMPEREUR. — Situation des esprits après l'abdication de Napoléon. — Parti de Napoléon II. — Pensée d'une révolution de 1688. — Royalistes absolus et constitutionnels. — L'assemblée des représentants sera-t-elle constituante? — Esprit de la Chambre des pairs. — Inquiétudes. — Union des deux Chambres. — Agitation et terreur de la pairie. — Le maréchal Ney à la Chambre des pairs. — Labédoyère. — Lucien. — Scènes orageuses. — Commission de gouvernement. — Députés pour traiter avec les alliés. — Opinion qui domine. — Séances des représentants. — Les députés au quartier général des souverains. — Conférences d'Haguenau. — Situation de Bonaparte après l'abdication. — L'Élysée. — La Malmaison. (22 Juin au 3 Juillet 1815). 257

CHAPITRE XI. CAPITULATION DE PARIS. RESTAURATION DE LOUIS XVIII. — Marche des alliés sur Paris. — Le duc de Wellington et le prince Blücher. — Esprit des deux armées. — Débris de Waterloo. — Le corps du maréchal Grouchy. — Terreur militaire à Paris. — Propositions d'un armistice. — Commissaires députés. — Réponse des Prussiens. — Pourparlers avec les Anglais. — Correspondance de Fouché. — Préparatifs de défense à Paris. — Les maréchaux présents. — Projet des royalistes pour éviter l'occupation de Paris. — Fouché. — M. de Vitrolles. — Le maréchal Davoust. — Questions posées pour la capitulation. — Puérilité des travaux de la Chambre des représentants. — Ses haines forcenées. — Conseil de guerre et de défense. — Entrevue pour la capitulation. — Rédaction et signature. — Entrée des Anglais et des Prussiens à Paris. — Les exigences. — Louis XVIII à Arnouville. — Négociations. — Plan des royalistes. — Situation morale de Paris. — L'armée. — Les fédérés. — La bourgeoisie. — Louis XVIII à Saint-Denis. — Traité et convention. — Entrée du Roi. — Tristesse de l'occupation militaire (25 Juin au 8 Juillet 1815). 294

CHAPITRE XII. RÉSOLUTIONS DE L'EUROPE SUR NAPOLÉON. — Principe posé par le congrès de Vienne. — Mesures prises contre Bonaparte. — Itinéraire de la Malmaison à Rochefort. — Instructions du ministre de la marine. — Napoléon veut se mettre à la tête de l'armée de la Loire. — Séjour à l'île d'Aix. — Ses projets de résistance ou d'évasion. — Ordres de l'amirauté anglaise à lord Keith. — Instructions du capitaine Maitland. — Négociations à bord. — Lettre de Bonaparte au prince-régent. — Les généraux qui entourent Bonaparte. — Dépêche des amiraux. — Bonaparte sur les côtes d'Angleterre. — Le parti tory. — Les whigs. — Les radicaux. — Projets pour faire débarquer Bonaparte en Angleterre. — Mauvais conseils des avocats. — Résolutions diplomatiques de l'Europe. — Protestation. — Traversée du *Northumberland* à l'île Sainte-Hélène (29 Juin au 18 Octobre 1815). 313

CHAPITRE XIII. EXIGENCES DE L'EUROPE VICTORIEUSE, TRAITÉS DE 1815. — L'influence politique du duc de Wellington à Paris. Dureté du système prussien. — Le maréchal Blücher. — Contributions de guerre. — Insultes aux monuments. — Marches forcées des Russes et des Autrichiens. — Inquiétude de l'empereur Alexandre. — Campement à la plaine des Vertus. — Premières conférences à Paris. — Les objets d'arts pris au Musée. — Conditions contre le parti militaire. — Le parti jacobin. — Influence de l'Europe sur le gouvernement. — Listes de proscriptions. — Garanties exigées. — Paiement à l'étranger. — Les deux systèmes en présence : 1° germanique et anglais, 2° russe. — Chute de la politique anglaise de M. de Talleyrand — Triomphe de la politique russe sous M. de Richelieu. — Débats et conclusion des traités en 1815. — Situation diplomatique que les Cent Jours font aux Bourbons jusqu'au congrès d'Aix-la-Chapelle (Juillet à Novembre 1815). 362

CHAPITRE XIV. DESTINÉE DES PARTIS ET DES CABINETS JUSQU'A LA MORT DE L'EMPEREUR NAPOLÉON. — Le parti bonapartiste après les Cent Jours. — Souvenir de Napoléon. — Les officiers et le drapeau. — Le soldat laboureur. — Le Champ d'Asile. — Tentative de conspiration militaire. — Le parti patriote. — Associations. — Commencement du carbonarisme. — Rapprochement avec les bonapartistes. — Divisions. — Opposition constitutionnelle. — Les cabinets. — L'empereur Alexandre. — François II. Le roi de Prusse. — Esprit des congrès jusqu'à Troppau et Laybach. — Agitation de l'Angleterre. — Mouvement militaire en Europe. — Napoléon à Sainte-Hélène. — Ses jugements. — Les légendes. — Sa mort. — Fusion du parti bonapartiste dans le parti constitutionnel (1816 à 1821). 383

CHAPITRE XV. L'IDÉE NAPOLÉONIENNE ET LA FAMILLE BONAPARTE. — Causes qui empêchent Napoléon de fonder une dynastie. — Sa famille. — Le duc de Reichstadt. — Marie-Louise — Madame Lætitia. — Le cardinal Fesch. — Joseph. — Lucien. — Louis. Jérôme. — Élisa et Pauline. — Murat. — Caroline. — Eugène. Hortense. — Les prétendants. — L'idée impérialiste. — Tentative pour la faire renaître. — Prestige historique du nom de l'Empereur. — Personnalité de cette cause. — Caractère et décrépitude du parti impérialiste, — Ce que sa force est devenue. — Grandeur de l'image. — Petitesse de la cause. — Drame de l'Empereur et de l'Empire. — Les funérailles (1816-1840). 403

FIN DE LA TABLE DES CHAPITRES.

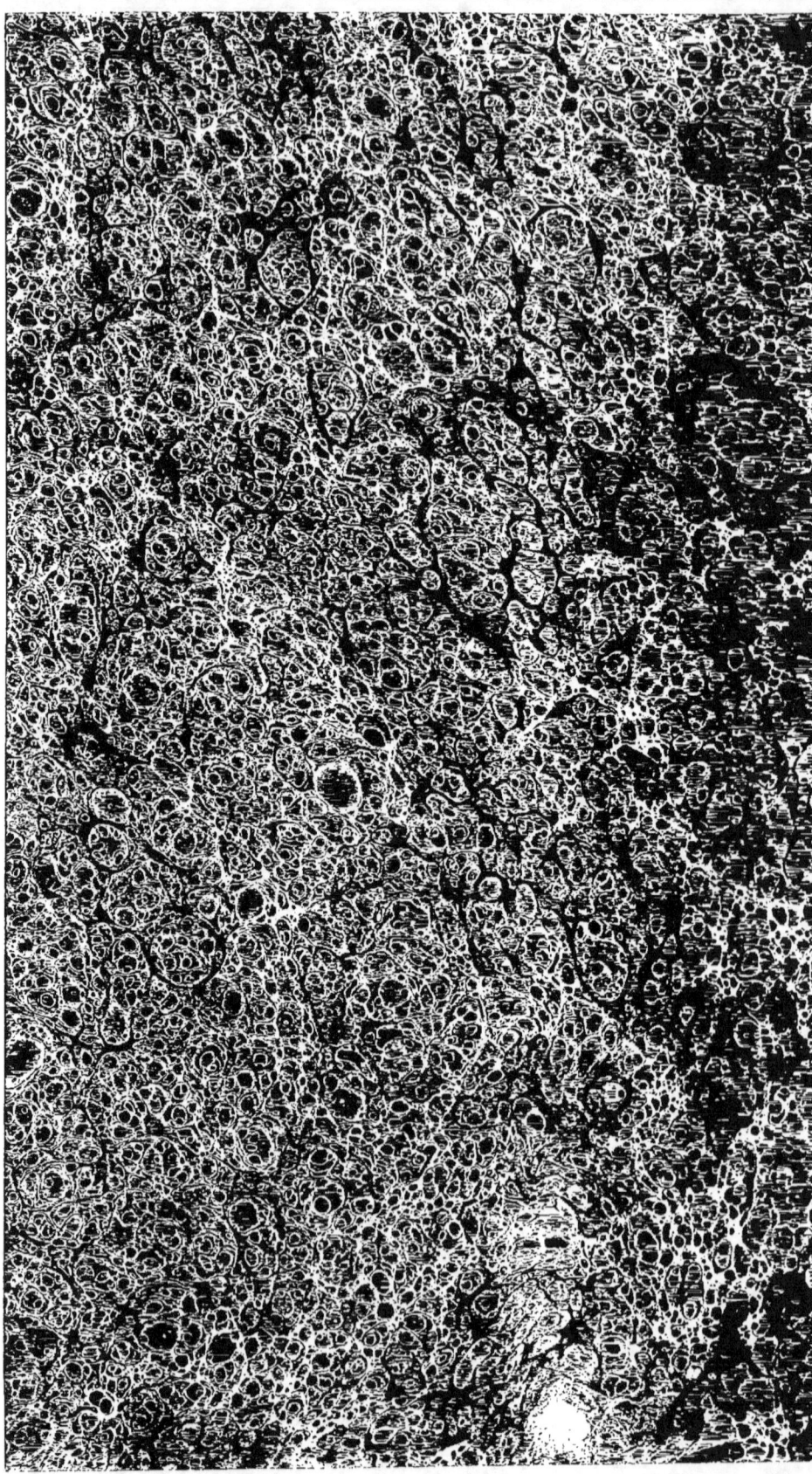

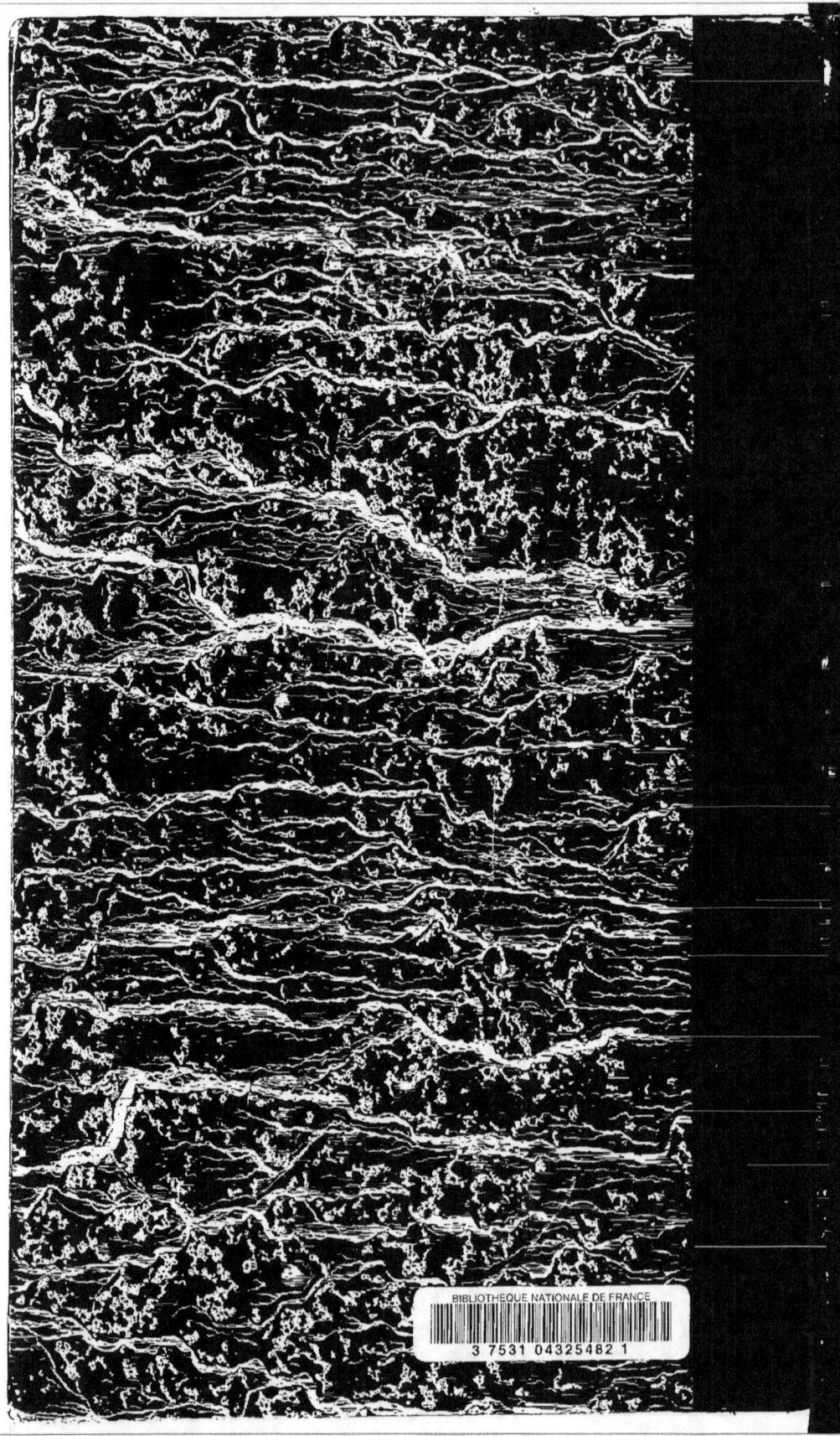

www.ingramcontent.com/pod-product-compliance
Lightning Source LLC
Chambersburg PA
CBHW070610230426
43670CB00010B/1482